江苏省重要矿产资源潜力评价成果系列丛书

是集体劳动的成果！

江苏省重要矿产资源潜力评价成果系列丛书

是集体智慧的结晶！

谨以此书献给

长期耕耘在江苏地质勘查、科学研究及

教育岗位上的广大地质工作者！

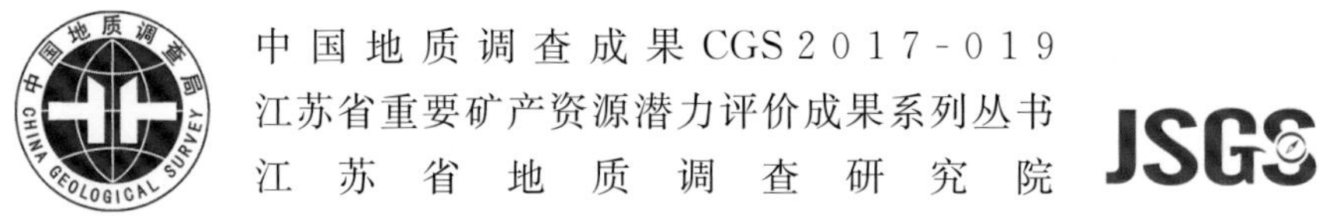

江苏省重要矿产资源磁测资料应用研究

JIANGSUSHENG ZHONGYAO KUANGCHAN ZIYUAN CICE ZILIAO YINGYONG YANJIU

魏邦顺　盛　君　等著

内容简介

本书在全面收集整理江苏省及上海市各类基础资料的基础上，以航(地)磁资料为主，综合利用重力、区域地质、矿产地质、成矿规律等成果，系统编制了江苏省及上海市铁、铜、铅、锌、金、磷、银、钼、硫和萤石10个矿种成矿带及预测工作区的航(地)磁图件，系统编制了各矿种典型矿床所在区域、所在地区、所在位置剖析图及成矿模式图，并按照一图一库一说明书的原则建立了相应图件的数据库，编写了相应的数据库说明书。

本书以江苏省及上海市岩(矿)石磁性参数为依据对航磁异常特征进行了详细分析与研究，对江苏省及上海市区域构造格架、岩浆岩分布、火山机构等基础地质问题进行了深入探讨；对航(地)磁局部异常进行了系统的提取、分析、重新归类，主要使用磁法体积法计算了铁矿资源量，并配合地质体积法预测了铜、铅、锌、金、磷、银、钼、硫和萤石矿的资源量。

通过区内不同比例尺的航磁资料和典型矿床磁场特征研究，进一步提高了磁测资料应用水平，初步建立了各类矿床预测标志。在总结矿产分布规律的基础上，有效地配合了地质找矿综合研究工作，圈定找矿靶区，科学部署了江苏省及上海市航(地)磁测量工作，为江苏省及上海市矿产资源勘查部署提供了重要的依据。

图书在版编目(CIP)数据

江苏省重要矿产资源磁测资料应用研究/魏邦顺，盛君等著. —武汉：中国地质大学出版社，2017.7
(江苏省重要矿产资源潜力评价成果系列丛书)
ISBN 978-7-5625-3989-6

Ⅰ. ①江…
Ⅱ. ①魏…②盛…
Ⅲ. ①磁测量-应用-矿产资源-资源预测-研究-江苏
Ⅳ. ①F426.1

中国版本图书馆CIP数据核字(2017)第154279号

江苏省重要矿产资源磁测资料应用研究 魏邦顺 盛 君 等著

责任编辑：舒立霞 选题策划：毕克成 刘桂涛 赵颖弘 责任校对：张咏梅

出版发行：中国地质大学出版社(武汉市洪山区鲁磨路388号) 邮编：430074
电 话：(027)67883511 传 真：(027)67883580 E-mail：cbb@cug.edu.cn
经 销：全国新华书店 Http://www.cugp.cug.edu.cn

开本：880毫米×1230毫米 1/16 字数：388千字 印张：12 插图：1
版次：2017年7月第1版 印次：2017年7月第1次印刷
印刷：武汉中远印务有限公司 印数：1—1500册

ISBN 978-7-5625-3989-6 定价：218.00元

江苏省重要矿产资源潜力评价领导小组
（第一阶段：2006—2010年）

组　　长：陶培荣　江苏省国土资源厅党组书记　厅长
副 组 长：刘　聪　江苏省国土资源厅副厅长
　　　　　孙大亮　江苏省地质矿产勘查局副局长
　　　　　潘树仁　江苏煤炭地质局副局长
　　　　　许建荣　江苏省有色金属华东地质勘查局副局长
　　　　　毛凤鸣　中石化江苏石油勘探局副总经理
成　　员：郑锡泉　江苏省国土资源厅勘查处处长
　　　　　向绍荷　江苏省国土资源厅财务处处长
　　　　　崔德庚　江苏省国土资源厅储量处处长
　　　　　钱智敏　江苏省国土资源厅科技处处长
　　　　　李如海　江苏省国土资源厅规划处处长
　　　　　袁晓军　江苏省地质调查研究院院长

项目办公室成员

主　　任：刘　聪
成　　员：郑锡泉　陈火根　刘　勇　刘沈衡　张新华　王传礼　夏　延　陈汉永

江苏省重要矿产资源潜力评价领导小组
（第二阶段：2010—2013年）

组　　长：夏　鸣　江苏省国土资源厅党组书记　厅长
副 组 长：祖耀升　江苏省国土资源厅副厅长
　　　　　孙大亮　江苏省地质矿产勘查局巡视员
　　　　　潘树仁　江苏煤炭地质局副局长
　　　　　许建荣　江苏省有色金属华东地质勘查局副局长
　　　　　毛凤鸣　中石化江苏石油勘探局副总经理
成　　员：顾迅建　江苏省国土资源厅规划处处长
　　　　　黄克蓉　江苏省国土资源厅勘查处处长
　　　　　王黎明　江苏省国土资源厅资源处处长
　　　　　崔　娟　江苏省国土资源厅科技处处长
　　　　　孙卫东　江苏省国土资源厅财务处处长
　　　　　朱锦旗　江苏省地质调查研究院院长

项目办公室成员

主　　任：祖耀升
成　　员：黄克蓉　陈火根　吴加和　刘沈衡　张新华　夏　延　邱祖林　郑锡泉

《江苏省重要矿产资源磁测资料应用研究》

著　者:魏邦顺　盛　君　关艺晓　张大莲　金永念　贾　根

来又东　陈焕惠

序

江苏省位于中国东部沿海，长江、淮河下游，是我国重要的金融、航运、贸易、经济、文化、教育中心，在我国的国民经济建设中占有举足轻重的地位。

江苏省被称为“中国地质工作的摇篮”，地质矿产调查工作开展得较早，早在1924年刘季辰、赵汝钧等就对江苏全境进行了区域调查，著有《江苏地质志》。尔后，李毓尧、朱森、李捷、李四光、谢家荣、程裕淇、孙健初、陈恺等老一辈地质学家先后在本区地质矿产各个领域开展了调查，积累了大量资料。新中国成立后为了社会经济建设发展的需要，本区地质工作也迅速开展，地质、冶金、石油、煤炭、建材等系统在本区开展了大量地质普查找矿和勘探工作，先后发现了一批具工业价值的矿产，为本区工业发展提供了矿产资源和能源保障。

随着地方经济建设的高速发展，对矿物原料的需求逐年上升，人均资源占有量严重不足，供需矛盾十分突出。为贯彻落实《国务院关于加强地质工作的决定》中提出的“积极开展矿产远景调查和综合研究，科学评估区域矿产资源潜力，为科学部署矿产资源勘查提供依据”的要求和精神，国土资源部部署了全国矿产资源潜力评价工作，并将该项工作纳入国土资源大调查。

江苏省矿产资源潜力评价由江苏省地质调查研究院组织实施，江苏长江地质勘查院、华东有色地质矿产勘查开发院、江苏省地质矿产调查研究所、江苏省地质资料馆等单位协作。项目总体目标任务是全面开展江苏省矿产资源潜力预测评价，在现有工作程度的基础上基本摸清江苏省矿产资源的“家底”，为矿产资源保障能力和勘查部署决策提供依据。

自2007年6月正式启动以来，项目的各项工作严格按国土资源部、中国地质调查局的技术要求和统一部署进行。根据本区已有地质工作程度、成矿地质背景条件、矿产分布特征，选择煤炭、铁、铜、铅、锌、金、磷、钼、银、硫铁矿、萤石11个矿种开展资源潜力评价工作，累计完成各类图件编制2007张、图件数据库建设1623个，编写图件说明书1623份，编制各类成果报告49份，全面完成了预期的目标任务，取得了丰硕成果。

(1)首次以板块构造理论为基础，编制了江苏省大地构造图，为区域成矿地质作用研究和矿产预测奠定了坚实的地质基础和依据，进一步提高了江苏省区域地质研究程度。

(2)首次系统地利用地质、矿产、物探、化探、遥感、自然重砂等多学科资料，针对铁、铜、金等10个矿种及不同矿床类型，系统地建立了全省35个典型矿床的成矿模式、综合找矿模型和41个预测工作区区域成矿模式及区域找矿模型，丰富和发展了省内区域成矿理论，提升了综合信息矿产预测技术水平。

(3)系统总结了利用重磁组合异常直接判别铁矿异常、金铜多金属矿的控矿要素评价解释方法；利用磁法、化探资料开展了全省铁矿、铜矿的定量预测与研究；利用典型岩石剖面测量成果，采用面积、厚度加权方法获得了全省及三大地质构造单元元素丰度值；采用地质衬值法，编制了全省39个元素地球化学衬值异常图，极大地丰富了金、铜、铅锌、钼等多金属矿找矿信息。

(4)系统地利用地质、物探、化探、遥感、自然重砂等综合信息，全程应用GIS技术进行了全省重要矿产资源潜力评价与预测研究，估算了资源量，圈定了一批重要找矿预测区。

（5）系统对江苏省聚煤规律进行了科学总结，以煤田地质理论为指导，深入开展了全省煤炭资源禀赋规律研究，建立了典型煤田成煤模式；以构造控煤作用研究为核心，揭示不同构造背景煤炭资源的聚集和赋存规律，对指导深部找矿发挥了重要作用。

（6）首次系统建立了江苏省完整的地学数据库，实现了矿产资源潜力预测研究全程信息化、工作手段计算机化，为江苏省矿产资源总体规划和专项规划、找矿突破战略行动以及国土资源“一张图”工程打下了坚实的基础。

江苏省矿产资源潜力评价在基础地质、典型矿床与成矿规律研究、预测方法、数据库建设中取得了一系列创新性成果，总体达到国际先进水平。项目成果是制订江苏省国民经济中长期发展规划，研究制定矿产资源战略，加强宏观调控的重要依据；是科学规划合理部署、努力实现找矿重大新突破、缓解资源瓶颈的基础工作；是发展和推广利用成矿新理论、勘查新技术新方法，促进科研与调查密切结合的重要举措。该项成果的及时转化应用，必将为江苏省社会经济发展、地学研究和地质找矿实现新突破发挥重要作用。

中国工程院院士 [signature]

2017 年 2 月 20 日

前　言

“江苏省重要矿产资源磁测资料应用研究”是“江苏省重要矿产资源潜力评价成果系列丛书”之一。本书依托江苏省及上海市矿产资源潜力评价磁测资料应用主要成果，利用现有的磁测资料，系统研究省级和预测工作区的地质构造、示矿信息，开展磁性矿产资源量预测，为成矿背景和基础地质研究提供磁测资料推断信息，为预测工作区提供与成矿环境有关的推断地质构造图，圈定磁性矿产异常并估算资源量，为江苏省及上海市矿产资源潜力评价提供磁测资料矿产预测要素。对江苏省及上海市磁测资料应用工作进行了总结，与广大地质工作者共同分享。

20世纪50年代江苏省及上海市开始进行航空磁测工作，至1993年1∶2.5万、1∶5万及1∶10万等各种比例尺的航磁工作已基本覆盖全省主要成矿区带。宁镇、宁芜北段、溧水、苏州西部、六合、丰沛、徐州-利国、南通、连云港和东海-新沂等部分成矿区带开展过1∶1万～1∶2.5万地磁测量。在系统收集、整理上述磁测资料的基础上，开展磁测资料数据处理、图件编制和磁测资料应用综合研究。

本书系统总结了矿产资源潜力评价项目磁测资料应用研究的方法技术，筛选出1381个航磁异常，在磁异常定性解释的基础上进行了统一分类、编号，采用磁法体积法对磁性铁矿矿致异常进行了资源量估算，推断了省级和预测工作区地质构造。通过成矿亚带地质背景、相关矿产地分布与磁场特征的分析，结合典型矿床研究成果，总结了铁、铜、铅、锌、银、钼、金、硫、磷以及萤石共10个矿种的地球物理找矿标志。针对全省各远景调查区磁测工作程度，综合江苏省及上海市磁测资料应用综合研究成果，分析了磁性铁矿矿产资源潜力，探讨了预测工作区重点找矿地质构造和有利找矿地区，提出磁测工作部署的建议。

本书文字主要由魏邦顺、盛君分章节完成，其中，关艺晓编写了第六章第一节磁异常分类及分布特征，金永念编写了第七章铜、铅、锌、金、磷矿典型矿床地球物理特征；贾根、来又东、陈焕惠为成矿区带地质背景、地质矿产、典型矿床地质特征的编写提供了资料，相关图件由盛君、关艺晓、张大莲、魏邦顺和金永念编制。全书由魏邦顺统稿。

在整个项目实施过程中得到了中国地质调查局国土资源航空物探遥感中心范正国研究员高级工程师、黄旭钊研究员高级工程师、南京地质调查中心袁平研究员高级工程师、安徽省勘查技术院兰学毅研究员高级工程师的指导和支持，得到江苏省(含上海市)矿产资源潜力评价项目负责人黄建平研究员高级工程师、地质背景研究专题负责人贾根研究员高级工程师、重力研究专题负责人金永念研究员高级工程师、成矿规律研究专题负责人黄震高级工程师、综合信息集成研究专题负责人朱静苹高级工程师的关心和帮助，在此一并表示衷心的感谢！

江苏省重要矿产资源磁测资料应用研究成果是集体智慧的结晶，是技术人员辛勤劳动的成果，由于笔者水平有限，难免有不足之处，恳请读者批评指正。

著　者

2016年12月

目　录

第一章　绪　论

第一节　研究概况

为了有效地总结和提升江苏省矿产资源潜力评价中磁测资料应用成果，根据"全国矿产资源潜力评价"项目办的总体要求和矿产资源潜力评价《磁测资料应用技术要求》的规定，对江苏省及上海市磁测资料应用进行汇总研究，建立相关数据库。

矿产资源潜力评价磁测资料应用汇总研究内容分为资料型汇总研究和综合型汇总研究两大类。

资料型汇总研究：对2007年以来收集和研究形成的资料进行全面的清理、整理及分类，形成一套完整的技术资料。

综合型汇总研究：对铁、铜、铅、锌、金、磷、银、钼、硫和萤石10个矿种的研究成果和省级编图与解释成果进行系统的总结与提炼，形成全国矿产资源潜力评价省级磁测资料应用综合研究成果。

具体包括：编制《江苏省及上海市重要矿种区域磁异常特征图册》；将铁、铜、铅、锌、金、磷、银、钼、硫和萤石10个矿种(组)的矿产地和Ⅳ级成矿区带投影到省级航磁 ΔT 等值线平面图、航磁 ΔT 化极等值线平面图和航磁 ΔT 化极垂向一阶导数等值线平面图上，进而按Ⅳ级成矿区带总结、研究各个矿种(组)的磁场特征、分布规律，结合已知矿产地的分布特征，总结找矿标志。

总结、分析矿产资源潜力评价中磁法应用效果，包括江苏省及上海市磁法推断地质构造在铁、铜、铅、锌、金、磷、银、钼、硫和萤石10个矿种矿产资源潜力评价中发挥的作用，由磁异常估算磁性铁矿资源量以及磁性铁矿资源潜力分析等，编制《江苏省及上海市矿产资源潜力评价磁测资料应用综合研究成果报告》。

第二节　主要研究成果

一、工作完成情况

(1)完成13个航磁工作区1∶5万～1∶100万剖面数据(包括了19个剖面数据文件)和省级1∶20万航磁网格数据的入库工作；将1979年连云港-泗洪地区(26 824.5km^2)及1978年扬州—南通地区(10 450.34km^2)冶金1∶5万航磁 ΔT 平面等值线进行数字化，形成网格数据文件；在对大比例尺地磁资料进行评估筛选的基础上，选择11份1∶1万～1∶2.5万地面磁测纸质报告资料通过MapGIS矢量化后进行数字化转换，面积合计约3500km^2，形成文本文件，为矿产资源潜力评价提供了磁法基础数据。

(2)编制了1∶50万江苏省及上海市航磁工作程度图、地磁工作程度图、航磁 ΔT 等值线平面图、航磁 ΔT 化极等值线平面图和航磁 ΔT 化极垂向一阶导数等值线平面图省级航磁基础图件共5张。编制了1∶50万江苏省及上海市磁法推断磁性矿床分布图、磁异常分布图和磁法推断地质构造图省级成果图件共3张。

(3)编制了14个预测工作区范围磁法基础图件和成果图件,预测工作区范围磁法基础图件包括1∶25万、1∶5万航磁 ΔT 等值线平面图、航磁 ΔT 化极等值线平面图和航磁 ΔT 化极垂向一阶导数等值线平面图;6个有地磁资料的地区,还编制了1∶5万地磁 ΔZ 等值线平面图、地磁 ΔZ 化极等值线平面图和地磁 ΔZ 化极垂向一阶导数等值线平面图;预测工作区磁法成果图件包括11个铁矿预测工作区1∶5万磁法推断磁性矿产分布图(其中盱眙预测工作区无已知/推断磁性矿产)、12个铁矿预测工作区1∶5万磁异常范围分布图、14个预测工作区范围磁法推断地质构造图,为矿产资源潜力评价提供了磁测资料矿产预测要素。

按"一图一库"的原则建立了省级、预测工作区所有图件的数据库,编写了该类图件的编图和数据库说明书。

(4)编制了35个铁、铜、铅、锌、金、磷、银、钼、硫和萤石矿典型矿床重磁系列图,包括典型矿床所在区域、地区、位置地质矿产及物探剖析图,典型矿床勘探剖面(或概念模型)图,总结了各典型矿床地质地球物理特征,为矿产预测提供了预测要素信息,为铁矿矿致异常的筛选提供了依据。文中选取部分典型矿床重磁异常特征图进行分析说明。

二、主要成果

(1)在收集利用前人磁测资料解释成果的基础上,重点对预测工作区磁异常进行了全面推断解释,推断并圈定隐伏岩体、断裂、火山构造、火山岩地层、变质岩地层和磁性蚀变带等要素,14个预测工作区共推断断裂构造175条,其中隐伏138条、半隐伏37条;推断火山构造11个,其中隐伏5个、半隐伏6个;推断侵入岩体237个,其中隐伏147个、半隐伏89个、出露1个;推断火山岩地层75处,其中隐伏41处、半隐伏28处、出露6处;推断变质岩地层76处,其中隐伏45处、半隐伏15处、出露16处;推断磁性蚀变带17个,其中隐伏7个、半隐伏10个。

(2)结合预测工作区推断解释结果,编制了省级推断地质构造图,其中共推断断裂构造43条、火山构造1个、侵入岩体125个、火山岩地层16处、变质岩地层3处,为地质构造编图提供了参考资料。

(3)江苏省及上海市共筛选1381个航磁异常并进行了分类编号,其中甲类异常67个,乙类异常134个,丙类异常311个,丁类异常869个。

通过磁异常筛选与定性解释,确定铁矿(已知及推断铁矿)矿致航磁异常有66个,主要利用地磁(无地磁资料地区用航磁)数据,采用重磁电数据处理软件2.5D人机交互拟合方法进行磁性矿产资源量估算,累计估算铁磁性矿体资源量137 827.2×10^4t,其中已查明铁磁性矿产资源储量74 486.7×10^4t,磁性矿产预测资源量63 340.5×10^4t,对预测资源量分别按方法、精度、延深、矿床预测类型进行了分类统计,分析了预测资源量可信度,明确了参与磁性矿产资源量估算的各参数依据。

(4)通过对江苏省及上海市6个Ⅳ级成矿带(区)地质背景、相关矿产地分布与磁场特征的分析,结合典型矿床研究结果,总结了铁、铜、铅、锌、银、钼、金、硫、磷以及萤石共10个矿种的地球物理找矿标志，提出了预测工作区重点找矿地质构造和有利找矿地区，分析了省级磁性铁矿资源潜力。

(5)从磁法直接找矿和间接找矿两个方面，论述了本轮矿产资源潜力评价中磁测资料的应用效果和发挥的作用，针对全省各远景调查区磁测工作程度以及地质、地球物理特征，综合本次预测成果，提出了中大比例尺磁测工作部署建议及部分重要局部磁异常综合研究及查证建议。

(6)本次预测成果对于发现重要矿化线索、划分重要找矿靶区发挥了重要作用，并在江苏镇江宝华山-巫岗铁铜矿远景调查、江苏溧水铁铜矿远景调查、南京市云台山富而岗地区硫铁矿普查等项目找矿工作中取得了显著的效果。

第二章　磁测资料概况

第一节　磁测工作程度

20世纪50年代以来，针对不同时期矿产勘查工作，原地质矿产部航空物探队、冶金航测队和江苏省航测队在江苏省及上海市范围内开展过多次、不同区域、不同比例尺（1∶2.5万～1∶100万）的航磁测量，现将收集到的航磁资料（含工作年代、工作比例尺、航磁平均飞行高度、资料质量等）列于表2-1，由航磁工作程度图（图2-1）看：目前≥1∶20万航空磁测覆盖江苏省及上海市，上海地区1990年开展过1∶10万航磁测量，江苏省2/3地区（除苏中地区外）已开展过≥1∶5万航磁测量。

表2-1　江苏省及上海市航磁资料一览表

序号	资料名称	工作年代	工作比例尺	资料精度(nT)	航磁平均飞行高度(m)	资料来源
1	长江中下游地区航空物探结果报告	1957年	1∶10万	南京：22.0		地矿部航测大队902队
2	皖浙地区航空物探结果报告	1958年	1∶20万			地矿部航测大队905队
3	山东中部及东部地区航空磁测报告	1959年	1∶10万			地矿部航测大队902队
4	太湖地区航空物探初步报告	1960年	1∶10万 1∶20万			地矿部航测大队902队
5	江苏平原航空磁测结果报告	1960年	1∶20万	14.0		地矿部航测大队904队
6	皖苏北地区航空物探工作结果报告	1960年	1∶10万 1∶20万	29.0		地矿部航测大队902队
7	长江下游地区航空磁测报告	1960年	1∶2.5万	杂乱磁场区：103.0； 平稳磁场区：30.0		地矿部航测大队综一综合队
8	苏北新沂地区航空物探结果报告	1972年	1∶5万	异常区：15； 平稳磁场区：35.0	90～100	地矿部航测大队902队
9	上海地区航空物探结果报告	1972年	1∶20万		100	地矿部航空物探总队
10	江苏省南部地区航空磁测报告	1973年	1∶2.5万	23.0	80～120	冶金部物探公司航测大队

续表 2-1

序号	资料名称	工作年代	工作比例尺	资料精度(nT)	航磁平均飞行高度(m)	资料来源
11	微山湖地区航空磁力测量成果报告	1974 年	1∶5 万	3.5	60～90	国家地质总局航空物探大队 904 队
12	1975 年徐州—蚌埠地区航空磁测工作报告	1975 年	1∶2.5 万	19.2	80～150	冶金部物探公司航测大队
13	江苏省苏州北部地区航空物探结果报告	1975 年	1∶5 万	13.7	70～95	浙江省物探大队航测队
14	江苏省常州—苏州地区航空物探磁测结果报告	1977 年	1∶2.5 万	13.0	60～150	冶金部物探公司航测大队
15	江苏省六合—盱眙地区航磁普查报告	1978 年	1∶5 万	5.1	100～200	地矿部航空物探总队
16	江苏省六合—盱眙地区航磁普查报告(附连云港地区航磁结果说明书)	1978 年	1∶5 万	5.1	100	地矿部航空物探总队
17	江苏省扬州—南通地区航空磁测成果报告	1978 年	1∶2.5 万 1∶5 万	6.2	80～100	冶金部物探公司航测大队
18	1979 年江苏省连云港—泗洪地区航空磁测工作报告	1979 年	1∶5 万	6.6	60～80	冶金部物探公司航测大队
19	下扬子地区构造航磁结果报告	1984 年	1∶100 万	2.9	长江以南:2100; 长江以北:700	地矿部航空物探总队
20	贾汪(苏)—台儿庄(鲁)地区航空物探综合站普查金伯利岩结果报告	1985 年	1∶5 万	2.5	76.8	地矿部航空物探总队
21	江苏省连云港地区航空物探成果报告	1986 年	1∶10 万	2.4	30°航线:71.9; 300°航线:75.9	地矿部航测总队
22	江苏中部地区高精度航空磁测成果报告	1987 年	1∶20 万	3.2	平原:150; 宁镇:200	地矿部航空物探遥感中心
23	江苏省苏州地区航空磁力测量成果报告	1988 年	1∶5 万	2.4	98	地矿部航空物探遥感中心
24	江苏省泰州—黄桥地区高精度航磁在油气勘探中的应用研究	1989 年	1∶5 万	2.0	90	地矿部航空物探遥感中心
25	上海地区航空物探(磁)勘查成果报告	1990 年	1∶10 万	1.9	450.0	地矿部航空物探遥感中心
26	江苏苏南地区航空物探(磁)勘查成果报告	1993 年	1∶5 万	溧水-溧阳:1.9; 南京-镇江:3.0	127.8 131.3	地矿部航空物探遥感中心

宁镇、宁芜北段、溧水、苏州西部、六合、丰沛、徐州-利国、南通、连云港和东海-新沂等部分成矿区带开展过 1∶1 万～1∶2.5 万地磁测量,资料情况见表 2-2,其分布见江苏省及上海市地磁工作程度图(图 2-2)。

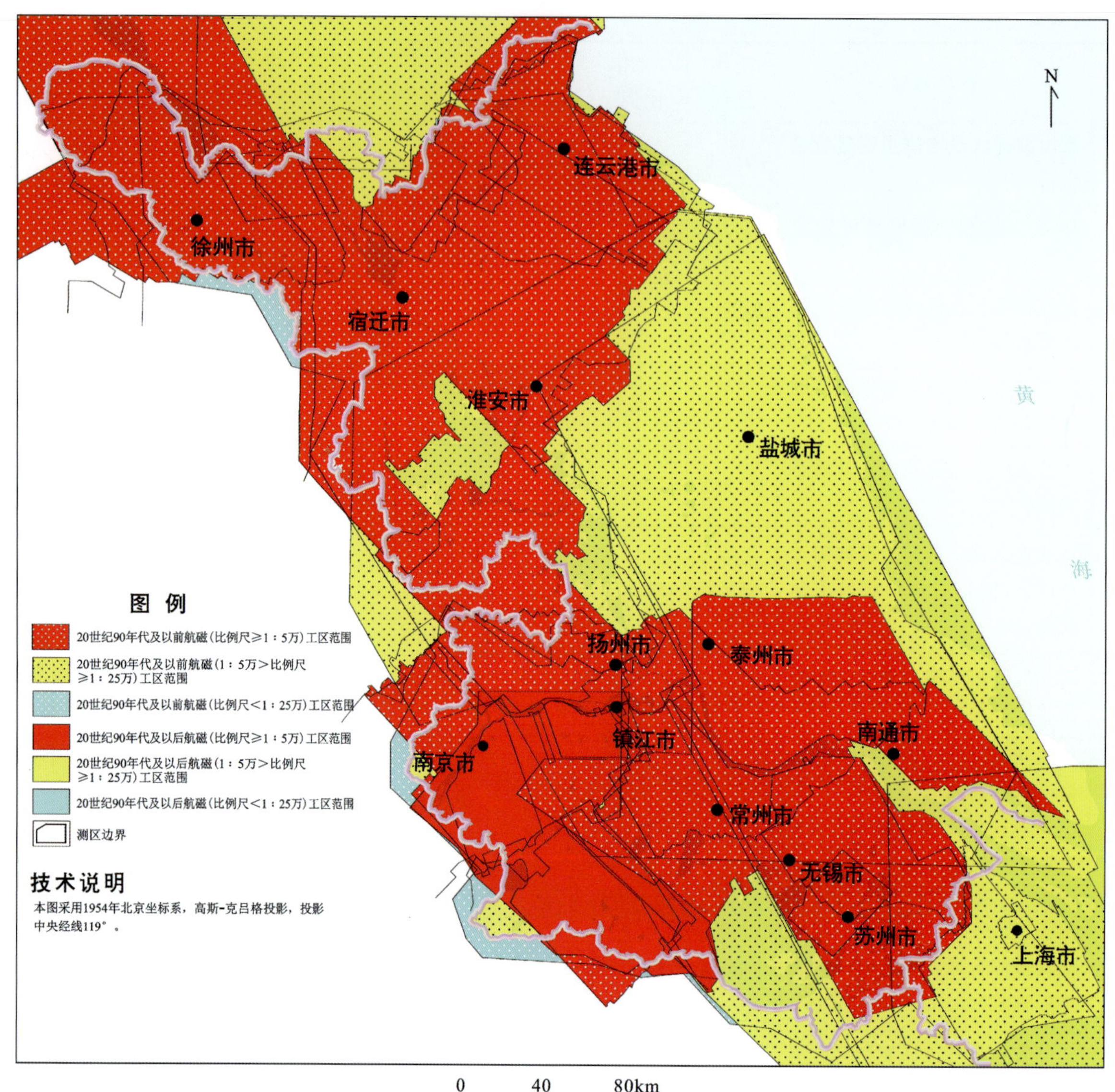

图 2-1　江苏省及上海市航磁工作程度示意图

表 2-2　江苏省及上海市地磁资料一览表

序号	资料名称	工作年代	工作比例尺	资料精度(nT)	资料来源
1	江苏省六合县冶山地区磁异常综合研究报告书	1972 年	1∶1 万	异常可靠，成果较好	江苏省冶金地质勘探公司 814 队
2	江苏省溧水地区物化探总结报告	1978 年	1∶1 万	5.5	江苏省物探队
3	江苏省铜山县利国地区铁矿普查 1978 年物探工作总结报告	1978 年	1∶1 万	8.9	江苏省物探队
4	江苏省丰沛地区物探工作成果报告	1978 年	1∶1 万	8.4	江苏省物探队
5	江苏省赣榆县武强山测区磁法工作小结	1979 年	1∶2.5 万	3.6	江苏省地质六队
6	江苏省宁镇地区磁测找铁综合研究报告	1981 年	1∶1 万	7.4～29.2	江苏省物探队
7	江苏省海门县王浩测区物探工作报告	1981 年	1∶1 万	7.7	江苏省物探队

续表 2-2

序号	资料名称	工作年代	工作比例尺	资料精度(nT)	资料来源
8	江苏省南京南部地区物化探普查工作报告	1984 年	1∶1 万	12.5	冶金部华东冶金地质勘探公司 814 队
9	江苏省南京市栖霞山测区物化探普查工作报告	1985 年	1∶1 万～1∶2 万	5.5	冶金部华东冶金地质勘探公司 814 队
10	江苏省新沂-东海物化探普查工作总结报告	1985 年	1∶2 万	7.0	江苏省物探队
11	江苏省苏州西部测区物化探工作报告	1986 年	1∶1 万	5.5	冶金部华东冶金地质勘探公司 814 队

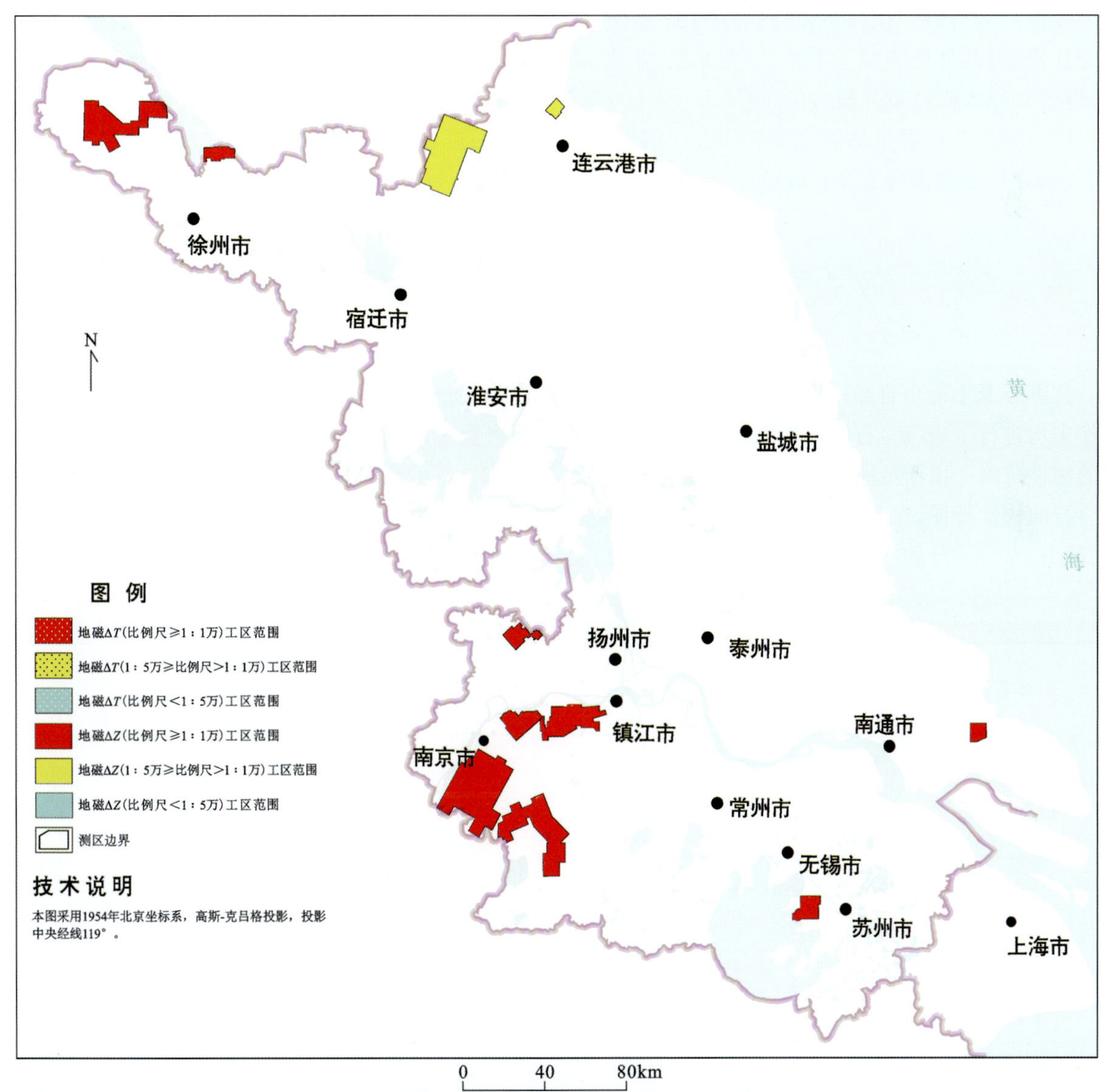

图 2-2　江苏省及上海市地磁工作程度示意图

1997 年，地质矿产部航空物探遥感中心将其完成的江苏省 1∶100 万、1∶20 万和 1∶5 万航磁测量成果建立了江苏省“省级航磁数据库管理系统”。

第二节　使用磁测资料概况

矿产资源潜力评价磁测资料应用过程中，按《磁测资料应用技术要求》对以往磁测资料进行评估、分析与取舍，原则上选择比例尺大、精度高和年代晚的资料。

省级航磁基础图件的编制利用航遥中心下发的 2km×2km 航磁网格化数据；省级磁异常分布图以 1983 年江苏省物探队异常管理组“江苏省航磁异常一览表”、1992 年航空物探遥感中心《上海地区航空物探（磁）勘察成果报告》航磁异常一览表为基础，此外还参考了区内年代较新的航磁工区成果资料。

预测工作区磁测基础图件、成果图件以及典型矿床研究中物探剖析图的编制主要利用航遥中心下发的 5 份 1∶5 万航磁工区剖面数据（表 2-1 序号中 11、15、23、25、26），2 份冶金 1∶5 万航磁报告中 ΔT 平面等值线进行数字化网格数据（表 2-1 序号中 17、18），以及上述相应航磁报告成果资料及航磁异常地面查证资料；此外还利用了宁镇、宁芜北段、溧水、苏州西部、六合、丰沛、徐州-利国、南通、连云港和东海-新沂等部分成矿区带开展过的 1∶1 万～1∶2.5 万地磁测量成果资料（见表 2-2）。

铁磁性矿产资源量估算主要利用大比例尺地磁（无地磁资料地区用航磁工区剖面）数据，所用磁测成果、物性等主要参考表 2-2 地磁资料中相关内容。

第三节　岩（矿）石磁性资料概况及特征

江苏省及上海市自 20 世纪 50 年代至今先后共有多家科研部门和生产单位开展过物探工作，在历次工作中均进行了岩（矿）石的物性测定工作，从而为本次矿产资源潜力评价工作磁测资料的应用积累了丰富的物性资料。由于范围较大，构造复杂，不同地区其岩（矿）石的磁性变化大，为了系统地分析全区岩（矿）石的物性特征，在收集前人所测物性资料的基础上，进行筛选和整理。对宁镇、宁芜、宜溧、苏州、上海、冶山、六合—盱眙、连云港和徐州等地区分别编制了岩（矿）石物性磁参数统计表（表 2-3～表 2-14）。

表 2-3　宁镇地区矿石磁性参数统计表

矿石名称	块数	κ（$\times10^{-5}$SI）		J_r（$\times10^{-3}$A/m）		Q
		变化范围	平均值	变化范围	平均值	J_r/J_i
磁铁矿	674	1380～526 260	101 480	1100～90 500	33 600	0.8
磁黄铁矿	88	940～41 200	26 380	610～448 000	11 200	1.0
镜铁矿	35	140～232 360	41 450	610～68 000	24 800	1.5
赤铁矿	108	30～2760	190	20～1400	140	
褐铁矿	157	40～730	90	30～690	90	
黄铁矿	12	130～840	180	30～210	60	
铅锌矿	5		0		0	
黄铜矿	12		0		0	
铜钼矿	22		0		0	

表 2-4　宁镇地区岩石磁性参数统计表

岩类	岩石名称	块数	$\kappa(\times10^{-5}\mathrm{SI})$		$J_r(\times10^{-3}\mathrm{A/m})$		Q	采集地点	备注
			变化范围	平均值	变化范围	平均值	J_r/J_i		
侵入岩	辉长岩	369	150～63 430	12 560	590～18 000	5400	1.1	蒋王庙	
	石英闪长岩类	100	0～3640	1510	0～490	100	0.2	其林门杂岩体	77 块无磁
	石英(花岗)闪长斑岩类	376	40～11 620	1630	29～17 900	190	0.3	安基山杂岩体	181 块无磁
	石英二长岩及花岗闪长斑岩类	476	280～11 930	2640	20～4400	220	0.2	高资杂岩体	228 块无磁
	石英二长岩及花岗闪长岩类	817	20～8040	1510	15～18 000	270	0.1		310 块无磁
	花岗岩	311	450～2890	1380	20～550	160	0.3		74 块无磁
	石英闪长岩及斑状石英二长岩类	335	20～14 190	1510	20～16 100	220	0.4	石马杂岩体	195 块无磁
	石英闪长斑岩类	45		700		110	0.4	镇江岩体	
火山岩	玄武岩	3	2500～153 230	8040	6650～19 500	11 200	3.6	上党地区	
	安山玄武岩	4	140～1130	750	460～17 800	4390	14.7		
	安山角砾岩	45	30～2850	630	120～3600	2100			
	安山岩	46	0～1860	500	150～2310	1200	6.2		
	粗面岩	80	0～1040	160	110～1330	460	7.2		
	凝灰岩	90		210	200～1050	560	6.6		
沉积岩及其他岩石	砾岩	67		0		0			部分弱磁
	砂岩	289		0		0			部分弱磁
	页岩	175		0		0			部分弱磁
	灰岩	445		0		0			部分弱磁
	大理岩	353		0		0			部分弱磁
	角岩	118		0		0			部分弱磁
	矽卡岩	206	30～9780		20～8600	30			部分弱磁
	磁铁矿化大理岩	11	13 440～89 550	31 150	1400～17 300	4000			
	磁铁矿化矽卡岩	448	30～286 370	9420	20～95 400	3900			

表 2-5　宁芜地区矿石磁性参数统计表

矿石名称	$\kappa(\times10^{-5}\mathrm{SI})$		$J_r(\times10^{-3}\mathrm{A/m})$		Q
	变化范围	平均值	变化范围	平均值	J_r/J_i
磁铁矿	240～1 237 310	73 780	60～816 000	8220	0.28
贫磁铁矿	2380～118 320	21 350	260～40 500	4850	0.58
假象赤铁矿	0～101 740	6280	0～46 000	900	0.37
磁黄铁矿	0～79 630	3730	微磁～18 800	2680	1.83
赤铁矿	0～63 180	680	0～18 300	260	0.98
菱铁矿		微磁		微磁	
黄铁矿		无磁		无磁	

表 2-6 宁芜地区次火山岩及侵入岩磁性参数统计表

岩石名称	块数	$\kappa(\times10^{-5}SI)$		$J_r(\times10^{-3}A/m)$		Q	采样地点
		变化范围	平均值	变化范围	平均值	J_r/J_i	
辉石闪长玢岩	399	0～137 820	440	0～19 050	190	1.10	梅山、吉山、凤凰山、卧儿岗、皇姑山
辉石闪长玢岩	245	0～27 130	3890	0～27 200	1260	0.82	牛首山、吉山、东善桥、铁心桥
闪长玢岩	604	0～37 550	400	0～20 350	220	1.36	麒麟山、牛首山、陶吴、吉山、凤凰山、铁心桥、龙王山
辉石安山玢岩	51	0～4870	150	0～18 600	110	1.86	梅山
安山玢岩	119	微磁～4750	580	微磁～7190	320	1.41	吉山、莺子山、铁心桥、横溪
角闪安山玢岩	245	0～12 690	1290	0～9510	820	1.61	吉山
石英闪长玢(斑)岩	89		微磁		微磁		皇姑山、东山镇
花岗二长岩	32	微磁～17 960	740	微磁～1980	200	0.69	龙王山
二长花岗岩	40		微磁		微磁		
石英闪长岩	6		微磁		微磁		东善桥
闪长岩	58	0～25 460	3710	0～6070	450	0.31	皇姑山、东山镇、莺子山、龙王山
辉石闪长岩	181	0～52 920	4020	25～12 520	680	0.43	凤凰山、东善桥
辉石闪长岩	231	0～26 630	460	0～60 600	170	0.39	梅山、麒麟山

表 2-7 宁芜地区岩石磁性参数统计表

地层代号	岩石名称	块数	$\kappa(\times10^{-5}SI)$		$J_r(\times10^{-3}A/m)$		Q	采集地点
			变化范围	平均值	变化范围	平均值	J_r/J_i	
N_2f	玄武岩	27	140～2750	930	510～29 990	3080	8.44	陶吴、方山
J_3d	辉石安山岩	173	0～11 270	130	0～2660	100	2.03	梅山
	黑云母辉石安山岩	42	0～3640	360	0～4100	530	3.75	
	角闪石安山岩	27	0～2630	180	0～4400	380	5.47	
	黑云母粗斑安山岩	104	0～3670	180	0～1070	100	1.45	
	角闪辉石安山岩	87		微磁		微磁		
	石英安山岩	66	0～8770	670	0～8000	160	0.61	
	安山岩	183	0～6820	650	0～4270	320	1.25	梅山、卧儿岗
	粗面安山岩	17		微磁		微磁		龙王山
	火山角砾岩	25	0～7410	990	0～600	100	0.26	梅山
	安山角砾岩	25	0～4600	440	0～2090	180	1.04	梅山、吉山、皇姑山、莺子山
	凝灰角砾岩	191	0～7160	360	0～7020	170	1.19	梅山
	凝灰岩	41	0～4560	110	0～3560	70	1.58	梅山、吉山、皇姑山、龙王山
	凝灰质砂岩	36		微磁		微磁		
J_3l	辉石安山岩	345	0～11 190	870	0～7500	510	1.50	凤凰山、麒麟山、牛首山、东善桥
	安山岩	465	0～10 590	290	0～19 170	240	2.12	麒麟山、牛首山、吉山、横溪、铁心桥
	安山岩	118		微磁		微磁		陶吴、云台山、吉山、皇姑山
	安山集块角砾岩	81	410～6380	2190	110～5600	680	0.80	吉山
	火山角砾岩	96	0～4310	380	0～4680	170	1.15	麒麟山、凤凰山、铁心桥、东善桥

续表 2-7

地层代号	岩石名称	块数	κ(×10^{-5} SI)		J_r(×10^{-3} A/m)		Q	采集地点
			变化范围	平均值	变化范围	平均值	J_r/J_i	
J_3l	凝灰角砾岩	210	0～20 170	590	0～21 520	290	1.25	凤凰山、吉山、东善桥、铁心桥
	凝灰角砾岩	90		微磁		微磁		牛首山、云台山
	凝灰岩	142	0～24 530	480	0～6160	260	1.39	麒麟山、凤凰山、吉山、铁心桥
	凝灰质砂岩	33	0～6290	530	0～3720	400	1.93	麒麟山、铁心桥
	角砾岩	34		微磁		微磁		陶吴

表 2-8　宜溧地区岩(矿)石磁性参数统计表

矿石名称	κ(×10^{-5} SI)		J_r(×10^{-3} A/m)	
	变化范围	平均值	变化范围	平均值
磁铁矿	73 730～275 690	178 310	83 300～3 070 000	483 500
镜铁矿	0	0	0	0
黄铁矿	0	0	0	0
闪长玢岩	0～11 380	6240	0～1250	740
石英闪长玢岩	0～7810	4460	0～3330	330
辉石闪长玢岩	0～19 270	10 680	0～8200	1040
花岗闪长玢岩	0～4770	1290	0～8960	4130
石英斑岩	0	0	0	0
正长斑岩	0～350	280	0～170	120
安山玢岩	0～490	280	0～1270	550
石英粗面岩	0～790	350	0～710	280
安山岩	0～430	250	0～460	190
辉石安山岩	180～4610	1650	510～5440	1450
角砾安山岩	0～14 970	3130	0～15 610	710
流纹岩	0～1060	680	0～1800	420
角砾凝灰岩	0	0	0	0
粗面岩	0～20 660	1430	0～45 800	1030
蚀变粗面岩	0～260	230	0～610	220
粗安岩	0～3880	1160	0～2900	610

表 2-9　苏州地区岩(矿)石磁性参数统计表

岩石名称	κ(×10^{-5} SI)	J_r(×10^{-3} A/m)	分布概况
砂岩、大理岩、灰岩	0	0	
矽卡岩	500～19 300	1600～15 900	
次玄武岩	5100	4900	

续表 2-9

岩石名称	$\kappa(\times10^{-5}SI)$	$J_r(\times10^{-3}A/m)$	分布概况
煌斑岩	7700	2200	青山、鸡爪山
石英正长斑岩	1800	500	城隍山、虎窝里
花斑岩	100		乃泥山—阳巴山
中细粒黑云母花岗岩	0		木渎向斜核部
粗粒黑云母花岗岩	500		
辉绿玢岩	7000	2900	城隍山、虎窝里、玉龙山
闪长玢岩	4700	1300	白洋湾—虎丘
二长花岗斑岩	2100	200	真山通安—虎窝里，城隍山
二长花岗岩	4400	500	金墅、越溪—西塘村
含角闪黑云母花岗岩	200		木渎向斜核部
石英二长闪长玢岩	4000	600	哑子桥
花岗斑岩	0		凤凰山—光福—玉屏山一带
磁铁矿石	187 000	41 900	
铅锌矿铁矿石	100 500	38 000	
黄铁矿(磁)石	29 100	14 600	
赤铁矿石	93 000	17 800	
镜铁矿石	3100	300	
铅锌矿石	100		

表 2-10 上海地区岩(矿)石磁性参数统计表

地质年代	岩矿石名称	标本数	磁化率 $\kappa(\times10^{-5}SI)$	剩磁 $J_r(\times10^{-3}A/m)$	采集地点
新生代	第四系	73	<100	无磁	全市郊区
	玄武岩	69	2150	3060	川沙
	红色砂岩	7	<100	无磁	角直
中生代	泥岩、砂岩	78	<100	无磁	马桥
	砂岩	31	<100	无磁	松江
	中酸性凝灰岩、熔岩	325	1080	240	市区庄行
	安山岩、英安岩	780	2860	1040	川沙、查山
	流纹斑岩	171	1470	490	松江、庄行
	长石、石英砂岩	29	740	740	张堰、界山
	辉石安山岩	166	2690	1720	查山钱圩
早古生代	灰岩	17	0	无磁	市区
	大理岩	200	<100	<100	市区
	微晶灰岩	150	<100	<100	市区
	粉砂质泥岩	40	<100	<100	庙镇
	砂岩	22	<100	无磁	庙镇

续表 2-10

地质年代	岩矿石名称	标本数	磁化率 κ($\times 10^{-5}$ SI)	剩磁 J_r($\times 10^{-3}$ A/m)	采集地点
新元古代	大理岩	134	0	无磁	坦直
	白云质灰岩	124	0	无磁	齐贤桥
古元古代	石英片岩	27	0	无磁	周浦
	绢云母片岩	19	0	无磁	南汇
	黑云母角闪片岩	337	5510	6160	周浦
	变粒岩	26	5120	11 260	赵家宅
	长石角闪片岩	12	15 240	17 000	库里
	角岩	188	5790	1350	张堰
侵入岩	石英斑岩	47	0	无磁	查山朱行
	正长斑岩	123	1380	160	查山松江
	花岗斑岩	102	2230	850	康家宅
	花岗岩	67	1240	250	崇明
	花岗闪长岩	682	3700	410	界山肖塘
	闪长岩	350	3700	500	奉贤
	石英闪长岩	176	4320	350	坦直、川沙
	辉石闪长岩	497	6480	2740	周浦
	辉长岩	164	7610	3740	周浦
	角闪玢岩	31	5860	1570	张堰
	辉绿岩	83	4970	850	界山
	磁铁矿	106	128 520	62 650	界山、张堰
	含铁矽卡岩	11	44 850	33 710	张堰

表 2-11　冶山地区岩(矿)石磁性统计表

岩石名称	块数	κ($\times 10^{-5}$ SI)		J_r($\times 10^{-3}$ A/m)	
		变化范围	平均值	变化范围	平均值
磁铁矿	9	33 427～237 504	117 119	3700～29 600	14 600
矿化矽卡岩	8	2199～9877	5542	410～2450	1200
磁铁矿化辉长岩	63	1885～11 662	3707	100～4290	1170
矿化大理岩	7	13 961～62 895	27 168	940～8750	2190
蚀变闪长岩	123	0～3179	704	0～2140	140
蚀变正长岩	55	0～1797	779	0～640	180
花岗闪长岩	12	628～3870	1131	10～730	270
闪长玢岩	14	0～3393	817	0～7220	1390
玄武岩	117	0～103 170	2915	0～232 000	6670
粗面玄武角砾熔岩	16	4072～9927	7163	120～11 860	1570

续表 2-11

岩石名称	块数	$\kappa(\times 10^{-5}$ SI)		$J_r(\times 10^{-3}$ A/m)	
		变化范围	平均值	变化范围	平均值
粗面玄武角砾岩	64	0～8985	1759	0～10 400	460
粗面玄武岩	75	2865～9048	4775	0～7600	760
蚀变粗面玄武岩	67	4775～11 812	6786	0～5340	740
安山岩	54	0～24 278	2802	0～32 770	1850
二长岩	18	101～1558	440	50～480	200
云母辉长岩	8	415～2312	1005	170～2710	470
石英岩	14	302～1345	0	0	0
辉绿岩	8	302～1345	540	430～1200	780
黑云母辉石闪长岩	192	565～10 179	3142	450	
灰岩、白云岩	69		0	0	0

表 2-12　盱眙地区岩(矿)石磁性统计表

岩石名称	块数	$\kappa(\times 10^{-5}$ SI)		$J_r(\times 10^{-3}$ A/m)		采集地点
		变化范围	平均值	变化范围	平均值	
花岗闪长斑岩	22	704～3154	2212	40～1300	210	李家岗钻孔
花岗斑岩	77	0～1885	641	0～1000	250	李家岗钻孔
花岗斑岩	41	0～126	63	0～200	40	李家岗钻孔
蚀变辉长岩	3	3695～11 938	7037	47 500～172 000	105 000	照面山
煌斑岩	13	2312～10 053	4775	230～3000	1050	李家岗钻孔
辉绿岩	25	126～1382	478	100～1100	410	王营钻孔
磁黄铁矿	4	3770～10 053	6509	4000～14 000	7900	王营钻孔
角岩	162	0～12 566	2476	100～11 100	2770	李家岗钻孔
千枚岩	56	63～25 133	6535	400～14 000	7900	王营钻孔
千枚岩	7		0	0～700	100	王营钻孔
矽卡岩	29	0～251	63	0～600	110	李家岗钻孔
大理岩	56	0～503	44	0～500	90	李家岗钻孔
灰岩(矿化)	84	0～503	176	0～1100	440	李家岗钻孔
辉绿岩	7	427～1433	892	330～2310	760	盱眙
橄榄玄武岩	30	402～2011	1118	200～2300	460	盱眙
气孔玄武岩	11	251～2312	1194	790～10 560	5220	盱眙
橄榄玄武岩	18	0～1382	478	800～8470	1700	盱眙
气孔玄武岩	8	427～1169	817	1620～8910	3660	盱眙

表 2-13 连云港地区岩石磁性参数统计表

岩石名称	块数	$\kappa(\times10^{-5}$ SI)		$J_r(\times10^{-3}$ A/m)		Q	备注
		变化范围	平均值	变化范围	平均值	J_r/J_i	
斜长花岗岩	10	3305～5517	3620	80～800	280	0.2	
二长花岗岩	54	50～4147	1360	30～970	320	0.6	
闪长岩	20	1043～7703	2610	150～1400	520	0.5	
石英斑岩	21	377～3179	880	490～860	650	1.9	
砂岩	15						无磁
片麻岩	190	276～5517	830	30～3710	130	0.4	
蛇纹岩	36	1985～8985	2500	1730～10 170	4220	4.3	
榴辉岩	23	829～2677	1480	90～12 440	1990	3.5	
石英岩	22						无磁
变粒岩	11						无磁—微磁
构造角砾岩	6						无磁
碎裂岩	86	63～2476	450	30～540	120	0.7	
碎裂状混合岩	5		380		120	0.8	
碎裂二长花岗岩	131	452～4587	1290	90～800	250	0.5	
花岗岩	30						无磁—微磁
玄武岩(新生代)	11	1197～13 743	1260～6300				1986 年连云港航磁报告
磁铁矿	29	7665～31 416	12 000	7600～550 400	44 600		1981 年六合—盱眙航磁报告

表 2-14 徐州-利国地区岩石磁性参数统计表

岩石名称	$\kappa(\times10^{-5}$ SI)	$J_r(\times10^{-3}$ A/m)	地 区
安山岩	6786～10 430	1192	江苏潘塘
混合花岗岩	666		徐州地区
混合片麻岩	1244		徐州地区
角闪黑云母片麻岩	8847		徐州地区
闪长岩	4137	1452	江苏沛县郝小楼
闪长玢岩	4616	3020	江苏班井
矽卡岩	985	623	江苏班井
闪长岩	6283	1000～2000	江苏魏老家
辉长辉绿岩	7194		江苏埠上
石英闪长岩	3770		徐州利国
砂岩、页岩、灰岩	0	0	徐州地区
石灰岩	0	0	徐州地区
赤铁矿	0	0	江苏魏老家
磁铁矿	62 832～125 664		徐州利国

一、沉积岩的磁性及磁场特征

沉积岩一般不具有磁性，硅化、大理岩化和角岩化等部分呈微弱磁性，因此，在沉积厚度较大的地区往往形成平缓的磁场。

二、侵入岩及次火山岩的磁性特征

从物性统计结果可以看出，侵入岩的磁性由基性—中酸性—酸性依次减弱，由于范围较大，即使是同一岩性，磁性也具有一定差异，如宁镇地区的花岗岩κ平均1380×10^{-5}SI，J_r平均170×10^{-3}A/m，而宁芜地区的花岗岩类磁性较弱。中酸性侵入岩以感磁为主，其Q值均小于1，一般为0.2～0.4，基性侵入岩的感磁与剩磁相当，Q值在1左右。

侵入岩具中等以上磁性，能引起数百纳特乃至上千纳特的航磁异常。当岩体埋藏深度较大时，ΔT曲线低缓，异常形态较规则，若岩体局部出露地表或埋藏较浅时，则可能引起跳跃而形态不规则的异常。

次火山岩磁性具有不均匀的特点，因地区而异，宜溧地区辉石闪长玢岩κ平均$10\ 680\times10^{-5}$SI，J_r平均1040×10^{-3}A/m，闪长玢岩κ平均6240×10^{-5}SI，J_r平均740×10^{-3}A/m，宁芜地区辉石闪长玢岩κ一般为$(440\sim3890)\times10^{-5}$SI，$J_r$一般在$(190\sim1260)\times10^{-3}$A/m之间变化。次火山岩$Q$值一般均大于1，在磁场图中一般均形成较强的磁异常。

三、火山岩的磁性及磁场的特征

火山岩的磁性极不均匀，各类岩性参数变化很大，由微磁到中等强度，即使是同一岩性，其磁性参数变化范围也较大，有时最大值可以是平均值的数百倍。从其岩性的磁性参数来看，熔岩类的磁性大于火山碎屑岩类岩石，但差值不大。

矿化对火山岩磁性的影响不一，磁铁矿化后，火山岩的磁性明显增强，经黄铁矿化等作用的火山岩磁性无变化，矿化后的火山岩Q值多数小于1，各类蚀变对火山岩的磁性影响不大，火山岩以剩磁为主，其Q值多数大于1。

第三系（古近系＋新近系）方山组（N_2f）玄武岩分布地区，如宁镇地区、江宁方山地区、长江以北一带，埋藏浅或出露地表，磁化率κ平均930×10^{-5}SI，J_r平均3080×10^{-3}A/m，Q值可达8.44，具中等磁性，磁异常呈锯齿状跳跃，曲线梯度变化大。

中生代火山岩，磁性变化大，剩余磁化方向紊乱，所引起的磁场常常是杂乱跳跃而无规律，如宁镇地区上党一带的火山岩区。

四、变质岩的磁性及磁场的特征

上海地区前震旦纪变质岩磁性较强，磁化率κ值一般为$(3000\sim5000)\times10^{-5}$SI，$J_r$值一般为$(10\ 000\sim17\ 000)\times10^{-3}$A/m，一般可形成磁场值在200～400nT之间变化的区域场。

连云港地区分布的太古宙至古元古代变质岩系包括沭边组、锦屏岩群和云台岩群等，岩石组合复杂，磁性变化大，即使同一种岩石磁性也有变化，这主要取决于岩石中铁磁性矿物含量的多少，与地层时代早晚无关。磁化率κ值一般在$(n\times10\sim n\times1000)\times10^{-5}$ SI之间变化。东海地区变质岩地层各类岩性磁性都较弱，地面磁测结果一般显示为低缓的平稳磁场，磁场值在几十至一百几十纳特之间。

徐州地区分布的前震旦纪片麻岩具有一定磁性，磁化率κ值一般为$(600\sim1300)\times10^{-5}$ SI，航磁呈现面积性正磁场。

五、矿石的磁性

黄铁矿、褐铁矿、铅锌矿、黄铜矿、菱铁矿、铜钼矿和赤铁矿的磁性很弱或无磁性。磁黄铁矿及假象赤铁矿具有中等磁性，磁铁矿是最强的磁性体，宁镇地区磁铁矿κ平均$101\ 480\times10^{-5}$ SI，J_r平均$33\ 600\times10^{-3}$ A/m，宁芜地区的磁铁矿κ平均$73\ 780\times10^{-5}$ SI，J_r平均8220×10^{-3} A/m，冶山地区的磁铁矿κ平均$117\ 119\times10^{-5}$ SI，J_r平均$14\ 600\times10^{-3}$ A/m，徐州-利国地区的磁铁矿κ一般为$(62\ 832\sim125\ 664)\times10^{-5}$ SI，均能引起较强的航磁异常。如梅山、吉山、卧儿岗、韦岗、冶山和徐州-利国等铁矿。

第三章　矿产资源潜力评价中磁测资料应用方法

矿产资源潜力评价项目中，磁测资料应用目的任务：磁性矿产资源量估算和为预测工作提供与成矿环境有关的磁法推断地质构造图编制，工作内容包括资料收集整理、磁测数据处理和基础图件的编制、典型矿床研究、磁异常解释、磁性矿产预测图和磁法推断地质构造图等成果图件的编制等，磁性矿产资源量估算和磁法推断地质构造图编制是磁测资料应用的重要内容之一。

第一节　磁测数据处理解释方法及效果

磁测数据是不同深度、不同形态、不同规模的磁性地质体磁场信息在观测面上综合反映的结果。由于场的叠加，使得某些具有一定地质意义的异常变得复杂，在原始图件上很难识别，给地质解释工作带来了难度。为了提高对磁异常的分辨能力，突出更多有用信息，根据测区磁异常特征和地质解释需要，对原始测量数据进行了化极、上延、垂向一阶导数以及剩余异常提取等几种位场转换处理。数据处理使用中国地质调查局发展中心提供的重磁电数据处理软件，采用频率域方法处理完成。

1. 化极处理

航(地)磁数据化极的目的在于消除由于非垂直磁化引起的不对称性，将斜磁化异常转换为垂直磁化异常，使异常接近于磁性体中心，较为准确地圈定磁性地质体的边界，方便磁异常的解释工作。

江苏省及上海市航磁化极等值线平面图，取中心区域的投影大地坐标：E119°30′，N33°00′；化极年代：1990年；采用的化极参数：磁倾角＝48.45°，磁偏角＝－4.9°，地磁场强度＝49 701nT。

预测工作区化极参数则利用各预测工作区中心投影大地坐标，采用重磁电数据处理软件数据预处理中地磁要素计算功能求取，具体见各预测工作区航(地)磁化极等值线平面图说明书。

2. 垂向一阶导数处理

航(地)磁化极数据做垂向一阶导数的目的在于反映磁场在垂直方向上的梯度变化，增强浅部磁性体引起的局部异常，压制深部区域异常，可以起到突出局部弱异常的作用以及用来圈定磁性体的边界。

由于垂向一阶导数零值线的位置与磁性体的埋深关系密切，因此在航(地)磁异常解释工作中，常参考垂向一阶导数零值线的位置来确定磁性体的边界。

3. 磁测数据处理解释效果

以溧水明觉地区航磁异常为例，可以看出：通过航磁数据化极处理，消除了由于非垂直磁化引起的不对称性，将斜磁化异常转换为垂直磁化异常，使异常接近于磁性体中心，参考航磁化极平面等值线梯度带可较为准确地圈定磁性地质体的边界；通过航磁化极数据做垂向一阶导数处理，可反映磁场在垂直方向上的梯度变化，增强浅部磁性体引起的局部异常，压制深部区域异常，可以参考垂向一阶导数零值线圈定磁性体的边界，详见图 3-1。

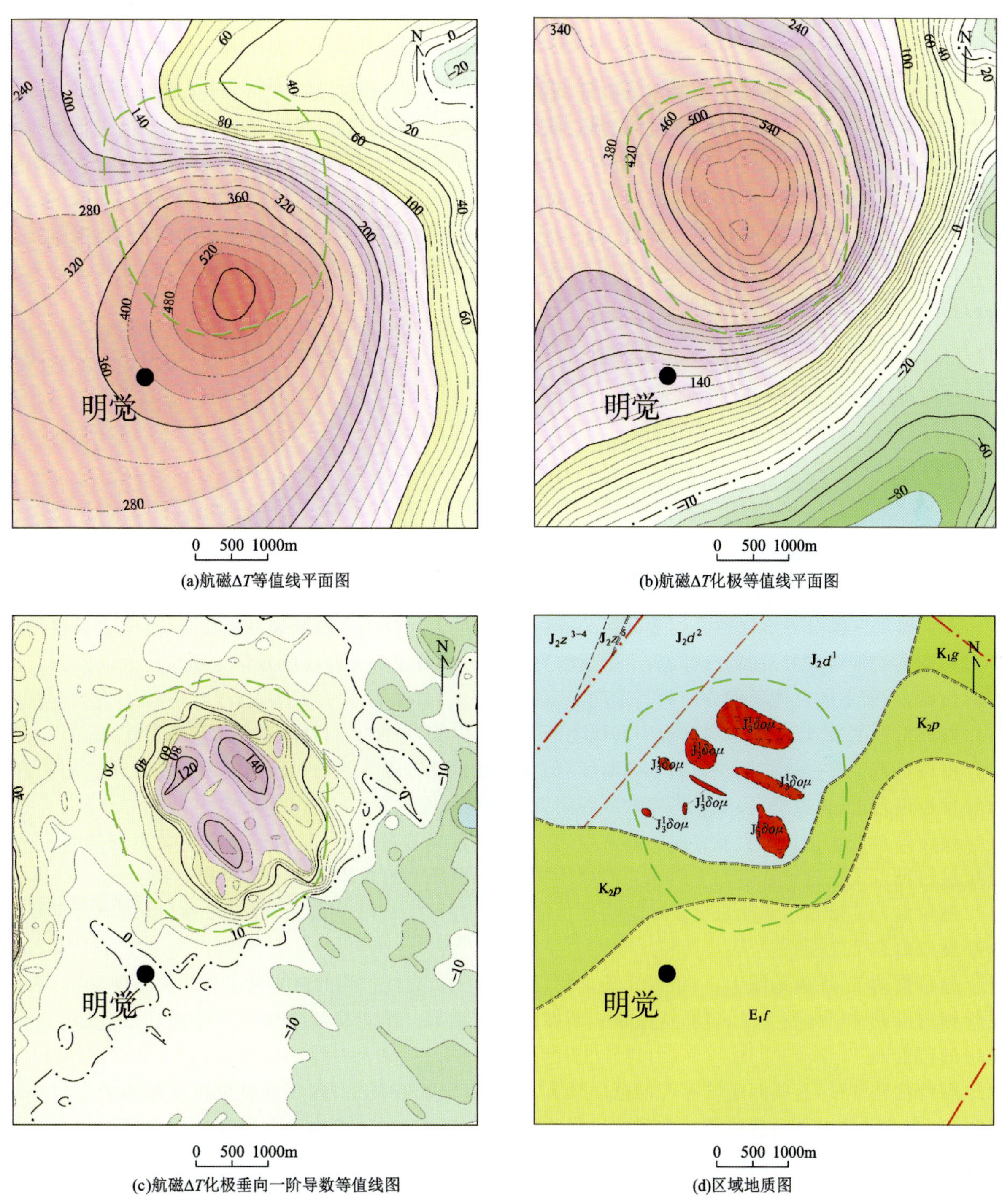

图 3-1　溧水明觉地区航磁原始、化极、垂向导数、地质综合图

$J_3^1\delta o\mu$. 侏罗纪石英闪长玢岩；J_2z. 侏罗系朱村组；J_3d. 侏罗系徒山组；K_1g. 白垩系葛村组；K_2p. 白垩系浦口组；E_1f. 古近系阜宁组

第二节　磁法解决重要地质构造的方法

磁法解决重要地质构造主要利用航磁资料编制省级、预测工作区基础图件，结合地质、物性等资料，重点对省级、预测工作区断裂构造、侵入岩体、磁性地层（火山岩地层、变质岩地层）及磁性蚀变带进行了解释推断。主要对断裂构造、侵入岩体进行了定性和半定量解释，对推断地质构造中断裂构造进行必要的分级，对侵入岩体进行分类，圈定其位置和范围，确定其走向、长度等参数，对铜、铅、锌、金、磷、银、钼和硫等矿产共 9 个预测工作区有找矿意义的侵入岩体，在进行定性、半定量解释的基础上，利用航磁工区大比例尺（1∶5 万）剖面数据进行了定量解释，圈定侵入岩体范围，确定侵入岩体产状，计算了侵入岩体的顶面投影面积、顶面埋深和截面面积等。

一、构造定性和半定量解释

（一）断裂构造划分依据及方法

主要以化极后航磁异常等值线平面图为基础资料，结合垂向一阶导数资料。识别推断断裂构造的依据如下。

不同磁场区的分界线往往是构造分区的界线，通常也为规模较大的断裂或断裂带（不同磁场区的分界由一较宽的带构成时）的划分标志；半定量解释以不同磁场区的分界线位置作为断裂位置或断裂带的中心位置，平面上的总体延伸方向为其走向。

磁异常梯度带，以磁异常梯度带中间线为断裂所在位置，平面上的总体延伸方向为其走向。

串珠状磁异常带往往反映断裂带内断续有充填物的情况，磁异常轴线反映的断裂是岩浆岩的通道，以异常极值附近（化极资料）或水平导数零线附近为断裂所在位置。

线性异常带是指具有明显方向的异常带，它可以是正异常带、负异常带或正负交替出现的异常带。半定量解释以线性磁异常带的中间线为断裂所在位置，平面上的总体延伸方向为其走向。

磁异常突变带预示磁异常反映的地质体可能被断裂断开、被断裂截止，或者平移，以磁异常突变带为断裂或断裂带之所在。

异常错动带，在磁场图上，一条或几条比较容易对比的、线性排列的磁异常带发生明显错动时，表明磁性标志层或脉岩体发生了错动，这通常是断裂作用的结果。半定量解释将磁异常错动位置作为断裂构造的位置。

雁行状异常带，有些断裂破碎带的范围较大，构造应力比较复杂，既有垂直变位也有水平变位和扭转现象，在这种情况下会造成雁行排列的岩浆活动通道，因此，在这类构造上磁异常就表现为雁行状异常带。半定量解释以磁异常北侧拐点连线为断裂所在位置。

放射状的异常带组，在块断活动或火山活动比较复杂的地区，可见到放射状的异常带组，每一个线性异常，都标志一条断裂岩浆活动线。半定量解释以线性磁异常带的中间线为断裂所在位置。

（二）火山构造圈定依据及方法

火山通常分为裂隙式火山和中心式火山两种。裂隙式喷发的火山在空间上多呈带状分布，中心式喷发的火山多呈群展布。火山构造的地质结构虽多种多样，但所产生的磁异常形态、强度和特征却大致相同，通常火山喷口相的岩石往往具有较高的剩磁，在火山口周围形成强度较大、具有一定分布规律的环状且有正负局部磁异常伴生的正磁场区或负磁场区，中心式火山构造在磁场等值线平面图中多表现为圆形或椭圆形负磁异常或正磁异常；裂隙式火山构造在磁场等值线平面图中多表现为带状负磁异常或正磁异常，复式火山构造由多期火山喷发作用形成，在磁场图中多呈环中有环的嵌套式环状磁场特征。

裂隙式喷发的火山构造，根据磁场等值线平面图上异常梯度带来圈定。

戴埠似圆形或复式中心式喷发火山构造，如图 3-2 所示，根据磁场等值线平面图上圆环状磁异常群外围异常的外侧梯度带圈定。

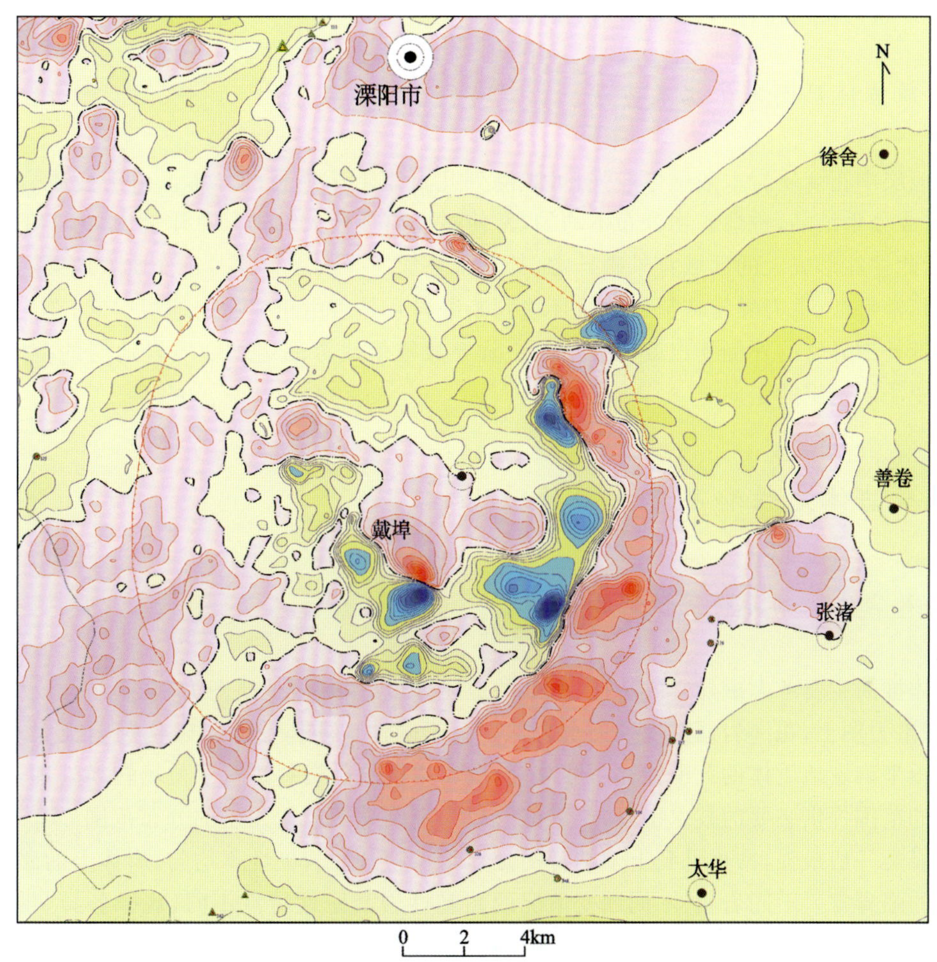

图 3-2 溧阳戴埠火山构造航磁 ΔT 异常特征

定性和半定量解释一般首先根据磁异常特征和地质环境判断磁异常是否为火山构造引起，其次以磁异常的外侧梯度陡变带或垂向一阶导数零值线等圈定火山构造的范围。

二、地层定性和半定量解释

（一）火山岩地层圈定依据及方法

火山岩磁场中，玄武岩磁异常峰值常达几百至几千纳特，但也有异常很弱的地方；一般安山岩比玄武岩磁性弱，异常峰值为几十至上百纳特，同样也有磁性很弱的地区；酸性火山岩，由于其暗色矿物含量少，磁性较弱。火山岩磁场的共同特点是，沿剖面方向场值跳跃变化，在相邻测线上难于对比，随着火山岩埋深增大，其跳跃变化特征逐渐减弱或消失。此外，有时在玄武岩的杂乱磁场中，可出现一条或数条狭窄的正的或负的线性异常，这可能是火山喷出裂隙的反映；有时还可在异常图中发现一个极强的异常，这可能是火山口的反映；有些酸性熔岩盆地上，异常幅度可达几十纳特。火山岩地层引起跳跃变化的杂乱异常，是因为火山岩的剩余磁化强度往往比感应磁化强度大好几倍。图 3-2 展示了溧阳盆地侏罗纪火山岩地层产生的航磁 ΔT 异常特征。

火山岩地层定性和半定量解释一般先依据磁异常特征和地质环境判断磁异常是否为火山岩地层引起，在此基础上利用化极磁异常带外部异常的外侧拐点或化极垂向一阶导数零值线等圈定火山岩地层的范围，以磁异常的走向作为火山岩地层的走向。

（二）变质岩地层圈定依据及方法

变质岩地层中正变质岩一般磁性较强，可观测到几百至上千纳特的异常。由于变质岩经受热力变质作用，铁质成分重结晶，磁性矿物分布不均匀，常使磁场出现较大跳动。总体上说，由于正变质岩往往成片分布，因此往往形成大的区域背景磁异常，其上常叠加一些次级异常。正变质岩地层定性和半定量解释依据磁异常特征、重力异常特征和地质环境判断磁异常是否由正变质岩地层引起，在此基础上利用化极磁异常带外部异常的外侧拐点或化极垂向一阶导数零值线等圈定正变质岩地层的范围，以磁异常的走向作为变质岩地层的走向。

三、侵入岩体定性和半定量解释

（一）侵入岩体磁测资料定性解释

侵入岩体推断主要考虑磁异常的特征、所处的地质环境（以基岩地质图为基础）结合物探重、磁资料进行研究，如重力图上，花岗岩通常表现为重力低。由于磁性地质体受倾斜磁化影响很大，使用航磁原平面等值线图来确定地质体的范围往往不够准确，故对本区航磁资料进行了位场转换处理，从而为圈定磁性地质体的范围提供必要的技术手段，使之能够较为准确地圈定侵入岩的分布范围。

超基性岩类一般最强，常可见到上千纳特的磁异常。超基性岩磁性不均匀，岩体上的磁异常多表现为起伏变化的强异常。不同岩相、不同蚀变情况的超基性岩其磁性特点不同，规律各异。一般来说，蛇纹石化常使其磁性增强，而碳酸岩化使其磁性减弱。

基性岩类一般可观测到几百纳特以上的磁异常。

基性—超基性岩类：基性与超基性岩二者经常在磁场上无法区分，这种情况归为基性—超基性岩类，不再细分。

中性岩类：中性岩类主要为闪长类，一般均有磁性，在其上可观测到数百纳特甚至更强的异常。

中酸性岩类：中酸性岩类主要包括花岗岩、花岗闪长岩等，从磁异常角度中性和酸性岩有时不易区分，因此通常统称为中酸性岩类。

酸性岩类：酸性岩类磁场变化较大。如：苏州西部地区花岗岩磁性较弱，但少量燕山期花岗岩磁性比较明显。

（二）侵入岩体半定量、定量解释

侵入岩往往成群成带分布，因此往往形成磁异常群或磁异常带，不论是基性岩体还是酸性岩体，其边界的圈定方法基本相同，具体为：

(1)通常以化极磁异常的梯度陡变带为岩体的边界。

(2)对规模较小的磁性体，可按化极磁异常一阶导数零值线圈定。

(3)对规模较大的磁性体，可采用化极磁异常二阶导数零值线圈定。

(4)对岩体本身无磁性，但因接触带蚀变后磁性增强而引起磁异常时，通常使用环状化极磁异常内侧的梯度陡变带来圈定。

对有明显走向特征的磁异常，以磁异常的走向作为侵入岩体的走向。

在对找矿有意义的侵入岩进行定性、半定量解释的基础上，利用航磁工区剖面数据，采用2.5D人机交互拟合反演方法进行定量解释，求取了如岩体顶面埋深、截面面积、顶面投影面积等必要参数。

第三节　磁性铁矿资源量估算方法

一、磁性铁矿资源量估算方法

江苏省及上海市磁性矿产资源量预测均采用磁异常定量解释的磁法体积法，即2.5D人机交互拟合方法估算磁性矿产资源量。磁异常定量解释遵循“从已知到未知，从简单到复杂”的原则，磁性矿产资源量估算从典型矿床开始，总结不同铁磁性矿产预测类型异常特征与资源量估算过程中模型建立及模型参数的选择经验，应用到已知矿产地磁异常磁性矿产资源量估算及推断磁性矿产磁异常资源量估算。

估算资源量的工作首先根据以往研究成果、航磁异常图、地磁异常图、地检资料、地质矿产资料等，判断磁异常是否为推断铁矿矿致异常，然后选择2.5D人机交互定量拟合的计算剖面，提取剖面数据，确定剖面与磁异常走向的夹角，从地磁异常图或航磁异常图上量取推断铁矿矿致异常的走向长度、远端距和近端距，再确定矿石或直接围岩的磁性参数，如磁化率、磁化倾角、磁化偏角，最后应用重磁电数据处理软件中2.5D人机交互定量拟合正反演功能，对推断铁矿矿致异常进行2.5D人机交互定量计算。计算过程完成后，从拟合剖面上量取推断铁矿体的截面积，根据异常形态确定形态系数，用典型矿床探明资源储量与2.5D人机交互定量拟合正反演计算资源量比值确定含矿系数，由矿石体重估算资源量，最后对预测资源量进行分类统计。

预测资源量估算公式为：

$$Q=S\times L\times k\times \sin\alpha\times d\times K$$

公式中各参数的确定方法：S为截面积，根据软件中矿体体积计算，即体积/近远端距离；L为矿致磁异常的走向长度，从平面等值线上根据异常范围量出；k为形态系数，由大比例尺磁异常平面等值线图上磁异常的平面展布特征、2.5D拟合结果和地质矿产资料等，大致判断磁性矿体的空间形态，而后确定合理的形态系数值(表3-1)；K为含矿系数，利用典型矿床探明资源储量Qt与2.5D拟合软件求出的矿床已控制矿体的体积(不包括矿床深部及外围未控制矿体的资源量)和矿石平均体重的比值，即$K=Qt/(V\times d)$；典型矿床及有探明资源储量的磁致矿致异常可采用上述方法计算，在没有探明资源储量的推断矿致异常则参考相应类型典型矿床含矿系数；α为矿致磁异常长轴线与拟合计算剖面线夹角，从平面等值线图上直接量出；d为磁性矿石体重，根据实测资料确定，若缺少实测资料则采用典型矿床所用体重。

表 3-1　几种简单形体的体积计算公式

序号	形体名称	体积计算公式	备注
1	水平棱柱体	$V=S\times L$	S 为截面积，对于球体时应为过圆心的圆面积；L 为磁性体走向长度，对于球体时应为直径
2	锥体	$V=S\times L\div 3$	
3	球体	$V=2\times S\times L\div 3$	
4	楔形体	$V= S\times L\div 2$	

（一）典型矿床已查明资源量及其有关参数复核

典型矿床在进行资源量计算时，所选取的计算剖面是根据已知勘探地质剖面的位置，在地磁平面图上截取，并且利用了已知勘探地质剖面进行建模，模型的近远端距离从地磁平面图上量取。当地的地磁倾角、地磁偏角是用重磁电数据处理软件中计算地磁参数功能进行计算，在计算磁化倾角、磁化偏角时，若有定向标本测量数据，模型的磁化倾角和磁化偏角是将感磁和剩磁合成的结果，若缺少定向标本测量数据，模型的磁化倾角和磁化偏角采用的就是地磁倾角、地磁偏角数值。磁场强度和密度值参考相应报告中的物性参数，选取适当的值。

计算典型矿床的含矿系数时，用探明资源储量 Qt 与 2.5D 拟合软件求出的矿床已控制矿体的体积（不包括矿床深部及外围未控制矿体的资源量）和矿石平均体重的比值，即 $K=Qt/(V\times d)$。

（二）推断磁性矿床预测资源量估算方法

预测工作区推断磁性矿床的预测工作按以下步骤进行。

（1）根据以往研究成果、航磁异常图、地磁异常图、地检资料、地质矿产资料等，判断磁异常是否为推断铁矿矿致异常。

（2）选择 2.5D 人机交互定量拟合的计算剖面，提取剖面数据，确定剖面与磁异常走向的夹角和磁异常的背景值。

（3）从地磁异常图（没有地磁异常图采用航磁异常图）上量取推断铁矿矿致异常的走向长度、远端距和近端距。

（4）确定矿石或直接围岩的磁性参数，如磁化率、磁化倾角、磁化偏角。

（5）应用重磁电数据处理软件中 2.5D 人机交互定量拟合正反演功能，对推断铁矿矿致异常进行 2.5D人机交互定量计算。

（6）从拟合剖面上量取推断铁矿体的截面积。

（7）确定形态系数和含矿系数。

（8）确定矿石体重，估算资源量。

（9）对预测资源量进行分类统计。

在进行推断磁性矿体预测资源量估算时，用的是磁法体积法，没有用定量类比法计算，磁法体积法采用 2.5D 人机交互定量拟合正反演，估算资源量公式为：

$$Q=S\times L\times k\times \sin\alpha\times d\times K$$

式中，S 为 2.5D 拟合出磁性矿体的截面积（m^2）；L 为矿致磁异常的走向长度（m）；$\sin\alpha$ 为矿致磁异常长轴线与拟合计算剖面线夹角 α 的正弦（α 为 70°～90°），用于对截面积进行近似校正；d 为磁性矿石体重（kg/m^3）；k 为形态系数；K 为含矿系数（采用典型矿床所求出的含矿系数）。

二、磁性铁矿资源量估算实例

按上述磁性铁矿资源量估算方法，选择已知陆相火山岩型梅山铁矿及矽卡岩型冶山铁矿典型矿床为例，介绍磁法估算磁性矿产资源量的应用。

（一）梅山铁矿资源量估算

江苏省南京市梅山铁矿为陆相火山岩型铁矿典型矿床，规模为大型，已查明资源储量 3.34×10^{8} t。

1. 梅山铁矿地质、地球物理特征

梅山铁矿位于宁芜中生代陆相火山岩断陷盆地的北段，梅山-凤凰山构造岩浆成矿带与滨江构造岩浆带的交叉部位。

梅山铁矿区出露侏罗纪—白垩纪陆相火山岩系及红层以上沉积地层，与成矿有关的地层为大王山组火山岩，磁铁矿体产于图中 300、401 勘探线钻孔中辉石闪长玢岩与大王山组上段接触带中，矿体边缘分支及单独小矿体亦有产于辉石闪长玢岩中，如图 3-3 所示。

主矿体顶板标高由－34m 至－327m，最大相对高差为 293m；底板标高由－169.4m 至－604m，最大相对高差为 434.6m。矿体分布范围约为 0.8km²，矿体平面投影呈椭圆形，长轴方向为 NE20°左右，在剖面上呈透镜体状，向四周倾伏，向北东倾伏角 20°左右，但总体上呈向北西侧伏之势。主矿体空间上呈单一巨型透镜体状，铁矿体西南部埋藏较浅，西北部埋藏较深。

在矿区范围内开展了 1∶1 万比例尺磁测、1∶2 万比例尺重力工作，地磁 ΔZ 异常呈椭圆形，以 1000nT 等值线计算，长约 900m，宽约 750m，峰值为 7120nT，北面有明显的负场伴生，极小值为－1050nT，异常梯度北西较陡，东南较缓；磁异常上有重力异常，重磁异常范围相近、形态相似，表现为明显的重磁异常同高特征，如图 3-4 所示。300、401 勘探线位于已控制梅山铁矿体中部。

据《江苏省南京南部地区物化探普查工作报告》（冶金部华东冶金地质勘探公司 814 队，1984），磁铁矿磁化率平均值为 $153\,938\times10^{-5}$ SI，剩余磁化强度 J_r 平均值为 $12\,100\times10^{-3}$ A/m，密度 $d=3.04\sim5.12$ g/cm³；辉长闪长玢岩磁化率平均值为 4200×10^{-5} SI，剩余磁化强度 J_r 平均值为 470×10^{-3} A/m，密度 $d=2.72$ g/cm³；龙王山组磁化率一般为 $(0\sim416)\times10^{-5}$ SI，剩余磁化强度 J_r 一般为 $(0\sim145)\times10^{-3}$ A/m，密度 $d=2.43$ g/cm³；大王山组磁化率一般为 $(0\sim8760)\times10^{-5}$ SI，剩余磁化强度 J_r 一般为 $(0\sim3450)\times10^{-3}$ A/m，密度 $d=2.48$ g/cm³，火山岩除大王山磁性变化较大外，龙王山组火山岩及其他沉积岩等，一般磁性较弱或无磁。

根据上述分析，300、401 勘探线所通过的地磁异常为磁铁矿、辉石闪长玢岩与大王山组火山岩等共同引起。

2. 拟合剖面及异常走向长度

为了更好地利用勘探地质资料，拟合剖面选择与 300 号勘探线相重合，地磁 ΔZ 剖面数据由 1∶1 万地磁平面等值线图上截取，重力 Δg 剖面数据由 1∶2 万重力平面等值线图上截取，剖面方向为 NE20°。

根据梅山铁矿区地磁异常图（图 3-4），磁异常走向长度取 700～800m，其中拟合剖面线以西为 350～400m（远端距离）、以东为 350～400m（近端距离）。

3. 剖面重磁异常的 2.5D 正反演拟合及有关参数

根据 300 线地质勘探剖面图，对已控制的矿体及其围岩建立初始模型，初始模型中各岩矿石磁性参

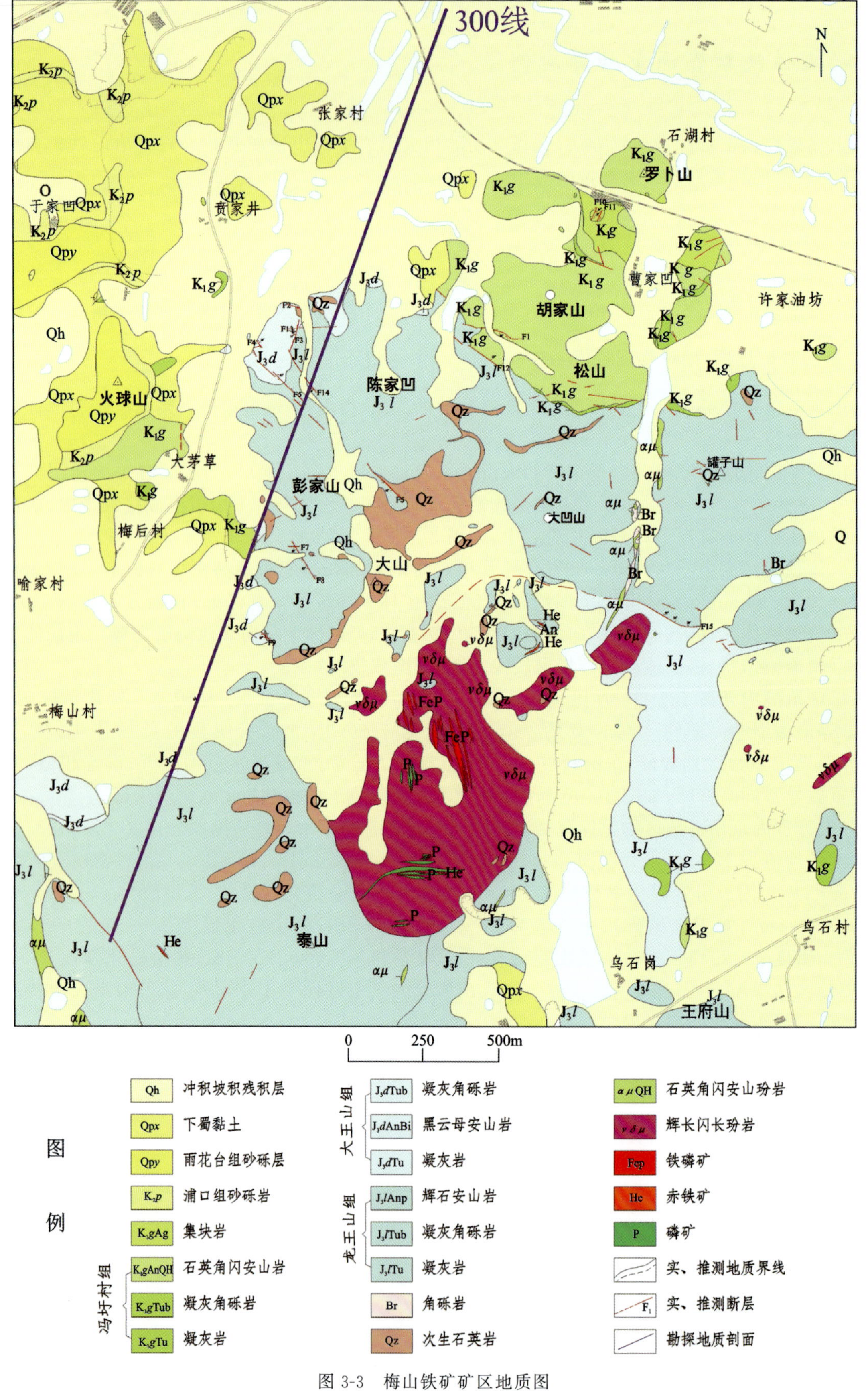

图 3-3　梅山铁矿矿区地质图

图 3-4　梅山铁矿重力 Δg、地磁 ΔZ 等值线平面图

数以统计结果为准，如辉石闪长玢岩磁化强度为 3000×10^{-3} A/m，密度为 2.72g/cm^3，磁铁矿磁化强度为(10 000～65 000)$\times10^{-3}$ A/m，密度为 3.0～4.1g/cm^3，重磁异常拟合过程中使用的其他地质体参数见表 3-2。根据梅山地区所处位置，正演中使用地磁场强度 T=49 531nT，地磁倾角 I=46.8°，磁偏角 D=−3.72°，拟合剖面 300 线的方位角为 20°，通过调整初始模型，使重磁理论曲线与实际曲线吻合较好。结果如图 3-5 所示。

表 3-2　重磁异常拟合过程中使用的磁性参数表

序号	磁性体类型	磁化倾角 I(°)	有效磁化强度 M($\times10^{-3}$A/m)	走向长度(km)	磁化偏角 (°)
MFe-1	推断磁铁矿	46.8	65 000	0.8	−3.72
MFe-2	推断磁铁矿	46.8	10 000	0.7	−3.72
MFe-3	推断磁铁矿	46.8	32 000	0.7	−3.72
MFe-4	推断磁铁矿	46.8	23 000	0.7	−3.72
MFe-5	推断磁铁矿	46.8	16 000	0.7	−3.72
J_3l	龙王山组	46.8	1000	2.0	−3.72
J_3y	云合山组	46.8	500	0.4	−3.72
J_3d	大王山组	46.8	800	0.4	−3.72
K_1g	姑山组	46.8	800	0.4	−3.72
$\nu\delta\mu$	辉石闪长玢岩	46.8	3000	2.0	−3.72
$\beta\mu$	辉绿岩	46.8	1300	0.4	−3.72

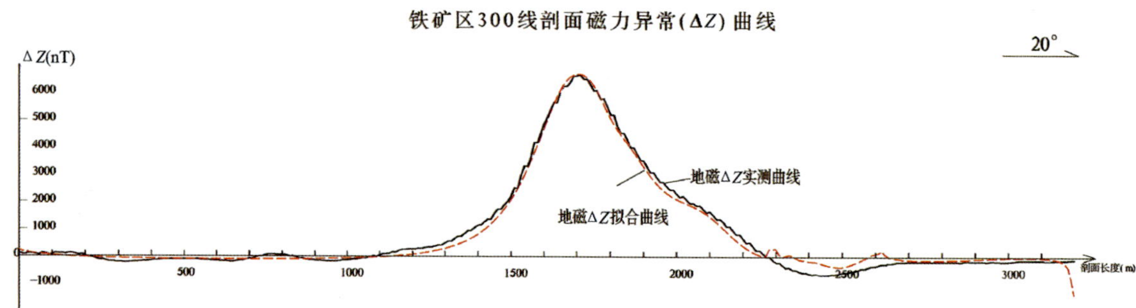

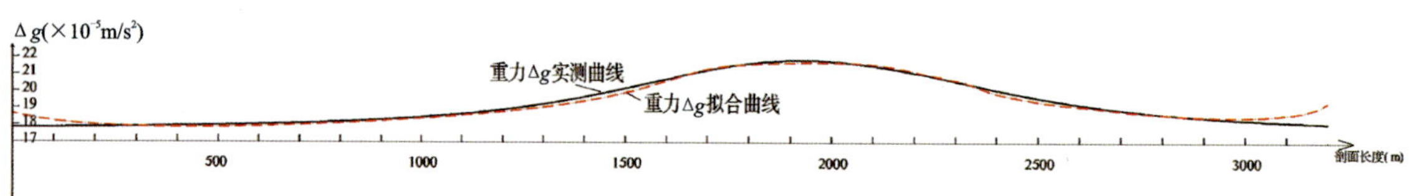

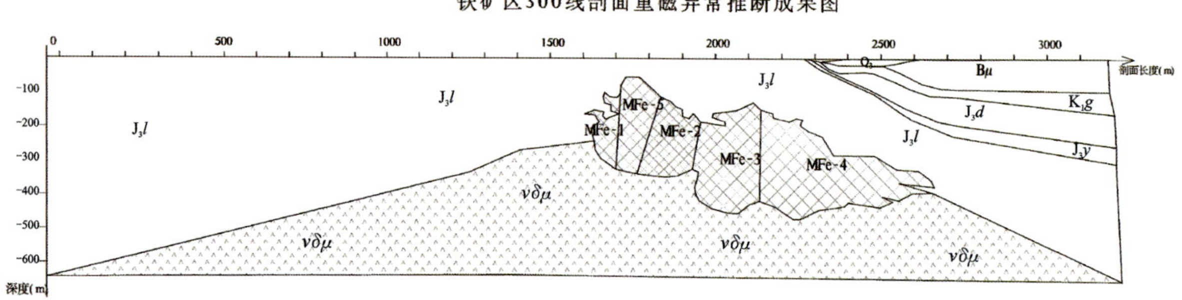

图 3-5　梅山铁矿 300 勘探线重磁异常正反演计算结果

4. 资源量估算及含矿系数确定

从图 3-5 中量得推断磁铁矿体的横截面积分别为 $S1=11\ 798.44\text{m}^2$，$S2=25\ 610.78\text{m}^2$，$S3=29\ 000.77\text{m}^2$，$S4=53\ 003.37\text{m}^2$，$S5=87\ 486.73\text{m}^2$；估算推断磁铁矿体的体积时矿体长度 L 取 750～

800m；考虑地磁异常的平面展布特征（图 3-4）及已控制矿体空间形态，确定推断磁性矿体为球形，故体积较正系数采用 2/3，推断磁铁矿体的体积 V 为：

$$V1=S1\times L1\times 2/3=11\ 798.44\times 800=9\ 438\ 752.0(m^3)$$

$$V2=S2\times L2\times 2/3=25\ 610.78\times 700=17\ 927\ 546.0(m^3)$$

$$V3=S3\times L3\times 2/3=29\ 000.77\times 700=20\ 300\ 539.0(m^3)$$

$$V4=S4\times L4\times 2/3=53\ 003.37\times 700=37\ 102\ 359.0(m^3)$$

$$V5=S5\times L5\times 2/3=87\ 486.73\times 700=61\ 240\ 711.0(m^3)$$

$$V=(V1+V2+V3+V4+V5)\times 2/3=97\ 339\ 938.0(m^3)$$

根据梅山铁矿勘探资料，取矿石平均体重 d 为 3.8t/m^3，计算磁铁矿体的资源量为：

$$Q=V\times d=36\ 989.2(\times 10^4 t)$$

勘探结果：梅山铁矿已查明资源储量 Qt 为 33 403.0×10^{4}t，利用典型矿床探明资源储量 Qt 与 2.5D 拟合软件计算磁铁矿体的资源量的比值，求取含矿系数 K，用于相应类型推断铁磁性矿致异常资源量的估算。

$$K=Qt/(V\times d)=0.903$$

（二）冶山铁矿矿致磁异常磁性矿产资源量估算

1. 推断矿致磁异常所在位置地质、地球物理特征

金牛湖地磁异常属六合预测工作区航磁 C1-1978-083 异常，为预测工作区推断的铁矿矿致异常。区域上位于扬子准地台下扬子台坳苏北之六合—天长隆起，冶山复式背斜之冶山倒转背斜北翼及汤泉倒转向斜之间，冶山倒转背斜轴面倾向南南东，倾角约 70°。

金牛湖磁异常附近有冶山铁矿北矿段、东矿段和铁石岗矿段已知铁矿矿产地，为内生成因矿床，属接触交代矽卡岩型磁铁矿床，铁石岗矿段矿体产于侵入岩体与以俘虏体形式存在的白云岩、大理岩接触带附近。地层主要有上震旦统黄墟组、灯影组及下寒武统幕府山组碳酸盐，与成矿有关的侵入岩主要为花岗闪长岩、二长岩、闪长玢岩。金牛湖磁异常位置与上述铁石岗矿段已知矿产地具有相似的地质构造背景，处于铁石岗北东向成矿带的南西方向。

在 1973 年冶金 814 的《江苏省六合县冶山地区磁异常综合研究报告书》1∶1 万地磁 ΔZ 平面图（图 3-6）中，金牛湖磁异常具有一定的规模，异常整体分布于金牛湖水库之中，金牛湖地磁异常 ΔZ＝2200nT 等值线由两个局部异常组成，其中一个走向北东，长 300m，宽 60m，呈条带状，ΔZ_{max} 在 2400nT 以上，另一个走向近东西，长 230m，宽 50m，呈椭圆状，ΔZ_{max} 在 2600nT 以上，ΔZ＝2000nT 等值线将两个局部异常合为一体，总体上看，地磁异常北侧梯度较大，伴有负异常，南侧梯度较缓，有较高的背景磁异常。根据地质、岩矿石的物性资料推断：南侧较高的背景磁异常与具有一定磁性的侵入岩体有关，叠加在高背景场边缘的局部异常由磁性矿体引起。

2. 拟合剖面及异常走向长度

为计算推断铁矿矿致异常资源量，选择分别垂直地磁异常的金牛湖 1 线和金牛湖 2 线剖面，剖面方向分别为 128.6°和 0°，地磁 ΔZ 剖面数据由 1∶1 万地磁平面等值线图上截取。

根据地磁异常图（图 3-6），金牛湖 2 线磁异常走向长度取 330m，其中拟合剖面线以西为 100m（远端距离）、以东为 230m（近端距离）。

3. 剖面重磁异常的 2.5D 正反演拟合及有关参数

根据冶山地区所处位置，设置当地地磁场强度 T＝49 287nT，地磁倾角 I＝47.21°，磁偏角 D＝－4.23°。拟合剖面金牛湖 2 线的方位角为 0°，参考区域地质、物性资料建立模型，设置推断磁性矿体参

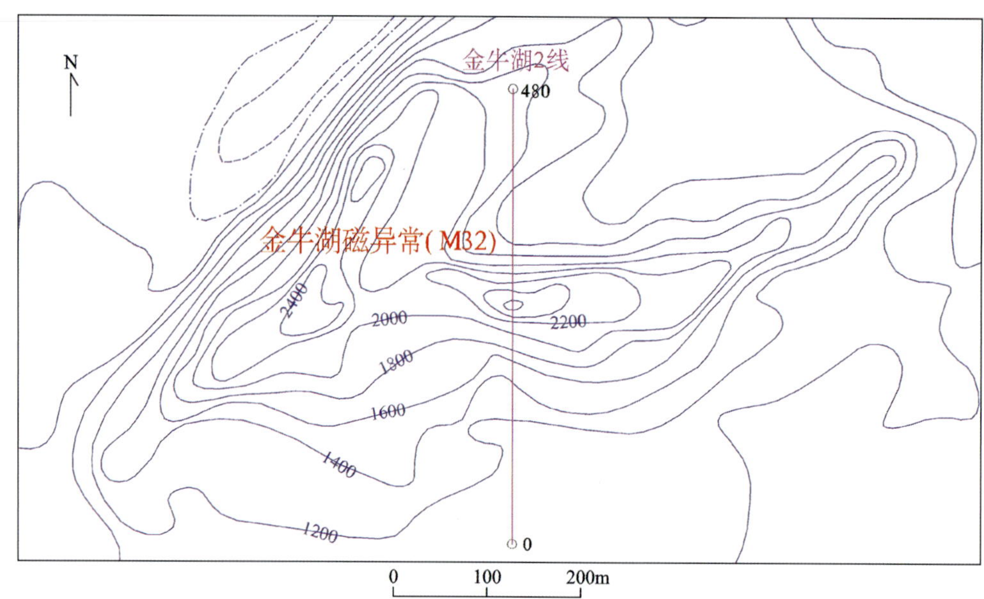

图 3-6　六合预测工作区金牛湖地磁异常 ΔZ 平面图

数:磁化强度为 25 000×10^{-3} A/m、磁化倾角 I=47.21°、磁化偏角 D=−4.23°,密度为 3.57g/cm^3,考虑到局部异常南侧为高背景的岩体异常,重磁异常拟合过程中使用倾斜趋势背景,即金牛湖 2 线选择首值 1000nT,尾值 1600nT 的倾斜直线作为近似背景场,通过调整初始模型,使重磁理论曲线与实际曲线吻合较好。拟合结果如图 3-7 所示。

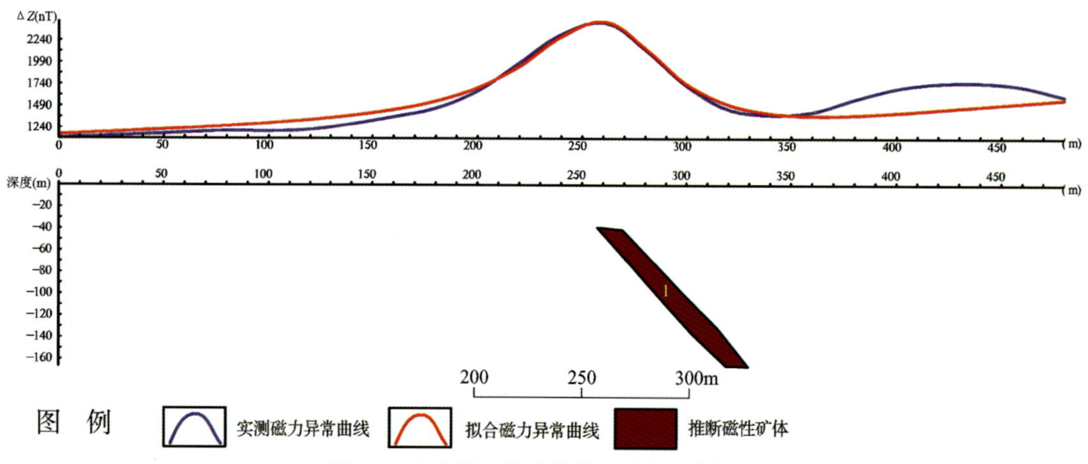

图 3-7　金牛湖 2 线磁异常正反演拟合剖面

模型 001 参数:模型密度:3.57g/cm^3;磁化强度:25 000.0×10^{-3} A/m;

磁化倾角:47.21°;磁化偏角:−4.23°;远端距离:−100.0m;近端距离:230.0m

4. 推断矿致磁异常资源量估算

从金牛湖 2 线磁异常正反演拟合剖面中量得推断磁铁矿体的截面面积分别为 S=1595.52m^2;推断磁铁矿体的长度分别取 L=330m;考虑地磁异常的平面展布特征(图 3-6)及周围已知矿体的空间形态等,确定推断磁性矿体为锲形,故体积校正系数采用 1/2,推断磁铁矿体的体积 V 为:

金牛湖 2 线推断磁性矿体体积:$V=S\times L\times k$=1595.52×330/2=263 260.8(m^3)

根据冶山铁矿地质、物性资料,磁化强度为 25 000×10^{-3} A/m 左右,为贫铁矿石,平均体重 d=3.57t/m^3,含矿系数采用冶山北矿段典型矿床求取的含矿系数 K=0.77,磁铁矿体的资源量:

$$Q=V\times d\times K=263\ 260.8\times 3.57\times 0.77\div 10\ 000=72.4(\times 10^4\text{t})$$

第四章　航磁推断区域地质构造

第一节　区域磁场特征

纵观 1∶50 万江苏省及上海市航磁 ΔT 等值线平面图(图 4-1)、江苏省及上海市航磁 ΔT 化极等值线平面图(图 4-2),航磁异常有分区的特点:郯城-庐江断裂带(江苏段)东界断裂以西,磁场以块状异常为主;郯城-庐江断裂带东界断裂以东和六合—扬州—海安一线以北的广大覆盖区,磁场平静,呈区域性的正负相间异常特征;六合—扬州—海安一线以南地区,异常形态复杂,走向多变,磁场显示岩浆岩分布广泛,构造发育。依据磁场强度、走向、梯度及异常形态将区内航磁异常划分成 3 个区,它们是徐州块状正负变化异常区、苏北平缓变化异常区和苏南及上海市复杂异常区(图 4-3)。

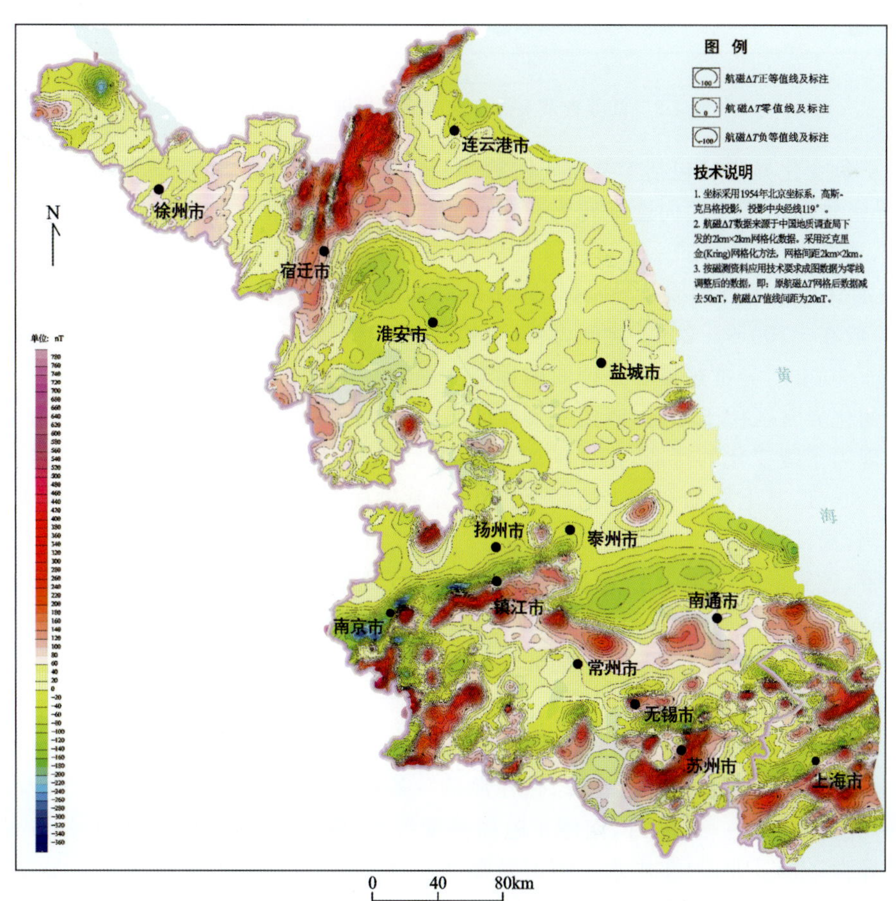

图 4-1　江苏省及上海市航磁 ΔT 等值线平面图

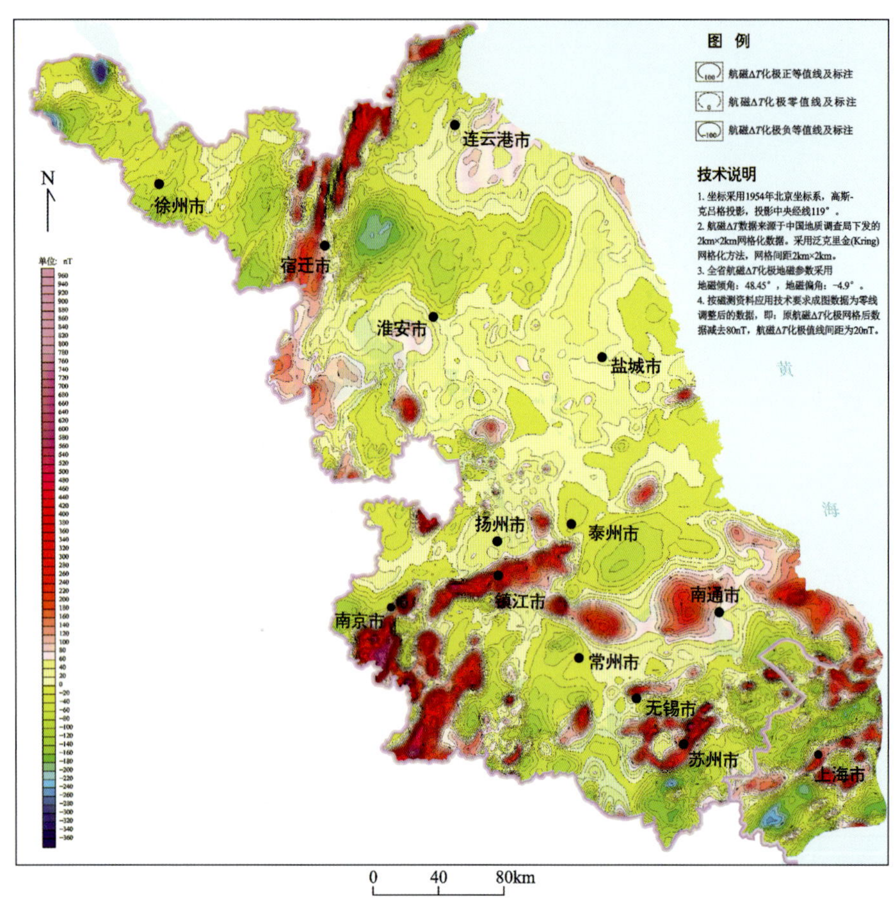

图 4-2　江苏省及上海市航磁 ΔT 化极等值线平面图

徐州块状正负变化异常区包括丰县、沛县、徐州、邳县、宿迁等市县，由西向东场值逐渐增大，局部异常逐渐增多，异常轴向由近东西向逐渐转为北东向、北北东向。丰县—沛县一带，异常呈东西向的宽缓低值正异常带，强度 50～100nT；徐州—邳县一带，磁场呈宽大块状升高异常特征，最大等值线圈 100nT，其上叠加有近于平行的线状异常，轴向北东东向和北东向；睢宁地区，磁异常普遍表现为平静的负磁场，强度一般在－100～－20nT 之间，南部负值较北部大；新沂—宿迁一线，磁异常总体呈北北东向展布，强度 100～300nT，异常规模和强度向南逐渐变小和减弱。

苏北平缓变化异常区位于郯城-庐江断裂带东界断裂以东，北抵江苏省界，南至六合—扬州—海安一线。磁场表现为平缓变化的特征，强度一般不超过±50nT，局部异常甚少。东海—赣榆一带背景场宽缓，场强 20～80nT，其上叠加有较多的局部异常，异常轴向北东或北北东，大多强度不大，但在异常区北部及东海西侧，局部异常强度可高达 500nT 以上，呈北东向条带状展布，向西南与郯庐断裂汇聚；连云港—淮阴一带，磁异常以负场为主，异常极其平稳单调，局部异常主要分布在云台山、灌云县扬集和泗阳县城一带，异常以北东走向为主；洪泽—盐城—滨海一带，以区域性升高异常为主要特征；高邮—东台一线，磁异常以负场为主，异常平缓单调，局部异常少且方向性差，盱眙南侧，异常杂乱，局部异常多而不规则，异常轴向以北北东、北东向为主。

苏南及上海市复杂异常区绝大部分在长江以南，包括南京—南通、宁芜(北段)—溧水—溧阳和无锡—苏州及上海市地区。南京—南通一线，磁异常呈一条正负伴生，以负为主的宽大异常带，北侧负磁场宽缓，强度一般为－300～－100nT，南侧正磁场梯度较大，强度 400nT 左右，其上分布有较多的具明显走向的局部异常；宁芜(北段)—溧水—溧阳异常带一线，负背景场上出现陶吴异常带、溧水异常带和溧阳异常带；无锡—苏州及上海市地区，在一片平静的负异常中出现一系列较规则的正异常凸起，它们是无锡正异常带、苏州正异常凸起，丁蜀正异常带和沙溪正异常带。

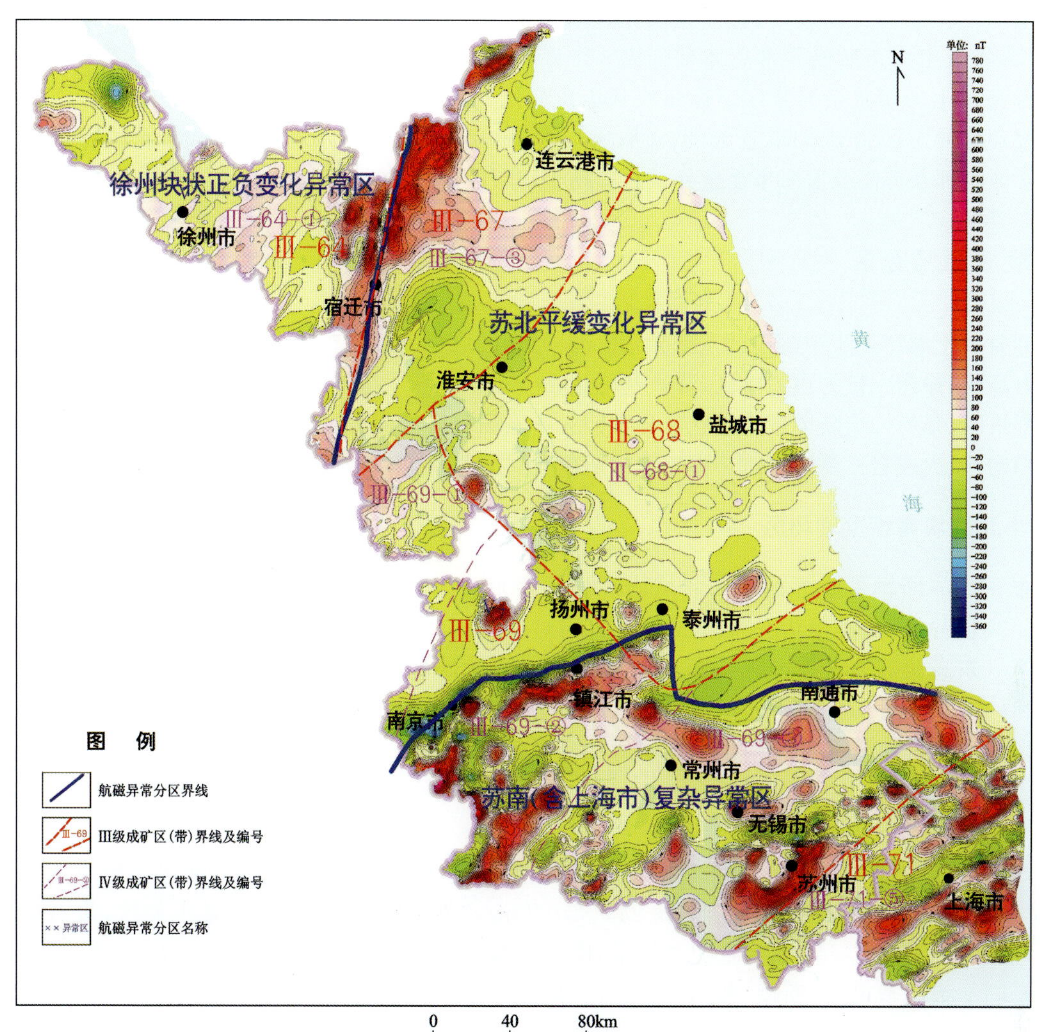

图 4-3　江苏省及上海市航磁 ΔT 异常分区示意图

第二节　地质构造单元特征

一、地质构造单元划分原则

航磁资料在矿产资源潜力评价工作中，对划分地质构造单元主要以航磁 ΔT 异常等值线平面图和航磁 ΔT 化极异常等值线平面图为基础资料参考地质、重力资料。

不同的地质构造单元往往表现为不同磁场特征，地质构造单元界线也是磁场分区的界线，通常以规模较大的断裂或断裂带作为划分地质构造单元标志。

二、地质构造单元特征

从江苏省及上海市航磁 ΔT 等值线平面图和江苏省及上海市航磁 ΔT 化极等值线平面图(图 4-1、

图 4-2)看,以郯城-庐江断裂带、长江规模较大的断裂为分界线,按磁场强度、走向、梯度及异常形态等特征,将江苏省及上海市航磁异常总体划分成 3 个区,它们是徐州块状正负变化异常区、苏北平缓变化异常区和苏南及上海市复杂异常区。徐州块状正负变化异常区属华北地层区,即华北板块南缘重磁场区;苏北平缓变化异常区北部沭阳、连云港、赣榆属苏鲁造山带地层区,即苏北造山变质带重磁场区;苏北平缓变化异常区南部及苏南及上海市复杂异常区属扬子地层区,即下扬子准地台重磁异常区。

区域重磁场分区

江苏省及上海市处于中国东部重磁异常区的中区,区域重力场自东南向西北降低,上海—南通为一明显的重力高区,徐州一带为重力低区,背景差可达 20×10^{-5} m/s^2。苏南为变化的中高磁场区,苏北为平缓的低磁背景区,郯庐构造断坳带为带状磁异常区。重磁场分区特征、局部异常展布规律明显受构造单元地质背景和构造、火成岩三要素控制。据三大构造单元对应关系,相应划分为三大重磁异常区。见图 4-3。

1. 华北板块南缘重磁场区

分布在郯庐断坳带东界的西部省域内。邳县北东一线,丰沛东西一带为重力高带,呈$(14\sim35)\times10^{-5}$ m/s^{2}高值异常区,其他为北东向或北西向相对低场区,伴有明显北西向切割错动,影响分布格局。磁场总体呈东高西低的正磁场背景区,异常区分布在郯庐断坳带、利国、潘塘、丰沛等地。综合区域重磁场特征和构造单元可划分为丰沛重磁异常区、徐邳重磁异常区、新沂-泗洪重磁异常区。据区内重磁场特征、异常高低,分布轮廓划分的小区同Ⅳ级构造单元基本相符。

2. 苏北造山变质带重磁场区

西以郯庐断坳带东界为界,南东以响水口-淮阴断裂为界的区域重力场上,除沭阳断坳为明显重力低外,总体表现为平缓正场,场值在$(14\sim24)\times10^{-5}$ m/s^{2}范围间变化,局部异常小而缓,没有明显重力梯度带,泗洪-临洪口见一北东向重力高值带,南西宽缓,北东窄,带内见双沟重力高,洪泽重力低,沭阳重力低。同Ⅴ级构造单元(断坳、断凸)相对应。区域磁场大致以王庄—东海—赣榆石桥一线为界,西部为强磁场区,为深变质岩东海岩群、东海杂岩的反映;东南为平缓变化磁场区,向南东逐渐变为负场,仅连云港、灌云、泗洪等地分布有零星局部异常。据此,可划分同Ⅳ级构造单元相协调的东海-赣榆和泗阳-连云港两大磁场区。

3. 下扬子准地台重磁异常区

分布在响水口-淮阴断裂以南的苏中和苏南,重磁场特征变化复杂、重力异常,局部磁异常总体为带状,北东—北东东向展布,且受北西向断裂切割,错扭变化控制分布的格局,据重磁场特征和地质背景,可划分为 4 个重磁场区。

(1)苏中坳陷重磁场区:区内北部呈较强烈的正负相间变化重力异常区,含盱眙-建湖重力高(断凹)、响水重力高小区(断凸)、阜宁-盐城重力低小区(断凹)。南部总体呈近东西向重力低带为中新生代断凹分布区,中心在金湖、高邮、海安、东台等地。磁场显示为平静背景,仅在大丰、海安等附近见局部喜马拉雅期火山岩引起的局部异常。

(2)滁县-巢湖重磁场区:盱眙、江浦—六合处于该区东部,总体呈重力高特征,见两条重力高带,分布在江浦—大厂—冶山(断褶束)和盱眙—建湖(断褶束)一带,区内磁场平缓,在盱眙南部,冶山—天长见有局部异常分布(火山岩)。

(3)沿江陷断褶带重磁异常区:西北以长江断裂为界,东至江南断裂为界,重磁异常复杂,以北东向展布、高低相间变化为特征。区内磁场背景值较高,局部磁异常规模大,异常强而陡,综合重磁场特征和地质分区有扬州重(高)磁(低)区(断凸)、宁镇重磁同高区(断褶束)、埤孟重磁同高区(断褶束)、宁芜重磁同高区(断凹)、句容-溧水平缓重磁场区(断凹)、茅山重磁变异带(断褶束)、直溪桥-桠子桥重磁同低区(凹陷)。

(4)皖东南-太湖(苏州西部)断褶带重磁场区：以江阴—常熟—启东为界，东北为南通重力高区(断块)，西南部苏州西部宜溧地区为重力高低相间变化异常区，磁异常平缓呈北东向分布，江阴—启东见有局部平缓磁异常。据区内重磁场特征：有金坛-常州低缓重磁场区(凹陷)、宜溧重缓磁高区(断褶束)、太湖重磁相间变化场区(断块)、江阴-南闸平缓重磁场区(断块)、南通重磁场区(断块)。

综上所述，重磁场分区与地质上现已厘定的构造单元分区大体一致，具体各大场区的分区同地质上Ⅳ级构造单元也基本相符，地质构造分区充分应用了地球物理资料信息作为依据。

第三节　断裂构造格架

按《矿产资源潜力评价磁测资料应用技术要求》中断裂构造划分方法和依据，结合江苏省及上海市区域地质资料，利用航磁成果资料，在省级 1∶50 万磁法推断地质构造图中共推断断裂构造 43 条，其中一级断裂 4 条，二级断裂 22 条，三级断裂 17 条(图 4-4)。

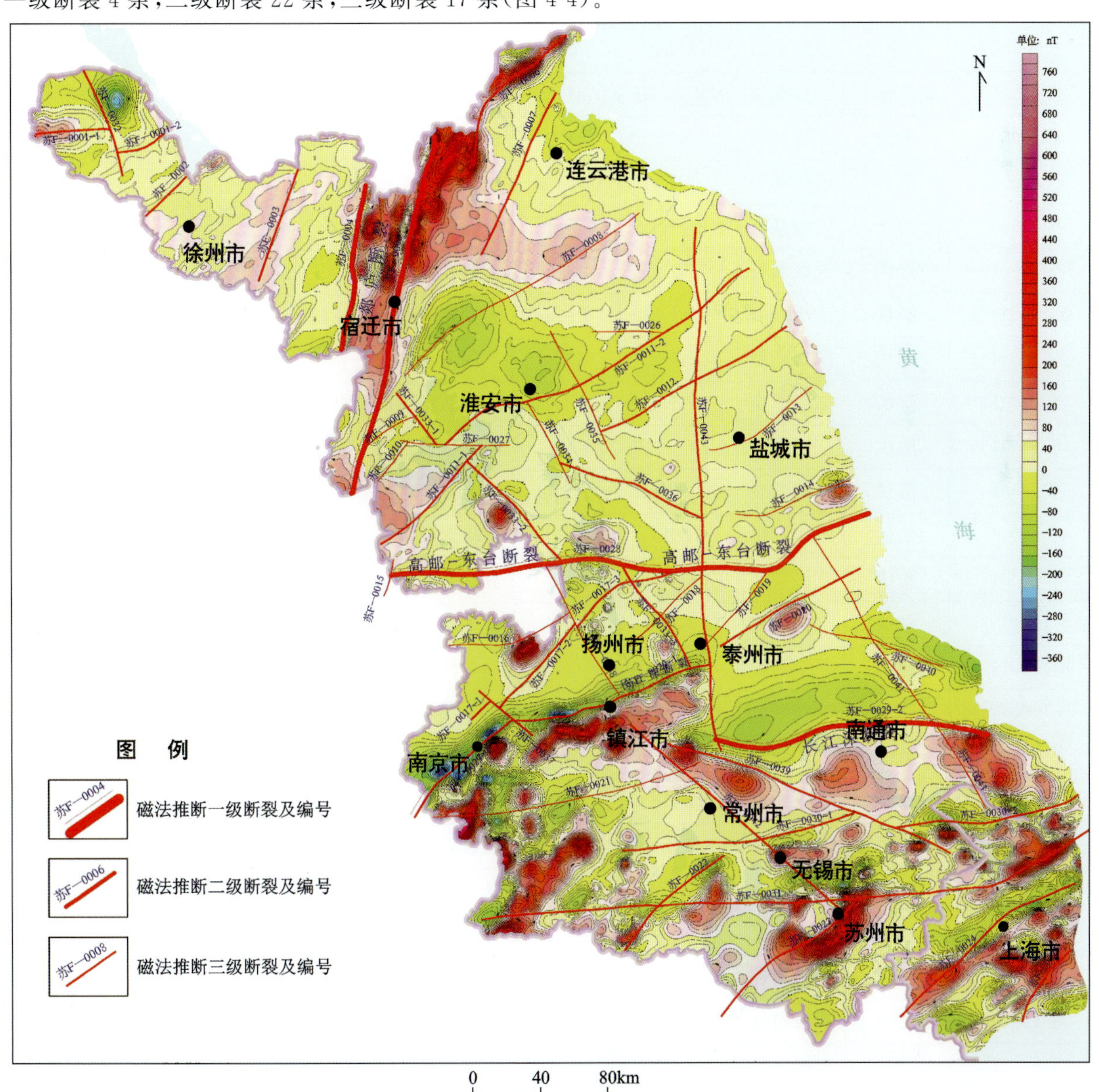

图 4-4　江苏省及上海市磁法推断断裂构造分布及航磁 ΔT 磁场特征图

从江苏省及上海市磁法推断地质构造分布及航磁 ΔT 磁场特征图(图 4-4)可以看出,断裂构造十分复杂,按其方向大致可分为近东西向、北东向、北西向和近南北向 4 组。主要以北东向和东西向占主导,南北向、北西向断裂也较发育,其中以北东向郯庐断裂、近东西向长江深断裂和高邮-东台断裂规模为最大,以下予以叙述。其他断裂特征详见表 4-1。

表 4-1 江苏省及上海市磁法推断断裂构造数据表

断裂编号	出露情况	断裂级别	断裂构造走向	断裂长度(km)	断裂构造磁场标志	备注
苏 F-0001-1	隐伏	二级断裂	NEE	35.8	不同场区分界线,异常梯度带	
苏 F-0001-2	隐伏	二级断裂	NEE	24.8	不同场区分界线,异常梯度带	
苏 F-0002	隐伏	二级断裂	NE	26.8	不同磁场区的分界线	
苏 F-0003	隐伏	二级断裂	NNE	56.3	不同磁场区的分界线	
苏 F-0004	半隐伏	一级断裂	NEE	79.8	条带状、串珠状异常	
苏 F-0005	半隐伏	一级断裂	NNE	174.5	条带状、串珠状异常	
苏 F-0006	隐伏	二级断裂	NNE—NE	81.5	条带状、串珠状异常	
苏 F-0007	隐伏	二级断裂	NE	85.3	不同场区分界线,异常梯度带	
苏 F-0008	隐伏	三级断裂	NE	139.3	磁异常梯度带	
苏 F-0009	隐伏	三级断裂	NE—NEE	32.4	异常错动带	
苏 F-0010	隐伏	三级断裂	NE	23.6	磁异常梯度带	
苏 F-0011-1	隐伏	二级断裂	NE	68.5	不同磁场区的分界线	
苏 F-0011-2	隐伏	二级断裂	NE	174.4	不同磁场区的分界线	
苏 F-0012	隐伏	二级断裂	NE	104.9	不同磁场区的分界线	
苏 F-0013	隐伏	三级断裂	NEE—NE	60.1	不同磁场区的分界线	
苏 F-0014	隐伏	三级断裂	EW—NEE	60.4	线性异常带	
苏 F-0015	隐伏	三级断裂	NNE	18	磁异常梯度带	
苏 F-0016	隐伏	三级断裂	EE—NEE	63.1	异常错动带	
苏 F-0017-1	隐伏	二级断裂	NE	12.7	串珠状磁异常带	
苏 F-0017-2	隐伏	二级断裂	NE	55	串珠状磁异常带	
苏 F-0017-3	隐伏	二级断裂	NE—NEE	60.9	串珠状磁异常带	
苏 F-0018	隐伏	三级断裂	NE	48.8	磁异常梯度带	
苏 F-0019	隐伏	三级断裂	NE	48.1	磁异常错动带	
苏 F-0020	隐伏	二级断裂	NE	78.5	线性异常带	
苏 F-0021	半隐伏	三级断裂	NEE	134.9	异常错动带	
苏 F-0022	半隐伏	二级断裂	NE	67.1	串珠状磁异常带	
苏 F-0023	半隐伏	二级断裂	NE	91.2	串珠状磁异常带	
苏 F-0024	隐伏	二级断裂	NE	108.9	磁异常梯度带	
苏 F-0025	隐伏	二级断裂	NNE—NE	42.3	磁异常梯度带	
苏 F-0026	隐伏	三级断裂	EW	35	磁异常错动带	

续表 4-1

断裂编号	出露情况	断裂级别	断裂构造走向	断裂长度(km)	断裂构造磁场标志	备注
苏 F-0027	隐伏	三级断裂	EW	53.6	不同磁场分区界线	
苏 F-0028	隐伏	一级断裂	EW—NE	245	不同磁场分区界线	
苏 F-0029-1	半隐伏	一级断裂	NEE	170.9	不同磁场区的分界线，磁异常的变化带	
苏 F-0029-2	隐伏	一级断裂	EW	138.6	不同磁场区的分界线，磁异常的变化带	
苏 F-0030-1	半隐伏	二级断裂	NEE	116.7	不同磁场区的分界线，磁异常的变化带	
苏 F-0030-2	隐伏	二级断裂	NEE	93.3	不同磁场区的分界线，磁异常的变化带	
苏 F-0031	半隐伏	二级断裂	NEE—NE	309.2	磁异常梯度带，线性异常带，磁异常的变化带	
苏 F-0032	隐伏	二级断裂	NW	53.6	磁异常错动带	
苏 F-0033-1	隐伏	二级断裂	NW	31.2	不同磁场区分界线	
苏 F-0033-2	隐伏	二级断裂	NW	65.8	不同磁场区分界线	
苏 F-0033-3	隐伏	二级断裂	NW	61	不同磁场区分界线	
苏 F-0034	隐伏	三级断裂	NW	44.2	磁异常梯度带	
苏 F-0035	隐伏	三级断裂	NW	69	串珠状磁异常带	
苏 F-0036	隐伏	二级断裂	NW	75.5	串珠状异常带	
苏 F-0037	半隐伏	二级断裂	NW	32.9	磁异常错动带	
苏 F-0038	隐伏	三级断裂	NW	73.6	磁异常错动带	
苏 F-0039	隐伏	二级断裂	NW	150.3	磁异常梯度带	
苏 F-0040	隐伏	三级断裂	NW	69.9	线性异常带	
苏 F-0041	隐伏	三级断裂	NW	158.4	磁异常错动带	
苏 F-0042	半隐伏	二级断裂	NW	140.8	磁异常梯度带	
苏 F-0043	隐伏	二级断裂	SN	250.8	串珠状磁异常带	

重要断裂构造

(一)郯庐断裂

郯城-庐山深断裂带，断裂的西、东界编号分别为苏 F-0004、苏 F-0005，该断裂规模大，是亚洲东部的主要断裂之一。许多文献都有论述，它是由航磁首先发现，北段越过郯城，经沂水、入莱州湾，跨渤海达东北伊通、舒兰抵依兰，往北东延入苏联，向南经庐江至宿松。江苏段在江苏省及上海市航磁 ΔT 平面等值线图中显得十分清楚，郯庐断裂在江苏省及上海市总体呈 NE10°～20°走向，断裂带有若干条断裂组成的断裂破碎带，宽窄变化较大，一般都在 10 余千米，在航磁图上反映为一条变化剧烈的升高正异常带(图 4-4)。当磁场上延不同高度直至 40km 时仍清晰可见。在重力图上反映为一条重力梯度带。沿断裂普遍发育有揉皱挤压与构造破碎带，具糜棱岩化，断层泥及挤压扁豆体。主断裂面倾角较陡，断层性质以正断层为主，局部为逆断层。并发生了向北东的水平错动现象，东侧往北推移，西侧向南滑动。

(二)长江深断裂

长江深断裂编号为苏 F-0029,位于江苏省中南部,全省范围经南京市栖霞区以西的曹家边、龙潭至镇江一线,东端延伸至靖江—通州一带。江苏省及上海市航磁 ΔT 平面等值线图中反映该断裂是苏北平缓变化异常区与苏南复杂异常区的界线,航磁异常表现为一条复杂的正负磁异常带,以负为主,负值可达－200nT(图 4-4)。该断裂在不同高度的上延磁场上均有很好的反映,这与其切割较深有关,重力场表现为一条梯度带。该断裂在地质和地貌上都有显示,省内全长约 310km,走向近东西。

该断裂带最初由原地质矿产部航测大队提出,原称长江破碎带,多年来,有关长江深大断裂的存在与否众说纷纭。但归纳起来大致有如下几种认识。

(1)为一深断裂,控制沉积岩相、岩浆活动、成矿等地质作用。

(2)为一中生代裂谷,控制岩浆岩的发育和演化。

(3)基底剪切带,盖层表现为锯齿状左旋斜向拉伸型断层,断层转折部位因斜向拉伸形成串珠状盆地,进而发展为火山盆带。

对长江深断裂的不同观点,反映了对长江中下游的沿江一带导岩、导矿和控岩控矿构造的不同看法。

长江断裂苏 F-0029-1(江苏西段)地质资料显示:该深断裂的北侧为仪征凹陷,而南侧为宁镇隆起带,对两侧的岩相古地理环境和岩浆活动起到严格的控制作用。在宁镇隆起带燕山晚期岩浆活动十分剧烈,中酸性侵入岩呈大面积广泛分布,矿产亦非常丰富,已知的栖霞山大型铅锌矿床,韦岗铁矿,安基山、伏牛山铜矿和铜山钼铜等中型矿床均赋存在长江深大断裂的南侧。

航磁 ΔT 化极上延后的磁场图断裂两侧磁场差异巨大,说明其两侧的地质环境截然不同。断裂带以南据其磁场特征结合宁镇地区的物性成果,存在一个巨型中酸性岩基,而北侧以负磁场为主的磁场特征反映了仪征凹陷盆地沉积厚度大的特点。

(三)高邮-东台断裂

高邮-东台断裂编号苏 F-0028,它是省内规模最大的断裂之一,在省内长约 245km。自西至东从嘉山、高邮过东台入海。航磁反映为不同磁场的分界线,以北为平缓的正负块状磁场分布区,以南为相对降低到负背景的特点(图 4-4)。在嘉山—高邮一线以南局部异常十分发育,表现该断裂明显控制该区岩浆活动。当磁场上延不同高度时,仍然显示为一条东西向线性梯度带。在重力图上沿北纬 32°50′存在一条东西向断续分布的重力异常带。

第四节　岩浆岩分布特征

一、侵入岩分布特征

按《矿产资源潜力评价磁测资料应用技术要求》中侵入岩体的圈定依据与方法,本次磁法推断侵入岩体主要在前人成果的基础上进行,充分利用区域地质、航磁资料的同时,还借鉴了有关重力工作成果。在江苏省及上海市磁法推断地质构造图中,共推断各类侵入岩体 125 处,其中基性—超基性岩类 2 处,中基性岩类 11 处,中酸性岩类 111 处,酸性岩类 1 处(图 4-5),各侵入岩体特征见表 4-2。

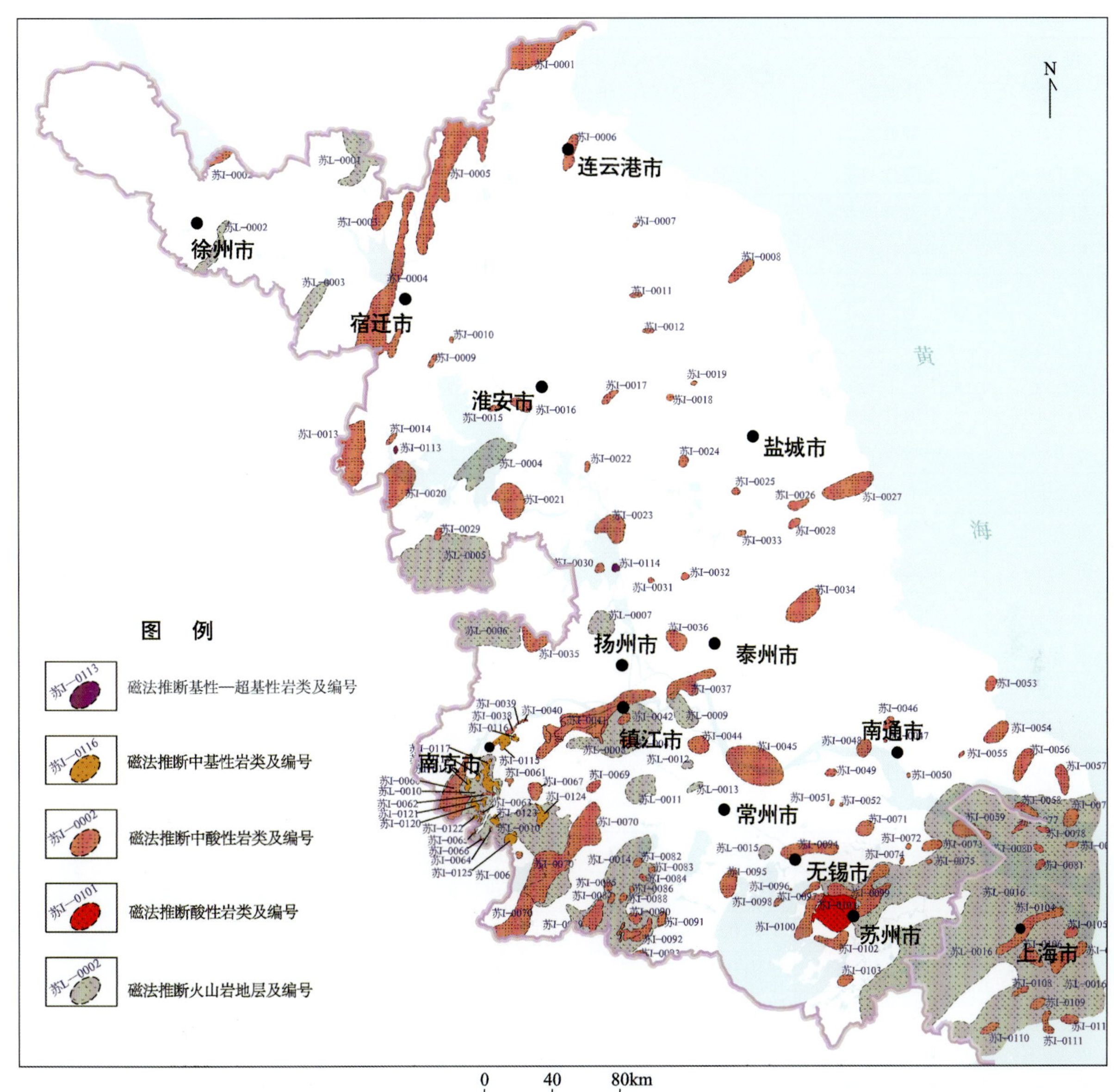

图 4-5　江苏省及上海市磁法推断侵入岩、火山岩分布特征示意图

由图 4-5 看：磁法推断侵入岩主要分布在长江深断裂以南苏南及上海市复杂磁异常区及郯庐断裂带附近地区，以中酸性侵入岩体为主，江苏中部南通、六合、连云港及徐州-利国等地也有零星分布，是江苏省及上海市铁、铜、铅锌、金等矿产的成矿母岩；宁芜、溧水地区广泛分布中基性侵入岩体，与该区域铁等矿产形成有密切的关系。

表 4-2　江苏省及上海市磁法推断侵入岩体数据表

侵入岩体编号	侵入岩体类型	出露情况	侵入岩体顶面投影面积（km^2）	侵入岩体磁场标志	备注
苏 I-0001	中酸性岩类	半隐伏	224.4	椭圆状异常，正负伴生异常，北东部分在山东境内	
苏 I-0002	中酸性岩类	出露	33.9	椭圆状异常，梯度较缓	
苏 I-0003	中酸性岩类	隐伏	97.1	椭圆状异常	
苏 I-0004	中酸性岩类	隐伏	570.6	条带状异常	

续表 4-2

侵入岩体编号	侵入岩体类型	出露情况	侵入岩体顶面投影面积(km^2)	侵入岩体磁场标志	备注
苏 I-0005	中酸性岩类	出露	593.2	条带状异常	
苏 I-0006	中酸性岩类	半隐伏	76.3	条带状异常	
苏 I-0007	中酸性岩类	隐伏	0.0	弱小异常	
苏 I-0008	中酸性岩类	隐伏	65.8	弱小异常	
苏 I-0009	中酸性岩类	隐伏	15.3	弱小异常	
苏 I-0010	中酸性岩类	隐伏	5.0	弱小异常	
苏 I-0011	中酸性岩类	隐伏	12.3	弱小异常	
苏 I-0012	中酸性岩类	隐伏	10.9	弱小异常	
苏 I-0013	中酸性岩类	隐伏	277.8	异常的北东部分,异常主体在安徽境内	
苏 I-0014	中酸性岩类	隐伏	14.5	弱小异常	
苏 I-0015	中酸性岩类	隐伏	14.0	弱小异常	
苏 I-0016	中酸性岩类	隐伏	47.4	弱小异常	
苏 I-0017	中酸性岩类	隐伏	25.5	弱小异常	
苏 I-0018	中酸性岩类	隐伏	10.6	弱小异常	
苏 I-0019	中酸性岩类	隐伏	5.2	弱小异常	
苏 I-0020	中酸性岩类	隐伏	213.8	异常的北东部分,异常主体在安徽境内	
苏 I-0021	中酸性岩类	隐伏	186.4	圆形异常	
苏 I-0022	中酸性岩类	隐伏	11.1	弱小异常	
苏 I-0023	中酸性岩类	隐伏	133.4	似圆状异常	
苏 I-0024	中酸性岩类	隐伏	21.4	弱小异常	
苏 I-0025	中酸性岩类	隐伏	11.2	弱小异常	
苏 I-0026	中酸性岩类	隐伏	36.9	弱小异常	
苏 I-0027	中酸性岩类	隐伏	199.4	椭圆状异常	
苏 I-0028	中酸性岩类	隐伏	20.6	弱小异常	
苏 I-0029	中酸性岩类	隐伏	17.3	弱小异常	
苏 I-0030	中酸性岩类	隐伏	16.7	弱小异常	
苏 I-0031	中酸性岩类	隐伏	6.3	弱小异常	
苏 I-0032	中酸性岩类	隐伏	11.2	弱小异常	
苏 I-0033	中酸性岩类	隐伏	10.3	弱小异常	
苏 I-0034	中酸性岩类	隐伏	179.0	椭圆状异常	
苏 I-0035	中酸性岩类	隐伏	82.9	椭圆状异常	
苏 I-0036	中酸性岩类	隐伏	73.9	似圆状异常	
苏 I-0037	中酸性岩类	隐伏	141.8	不规则正负伴生异常	
苏 I-0038	中酸性岩类	半隐伏	10.9	条带状正负伴生异常	
苏 I-0039	中酸性岩类	半隐伏	2.8	条带状正负伴生异常	
苏 I-0040	中酸性岩类	半隐伏	3.8	条带状正负伴生异常	
苏 I-0041	中酸性岩类	半隐伏	487.3	条带状正负伴生异常	
苏 I-0042	中酸性岩类	半隐伏	21.3	椭圆状异常	

续表 4-2

侵入岩体编号	侵入岩体类型	出露情况	侵入岩体顶面投影面积(km²)	侵入岩体磁场标志	备注
苏 I-0043	中酸性岩类	半隐伏	31.5	似圆状异常	
苏 I-0044	中酸性岩类	隐伏	68.9	椭圆状正负伴生异常	
苏 I-0045	中酸性岩类	隐伏	399.6	椭圆状正负伴生异常	
苏 I-0046	中酸性岩类	隐伏	23.8	似椭圆状单个异常组成的环带异常	
苏 I-0047	中酸性岩类	隐伏	2.1	似椭圆状单个异常组成的环带异常	
苏 I-0048	中酸性岩类	隐伏	48.8	似椭圆状单个异常组成的环带异常	
苏 I-0049	中酸性岩类	隐伏	16.6	似椭圆状单个异常组成的环带异常	
苏 I-0050	中酸性岩类	隐伏	3.3	似椭圆状单个异常组成的环带异常	
苏 I-0051	中酸性岩类	隐伏	5.1	似椭圆状单个异常组成的环带异常	
苏 I-0052	中酸性岩类	隐伏	2.3	似椭圆状单个异常组成的环带异常	
苏 I-0053	中酸性岩类	隐伏	30.3	弱小异常	
苏 I-0054	中酸性岩类	隐伏	81.8	似椭圆状组成的环带异常	
苏 I-0055	中酸性岩类	隐伏	5.6	似椭圆状单个异常组成的环带异常	
苏 I-0056	中酸性岩类	隐伏	91.9	似椭圆状单个异常组成的环带异常	
苏 I-0057	中酸性岩类	隐伏	66.3	似椭圆状单个异常组成的环带异常	
苏 I-0058	中酸性岩类	隐伏	41.8	似椭圆状单个异常组成的环带异常	
苏 I-0059	中酸性岩类	隐伏	101.8	似椭圆状单个异常组成的环带异常	
苏 I-0060	中酸性岩类	半隐伏	219.4	条带状异常	
苏 I-0061	中酸性岩类	半隐伏	8.7	条带状弱小异常	
苏 I-0062	中酸性岩类	半隐伏	9.3	条带状异常	
苏 I-0063	中酸性岩类	半隐伏	8.8	条带状异常	
苏 I-0064	中酸性岩类	半隐伏	2.2	条带状弱小异常	
苏 I-0065	中酸性岩类	半隐伏	5.1	条带状异常	
苏 I-0066	中酸性岩类	半隐伏	3.7	条带状弱小异常	
苏 I-0067	中酸性岩类	半隐伏	44.1	椭圆状异常	
苏 I-0068	中酸性岩类	半隐伏	8.6	椭圆状弱小异常	
苏 I-0069	中酸性岩类	半隐伏	27.4	椭圆状异常	
苏 I-0070	中酸性岩类	半隐伏	799.0	条带状正负伴生异常，异常西南延伸至安徽境内	
苏 I-0071	中酸性岩类	隐伏	51.0	圆状异常组成大的环带异常	
苏 I-0072	中酸性岩类	隐伏	5.8	似椭圆状单个异常组成的环带异常	
苏 I-0073	中酸性岩类	隐伏	40.4	似椭圆状单个异常组成的环带异常	
苏 I-0074	中酸性岩类	隐伏	5.3	似椭圆状单个异常组成的环带异常	
苏 I-0075	中酸性岩类	隐伏	4.5	似椭圆状单个异常组成的环带异常	
苏 I-0076	中酸性岩类	隐伏	50.6	似椭圆状单个异常组成的环带异常	
苏 I-0077	中酸性岩类	隐伏	22.4	似椭圆状单个异常组成的环带异常	
苏 I-0078	中酸性岩类	隐伏	15.6	似椭圆状单个异常组成的环带异常	
苏 I-0079	中酸性岩类	隐伏	15.0	似椭圆状单个异常组成的环带异常	
苏 I-0080	中酸性岩类	隐伏	15.1	似椭圆状单个异常组成的环带异常	

续表 4-2

侵入岩体编号	侵入岩体类型	出露情况	侵入岩体顶面投影面积(km^2)	侵入岩体磁场标志	备注
苏 I-0081	中酸性岩类	隐伏	17.4	似椭圆状单个异常组成的环带异常	
苏 I-0082	中酸性岩类	半隐伏	14.0	环状异常中正负伴生的似椭圆状异常	
苏 I-0083	中酸性岩类	半隐伏	7.5	环状异常中的弱小异常	
苏 I-0084	中酸性岩类	半隐伏	8.7	环状异常中的似椭圆状异常	
苏 I-0085	中酸性岩类	半隐伏	13.4	环状异常中的似椭圆状异常	
苏 I-0086	中酸性岩类	半隐伏	5.2	似椭圆状异常组成的环状异常	
苏 I-0087	中酸性岩类	半隐伏	13.0	环状异常中的弱小异常	
苏 I-0088	中酸性岩类	半隐伏	12.1	环状异常中的弱小异常	
苏 I-0089	中酸性岩类	半隐伏	91.4	环状异常中的椭圆状正负伴生异常	
苏 I-0090	中酸性岩类	半隐伏	25.4	环状异常中的弱小异常	
苏 I-0091	中酸性岩类	半隐伏	21.5	环状异常中的弱小异常	
苏 I-0092	中酸性岩类	半隐伏	86.4	环状异常中的似椭圆状异常	
苏 I-0093	中酸性岩类	半隐伏	7.2	环状异常中的似椭圆状异常,异常南西部分在安徽境内	
苏 I-0094	中酸性岩类	半隐伏	147.7	似哑铃状异常	
苏 I-0095	中酸性岩类	半隐伏	86.2	似椭圆状正负伴生异常	
苏 I-0096	中酸性岩类	隐伏	1.3	弱小异常	
苏 I-0097	中酸性岩类	隐伏	28.4	弱小异常	
苏 I-0098	中酸性岩类	隐伏	12.2	似椭圆状异常	
苏 I-0099	中酸性岩类	半隐伏	277.4	似椭圆状单个异常组成的环带异常	
苏 I-0100	中酸性岩类	半隐伏	122.9	似椭圆状单个异常组成的环带异常	
苏 I-0101	酸性岩类	半隐伏	271.4	圆形平缓降低磁场	
苏 I-0102	中酸性岩类	半隐伏	78.2	似椭圆状单个异常组成的环带异常	
苏 I-0103	中酸性岩类	隐伏	32.7	似椭圆状异常	
苏 I-0104	中酸性岩类	隐伏	167.3	似椭圆状单个异常组成的环带异常	
苏 I-0105	中酸性岩类	隐伏	27.6	似椭圆状单个异常组成的环带异常	
苏 I-0106	中酸性岩类	隐伏	66.5	似椭圆状单个异常组成的环带异常	
苏 I-0107	中酸性岩类	隐伏	112.1	似椭圆状单个异常组成的环带异常	
苏 I-0108	中酸性岩类	隐伏	20.7	似椭圆状异常	
苏 I-0109	中酸性岩类	隐伏	28.4	似椭圆状异常	
苏 I-0110	中酸性岩类	隐伏	29.8	似椭圆状异常	
苏 I-0111	中酸性岩类	隐伏	37.5	似椭圆状异常	
苏 I-0112	中酸性岩类	隐伏	32.0	似椭圆状异常	
苏 I-0113	基性—超基性岩类	隐伏	6.1	弱小异常	
苏 I-0114	基性—超基性岩类	隐伏	11.8	小异常	

续表 4-2

侵入岩体编号	侵入岩体类型	出露情况	侵入岩体顶面投影面积(km²)	侵入岩体磁场标志	备注
苏 I-0115	中基性岩类	半隐伏	38.9	似圆形正负伴生异常	
苏 I-0116	中基性岩类	半隐伏	8.8	似圆形正负伴生异常	
苏 I-0117	中基性岩类	半隐伏	62.9	条带状正负伴生异常	
苏 I-0118	中基性岩类	半隐伏	7.1	椭圆状异常	卧儿岗
苏 I-0119	中基性岩类	隐伏	12.4	椭圆状异常	高公山
苏 I-0120	中基性岩类	半隐伏	15.5	条带状正负伴生异常	
苏 I-0121	中基性岩类	半隐伏	8.4	条带状正负伴生异常	
苏 I-0122	中基性岩类	半隐伏	4.4	条带状异常	
苏 I-0123	中基性岩类	半隐伏	15.8	条带状正负伴生异常	
苏 I-0124	中基性岩类	半隐伏	36.6	似椭圆状异常	
苏 I-0125	中基性岩类	半隐伏	32.6	似椭圆状异常	

二、火山岩带的分布特征

利用磁测资料圈定火山岩的范围主要取决于火山岩本身与围岩之间的磁性差异，而火山岩岩性十分复杂，磁性变化大，此外火山岩又往往与侵入岩相互交叠出现，所以利用磁测资料区分它们变得相当困难。按矿产资源潜力评价《磁测资料应用技术要求》中火山岩的圈定依据与方法，本次磁法推断火山岩主要结合江苏省及上海市区域地质资料，参考磁异常特征、物性资料圈定。省级磁法推断地质构造图共推断各类火山岩地层 16 处(图 4-5)，由图 4-5 看：磁法推断火山岩地层主要分布在长江深断裂以南苏南及上海市复杂磁异常区(宁镇、宁芜、溧水、宜溧、苏州、上海)、江苏中部六合、盱眙及徐州、邳州以北等地，磁场上表现为杂乱的异常特征。推断火山岩地层属性特征见属性数据表(表 4-3)。

表 4-3　江苏省及上海市磁法推断火山岩地层数据表

火山岩地层编号	火山岩地层岩性	出露情况	火山岩地层走向	火山岩地层顶面投影面(km²)	火山岩地层磁场标志	备注
苏 L-0001	安山岩类	隐伏	NE	227.2	杂乱异常	
苏 L-0002	安山岩类	隐伏	NE	101.6	杂乱异常	
苏 L-0003	安山岩类	隐伏	NE	122.6	条带状异常	
苏 L-0004	安山岩类	隐伏	NE	307.5	杂乱异常	
苏 L-0005	玄武岩类	出露	等轴状	903	杂乱异常	
苏 L-0006	玄武岩、安山岩类	半隐伏	等轴状	385	杂乱异常	
苏 L-0007	安山岩类	隐伏	等轴状	123.5	杂乱磁异常	
苏 L-0008	安山岩类	半隐伏	NE	583.7	杂乱磁异常	
苏 L-0009	安山岩类	半隐伏	NW	141.9	杂乱异常	
苏 L-0010	安山岩类	半隐伏	等轴状	1651.4	杂乱异常	

续表 4-3

火山岩地层编号	火山岩地层岩性	出露情况	火山岩地层走向	火山岩地层顶面投影面(km^2)	火山岩地层磁场标志	备注
苏 L-0011	安山岩类	隐伏	等轴状	143.5	杂乱异常	
苏 L-0012	安山岩类	隐伏	等轴状	18.9	杂乱异常	
苏 L-0013	安山岩类	隐伏	NEE	22.7	杂乱异常	
苏 L-0014	安山岩、流纹岩类	半隐伏	等轴状	1088.4	杂乱异常	
苏 L-0015	安山岩类	隐伏	等轴状	36.9	弱磁异常	
苏 L-0016	流纹岩、安山岩类	半隐伏	NE	9723.1	杂乱异常	

三、重要岩浆岩特征

（一）汤山镇—镇江复式岩体

该岩体位于宁镇地区东部，西起汤山东至镇江，其中较大的岩体有安基山、高资、石马和镇江西四摆渡等杂岩体（图 4-6）。

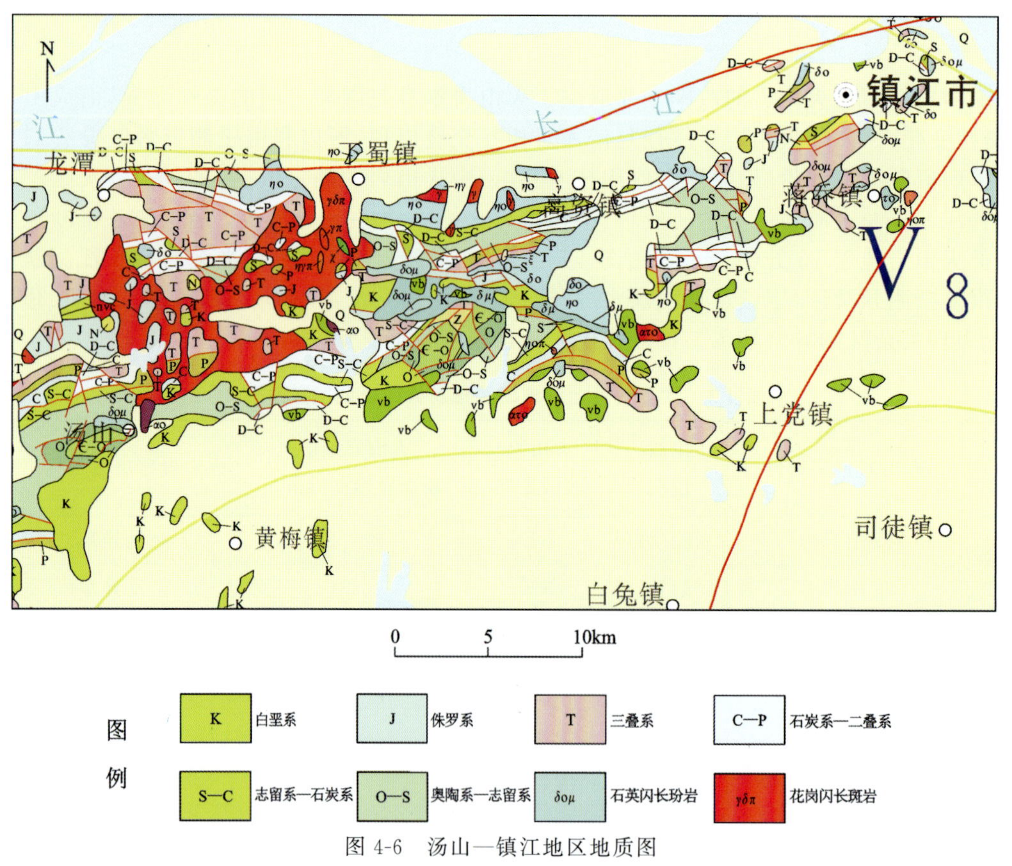

图 4-6　汤山—镇江地区地质图

安基山杂岩体侵入于志留系—白垩系的不同层位中，为一高侵位岩体，岩石类型主要为石英闪长斑岩，其次为花岗闪长斑岩和闪长岩，岩体深部主要是似斑状花岗闪长岩。分布的航磁异常有苏 C_2-1973-511、C_2-1973-515 等。

高资杂岩体，西端侵入于志留系，东端侵入于下白垩统上党组中，南缘侵入于志留系至三叠系不同层位中，与石马、安基山杂岩体相接，该杂岩体由下蜀和雷巷等岩体组成，以下蜀岩体为主体，岩体相带发育，内部相为等粒状二长花岗岩和花岗闪长岩，过渡相为斑状花岗闪长岩，边缘相为花岗闪长斑岩和石英闪长斑岩。分布的航磁异常有苏 C_2-1973-520、C_2-1973-588、C_2-1973-518、C_2-1973-562、C_2-1973-561、C_2-1973-560 等。

石马杂岩体，该岩体由徐湾、东林场等岩体组成。徐湾岩体是石马杂岩体的主体，岩石类型主要有花岗闪长岩、斑状石英二长岩、斑状石英闪长岩、花岗闪长斑岩和石英闪长斑岩。分布的航磁异常有苏 C_2-1973-552、C_2-1973-550、C_2-1973-548 等。

镇江西四摆渡杂岩体总体上呈西宽、东窄的楔形体，岩石类型主要为(石英)闪长玢岩。分布的航磁异常有苏 C_2-1973-590、C_2-1973-591、C_2-1973-592 等。

上述杂岩体在航磁图中主要表现为一升高的正磁异常区，西起汤山镇，经安基山、下蜀、高资然后至镇江，为一条十分醒目，南北宽 10 余千米的正磁异常，局部异常发育，轴向各异，但以北东向和近东西向为最多(图 4-7)，升高正磁异常区基本沿宁镇山脉中部展布，所处地质环境均为宁镇地区燕山期中酸性杂岩体，为此，这种升高的正磁异常区主要为中酸性杂岩体的反映。

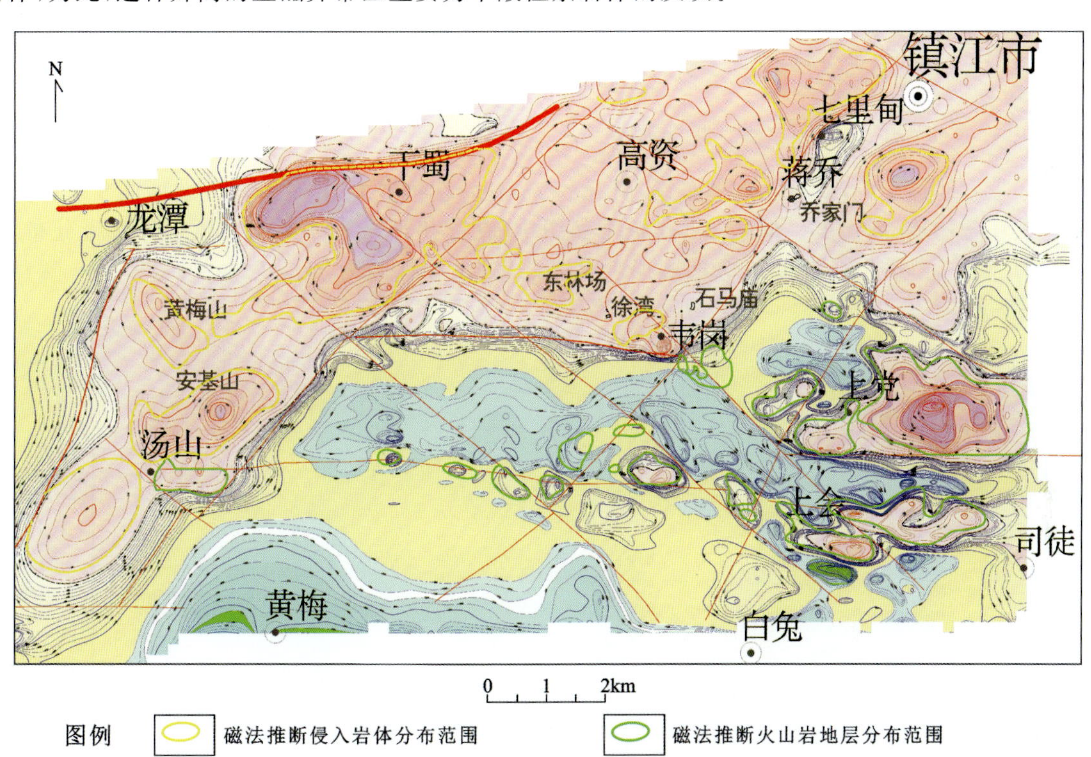

图 4-7　汤山-镇江复式岩体、上党火山岩地层分布区航磁 ΔT 化极磁场特征

有资料认为该区杂岩体一般为高侵位岩体，有些地方出露地表，有的侵入近于地表，但在深部连成一个巨大的岩基。

从物性结果来看，安基山杂岩体中的石英闪长斑岩 $\overline{\kappa}=1630\times10^{-5}$ SI，$\overline{J_r}=190\times10^{-3}$ A/m。高资杂岩体中的花岗闪长岩类 $\overline{\kappa}=2640\times10^{-5}$ SI，$\overline{J_r}=220\times10^{-3}$ A/m；花岗闪长斑岩 $\overline{\kappa}=1510\times10^{-5}$ SI，$\overline{J_r}=270\times10^{-3}$ A/m；花岗岩 $\overline{\kappa}=1380\times10^{-5}$ SI，$\overline{J_r}=160\times10^{-3}$ A/m。石马杂岩体的斑状石英二长岩 $\overline{\kappa}=1510\times10^{-5}$ SI，$\overline{J_r}=220\times10^{-3}$ A/m。

不言而喻，安基山、石马和高资杂岩体三者之间的磁性差异不够显著，因而在磁场图中的表现形式亦无大的差别，磁场的强弱只不过是与岩体上侵的深度有关。这种磁场特征充分表明磁源地质体在深部连为一体的可能性，这与当前地质上的认识基本一致，磁场特征还表明宁镇山脉中部是一条重要的岩浆岩带。

（二）上党地区火山岩

从航磁 ΔT 反映的结果来看，上党地区火山岩 ΔT 曲线多呈锯齿状跳跃的尖峰异常，异常北侧一般都伴有较大的负值，如东昌街、上党和北陵一带的异常，有苏 C_2-1973-512 至苏 C_2-1973-514，苏 C_2-1973-525 至苏 C_2-1973-546 多个局部航磁异常。物性统计结果表明，上党地区火山岩的磁性极不均一，玄武岩、安山角砾岩、安山岩、粗面岩和凝灰岩磁化率 $\overline{\kappa}$ 在（450～8040）×10^{-5} SI 之间变化，$\overline{J_r}$ 在（460～11 200）×10^{-3} A/m 之间变化。

因此，上党地区火山岩在磁场图中的判别较为容易，那些峰值尖锐、多呈锯齿状跳跃、北翼伴生负值并且梯度较陡的异常大部分是由火山岩引起，如东昌街一带广泛分布的航磁异常经钻探证实均系安山岩所为（图 4-7）。

上党地区的火山活动主要是在早白垩世早期的上党旋回。据其岩性特征又可分为 4 个亚旋回：第一亚旋回以安山岩，石英安山岩为主；第二亚旋回以石英粗安质火山岩为主；第三亚旋回主要由溢流相的石英粗面岩构成；第四亚旋回以英安流纹质和橄榄玄武岩为主。火山岩的总体展布方向呈近东西向，明显地受区域断裂构造控制。

（三）苏州环带岩体

苏州环带岩体位于苏州以西，太湖东岸，直径约 25km。在构造上，受北东向和北西向断裂的控制而形成菱型或环型构造（图 4-8）。航磁 ΔT 化极平面图中，在苏州环带岩体周围有弧形异常带分布，局部异常强度为 300～600nT 不等；中间为似圆形平缓降低场，磁场强度为 125nT 左右（图 4-9）。解释其周

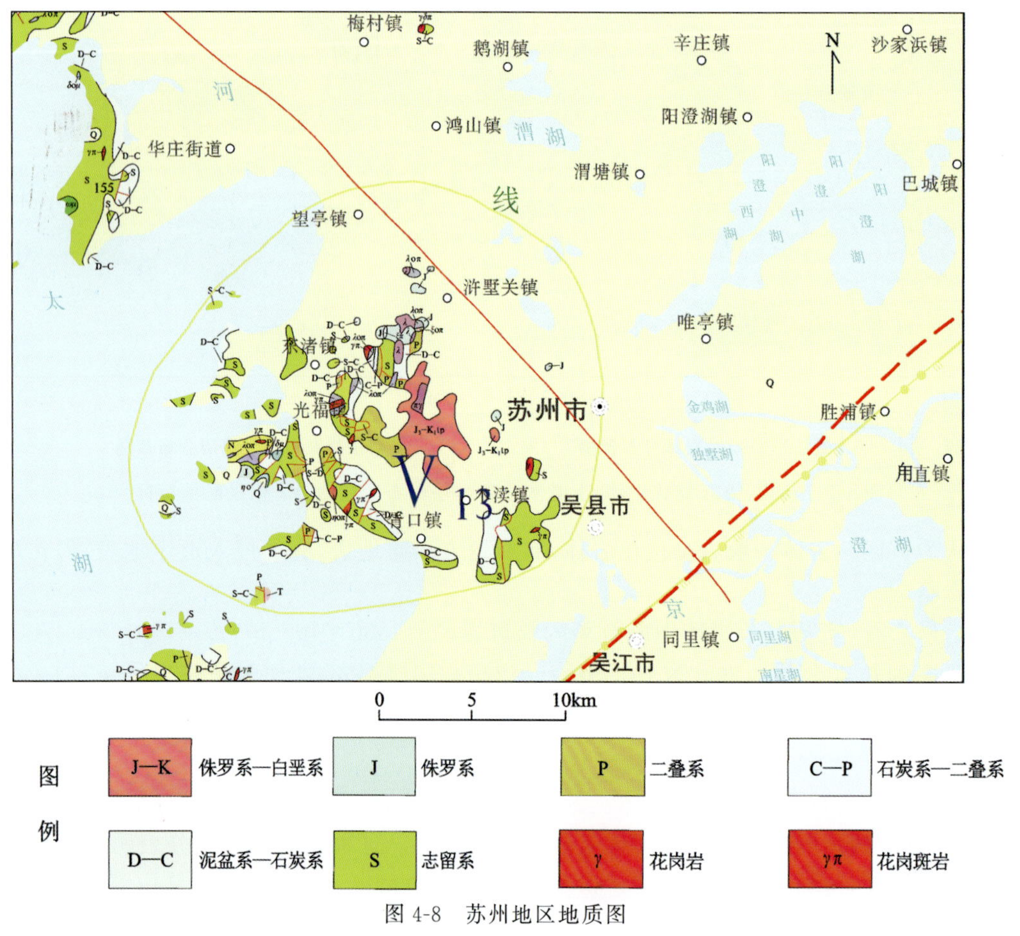

图 4-8　苏州地区地质图

围存在燕山期中酸性侵入岩体，环形中央出露有花岗岩，边缘有花岗岩、花岗闪长岩及矽卡岩矿化带。重力反映为谈家桥区域重力低，反映为花岗岩岩基的特性。区内矿化以磁铁矿为主，向外有铅锌矿化等。已探明有多个中小型 Pb、Sn、Fe 矿床。

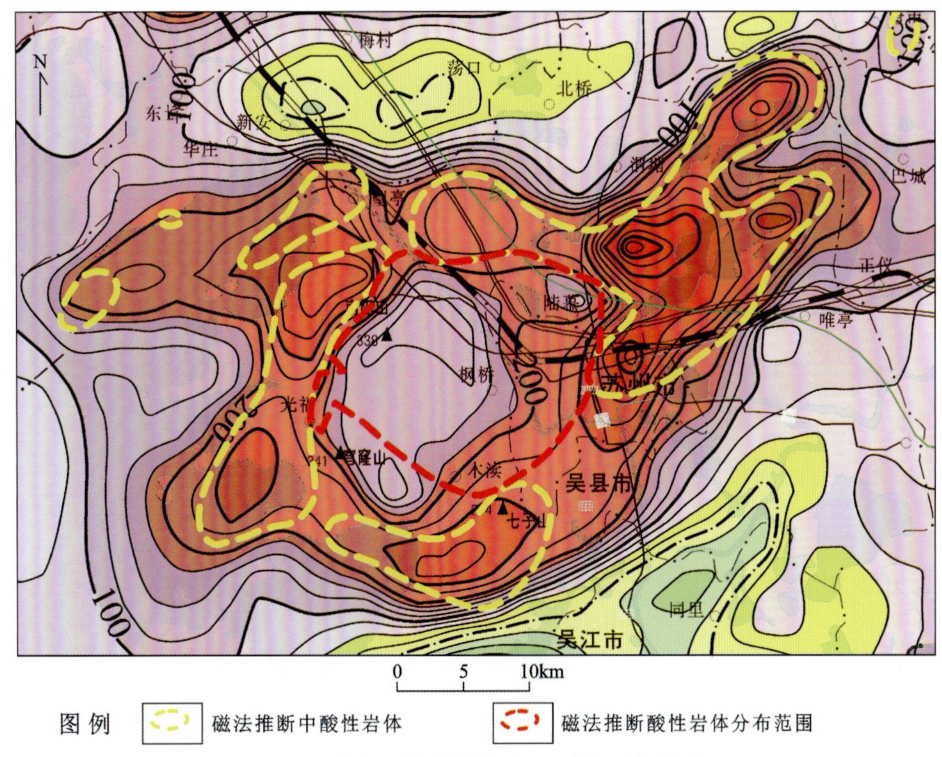

图 4-9　苏州环带岩体航磁 ΔT 化极磁场特征

第五节　变质岩地层分布特征

一、变质岩分布特征

按《矿产资源潜力评价磁测资料应用技术要求》中变质岩地层圈定依据与方法，本次磁法推断变质岩地层主要在前人成果的基础上进行，结合江苏省及上海市区域地质、航磁资料，同时还借鉴了有关重力工作成果。共推断省级变质岩地层 3 处，分布在徐州丰沛及连云港—东海地区(图 4-10)，推断变质岩地层属性特征见表 4-4。

表 4-4　江苏省及上海市磁法推断变质岩地层数据表

变质岩地层编号	变质岩地层岩性	出露情况	变质岩地层走向	变质岩地层顶面投影面(km^2)	变质岩地层磁场特征	备注
苏 M-0001	片麻岩	隐伏	EW	260.2	一定强度正异常	
苏 M-0002	片麻岩	隐伏	EW	109.3	低强度正异常	
苏 M-0003	片麻岩	半隐伏	NE	4921.0	一定强度正异常	

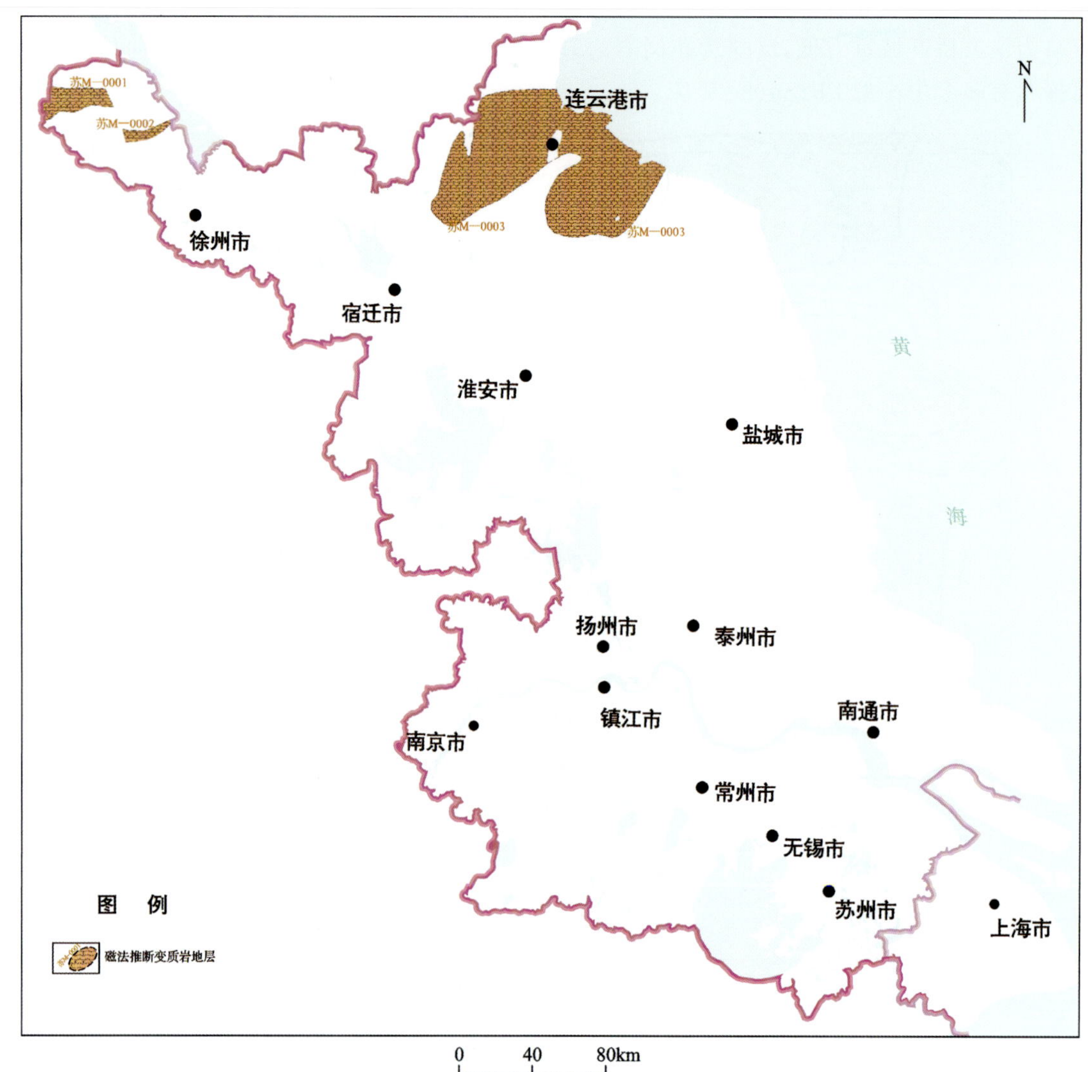

图 4-10　江苏省及上海市磁法推断变质岩分布特征示意图

二、重要变质岩特征

徐州丰沛地区变质岩苏 M-0001

前人工作结果显示赵庄镇—常店镇一带第四系 300～400m 处见前震旦纪变质岩地层(图 4-11),物性资料说明:震旦纪变质岩地层具有高密度和相对强磁特性,区域航磁 ΔT 化极平面等值线图上,以航磁化极 75nT 形成较大的区域背景,其上叠加了局部异常,局部异常宽缓,航磁化极 100nT 等值线走向北东,异常中心在江苏省南西和山东境内(图 4-12),从剩余重力等值线平面图上看(图 4-13):呈现以 $0\times10^{-5}m/s^2$ 为背景的 $5\times10^{-5}m/s^2$ 重力高局部异常(G-苏-0008),其异常范围较大,与航磁化极异常范围相对应。根据航磁、重力资料,推断重、磁同高异常为徐州丰沛苏 M-0001 变质岩地层分布范围,由前震旦纪变质岩地层基底隆起构造引起。在该异常西部,即异常主体位置山东已发现沉积变质型铁矿,因此,推测的前震旦纪变质岩地层位置应具有寻找沉积变质型铁矿的前景。

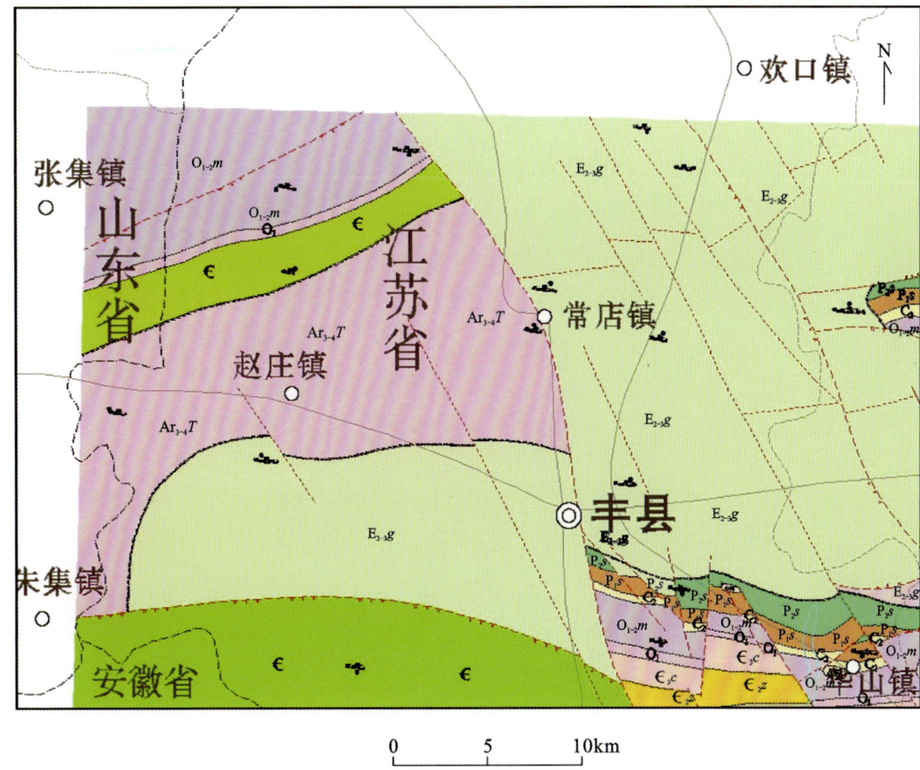

图 例　$E_{2-3}G$ 古近系　P 二叠系　C_2 石炭系　O 奥陶系　€ 寒武系　$Ar_{3-4}T$ 太古宇

图 4-11　丰县常店地区基岩地质图

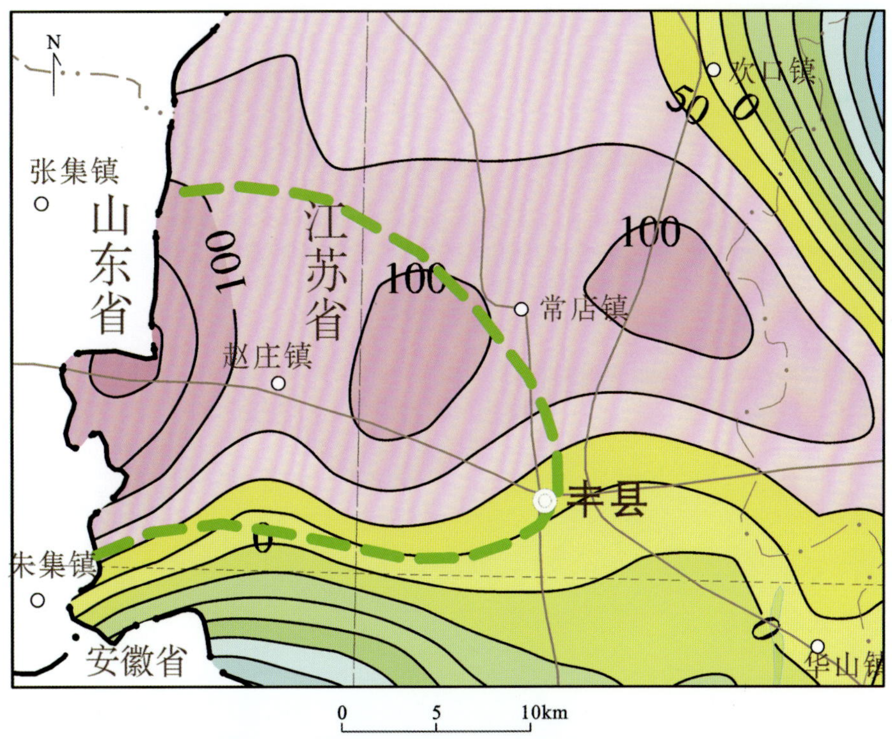

图 例　重磁推断变质岩地层范围

图 4-12　丰沛苏 M-0001 变质岩地层分布区航磁 ΔT 化极磁场特征

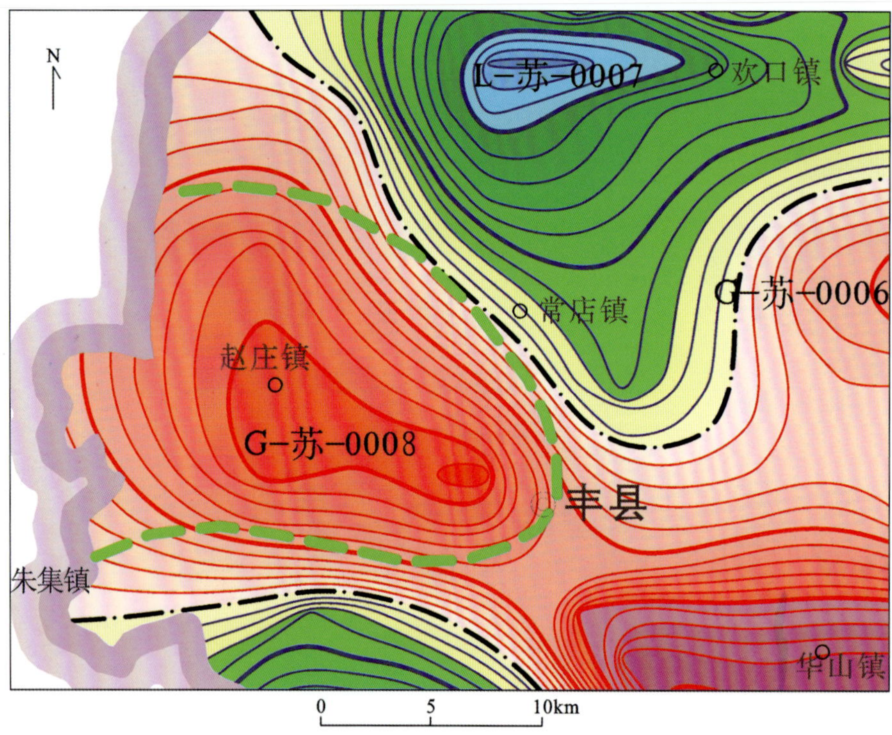

图 4-13　丰沛苏 M-0001 变质岩地层分布区剩余重力等值线平面图

第五章　磁测资料在预测工作区推断地质构造的应用

江苏省及上海市矿产资源潜力评价项目依据地质背景、构造单元、矿产分布特征和矿产预测需要，按综合信息地质单元法，共划分丰沛、徐州-利国、徐州铜山-张集、东海-新沂、连云港-泗洪、盱眙、六合、宁芜、宁镇、南通、溧水、宜溧、苏州西部和上海金山 14 个（含铁、铜、铅、锌、金、磷、银、钼、硫和萤石 10 个矿种）预测工作区。矿产资源潜力评价磁测资料应用的一个重要目的是通过磁测资料的解释为预测工作区提供与成矿环境有关的磁法推断地质构造图。

磁法推断地质构造的任务是利用航磁工区大比例尺资料，结合预测工作区地质、物性资料，重点对断裂构造、侵入岩体、磁性地层（火山岩地层、变质岩地层）及磁性蚀变带进行解释推断。具体对断裂构造、侵入岩体进行了定性和半定量解释，对推断地质构造中断裂构造进行必要的分级，对侵入岩体进行分类，圈定其位置和范围、确定其走向、长度等参数，对铜、铅、锌、金和磷等共 9 个预测工作区有找矿意义的侵入岩体，在进行定性、半定量解释的基础上，利用航磁工区大比例尺（1∶5 万）剖面数据进行了定量解释，计算了侵入岩体的顶面投影面积、顶面埋深和截面面积等。

14 个预测工作区磁法推断地质构造统计结果汇总见表 5-1，共推断断裂构造 175 条，其中隐伏 138 条，半隐伏 37 条；推断火山构造 11 个，其中隐伏 5 个，半隐伏 6 个；推断侵入岩体 237 个，其中隐伏 147 个，半隐伏 89 个，出露 1 个；推断火山岩地层 75 处，其中隐伏 41 处，半隐伏 28 处，出露 6 处；推断变质岩地层 76 处，其中隐伏 45 处，半隐伏 15 处，出露 16 处；推断磁性蚀变带 17 个，其中隐伏 7 个，半隐伏 10 个。

表 5-1　预测工作区磁法推断地质构造统计结果一览表

预测工作区	推断构造		推断侵入岩体（个）					火山岩地层（处）	变质岩地层（处）	磁性蚀变带（个）
	断裂构造（条）	火山构造（个）	基性—超基性岩类	基性岩类	中基性岩类	中酸性岩类	酸性岩类			
宁芜	14	4			13	25		5		
溧水	21	3			19	31		8		
宁镇	27			2		20		28		
宜溧	17	1				33	2	2		
苏州西部	16					5	3	1		17
南通	10					4				
六合	8	1				1		3		
盱眙	7	2				2		1		
丰沛	6		1			14		8	2	

续表 5-1

预测工作区	推断构造		推断侵入岩体(个)					火山岩地层(处)	变质岩地层(处)	磁性蚀变带(个)
	断裂构造(条)	火山构造(个)	基性—超基性岩类	基性岩类	中基性岩类	中酸性岩类	酸性岩类			
徐州-利国	4				2	2	2	1	1	
徐州铜山-张集	16			34				1		
东海-新沂	8					12		6	54	
上海金山	3					2	2	1		
连云港-泗洪	18					6		10	19	
合　计	175	11	1	36	34	157	9	75	76	17

结合预测工作区推断解释结果,编制了省级推断地质构造图,图中共推断断裂构造 43 条、火山构造 1 处、侵入岩体 125 处、火山岩地层 16 处、变质岩地层 3 处,为地质构造编图提供了参考资料。

编制的预测工作区磁法推断地质构造,尤其是铁、铜多金属矿预测工作区,磁法推断隐伏、半隐伏地质构造成果可用于构造底图和预测底图的编制,为矿产资源潜力评价提供磁测资料矿产预测要素。

下面以宁镇、溧水预测工作区为例,从地质、已知矿产分布特征与磁法推断地质构造关系,探讨重点找矿有利地区,说明磁测资料在推断地质构造上的应用。

第一节　磁测资料在宁镇预测工作区推断地质构造的应用

宁镇预测工作区位于江苏省中部,长江南岸,南京—镇江一线,涉及南京市、镇江市、句容市、丹阳市 4 个行政市,Ⅲ级以上剥蚀堆积阶地、低山丘陵地貌。

一、地质构造背景及物性特征

(一)地质构造背景

地质构造上,宁镇预测工作区处在近东西向条块状断隆上,基底地层为元古宇埤城岩群变质岩;震旦系至中新生界出露齐全,与成矿关系密切的是石炭系黄龙组白云岩段、二叠系栖霞组上部含镁碳酸盐岩、三叠系青龙组及周冲村组的碳酸盐岩。

燕山中晚期侵入形成的岩浆岩以石英闪长玢岩、花岗闪长斑岩等中酸性岩类为主,分布面积大,剥蚀程度高,岩体在深部连成一片,是区内主要成矿母岩;与成矿相关的岩浆岩主要有闪长玢岩、石英闪长玢岩、二长花岗岩、花岗闪长斑岩及花岗岩等。

"三背两向"褶皱构造组成了宁镇地区褶皱的基本格架,以近南北向挤压作用下的断裂-断块活动为主,继承、加剧了原有的构造变动。构造形式以断裂和断块活动为特征,形成晚期北北东向、北东向和近东西向的断裂构造,奠定了本区断陷和隆起的基本格局。褶皱构造、纵向断裂及侵入岩接触带是区内的主要控矿构造。

区内矿产主要为铁、铜、钼、铅、锌、金、银及黄铁矿等,成因类型以矽卡岩型为主,其次是热液型、斑岩型及风化淋滤型等。

（二）物性特征

由表 5-2、表 5-3 可见：区内的砂岩、页岩、灰岩和大理岩等沉积地层一般无磁。

表 5-2　宁镇地区矿石磁性参数统计表

矿石名称	块数	κ（$\times10^{-5}$SI）		J_r（$\times10^{-3}$A/m）		Q
		变化范围	平均值	变化范围	平均值	J_r/J_i
磁铁矿	674	1380～526 260	101 480	1100～90 500	33 600	0.8
磁黄铁矿	88	940～41 200	26 380	610～448 000	11 200	1.0
镜铁矿	35	140～232 360	41 450	610～68 000	24 800	1.5
赤铁矿	108	30～2760	190	20～1400	140	
褐铁矿	157	40～730	90	30～690	90	
黄铁矿	12	130～840	180	30～210	60	
铅锌矿	5		0		0	
黄铜矿	12		0		0	
铜钼矿	22		0		0	

表 5-3　宁镇地区岩石磁性参数统计表

岩类	岩石名称	块数	κ（$\times10^{-5}$SI）		J_r（$\times10^{-3}$A/m）		Q	采集地点	备注
			变化范围	平均	变化范围	平均	J_r/J_i		
侵入岩	辉长岩	369	150～63 430	12 560	590～18 000	5400	1.1	蒋王庙	
	石英闪长岩类	100	0～3640	1510	0～490	100	0.2	其林门杂岩体	77 块无磁
	石英（花岗）闪长斑岩类	376	40～11 620	1630	29～17 900	190	0.3	安基山杂岩体	181 块无磁
	石英二长岩及花岗闪长斑岩类	476	280～11 930	2640	20～4400	220	0.2	高资杂岩体	228 块无磁
	石英二长岩及花岗闪长岩类	817	20～8040	1510	15～18 000	270	0.1		310 块无磁
	花岗岩	311	450～2890	1380	20～550	160	0.3		74 块无磁
	石英闪长岩及斑状石英二长岩类	335	20～14 190	1510	20～16 100	220	0.4	石马杂岩体	195 块无磁
	石英闪长斑岩类	45		700		110	0.4	镇江岩体	
火山岩	玄武岩	3	2500～153 230	8040	6650～19 500	11 200	3.6	上党地区	
	安山玄武岩	4	140～1130	750	460～17 800	4390	14.7		
	安山角砾岩	45	30～2850	630	120～3600	2100			
	安山岩	46	0～1860	500	150～2310	1200	6.2		
	粗面岩	80	0～1040	160	110～1330	460	7.2		
	凝灰岩	90		210	200～1050	560	6.6		

续表 5-3

岩类	岩石名称	块数	κ（×10⁻⁵SI）		J_r（×10⁻³A/m）		Q	采集地点	备注
			变化范围	平均	变化范围	平均	J_r/J_i		
沉积岩及其他岩石	砾岩	67		0		0			部分弱磁
	砂岩	289		0		0			部分弱磁
	页岩	175		0		0			部分弱磁
	灰岩	445		0		0			部分弱磁
	大理岩	353		0		0			部分弱磁
	角岩	118		0		0			部分弱磁
	矽卡岩	206	30～9780		20～8600	30			部分弱磁
	磁铁矿化大理岩	11	13 440～89 550	31 150	1400～17 300	4000			
	磁铁矿化矽卡岩	448	30～286 370	9420	20～95 400	3900			

侵入岩具有中等磁性，其中石英（花岗）闪长斑岩类磁化率 κ 一般在 1630×10^{-5}SI 左右，剩余磁化强度在 190×10^{-3}A/m 左右，石英闪长岩及斑状石英二长岩类磁化率 κ 一般在 1510×10^{-5}SI 左右，剩余磁化强度在 220×10^{-3}A/m 左右，能引起数百纳特乃至上千纳特的航磁异常，当岩体埋藏深度较大时，ΔT 曲线低缓，异常形态较规则，若岩体局部出露地表或埋藏较浅时，则可能引起跳跃而形态不规则的异常。

火山岩具有一定磁性，但磁性不均匀，各类岩性参数变化很大，如玄武岩磁化率 κ 在（2500～153 230）$\times10^{-5}$SI 范围，平均 8040×10^{-5}SI，J_r 在（6650～19 500）$\times10^{-3}$A/m 范围，平均 11 200$\times10^{-3}$A/m，Q 值达 3.6，磁异常呈锯齿状跳跃，曲线梯度变化大。

矿化对火山岩磁性的影响不一，磁铁矿化后，火山岩的磁性明显增强，经黄铁矿化等作用的火山岩磁性无变化，矿化后的火山岩 Q 值多数小于 1，各类蚀变对火山岩的磁性影响不大，火山岩以剩磁为主，其 Q 值多数大于 1。

黄铁矿、褐铁矿、铅锌矿、黄铜矿、菱铁矿、铜钼矿和赤铁矿的磁性很弱或无磁性。磁黄铁矿具有中等磁性，磁铁矿是本区最强的磁性体，κ 平均 101 480$\times10^{-5}$SI，J_r 平均 33 600$\times10^{-3}$A/m，能引起一定强度的磁异常，如韦岗、太阳山、徐湾、铁门坎等铁矿。

二、磁异常特征

宁镇预测工作区处于苏南航磁复杂异常区中北部，北以长江深大断裂带为界，总体上呈近东西向展布的带状，磁场以升高背景场为特征，局部异常轴向以北东东向为主，北东向次之，异常曲线形态规则，磁场强度一般为 200～400nT（图 5-1），主要与燕山期中酸性侵入岩体有关。

南部为上党-东昌街杂乱磁场区，磁场特征是以正负交替的平静场为背景，航磁局部异常多呈近东西走向的带状分布，峰值尖锐，梯度变化大，强度不等，其中以北陵—上党一带的异常强度为最大，$\Delta T_{max}=850$nT，推断该区分布的航磁异常均为中生代火山岩的反映。

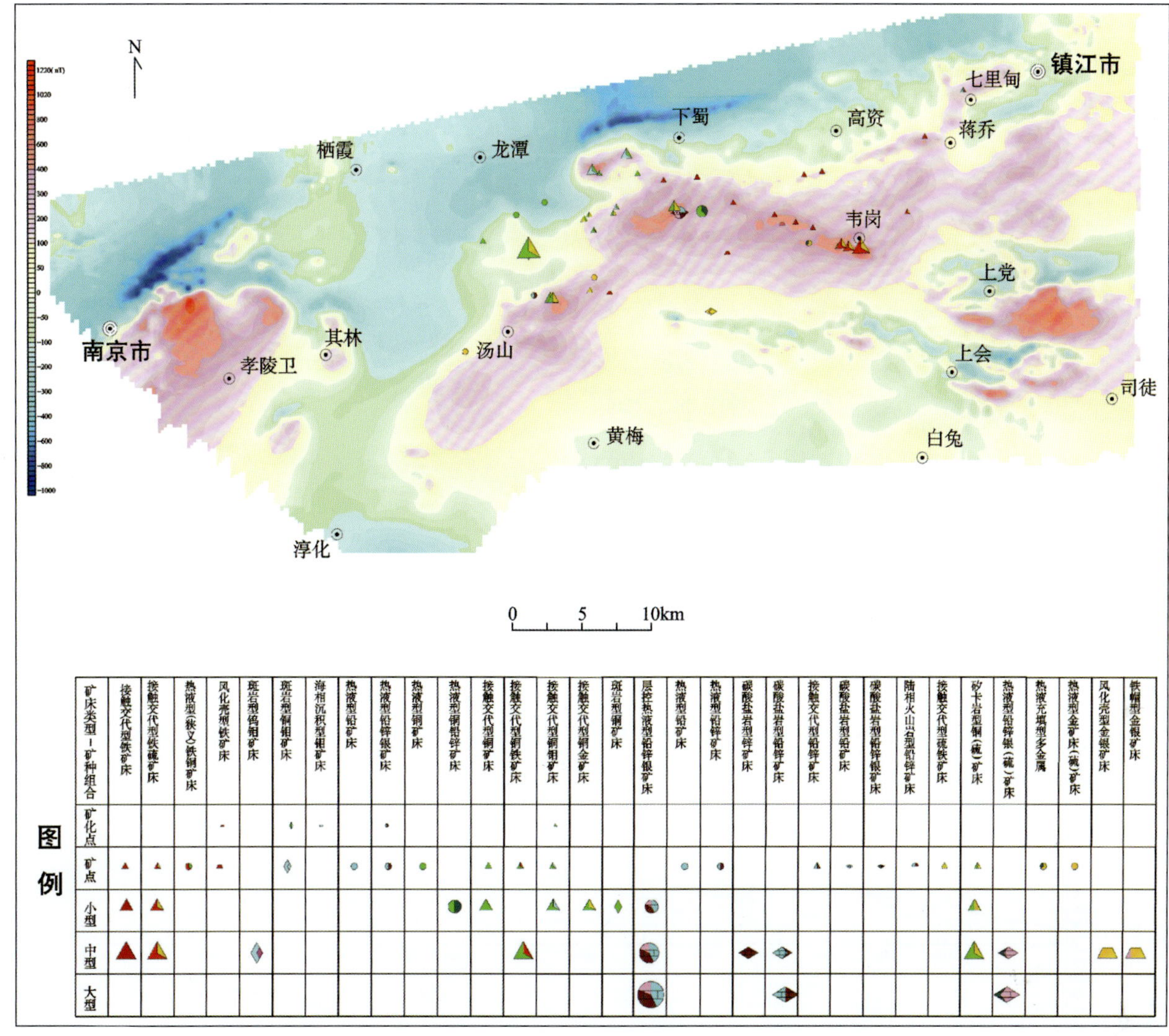

图 5-1　江苏省宁镇预测工作区 1∶5 万航磁 ΔT 等值线平面图

宁镇预测工作区有汤仑重力高异常，与宁镇隆起带的范围基本吻合，为一古生代地层隆起区，出露地层主要为震旦纪至侏罗纪沉积岩地层，断裂构造发育，燕山期岩浆活动剧烈，侵入岩分布广泛，与之有关的矿化作用也十分强烈，是长江下游地区重要的铁、铜、铅、锌及多金属矿产区之一。

三、航磁推断地质构造

预测工作区磁法推断地质构造图的编制，以 1994 年航遥中心《江苏苏南部地区航空物探（磁）勘查成果报告》磁测解释推断结果为基础，利用原始磁测数据及数据处理结果进行再解释、修正，形成新的解释结果。预测工作区磁法推断地质构造（图 5-2），共推断断裂构造 27 条；推断侵入岩体 22 个（包括基性岩类 2 个，中酸性岩类 20 个），对其中的 15 个采用重磁电数据处理软件 2.5D 人机交互拟合反演定量计算，结果见磁法推断侵入岩体反演解释图 5-3～图 5-7；推断火山岩地层 28 处。预测工作区推断解释地质构造特征见表 5-4～表 5-6。

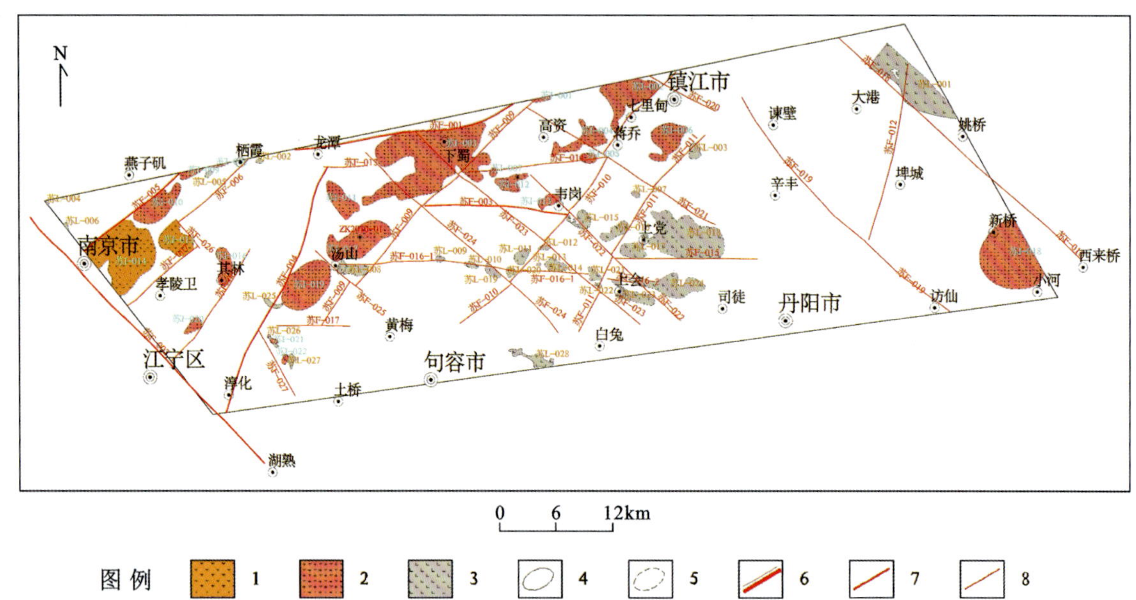

图 5-2　江苏省宁镇预测工作区磁法推断地质构造

1. 磁法推断中基性岩类；2. 磁法推断中酸性岩类；3. 磁法推断火山岩地层；4. 磁法推断地质界线(出露)；5. 磁法推断地质界线(隐伏)；6. 磁法推断一级断裂构造；7. 磁法推断二级断裂构造；8. 磁法推断三级断裂构造

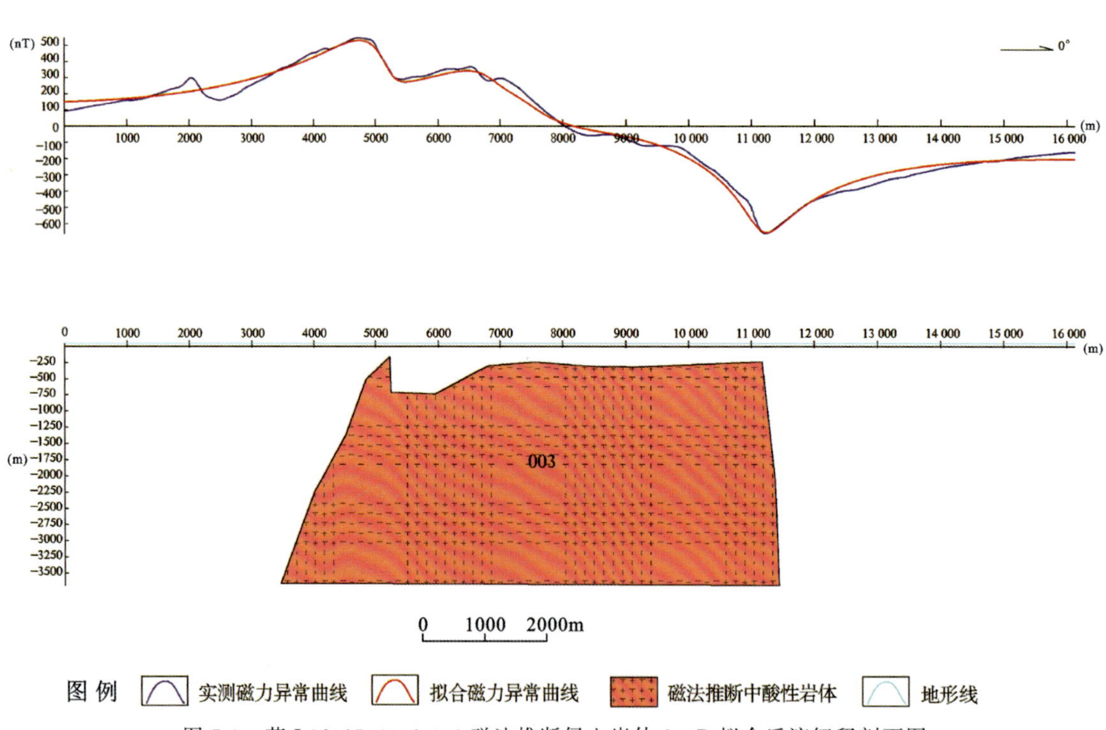

图 5-3　苏 I-3201504001-003 磁法推断侵入岩体 2.5D 拟合反演解释剖面图

模型 003 参数：模型密度：2.65g/cm^3；磁化强度：1350.0×10^{-3}A/m；磁化倾角：47.37°；磁化偏角：−4.6°；远端距离：−6000.0m；近端距离：6000.0m

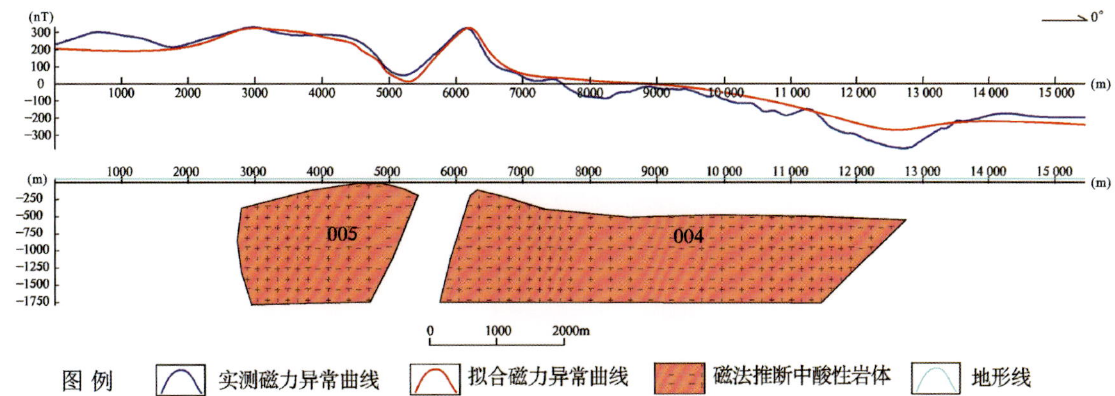

图 5-4　苏 I-3201504001-004、苏 I-3201504001-005 磁法推断侵入岩体 2.5D 拟合反演解释剖面图

模型 005 参数：模型密度：2.65g/cm^3；磁化强度：600.0×10^{-3}A/m；磁化倾角：47.37°；
磁化偏角：−4.6°；远端距离：−1100.0m；近端距离：600.0m

模型 004 参数：模型密度：2.65g/cm^3；磁化强度：750.0×10^{-3}A/m；磁化倾角：47.37°；
磁化偏角：−4.6°；远端距离：−4000.0m；近端距离：1800.0m

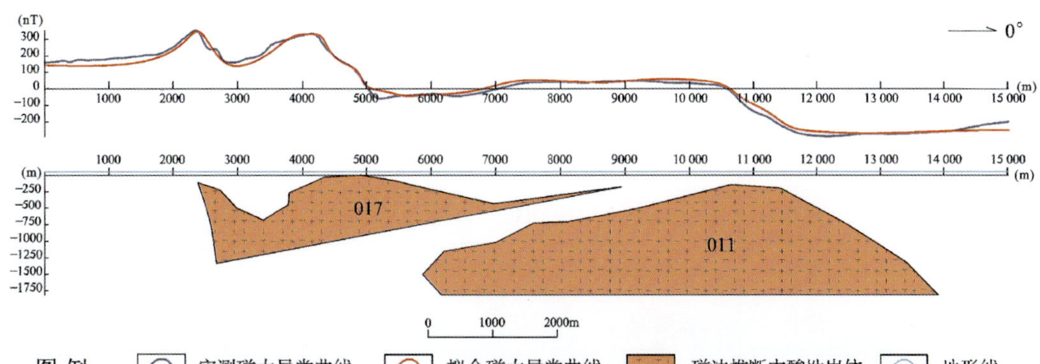

图 5-5　苏 I-3201504001-011、苏 I-3201504001-017 磁法推断侵入岩体 2.5D 拟合反演解释剖面图

模型 011 参数：模型密度：2.65g/cm^3；磁化强度：800.0×10^{-3}A/m；磁化倾角：47.37°；
磁化偏角：−4.6°；远端距离：−1600.0m；近端距离：2000.0m

模型 017 参数：模型密度：2.65g/cm^3；磁化强度：1000.0×10^{-3}A/m；磁化倾角：47.37°；
磁化偏角：−4.6°；远端距离：−1600.0m；近端距离：2000.0m

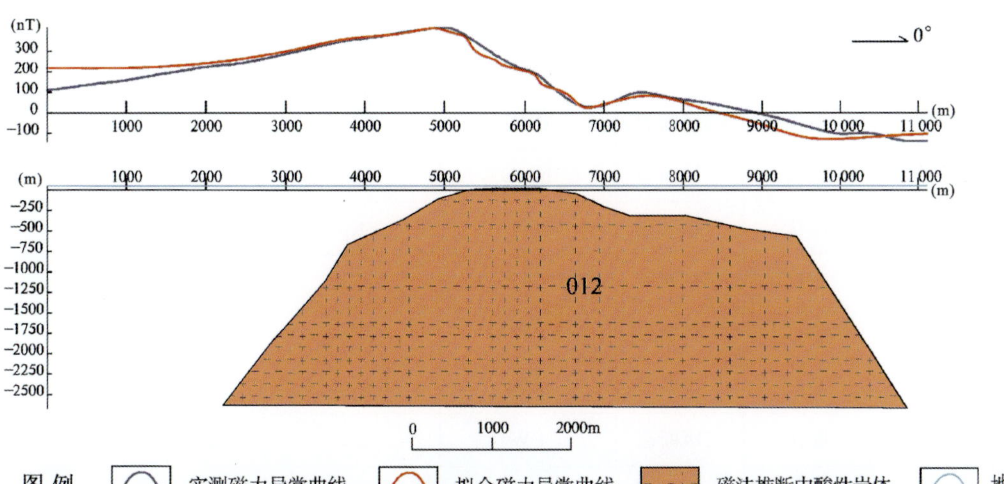

图 5-6　苏 I-3201504001-012 磁法推断侵入岩体 2.5D 拟合反演解释剖面图

模型 012 参数：模型密度：2.65g/cm^3；磁化强度：748.24×10^{-3}A/m；磁化倾角：47.37°；
磁化偏角：−4.6°；远端距离：−1300.0m；近端距离：2000.0m

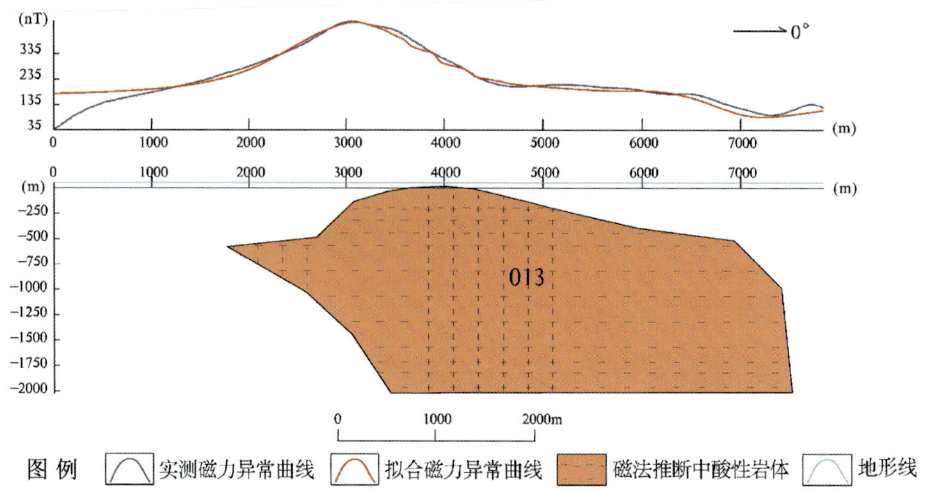

图 5-7　苏 I-3201504001-013 磁法推断侵入岩体 2.5D 拟合反演解释剖面图

模型 013 参数：模型密度：2.65g/cm^3；磁化强度：680.0×10^{-3} A/m；磁化倾角：47.37°；磁化偏角：−4.6°；远端距离：−1100.0m；近端距离：1100.0m

表 5-4　宁镇预测工作区磁法推断断裂构造数据表

断裂编号	出露情况	断裂级别	断裂构造走向	断裂长度(km)	断裂构造磁场标志	备注
苏 F-3201504001-001	隐伏	一级断裂	NEE	24.4	巨大异常梯度带	
苏 F-3201504001-002	隐伏	三级断裂	NW	36.0	磁异常错动带	
苏 F-3201504001-003	隐伏	二级断裂	EW	15.5	磁异常梯度带	
苏 F-3201504001-004	隐伏	二级断裂	NE	28.2	磁异常梯度带	
苏 F-3201504001-005	隐伏	二级断裂	NE	13.3	磁异常梯度带	
苏 F-3201504001-006	隐伏	三级断裂	NE	10.1	磁异常梯度带	
苏 F-3201504001-007	隐伏	三级断裂	NE	9.9	磁异常梯度带	
苏 F-3201504001-008	隐伏	三级断裂	NE	14.6	串珠状异常带	
苏 F-3201504001-009	隐伏	三级断裂	NE	34.4	磁异常梯度带	
苏 F-3201504001-010	隐伏	三级断裂	NE	36.7	磁异常错动带	
苏 F-3201504001-011	隐伏	三级断裂	NE	25.6	磁异常错动带	
苏 F-3201504001-012	隐伏	三级断裂	NNE	18.8	磁异常错动带	
苏 F-3201504001-013	隐伏	三级断裂	EW	4.7	磁异常错动带	
苏 F-3201504001-014	隐伏	三级断裂	NEE	15.0	磁异常错动带	
苏 F-3201504001-015	隐伏	三级断裂	EW	15.4	磁异常梯度带	
苏 F-3201504001-016-1	隐伏	三级断裂	EW	26.9	磁异常梯度带	
苏 F-3201504001-016-2	隐伏	三级断裂	EW	2.8	磁异常梯度带	
苏 F-3201504001-017	隐伏	三级断裂	EW	8.0	磁异常错动带	
苏 F-3201504001-018	隐伏	三级断裂	NW	34.9	磁异常错动带	
苏 F-3201504001-019	隐伏	三级断裂	NW	31.7	磁异常错动带	

续表 5-4

断裂编号	出露情况	断裂级别	断裂构造走向	断裂长度(km)	断裂构造磁场标志	备注
苏 F-3201504001-020	隐伏	三级断裂	NW	8.0	磁异常错动带	
苏 F-3201504001-021	隐伏	三级断裂	NW	23.7	磁异常错动带	
苏 F-3201504001-022	隐伏	三级断裂	NW	21.7	磁异常错动带	
苏 F-3201504001-023	隐伏	三级断裂	NW	31.5	磁异常错动带	
苏 F-3201504001-024	隐伏	三级断裂	NW	28.0	磁异常错动带	
苏 F-3201504001-025	隐伏	三级断裂	NW	6.7	磁异常错动带	
苏 F-3201504001-026	隐伏	三级断裂	NW	3.9	磁异常错动带	
苏 F-3201504001-027	隐伏	三级断裂	NW	7.9	磁异常错动带	

表 5-5　宁镇预测工作区磁法推断侵入岩体数据表

侵入岩体编号	侵入岩体类型	出露情况	侵入岩体顶面投影面积(km^2)	侵入岩体截面面积(km^2)	侵入岩体顶面埋深(m)	侵入岩体磁场标志	备注
苏 I-3201504001-001	中酸性岩类	隐伏	0.8	0	0	条带状异常	
苏 I-3201504001-002	中酸性岩类	半隐伏	15.6	5.4	0	条带状异常	
苏 I-3201504001-003	中酸性岩类	隐伏	61.6	23.8	157.2	条带状异常	
苏 I-3201504001-004	中酸性岩类	隐伏	7.8	8.2	112	条带状异常	
苏 I-3201504001-005	中酸性岩类	隐伏	1.6	3.8	15.5	椭圆状异常	
苏 I-3201504001-006	中酸性岩类	半隐伏	9.9	11.9	31.5	椭圆状异常	
苏 I-3201504001-007	中酸性岩类	隐伏	0.7	0	0	弱小异常	
苏 I-3201504001-008	中酸性岩类	半隐伏	0.4	0	0	条带状异常	
苏 I-3201504001-009	中酸性岩类	隐伏	1.4	0.1	84.1	条带状异常	
苏 I-3201504001-010	中酸性岩类	半隐伏	10.9	2.4	41.0	条带状异常	
苏 I-3201504001-011	中酸性岩类	半隐伏	7.4	12	0	椭圆状异常	
苏 I-3201504001-012	中酸性岩类	半隐伏	4	16.5	0	弱小异常	
苏 I-3201504001-013	中酸性岩类	半隐伏	2.3	8.2	0	弱小异常	
苏 I-3201504001-014	基性岩类	隐伏	35	7.2	75.6	椭圆状异常	
苏 I-3201504001-015	基性岩类	隐伏	8.8	8.5	53.8	椭圆状异常	
苏 I-3201504001-016	中酸性岩类	半隐伏	5.1	1.6	0	椭圆状异常	
苏 I-3201504001-017	中酸性岩类	半隐伏	17.1	6.4	0	椭圆状异常	
苏 I-3201504001-018	中酸性岩类	隐伏	33.8	0	0	椭圆状异常	
苏 I-3201504001-019	中酸性岩类	半隐伏	20	8	0	椭圆状异常	
苏 I-3201504001-020	中酸性岩类	隐伏	1.9	0	0	椭圆状异常	
苏 I-3201504001-021	中酸性岩类	隐伏	0.4	0	0	弱小异常	
苏 I-3201504001-022	中酸性岩类	隐伏	0.6	0	0	弱小异常	

表 5-6　宁镇预测工作区磁法推断火山岩地层数据表

火山岩地层编号	火山岩地层岩性	出露情况	火山岩地层走向	火山岩地层顶面投影面积(km^2)	火山岩地层磁场标志	备注
苏 L-3201504001-001	安山岩类	半隐伏	NW	26.1	杂乱异常	
苏 L-3201504001-002	安山岩类	隐伏	等轴状	0.3	杂乱异常	
苏 L-3201504001-003	安山岩类	半隐伏	等轴状	1.7	杂乱异常	
苏 L-3201504001-004	安山岩类	隐伏	NE	0.1	杂乱异常	
苏 L-3201504001-005	安山岩类	隐伏	NE	0.4	杂乱异常	
苏 L-3201504001-006	安山岩类	隐伏	NE	0.2	杂乱异常	
苏 L-3201504001-007	安山岩类	隐伏	等轴状	0.5	杂乱异常	
苏 L-3201504001-008	安山岩类	半隐伏	EW	3.7	杂乱异常	
苏 L-3201504001-009	安山岩类	隐伏	等轴状	0.6	杂乱异常	
苏 L-3201504001-010	安山岩类	隐伏	EW	0.8	杂乱异常	
苏 L-3201504001-011	安山岩类	隐伏	等轴状	1.8	杂乱异常	
苏 L-3201504001-012	安山岩类	半隐伏	NE	0.6	杂乱异常	
苏 L-3201504001-013	安山岩类	隐伏	等轴状	0.1	杂乱异常	
苏 L-3201504001-014	安山岩类	半隐伏	等轴状	2.4	杂乱异常	
苏 L-3201504001-015	安山岩类	半隐伏	等轴状	2.7	杂乱异常	
苏 L-3201504001-016	安山岩类	半隐伏	NE	3.2	杂乱异常	
苏 L-3201504001-017	安山岩类	隐伏	等轴状	4.3	杂乱异常	
苏 L-3201504001-018	安山岩类	半隐伏	EW	28.1	杂乱异常	
苏 L-3201504001-019	安山岩类	隐伏	NW	1.5	杂乱异常	
苏 L-3201504001-020	安山岩类	隐伏	等轴状	0.8	杂乱异常	
苏 L-3201504001-021	安山岩类	隐伏	NW	1.3	杂乱异常	
苏 L-3201504001-022	安山岩类	隐伏	等轴状	0.3	杂乱异常	
苏 L-3201504001-023	安山岩类	隐伏	NW	4.6	杂乱异常	
苏 L-3201504001-024	安山岩类	隐伏	EW	10.1	杂乱异常	
苏 L-3201504001-025	安山岩类	半隐伏	NW	0.9	杂乱异常	
苏 L-3201504001-026	安山岩类	出露	NW	0.7	杂乱异常	
苏 L-3201504001-027	安山岩类	出露	NW	1.1	杂乱异常	
苏 L-3201504001-028	安山岩类	出露	NW	3.4	杂乱异常	

四、磁法推断地质构造及重点找矿有利地区探讨

从韦岗、太阳山、徐湾、铁门坎、巢凤山、磁山头和五洲山等已知铁矿(点)的分布看：铁矿(点)主要分布在中酸性侵入岩体边缘，即推断的苏 I-3201504001-003、苏 I-3201504001-004 下蜀-高资岩体南侧，在苏 I-3201504001-012、苏 I-3201504001-013 石马岩体周围相对集中，出露志留系—三叠系，从韦岗等已知铁矿成矿条件看，石炭纪—三叠纪碳酸盐岩与中酸性侵入岩体接触带，是形成铁矿重要的成矿地质构造，其上局部地磁异常可为寻找铁磁性矿产提供重要信息。综合分析本区地质矿产、磁场特征及推断地

质构造，在推断的中酸性侵入岩体苏 I-3201504001-003、苏 I-3201504001-004 南侧，苏 I-3201504001-012、苏 I-3201504001-013 周围，即武岐山—天王山—香山—五洲山一带，此外还有韦岗太阳山—石马庙附近是寻找铁磁性矿产的有利地区。

从已知栖霞区栖霞山银铅锌矿、南京市平山头银金矿、南京市甘家巷银铅锌矿及句容县老人峰铅锌银多金属矿的分布看：银铅锌矿产处于中酸性侵入岩体边缘或距岩体 1km 附近，即推断的苏 I-3201504001-008、苏 I-3201504001-009、苏 I-3201504001-003 侵入岩体南侧，北东向苏 F-3201504001-006、苏 F-3201504001-009 断裂构造附近，该位置为志留系—侏罗系，尤其是沿硅钙面发育的层滑断裂或层间破碎构造，它们是形成铅锌银矿产重要的成矿地质构造。综合本区磁异常特征及推断地质构造，在北东向苏 F-3201504001-006、苏 F-3201504001-009 断裂构造附近，推断的中酸性侵入岩体苏 I-3201504001-008、苏 I-3201504001-009、苏 I-3201504001-003 边缘或距岩体 1km 附近，即大凹山—平山头—栖霞山一带，此外还有芙蓉山—老人峰—桥头附近是寻找银铅锌多金属矿产的有利地区。

从已知江宁县汤山镇安基山、句容市仓头镇石砀山、下蜀镇铜山和盘龙岗铜钼矿的分布看：铜钼矿产处于中酸性侵入岩体（花岗闪长斑岩、石英闪长斑岩）边缘，即推断的苏 I-3201504001-011 和苏 I-3201504001-003 侵入岩体南侧位置，该位置存在志留系—二叠系，尤其是其中的碳酸盐岩地层，它们是形成铜钼矿产重要的成矿地质构造。综合本区磁异常特征及推断地质构造，在推断的中酸性侵入岩体苏 I-3201504001-003、I-3201504001-011 和苏 I-3201504001-017 及边缘位置，即正盘山—铜山—石砀山—螺丝宕—盘龙岗—空青山—武岐山，螺丝冲—黄村及安基山—伏牛山—九华山附近侵入岩体与志留系—二叠系接触部位，尤其是其中的碳酸盐岩地层接触部位，是寻找斑岩型或矽卡岩型铜钼矿的有利地区。

从已知南京板仓岔路口、栖霞山甘家巷、东郊大凹山、江宁县汤山镇安基山和句容县盘龙岗硫铁矿的分布看：硫铁矿产处于中酸性侵入岩体边缘或距岩体 1km 附近，即推断的苏 I-3201504001-008、苏 I-3201504001-009、苏 I-3201504001-010、苏 I-3201504001-011、苏 I-3201504001-003 侵入岩体南侧，该位置为志留系—侏罗系，它们是形成矽卡岩型硫铁矿产重要的成矿地质构造。综合本区磁异常特征及推断地质构造，推断的中酸性侵入岩体苏 I-3201504001-008、苏 I-3201504001-009、苏 I-3201504001-010、苏 I-3201504001-011、苏 I-3201504001-003 侵入岩体边缘或距岩体 1km 附近，即南京板仓岔路口—大凹山—栖霞山一带，此外还有安基山-盘龙岗中酸性侵入岩体边缘或距岩体 1km 附近，是寻找硫铁矿产的有利地区。

近年来，江苏镇江宝华山-乌岗远景调查工作结果，在芙蓉山-五洲山重点调查区开展 1∶1 万磁、电面积性工作，发现了多个具一定规模的地磁、激电异常，处于志留系—二叠系（尤其是栖霞组等碳酸岩）与斑状石英闪长岩等接触部位，且为构造交会处，具有良好的成矿条件，为寻找铁磁性矿产及铜多金属矿产提供了有价值的异常信息。

对找矿有意义的侵入岩体苏 I-3201504001-003、苏 I-3201504001-004、苏 I-3201504001-009、苏 I-3201504001-010、苏 I-3201504001-011、苏 I-3201504001-012、苏 I-3201504001-013、苏 I-3201504001-017 等，在进行定性、半定量解释的基础上，利用航磁工区大比例尺（1∶5 万）剖面数据进行了定量解释，求取了如岩体顶面埋深、截面面积、顶面投影面积等参数，岩体反演剖面位置及解释剖面见图 5-3～图 5-8。

五、地质勘查工作部署及找矿成果

（一）地质勘查工作部署

综合分析本区地质矿产、磁场特征，总结各类矿产的找矿标志，铁矿、铜、铅锌多金属矿产分布在中酸岩体与中古生代地层接触部位，尤其在中酸性岩体与碳酸盐岩地层接触部位，本区矿产有韦岗铁矿（中型）、盘龙岗铜矿（小型）、老人峰铅锌银矿（小型）等矿（点），目前正在开展的江苏镇江宝华山-巫岗铁

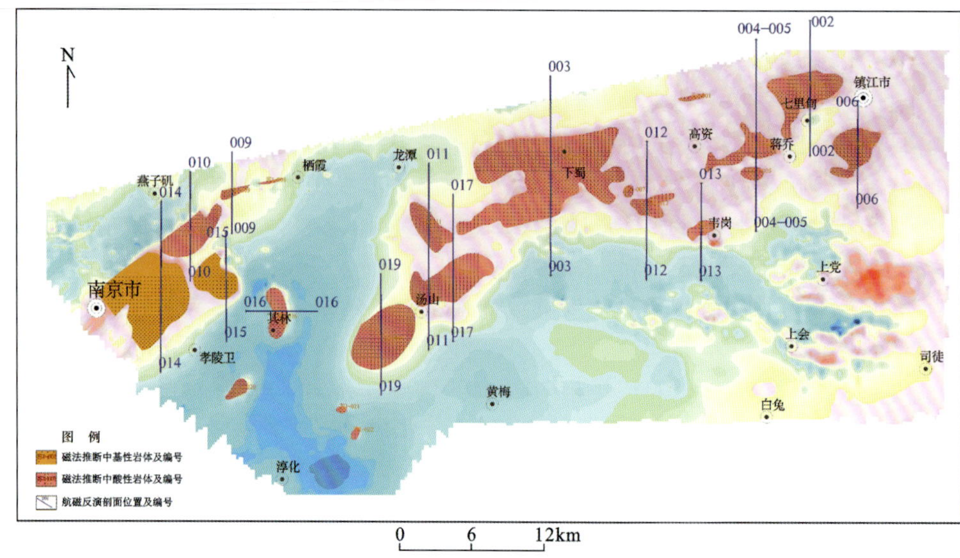

图 5-8　宁镇地区磁法推断侵入岩体 2.5D 拟合反演解释剖面位置分布示意图

铜远景调查项目，围绕中酸性岩体的分布(图 5-9)，针对鸡笼山-射乌山、伏牛山-九华山和芙蓉山-五洲山 3 个重点调查区，开展 1∶1 万磁法、激电、化探扫面，对有找矿意义的物化探异常进行综合评价分类，在进行磁、电剖面物探工作基础上进行钻探等工程验证。

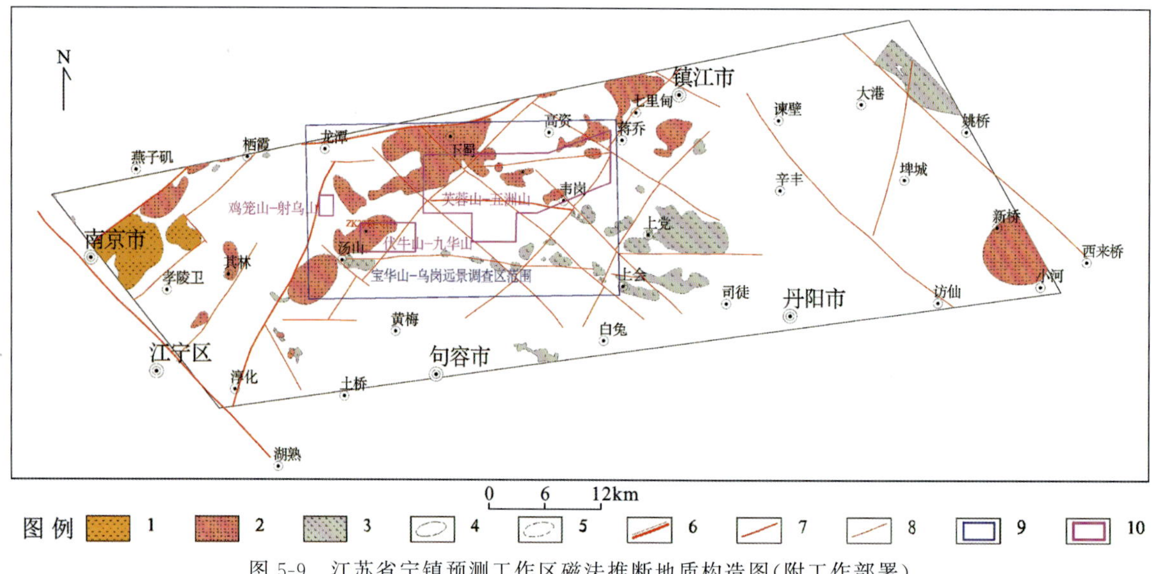

图 5-9　江苏省宁镇预测工作区磁法推断地质构造图(附工作部署)

1. 磁法推断中基性岩类；2. 磁法推断中酸性岩类；3. 磁法推断火山岩地层；4. 磁法推断地质界线(出露)；5. 磁法推断地质界线(隐伏)；6. 磁法推断一级断裂构造；7. 磁法推断二级断裂构造；8. 磁法推断三级断裂构造；9. 铁铜远景调查区范围；10. 铁铜重点调查区范围

通过本次矿产资源潜力评价工作，磁法推断地质构造，尤其是磁法推断中酸性侵入岩体的分布范围，寻找中酸性岩体与志留系—二叠系(尤其是栖霞组等碳酸岩)接触带矽卡岩型铁、铜多金属为主的矿产，为宁镇地区远景调查工作部署提供了重要依据。

(二)找矿成果

在远景调查中，伏牛山-九华山、芙蓉山-五洲山重点调查区发现多处有找矿意义的激电、地磁异常，其中巢凤山、高资镇西建山、香山、石马徐湾、下蜀镇香炉山、磁山头、亭子乡铁门坎磁异常分别为已知磁铁矿引起,江宁区汤山镇伏牛山、句容县下蜀镇老人峰、盘龙岗等激电异常由铜多金属矿引起,除上述矿致异常外,选择成矿有利地段伏牛山、双顶山—巢凤山激电、磁法综合异常,开展复电阻率、可控源大地电磁测深和高精度磁测剖面工作,择优进行验证。

伏牛山地区的激电、CR法异常钻探验证结果:施工钻孔ZK2010-01,终孔深度1223.21m,于孔深615.82～625.45m处,发现含钼粉砂岩,在孔深844.51～1115.70m见矿化不均匀的多层含铜、钼石英闪长玢岩,矿化以裂隙和浸染状为主。

巢凤山西南激电、磁法和CR法物探综合异常钻探验证结果:施工钻孔ZK2012-01,终孔深度641.26m,在孔深138.65～145.24m,见厚约6.59m含铜磁铁矿体,目估铁含量约40%。

第二节 磁测资料在溧水预测工作区推断地质构造的应用

溧水预测工作区位于江苏省西南部,涉及溧水、高淳2个行政县,河漫滩及河谷平原、Ⅰ—Ⅱ级堆积阶地、Ⅲ级以上剥蚀堆积阶地、低山丘陵地貌。

一、地质构造背景及物性特征

(一)地质构造背景

预测工作区位于中生代断凹相对隆起区,含溧水火山岩盆地及周边次级隆起带,盆地中心主要为上侏罗统龙王山组、大王山组和下白垩统姚家边组覆盖,盆地边部次级背斜及局部隆起中分布古生界上奥陶统—下志留统高家边组(O_3S_1g)至侏罗系象山群等火山岩盆地基底地层。区内与区域成矿关系密切的地层主要为周冲村组、黄马青组碳酸盐类建造,含钙质砂泥岩沉积建造,下侏罗统含钙质碎屑沉积建造,侏罗纪—白垩纪火山岩建造等,尤以大王山组与铁矿、姚家边组与铜金矿具有明显的成因联系。

区内次火山岩主要有角闪闪长(安山)玢岩、辉石闪长(安山)玢岩、安山玢岩、闪长玢岩等,其中角闪闪长玢岩规模相对较大,以七里沟、大魏庄、柘塘、铜山、老虎头岩体为代表,受北北东向与北西向断裂喷发的控制,对区内铁、铜多金属矿化有一定的影响,局部矿质富集并成矿。辉石闪长玢岩一般呈小岩株、岩枝或岩脉状产出,岩体规模相对较小,主要分布于东岗火山机构南西外缘,大仁山至十里牌一带,以大仁山、十里牌、东岗头、高家边、曹家边、过山岩体为代表,一般岩石自变质作用较强烈,与围岩接触带蚀变强烈,为区内铁矿主要成矿母岩。预测工作区内燕山期侵入岩发育强度相对较弱,岩体规模也较小,多以岩脉、岩枝或小岩株状产出,集中分布于夏家边及杭村两个地区,其他地区仅零星可见,侵入岩岩性主要有闪长玢岩、石英闪长斑岩、花岗闪长斑岩等。受区域断裂构造网络或火山构造控制,部分岩体次生蚀变与矿化作用强烈,控制了部分地区铜金多金属矿化的分布。

预测工作区断裂构造十分发育,构造形迹主要有北北东向、北东向、北东东向、东西向、北西西向、北西向、北北西向、南北向8组,组成区内网络状构造格局,将溧水火山岩盆地切割成多个"菱形断块"。区内北北东向与北西向主干断裂控制了岩浆侵入与喷发构造带的空间分布,受断裂交叉网络控制的火山口、火山岩穹隆及配套形成的环状、放射状断裂一起组成了区内不同级别的火山机构。预测工作区内大部分矿床或矿点都与火山机构有密切的关系,部分火山构造直接控制了矿化体的空间赋存位置与矿体形态。

区内火山岩、次火山岩、侵入岩与围岩接触部位热液蚀变和热变质现象普遍而发育,与铁、铜、硫矿化关系密切。

(二)磁性特征

由表 5-7 可见,预测工作区岩矿(石)磁参数具有以下特征。

表 5-7 溧水地区岩石磁性参数统计表

岩矿(石)名称	磁化率	剩磁强度	岩矿(石)名称	磁化率	剩磁强度
	$\kappa(\times10^{-5}\text{SI})$	$J_r(\times10^{-3}\text{A/m}^{-2})$		$\kappa(\times10^{-5}\text{SI})$	$J_r(\times10^{-3}\text{A/m}^{-2})$
玄武岩	3478(1166~9010)	2358(460~47 800)	石英二长岩	0	0
安山岩	1879(0~14 954)	865(0~15 600)	正长斑岩	1073	121
粗安岩	1766	1092	二长斑岩	525	933
粗面岩	1219	1048	石英斑岩	0	0
流纹岩	672	422	砾岩	1539	437
角砾熔岩	475	1750	砂岩、砂页岩、页岩	0	0
角砾凝灰岩	0	0	灰岩、泥灰岩	0	0
凝灰岩	411	245	矽卡岩	2156	550
凝灰角砾岩	1600	359	石英脉	0	0
安山玢岩	1407	2274	天青石	0	0
粗安斑岩	1541	504	磁铁矿	83 044	112 477
粗面斑岩	1395	252	赤铁矿	0	0
闪长玢岩	4731	475	褐铁矿	0	0
辉石闪长玢岩	7757	679	镜铁矿	0	0
石英闪长玢岩	4461	335	黄铁矿	0	0
正长闪长玢岩	1443	379	黄铜矿	0	0
辉长闪长玢岩	10 681	1043	含铜铅锌矿	364	115
花岗闪长斑岩	1282	4129			

磁铁矿磁性最强,其 κ 值一般为 $n\times10^4\times10^{-5}$ SI,J_r 值一般为 $n\times(10^3\sim10^5)\times10^{-3}$ A/m,当其具有一定规模且埋深不大时,将在地表引起规则的数千纳特的磁异常。其他矿石如赤铁矿、黄铁矿及黄铜矿等一般为无磁或弱磁,故无明显磁异常反映。

侵入岩具有一定磁性,κ 值一般为 $n\times(10^2\sim10^3)\times10^{-5}$ SI,J_r 值一般为 $n\times10^2\times10^{-3}$ A/m,Q 值一般小于 1,且随酸度的增加磁性逐渐下降,即由辉长闪长玢岩→角闪闪长玢岩→闪长斑岩→粗安斑岩→石英斑岩,磁性 κ 值由 $n\times10^3\times10^{-5}$ SI,J_r 值由 $n\times10^3\times10^{-3}$ A/m 降至无磁,中酸性侵入岩在埋深不大时可引起数百或数千纳特较为规则的磁异常。

火山岩类具有较强的磁性,磁性变化范围较大,其磁化强度一般为 $n\times(10^2\sim10^3)\times10^{-3}$ A/m,Q 值绝大部分大于 1,明显以剩磁为主,且磁化方向杂乱,一般产生正负杂乱跳跃的磁异常,出露地表时,尤为强烈。

各类磁性岩石经风化或蚀变后磁性明显减弱,甚至无磁,其产生的磁场强度较原岩明显减弱。

各类沉积岩一般无磁或微磁,磁场特征应为平静的正常场。

二、磁异常特征

溧水预测工作区处于苏南航磁复杂异常区西南部，由区域磁场特征可分为柘塘-溧水杂乱异常区、老虎头-博望异常区和茅山异常带(图 5-10)。

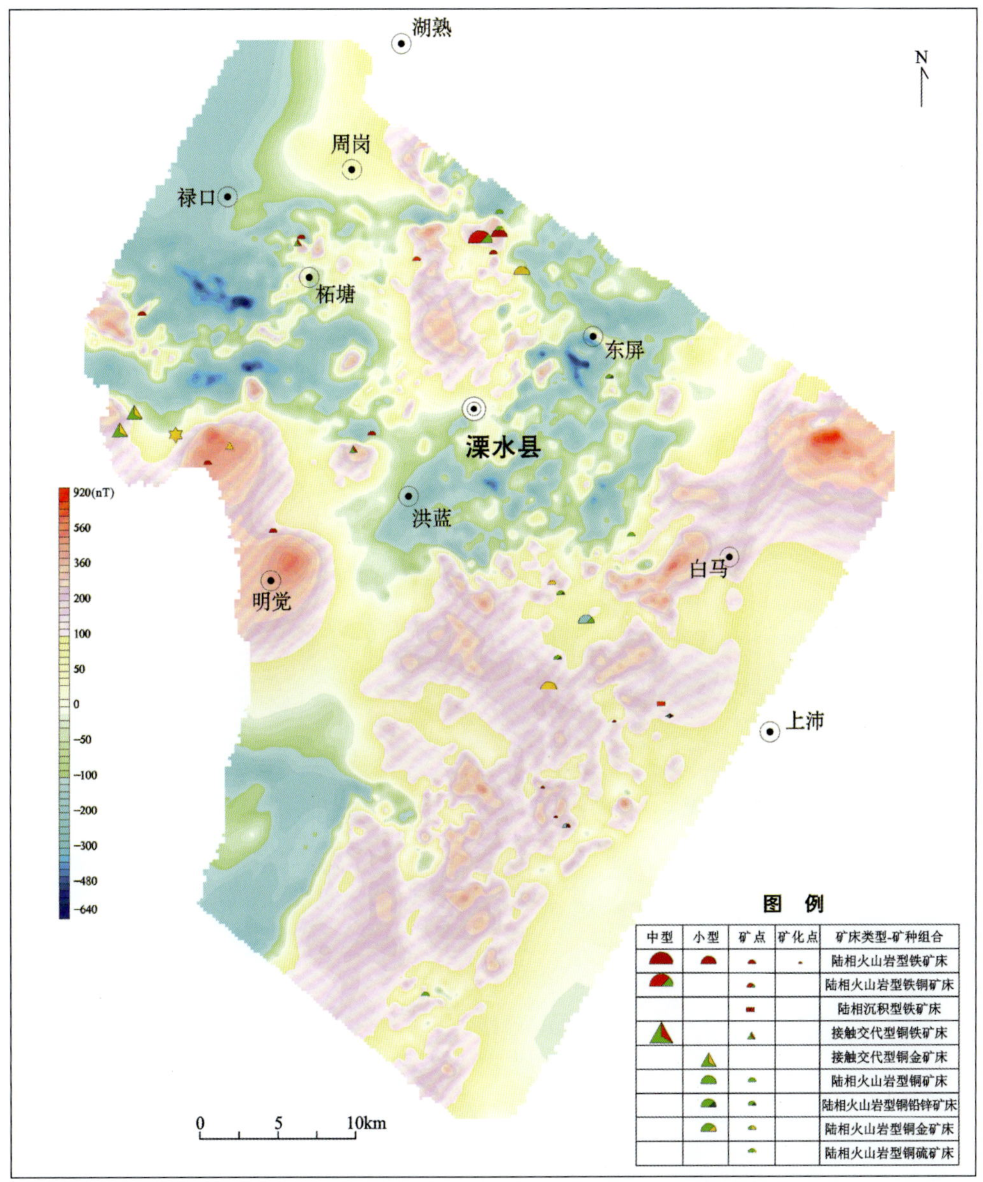

图 5-10　江苏省溧水预测工作区 1∶5 万航磁 ΔT 等值线平面图

柘塘—溧水杂乱异常区，区域磁场以负磁场为背景，航磁局部异常的轴向不定，总体呈北东向，异常强度一般在 250～350nT 之间，ΔT 曲线呈波动起伏变化，梯度较陡。区内广泛出露中生代喷发的火山岩，次火山侵入体也有分布。大面积分布的杂乱异常几乎都是由成分复杂、磁性大小不一的火山熔岩、侵入岩或磁铁矿化岩石引起，反映了火山岩堆积盆地的磁场特征。

老虎头-博望异常区则以宽缓升高的正磁场为背景，在其背景场之上叠加了航磁异常。局部异常轴向杂乱，它们的共同特点是异常形态宽缓、梯度缓。

上述两区处于溧水火山岩盆地之中，中生代火山岩广泛出露，并以安山质岩石为主，与火山活动有关的次火山岩体分布也较为广泛。由航磁异常的分布特征，结合物性以及地质资料进行综合分析，大部分异常均与中生代火山岩和次火山岩体有关，只有少数几个异常为已知铁矿床(点)的反映。

茅山异常带，磁场特征以正磁场为背景，在其上叠加有众多的局部异常，形态均不甚规则，ΔT 曲线呈波动起伏变化，强度一般在 300nT 左右，最大可达 900 余纳特。

从区域地质资料看，茅山山脉一线，广泛分布有古生界志留系、泥盆系、石炭系、二叠系及中生界三叠系，为茅山山脉一推覆体构造，古生界逆推在中生代火山岩地层之上，因此，波状起伏的磁场特征为古生界之下侏罗纪火山岩及与火山活动有关的次火山岩体的反映。

三、航磁推断地质构造

预测工作区磁法推断地质构造图的编制，以 1994 年航遥中心《江苏省南部地区航空物探(磁)勘查成果报告》磁测解释推断结果为基础，利用原始磁测数据及数据处理结果进行再解释、修正，形成新的解释结果。预测工作区磁法推断地质构造(图 5-11)，共推断断裂构造 21 条；推断火山构造 3 个；推断侵入

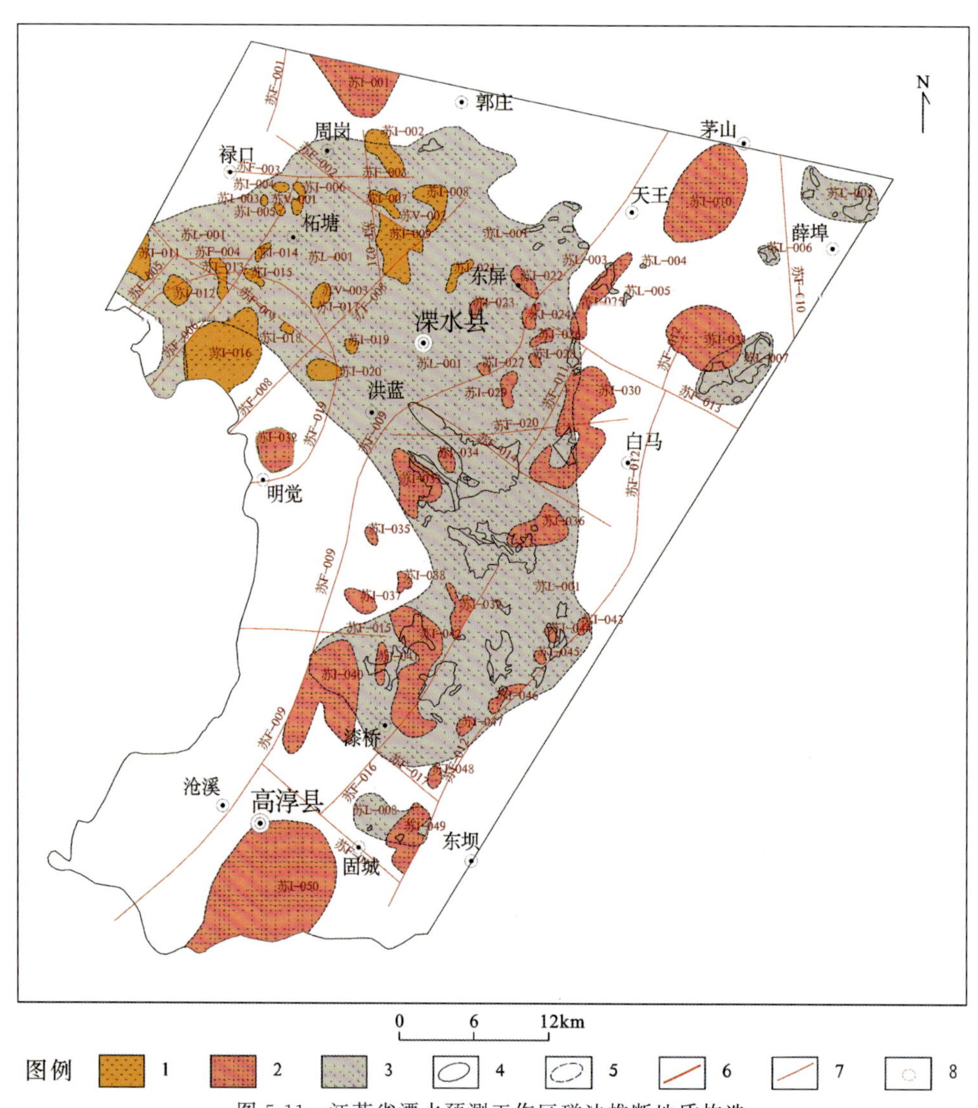

图 5-11　江苏省溧水预测工作区磁法推断地质构造

1. 磁法推断中基性岩类；2. 磁法推断中酸性岩类；3. 磁法推断火山岩地层；4. 磁法推断地质界线(出露)；5. 磁法推断地质界线(隐伏)；6. 磁法推断二级断裂构造；7. 磁法推断三级断裂构造；8. 磁法推断火山构造

岩体 50 个(包括中基性岩类 19 个,中酸性岩类 31 个),对其中的 15 个采用重磁电数据处理软件 2.5D 人机交互拟合反演定量计算,结果见磁法推断侵入岩体反演解释图 5-12、图 5-13;推断火山岩地层 8 处。预测工作区推断解释地质构造特征见表 5-8~表 5-11。

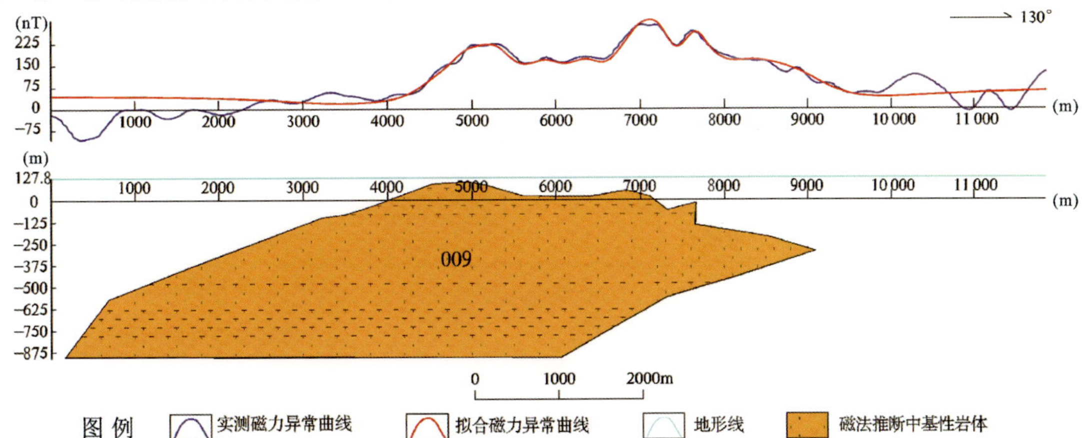

图 5-12　苏 I-3201401002-009 磁法推断侵入岩体 2.5D 拟合反演解释剖面图

模型 009 参数:模型密度:2.6g/cm³;磁化强度:1200.0×10⁻³A/m;磁化倾角:46.67°;磁化偏角:-4.6°;远端距离:-2400.0m;近端距离:1800.0m

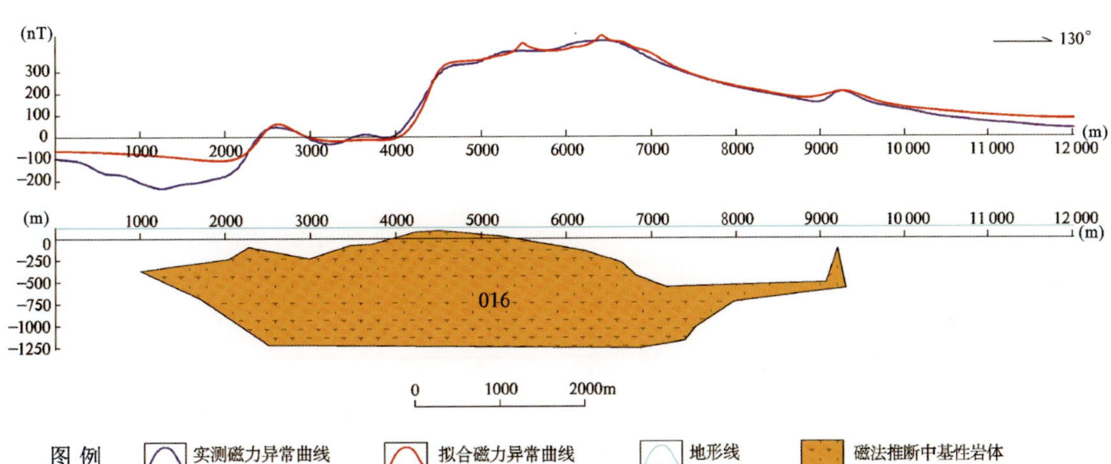

图 5-13　苏 I-3201401002-016 磁法推断侵入岩体 2.5D 拟合反演解释剖面图

模型 016 参数:模型密度:2.6g/cm³;磁化强度:2000.0×10⁻³A/m;磁化倾角:46.67°;磁化偏角:-4.6°;远端距离:-4200.0m;近端距离:3200.0m

表 5-8　溧水预测工作区磁法推断断裂构造数据表

断裂编号	出露情况	断裂级别	断裂构造走向	断裂长度(km)	断裂构造磁场标志	备注
苏 F-3201401002-001	隐伏	二级断裂	NE	6.6	磁异常梯度带	
苏 F-3201401002-002	半隐伏	三级断裂	NW	12.9	磁异常错动带	
苏 F-3201401002-003	隐伏	三级断裂	EW	15.2	磁异常错动带	
苏 F-3201401002-004	隐伏	三级断裂	EW	5.2	磁异常线性梯度带	
苏 F-3201401002-005	隐伏	三级断裂	NE	5.7	磁异常错动带	
苏 F-3201401002-006	半隐伏	三级断裂	NE	20.4	线性梯度带	
苏 F-3201401002-007	半隐伏	三级断裂	NW	18.3	线性梯度带	
苏 F-3201401002-008	半隐伏	三级断裂	NE	26.6	线性梯度带	

续表 5-8

断裂编号	出露情况	断裂级别	断裂构造走向	断裂长度(km)	断裂构造磁场标志	备注
苏 F-3201401002-009	半隐伏	二级断裂	NE	78.9	不同磁场区的分界线	
苏 F-3201401002-010	隐伏	三级断裂	NNW	14.3	磁异常梯度带	
苏 F-3201401002-011	半隐伏	三级断裂	NE	10.9	磁异常梯度带	
苏 F-3201401002-012	半隐伏	二级断裂	NE	52.0	不同磁场区的分界线	
苏 F-3201401002-013	半隐伏	三级断裂	NW	17.0	磁异常错动带	
苏 F-3201401002-014	半隐伏	三级断裂	NW	18.2	磁异常错动带	
苏 F-3201401002-015	隐伏	三级断裂	EW	12.0	磁异常错动带	
苏 F-3201401002-016	半隐伏	三级断裂	NE	24.4	磁异常线性梯度带	
苏 F-3201401002-017	半隐伏	三级断裂	NW	6.8	磁异常错动带	
苏 F-3201401002-018	隐伏	三级断裂	NW	14.5	磁异常错动带	
苏 F-3201401002-019	半隐伏	三级断裂	环状断裂	33.7	串珠似环状异常带	
苏 F-3201401002-020	半隐伏	三级断裂	EW	18.9	磁异常错动带	
苏 F-3201401002-021	隐伏	三级断裂	SN	12.3	磁异常梯度带	

表 5-9　溧水预测工作区磁法推断火山构造数据表

火山构造编号	火山构造形态	出露情况	火山构造埋深(m)	火山构造顶面投影面积(km^2)	火山构造磁场标志	备注
苏 V-3201401002-001	环带状	隐伏	0	0	中心低,四周正环状异常	柘塘火山机构
苏 V-3201401002-002	环带状	隐伏	0	0	环状异常	夏家边火山机构
苏 V-3201401002-003	椭圆状	隐伏	0	0	椭圆形正异常	张家火山构造

表 5-10　溧水预测工作区磁法推断侵入岩体数据表

侵入岩体编号	侵入岩体类型	出露情况	侵入岩体顶面投影面积(km^2)	侵入岩体截面面积(km^2)	侵入岩体顶面埋深(m)	侵入岩体磁场标志	备注
苏 I-3201401002-001	中酸性岩类	隐伏	18.5	0	0	椭圆状异常,梯度较缓	
苏 I-3201401002-002	中基性岩类	隐伏	6.3	3.4	321.2	条带状异常	
苏 I-3201401002-003	中基性岩类	隐伏	0.4	0	0	小异常	
苏 I-3201401002-004	中基性岩类	隐伏	0.8	0.5	136.7	环状异常部分	
苏 I-3201401002-005	中基性岩类	半隐伏	0.6	0	0	环状异常西南部分	
苏 I-3201401002-006	中基性岩类	半隐伏	1.9	0.5	0	环状异常东部	
苏 I-3201401002-007	中基性岩类	半隐伏	3.3	0	0	似环状异常西北部分	
苏 I-3201401002-008	中基性岩类	半隐伏	5.3	5.1	0	似环状异常北东部分	
苏 I-3201401002-009	中基性岩类	半隐伏	12.0	5.6	0	似环状异常西南部分	
苏 I-3201401002-010	中酸性岩类	隐伏	35.8	0	0	椭圆状异常	

续表 5-10

侵入岩体编号	侵入岩体类型	出露情况	侵入岩体顶面投影面积(km²)	侵入岩体截面面积(km²)	侵入岩体顶面埋深(m)	侵入岩体磁场标志	备注
苏 I-3201401002-011	中基性岩类	半隐伏	3.6	3.3	0	似椭圆状异常	
苏 I-3201401002-012	中基性岩类	半隐伏	3.7	1.7	0	椭圆状异常	
苏 I-3201401002-013	中基性岩类	半隐伏	2.6	0	0	条带状异常	
苏 I-3201401002-014	中基性岩类	半隐伏	1.0	0	0	条带状异常	
苏 I-3201401002-015	中基性岩类	半隐伏	1.3	0	0	似椭圆状异常	
苏 I-3201401002-016	中基性岩类	半隐伏	28.0	6.6	0	似圆状异常	
苏 I-3201401002-017	中基性岩类	半隐伏	2.3	0	0	椭圆状异常	
苏 I-3201401002-018	中基性岩类	隐伏	0.7	0	0	弱小异常	
苏 I-3201401002-019	中基性岩类	半隐伏	0.9	0	0	椭圆状异常	
苏 I-3201401002-020	中基性岩类	半隐伏	3.7	0	0	椭圆状异常	
苏 I-3201401002-021	中基性岩类	半隐伏	2.3	2	0	条带状异常	
苏 I-3201401002-022	中酸性岩类	隐伏	2.7	0	0	椭圆状异常	
苏 I-3201401002-023	中酸性岩类	半隐伏	1.3	0	0	椭圆状异常	
苏 I-3201401002-024	中酸性岩类	隐伏	1.9	0	0	椭圆状异常	
苏 I-3201401002-025	中酸性岩类	隐伏	9.2	0	0	条带状异常	
苏 I-3201401002-026	中酸性岩类	隐伏	1.5	0	0	椭圆状异常	
苏 I-3201401002-027	中酸性岩类	隐伏	0.8	0	0	椭圆状异常	
苏 I-3201401002-028	中酸性岩类	隐伏	0.8	0	0	椭圆状异常	
苏 I-3201401002-029	中酸性岩类	隐伏	2.6	0	0	椭圆状异常	
苏 I-3201401002-030	中酸性岩类	隐伏	28.9	0	0	条带状异常	
苏 I-3201401002-031	中酸性岩类	隐伏	23.5	0	0	椭圆状异常	
苏 I-3201401002-032	中酸性岩类	半隐伏	8.7	0	0	圆状异常	
苏 I-3201401002-033	中酸性岩类	隐伏	12.3	0	0	似椭圆状异常	
苏 I-3201401002-034	中酸性岩类	隐伏	1.8	0	0	椭圆状异常	
苏 I-3201401002-035	中酸性岩类	隐伏	1.0	0	0	椭圆状异常	
苏 I-3201401002-036	中酸性岩类	隐伏	10.0	5.1	146.9	串珠状异常	
苏 I-3201401002-037	中酸性岩类	隐伏	3.3	0	0	椭圆状异常	
苏 I-3201401002-038	中酸性岩类	隐伏	1.4	0	0	椭圆状异常	
苏 I-3201401002-039	中酸性岩类	隐伏	4.4	4	0	条带状异常	
苏 I-3201401002-040	中酸性岩类	半隐伏	32.2	7.7	0	条带状异常	
苏 I-3201401002-041	中酸性岩类	隐伏	2.5	0	0	条带状异常	
苏 I-3201401002-042	中酸性岩类	半隐伏	25.3	4.4	0	条带状异常	

续表 5-10

侵入岩体编号	侵入岩体类型	出露情况	侵入岩体顶面投影面积(km^2)	侵入岩体截面面积(km^2)	侵入岩体顶面埋深(m)	侵入岩体磁场标志	备注
苏 I-3201401002-043	中酸性岩类	隐伏	1.0	0	0	椭圆状异常	苏 I-043 至苏 I-049 组成串珠状异常带
苏 I-3201401002-044	中酸性岩类	隐伏	0.8	0	0	椭圆状异常	
苏 I-3201401002-045	中酸性岩类	隐伏	0.8	0	0	椭圆状异常	
苏 I-3201401002-046	中酸性岩类	半隐伏	2.4	3.1	0	条带状异常	
苏 I-3201401002-047	中酸性岩类	隐伏	1.5	0	0	椭圆状异常	
苏 I-3201401002-048	中酸性岩类	隐伏	1.5	0	0	椭圆状异常	
苏 I-3201401002-049	中酸性岩类	半隐伏	10.2	2.9	0	串珠状异常	
苏 I-3201401002-050	中酸性岩类	隐伏	80.7	0	0	椭圆状异常	

表 5-11　溧水预测工作区磁法推断火山岩地层数据表

火山岩地层编号	火山岩地层岩性	出露情况	火山岩地层走向	火山岩地层顶面投影面积(km^2)	火山岩地层磁场标志	备注
苏 L-3201401002-001	安山岩类	半隐伏	SN	992.5	杂乱异常	
苏 L-3201401002-002	安山岩类	半隐伏	EW	17.8	弱磁异常	
苏 L-3201401002-003	玄武岩类	出露	SN	1.9	杂乱异常	
苏 L-3201401002-004	玄武岩类	出露	等轴状	0.1	杂乱异常	
苏 L-3201401002-005	玄武岩类	出露	SN	0.3	杂乱异常	
苏 L-3201401002-006	玄武岩类	半隐伏	等轴状	2.0	弱磁异常	
苏 L-3201401002-007	玄武岩类	半隐伏	NE	22.4	杂乱异常	
苏 L-3201401002-008	安山岩类	半隐伏	EW	17.0	杂乱异常	

四、磁法推断地质构造及重点找矿有利地区探讨

从已知溧水地区群力乡石坝、爱景山、后村、横溪镇七里沟、长山—枕头山、红石山等主要铁矿(点)的分布看,铁矿(点)处于磁法推断的中基性—中酸性次火山岩-侵入岩体边缘,具体有苏 I-3201401002-008、苏 I-3201401002-009、苏 I-3201401002-011、苏 I-3201401002-012、苏 I-3201401002-039、苏 I-3201401002-042与苏 I-3201401002-046 等。溧水县群力乡石坝、爱景山、后村、横溪镇七里沟铁矿(点)地质背景上处于晚侏罗世辉石闪长玢岩次火山岩与侏罗系龙王山组上段辉石安山岩-安山岩-玄武安山质火山碎屑岩建造接触部位;横溪镇七里沟铁矿(点)地质背景上处于晚侏罗世角闪闪长玢岩等次火山岩与侏罗系龙王山组下段安山质火山岩及火山碎屑岩建造接触部位;长山—枕头山、红石山等铁矿(点)地质背景上处于早白垩世粗安斑岩等次火山岩与侏罗系大王山组上段粉细砂岩-泥岩夹火山碎屑沉积建造接触部位。因此,磁法推断的中基性—中酸性次火山岩-侵入岩体与侏罗系龙王山组、大王山组火山碎屑岩建造接触部位,若存在大比例尺的局部地磁异常,是寻找铁磁性矿产的直接找矿标志。

从本区已知南京市獾子洞铜金矿、燕子口、横溪乡横山、丁公山、东岗、石头山、观山、金驹山、柘塘乡大山等主要铜金矿(点)的分布看:铜金矿(点)处于磁法推断的中基性—中酸性次火山岩或侵入岩体周

围，具体有苏 I-3201401002-006、苏 I-3201401002-008、苏 I-3201401002-016 与苏 I-3201401002-036 等。南京市獾子洞铜金矿、燕子口、横溪乡横山、丁公山铜金矿（点）附近，有晚侏罗世角闪闪长玢岩等次火山岩、侏罗系西横山组下段含钙长石石英砂岩-含砾石英砂岩、陡山组石英砂岩夹砾岩、朱村组砂岩夹粉砂岩-泥岩建造等；观山、金驹山、定山、新桥镇邱虎山、金鸡山、曹王山铜金矿（点）附近存在早白垩世粗安斑岩等次火山岩、白垩系姚家边组上段粗安质火山岩及火山碎屑岩、侏罗系大王山组火山碎屑岩建造等；东岗、石头山铜金矿（点）存在晚侏罗世辉石闪长玢岩次火山岩、侏罗系龙王山组上段辉石安山岩-安山岩-玄武安山质火山碎屑岩建造等；柘塘乡大山等主要铜金矿（点）附近存在晚侏罗世闪长玢岩、角闪闪长玢岩、侏罗系西横山组上段砂岩-泥质粉砂岩-粉砂质泥岩建造等。因此，在晚侏罗世辉石闪长玢岩、角闪闪长玢岩、早白垩世粗安斑岩等次火山岩引起的磁异常周围，有侏罗系西横山组下段含钙长石石英砂岩-含砾石英砂岩、陡山组石英砂岩夹砾岩、朱村组砂岩夹粉砂岩-泥岩以及侏罗系龙王山组上段辉石安山岩-安山岩-玄武安山质火山碎屑岩建造等，是寻找铜金矿产的间接找矿标志。

从已知溧水县观山铜铅矿的分布看，铅锌矿（点）处于磁法推断的中酸性侵入岩体（苏 I-3201401002-036）周围，地质上为早白垩世粗安斑岩等次火山岩侵入白垩系姚家边组上段粗安质火山岩及火山碎屑岩、侏罗系大王山组火山碎屑岩中。因此，早白垩世粗安斑岩等次火山岩引起的磁异常周围，存在白垩系姚家边组上段粗安质火山岩及火山碎屑岩、侏罗系大王山组火山碎屑岩建造等，是寻找观山铜铅矿产的间接找矿标志。

从已知溧水县卧龙山硫铁矿的分布看：硫铁矿产处于中基性侵入岩体边缘，北西向断裂构造附近，即推断的苏 I-3201401002-008 侵入岩体南东侧，苏 I-3201401002-021 侵入岩体北侧，北西向苏 F-3201401002-008 断裂构造南东位置，该位置有上侏罗统龙王山组火山岩与侏罗纪沉积岩分布，它们是形成硫铁矿床重要的成矿地质构造。综合本区磁异常特征及推断地质构造，在北西向苏 F-3201401002-008 断裂构造附近，推断的中基性侵入岩体苏 I-3201401002-008、苏 I-3201401002-009、苏 I-3201401002-021 边缘，即：凉蓬村—卧龙山—秀山一带是寻找硫铁矿的有利地区。

对找矿有意义的侵入岩体苏 I-3201401002-006、苏 I-3201401002-008、苏 I-3201401002-009、苏 I-3201401002-011、苏 I-3201401002-012、苏 I-3201401002-016、苏 I-3201401002-021、苏 I-3201401002-036、苏 I-3201401002-039、苏 I-3201401002-042、苏 I-3201401002-046，在进行定性、半定量解释的基础上，利用航磁工区大比例尺（1：5 万）剖面数据进行了定量解释，求取了如岩体顶面埋深、截面面积、顶面投影面积等参数，岩体反演剖面位置及解释剖面见图 5-12～图 5-14。

五、地质勘查工作部署及找矿成果

（一）地质勘查工作部署

本区矿产主要有溧水石坝、爱景山、后村、长山—枕头山、江宁横溪镇七里沟、高淳红石山等主要铁矿（点），江宁獾子洞铜金矿、燕子口、横溪乡横山、溧水丁公山、东岗、石头山、观山、金驹山、柘塘大山、高淳固城禅林山、刘下山等铜铅锌金多金属矿（点）。

从铁矿、铜、铅锌、金多金属矿产分布的地质背景看，它们既与晚侏罗世辉石闪长玢岩、角闪闪长玢岩以及早白垩世粗安斑岩等中基性—中酸性次火山岩体有关，又与侏罗系龙王山组、大王山组火山碎屑岩以及西横山组下段含钙长石石英砂岩-含砾石英砂岩、陡山组石英砂岩夹砾岩、朱村组砂岩夹粉砂岩-泥岩建造等关系密切。

综合分析本区地质矿产、磁场特征，结合磁法推断地质构造中推断中基性岩体的分布（图 5-15），选择夏家边—东岗、丁公山—笔架山 2 个重点调查区，开展铁铜远景调查项目，投入 1：1 万磁法、激电、化探扫面物化探工作，对有找矿意义的物化探异常进行综合评价分类，在进行重、磁、电物探剖面工作基础

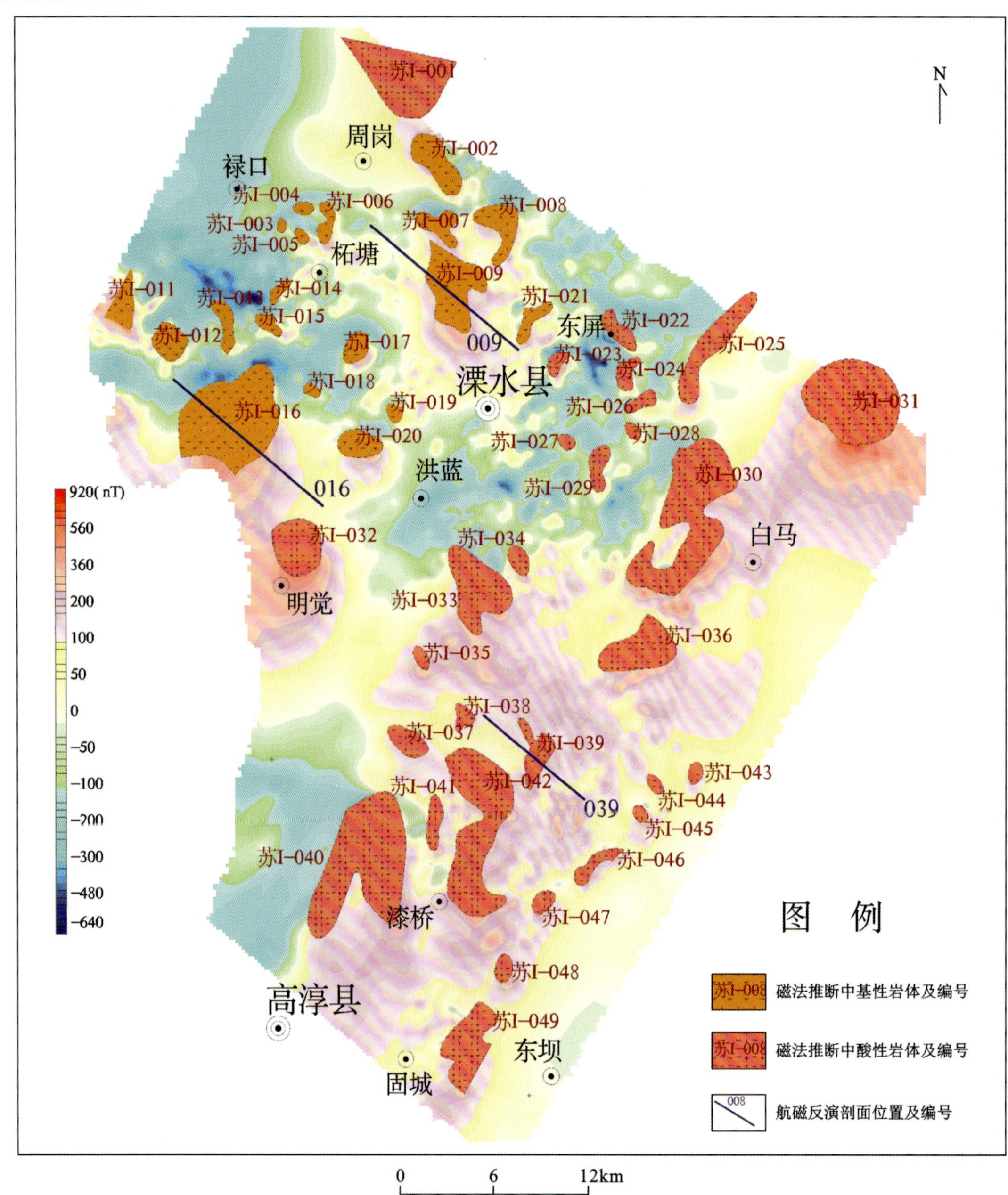

图 5-14　溧水地区磁法推断侵入岩体 2.5D 拟合反演解释剖面位置分布示意图

上进行钻探等工程验证。

通过本次矿产资源潜力评价工作，磁法推断地质构造，尤其是磁法推断中基性侵入岩体的分布特征，为远景调查工作部署提供了依据。

（二）找矿成果

夏家边—东岗重点调查区远景调查工作，1∶1 万面积性磁测，圈定局部异常 13 个（C1～C13），面积 0.073～2.60 km^2，异常强度 400～1200nT，其中后村、石坝、爱景山磁异常分别为已知磁铁矿体；1∶1 万面积性激电测量，圈定 5 个异常，其中东岗激电异常分别为已知铜多金属矿。选择成矿有利地段磁法、激电异常，开展激电测深、可控源大地电磁测深和高精度磁测剖面工作，择优进行验证。

其中后方村附近东岗—长乐桥北西向激电异常，施工 HZK0002 孔，于孔深 461.76～605.09m（钻

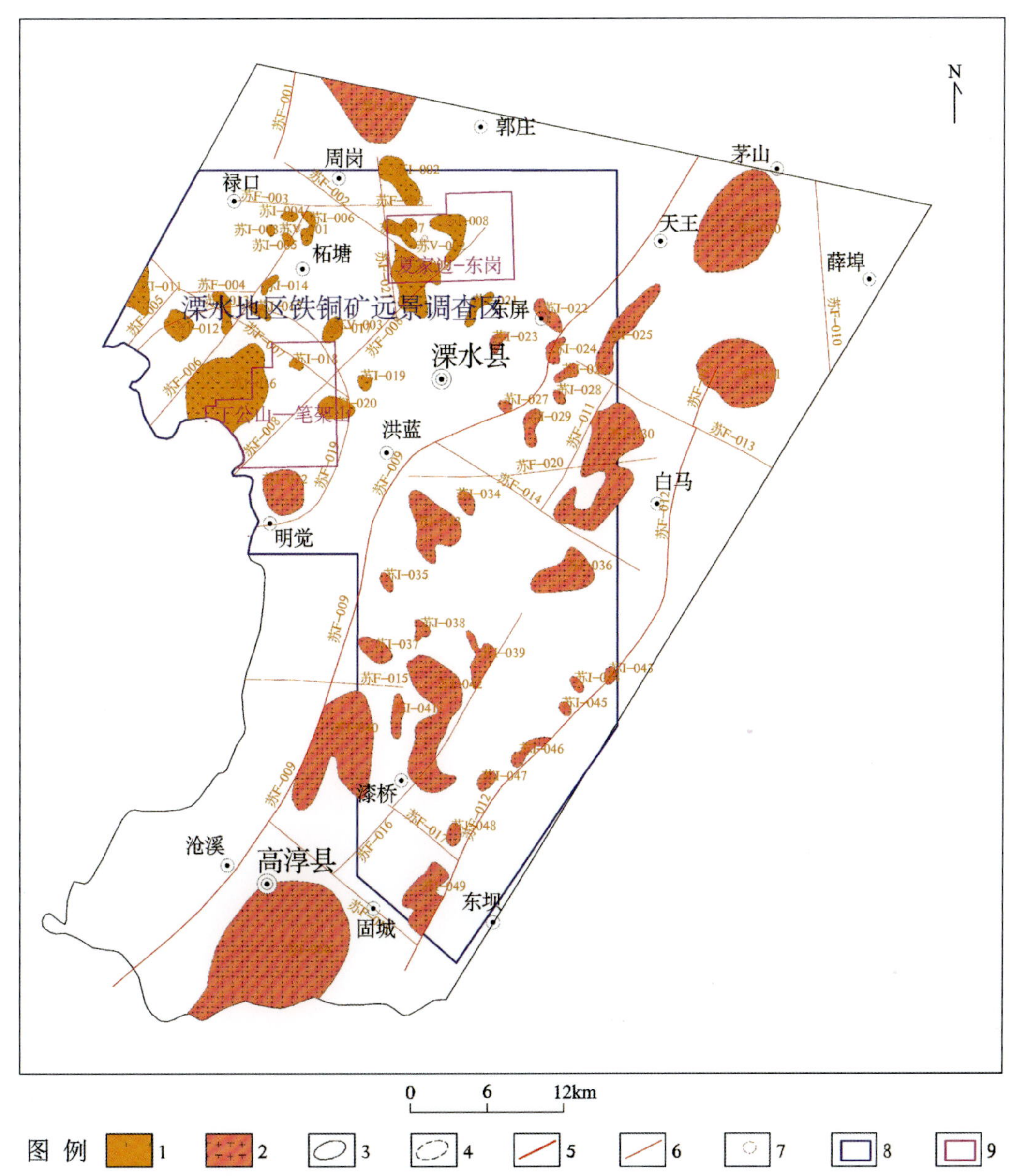

图 5-15 江苏省溧水预测工作区磁法推断地质构造图(附工作部署)

1.磁法推断中基性岩类;2.磁法推断中酸性岩类;3.磁法推断地质界线(出露);4.磁法推断地质界线(隐伏);5.磁法推断二级断裂构造;6.磁法推断三级断裂构造;7.磁法推断火山构造;8.铁铜远景调查区范围;9.铁铜重点调查区范围

厚 244.33m)见矿化断裂带,带内见锶、硫矿体,其中锶矿钻厚 26.83m,平均品位 47.22%,并见薄层 Cu、Pb、Zn 矿和硫铁矿层。

太尉庄 C2 地磁异常,施工的 TZK0104、TZK0501 孔,其中 TZK0501 孔深 1035.30m,在孔深 459.65~857.38m 见 3 层铜金矿,钻厚 0.46~4.26m,累计钻厚 7.57m,单样最高 Cu 2.56%、Au 3.16×10^{-6},另在钻孔中见磁铁矿脉。TZK0104 孔深 601.19m,发现电气石矿累计钻厚 133.43m,单矿层电气石平均品位 3.01%~27.68%,孔深 311.00~601.19m 为磁性辉石闪长玢岩。

此外马场 C3 地磁异常西段施工 TC01、TC03 探槽,发现铜金矿化断裂带 6 条,宽 0.30~1.50m,含 Au$(0.24\sim18.0)\times10^{-6}$,Cu 0.23%~0.66%。

丁公山—笔架山铁铜矿重点调查区,1∶1 万面积性磁测,圈定局部异常 8 个(C1~C13),其中 C3

异常在以往钻孔验证中见磁铁矿体；1∶1万面积性激电测量，圈定7个异常，其中η3异常西侧丁公山附近探槽揭露见铜金矿层。

丁公山施工探槽，地表发现铜金矿体4条，其中Au1矿体3条探槽控制长100m，宽0.60～1.80m，含Au(0.62～3.31)$\times10^{-6}$，平均品位Au 2.01$\times10^{-6}$，平均含Ag 40.73$\times10^{-6}$。倾向延伸正在钻孔追索控制。Au2矿体单槽控制宽3.25m，Au平均品位0.55$\times10^{-6}$。矿体走向近东西，倾向南，倾角80°～87°。Au3矿体单槽控制宽0.90m，含Au 2.80$\times10^{-6}$、Cu 0.25%。Au4矿体位于古采坑中，拣块样含Au 10.29$\times10^{-6}$、Cu 4.50%。

本次矿产资源潜力评价磁测工作成果，为开展宁镇、溧水地区铁、铜多金属远景调查提供了信息。宁镇重点调查区激电、磁法等物探综合异常钻探验证中，伏牛山—九华山、芙蓉山—五洲山调查区均取得了找矿新突破。此外，在北南窑水库以南—香山—五洲山一带以及双顶山以南—香山采石场一线有多个局部地磁异常，均处在中酸性岩体与中古生代地层接触部位(大多在中酸性岩体与碳酸盐地层接触部位)，为下一步铁磁性矿产的勘查工作提供了重要信息。

溧水地区远景调查两个重点调查区激电、磁法物探异常查证工作均取得了寻找铜、金等矿产的新线索。

此外，宁芜地区利用矿产资源潜力评价磁测工作成果，结合南京市云台山硫铁矿典型矿床研究结果，配合开展复电阻率CR法剖面工作，在天台山-云台山硫铁矿北东向成矿带延伸方向富而岗地区，取得了良好的找矿效果，探明一处中型硫铁矿床，提交333硫铁矿矿石量21 241.2$\times10^{3}$t，其中工业矿体10 645.84$\times10^{3}$t。

第六章　磁异常研究及磁性铁矿资源预测

第一节　磁异常分类及其分布特征

一、磁异常分类原则

本次利用新的地质资料并结合老资料对磁异常进行了重新划分和编号，依据磁异常所在地质背景、地检信息、前人所做工作认识程度等，对磁异常进行了重新划分，大致将磁异常划分为四大类，分别为：甲、乙、丙、丁四大类。划分原则如下。

(1)甲类异常：为矿致异常，可分为 2 个亚类。

甲 1 类异常：已知矿引起、推断还有找矿潜力的异常。

甲 2 类异常：已知矿引起、推断进一步找矿潜力不大的异常。

(2)乙类异常：推断具有找矿意义的异常，分为 3 个亚类。

乙 1 类异常：推断矿体引起的异常。

乙 2 类异常：推断含矿地质体或地质构造引起的异常。

乙 3 类异常：推断具有找矿意义的地质体或构造引起的异常。

(3)丙类异常：找矿前景不明异常。按目前工作程度和认识水平，无法判明其找矿意义的地质体或地质构造等引起的异常。

(4)丁类异常：按目前工作程度和认识水平，认为不具备找矿意义的岩性体引起的异常。

其中甲类异常和乙类异常是与矿体有关的异常或者是有找矿前景的有望异常，丙类为性质不明异常，今后在丙类有多做工作的必要，丁类为目前工作程度和认识水平，认为不准备找矿的异常。

二、磁异常分类结果及其分布特征

按上述磁异常分类原则，将江苏省及上海市筛选的 1381 个航磁异常进行了分类，其中甲类异常 67 个，乙类异常 134 个，丙类异常 311 个，丁类异常 869 个(图 6-1)。按潜力评价工作要求分别对磁异常进行编号和定性分析，具体包括磁异常编号、中心点经纬度、幅值、形态、长度、宽度、走向、地检级别、地检结果、推断意见和磁异常类别等。

地检级别分为 5 类，包括一级查证、二级查证、三级查证、踏勘检查和未地检。磁异常结合地检级别给出了磁异常分类的可靠程度。

江苏省及上海市磁异常在不同区域分布呈现不均匀状态，按磁异常总体分布情况和集中程度，大体

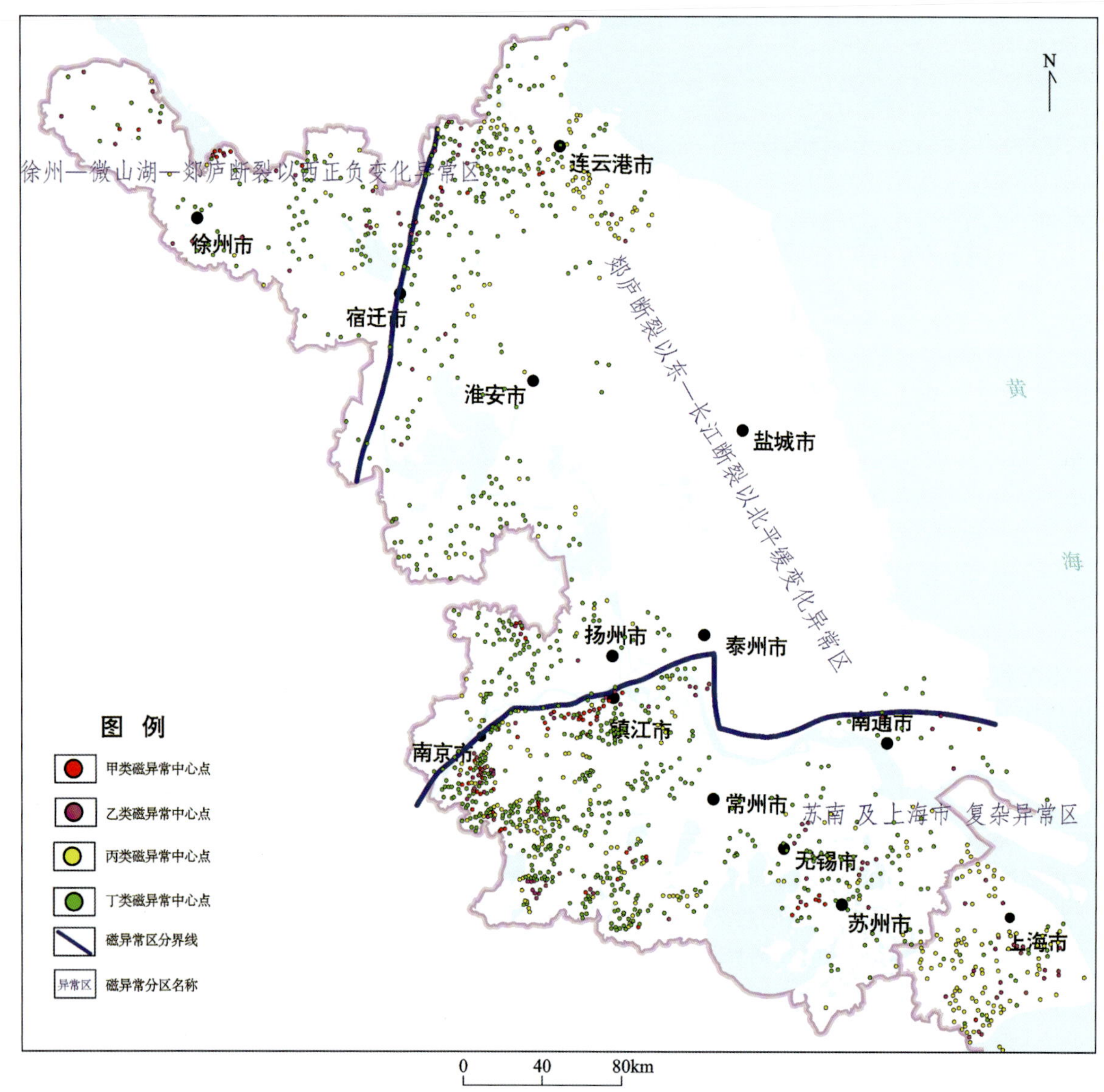

图 6-1　江苏省及上海市磁异常分布图

划分为三大区块：即徐州-微山湖地区-郯庐断裂以西区块、郯庐断裂以东—长江断裂以北区块、苏南及上海市复杂磁异常区块。

徐州-微山湖地区-郯庐断裂以西区块，丰县、沛县一带，磁场强度相对低缓，异常分布稀疏。徐州、利国、邳州等地区磁异常相对集中，磁场呈宽大的块状升高异常特征，总体走向北东。

郯庐断裂以东—长江断裂以北区块，该区块内磁异常主要分布在以下几个地区：郯庐断裂附近、盱眙、六合冶山一带。郯庐断裂附近磁异常相对密集，总体表现为规模大、强度高的带状异常，走向北北东，该异常主要与沿郯庐断裂侵入的中酸性岩体有关；连云港—淮阴一带，磁异常以负场为主，异常相对平缓，局部异常主要分布在云台山、灌云县扬集和泗阳县城一带；盱眙附近磁异常分布较为稀疏，相对零乱，大致反映了该火山岩地层的分布；六合冶山地区磁异分布相对密集，与中酸性侵入岩体及火山岩地层分布有关。

苏南及上海市复杂磁异常区块，航磁异常集中分布在宁镇、宁芜北段—溧水—宜溧地区、无锡—苏州—昆山及上海市地区。宁镇处于苏南地区磁异常的中北部，磁异常分布呈带状，走向近东西，相对密集，磁异常主要是由中酸性侵入岩和火山岩引起，该地区断裂构造发育，矿化蚀变强烈，是寻找多金属和铁矿的有利部位。宁芜地区处于苏南地区磁异常的西北部，磁异常相对密集而复杂，强度变化大，区内断裂构造发育，且以北东向为主，岩浆活动频繁，以“玢岩式”铁矿为著称，广泛分布安山岩等火山岩地层，大面积分布中基性、中酸性等侵入岩体。溧水地区位于苏南复杂磁异常的西南部，磁异常相对密集，磁异常幅值变化大，异常总体走向北东，该地区构造发育，主要磁性地质体有中基性、中酸性侵入岩，还有广泛分布的火山岩。宜溧地区处于苏南磁异常的中南部，异常幅值变化比较大，形状、走向各异，该地区断裂构造发育，磁异常主要与中酸性侵入岩和安山岩、流纹岩等火山岩有关。苏州西部地区磁场强度一般为500nT左右，磁异常呈环带状，总体反映了酸性、中酸性岩体沿苏州环形构造带侵入的分布特征。

无锡—苏州—昆山—上海金山等地区，磁异常呈均匀分布状态。在一片平静的负异常中出现一系列较规则的正异常凸起，它们是无锡正异常带、苏州正异常凸起、丁蜀正异常带、沙溪正异常带和上海金山异常带等。

总体而言，江苏省及上海市磁异常主要集中分布在苏南地区，磁异常幅值普遍比较高，磁异常复杂，走向多变，此外在郯庐断裂附近、冶山及徐州-利国地区相对集中分布，江苏中部地区磁异常相对稀疏，磁场平缓变化。

第二节　磁性铁矿资源量估算结果

通过磁异常筛选与定性解释，确定铁矿(已知及推断铁矿)矿致航磁异常有66个，主要利用地磁(无地磁资料地区用航磁)数据，采用重磁电数据处理软件2.5D人机交互拟合方法进行磁性矿产资源量估算，累计估算铁磁性矿体资源量137 827.2×10^4t，其中已查明铁磁性矿产资源储量74 486.7×10^4t，磁性矿产预测资源量63 340.5×10^4t，其中陆相火山岩型16 165.4×10^4t，矽卡岩型45 857.9×10^4t，沉积变质型1317.2×10^4t。对预测资源量分别采用按方法、精度、延深、矿床预测类型进行了分类统计，分析了预测资源量可信度，明确了参与磁性矿产资源量估算的各参数依据。本书第三章矿产资源潜力评价中磁测资料应用方法中已说明磁性铁矿资源量估算方法，下面重点叙述磁异常拟合体积法估算铁磁性矿产资源量的应用效果。

以省为单位，按矿床预测类型、延伸和精度等统计分别叙述江苏省及上海市已查明资源储量及预测资源量。

1. 按矿床预测类型统计

按矿床预测类型分，本区矿床预测类型包括沉积变质型、矽卡岩型、陆相火山岩型。江苏省及上海市预测资源量统计如表6-1所示。

表6-1　江苏省及上海市预测资源量矿产类型统计表

省编号	省名称	沉积变质型(×10^4t)			矽卡岩型(×10^4t)			陆相火山岩型(×10^4t)		
		≤500m	≤1000m	≤2000m	≤500m	≤1000m	≤2000m	≤500m	≤1000m	≤2000m
32	江苏省及上海市	1317.2	1317.2	1317.2	45 575.5	45 857.9	45 857.9	16 165.4	16 165.4	16 165.4

2. 按延深统计

按照500m以浅、1000m以浅和2000m以浅统计预测资源量，江苏省及上海市预测资源量统计如表6-2所示。

表 6-2 江苏省及上海市预测资源量深度统计表

省编号	省名称	500m 以浅($\times 10^4$ t)			1000m 以浅($\times 10^4$ t)			2000m 以浅($\times 10^4$ t)		
		334-1	334-2	334-3	334-1	334-2	334-3	334-1	334-2	334-3
32	江苏省及上海市	0	47 577.6	15 480.5	282.4	47 577.6	15 480.5	282.4	47 577.6	15 480.5

3. 按精度统计

按磁性矿体资源量的精度情况分为 3 级，分别为 334-1，334-2，334-3，江苏省及上海市预测资源量统计如表 6-3 所示。

表 6-3 江苏省及上海市预测资源量精度统计表

省编号	省名称	预测资源量($\times 10^4$ t)			
		334-1	334-2	334-3	合计
32	江苏省及上海市	282.4	47 577.6	15 480.5	63 340.5

4. 可靠性分析

根据磁性矿产预测资源量复核有关要求，磁法预测矿体资源量可信度分以下 3 种情况。

(1)在已知矿床的深部和周边，利用钻孔或勘探地质剖面进行建模，使用大比例尺(大于或等于 1∶5 万)航磁或地磁测量数据计算的资源量，可信度≥0.75。

(2)在已知矿床、矿点或矿化点的地区、使用测量比例尺大于或等于 1∶20 万的磁测资料(未利用钻孔或勘探地质剖面进行建模)估算的资源量，以及在已知矿床的深部和周边利用钻孔或勘探地质剖面进行建模、使用大比例尺 1∶10 万～1∶25 万测量的磁测资料估算的资源量，可信度 0.5～0.75。

(3)其他情况下得到的资源量，可信度 0.25～0.5。

以预测工作区和全省为单位，分别统计预测矿体资源量可信度，具体见表 6-4、表 6-5，从表中可以看出江苏省及上海市磁法预测磁性矿产资源量可信度较高，均大于 0.5。

表 6-4 预测工作区预测资源量可信度统计表

预测工作区编号	预测工作区名称	≥0.75($\times 10^4$ t)			0.5～0.75($\times 10^4$ t)			0.25～0.5($\times 10^4$ t)		
		334-1	334-2	334-3	334-1	334-2	334-3	334-1	334-2	334-3
3201401001	宁芜	0	0	0	0	1975.6	0	0	0	0
3201401002	溧水	0	0	0	0	14 189.8	0	0	0	0
3201501001	丰沛	4.2	0	0	0	4993.9	0	0	0	0
3201501002	徐州—利国	0	0	0	0	2580.2	0	0	0	0
3201501003	铜山—张集	0	0	0	0	0	259.3	0	0	0
3201503002	六合	278.2	0	0	0	817	0	0	0	0
3201502001	南通	0	0	0	0	3808.8	14 637.2	0	0	0
3201504001	宁镇	0	0	0	0	11 737.9	0	0	0	0
3201504002	宜溧	0	0	0	0	4606.8	0	0	0	0
3201505001	苏州西部	0	0	0	0	809.9	584	0	0	0
3201506001	上海金山	0	0	0	0	740.5	0	0	0	0
3201301002	东海—新沂	0	0	0	0	1317.2	0	0	0	0

表 6-5　江苏省预测资源量可信度统计表

矿种	≥0.75(×10⁴t)			0.5～0.75(×10⁴t)			0.25～0.5(×10⁴t)		
	334-1	334-2	334-3	334-1	334-2	334-3	334-1	334-2	334-3
铁 01	282.4	0	0	0	47 577.6	15 480.5	0	0	0

第三节　磁性铁矿资源潜力分析

江苏省及上海市磁性矿产预测方法均采用磁法体积法，磁性矿产预测资源总量为 137 827.2×10⁴t，其中陆相火山岩型 77 175.1×10⁴t，矽卡岩型 59 334.9×10⁴t，沉积变质型 1317.2×10⁴t。已知矿产地已查明资源量 74 486.7×10⁴t，其中陆相火山岩型 61 009.7×10⁴t，矽卡岩型 13 477.0×10⁴t。磁性矿产预测资源量为 63 340.5×10⁴t，其中陆相火山岩型 16 165.4×10⁴t，矽卡岩型 45 857.9×10⁴t，沉积变质型 1317.2×10⁴t。500m 以浅预测资源量 63 058.1×10⁴t，1000m 以浅预测资源量 63 340.5×10⁴t，见图 6-2。

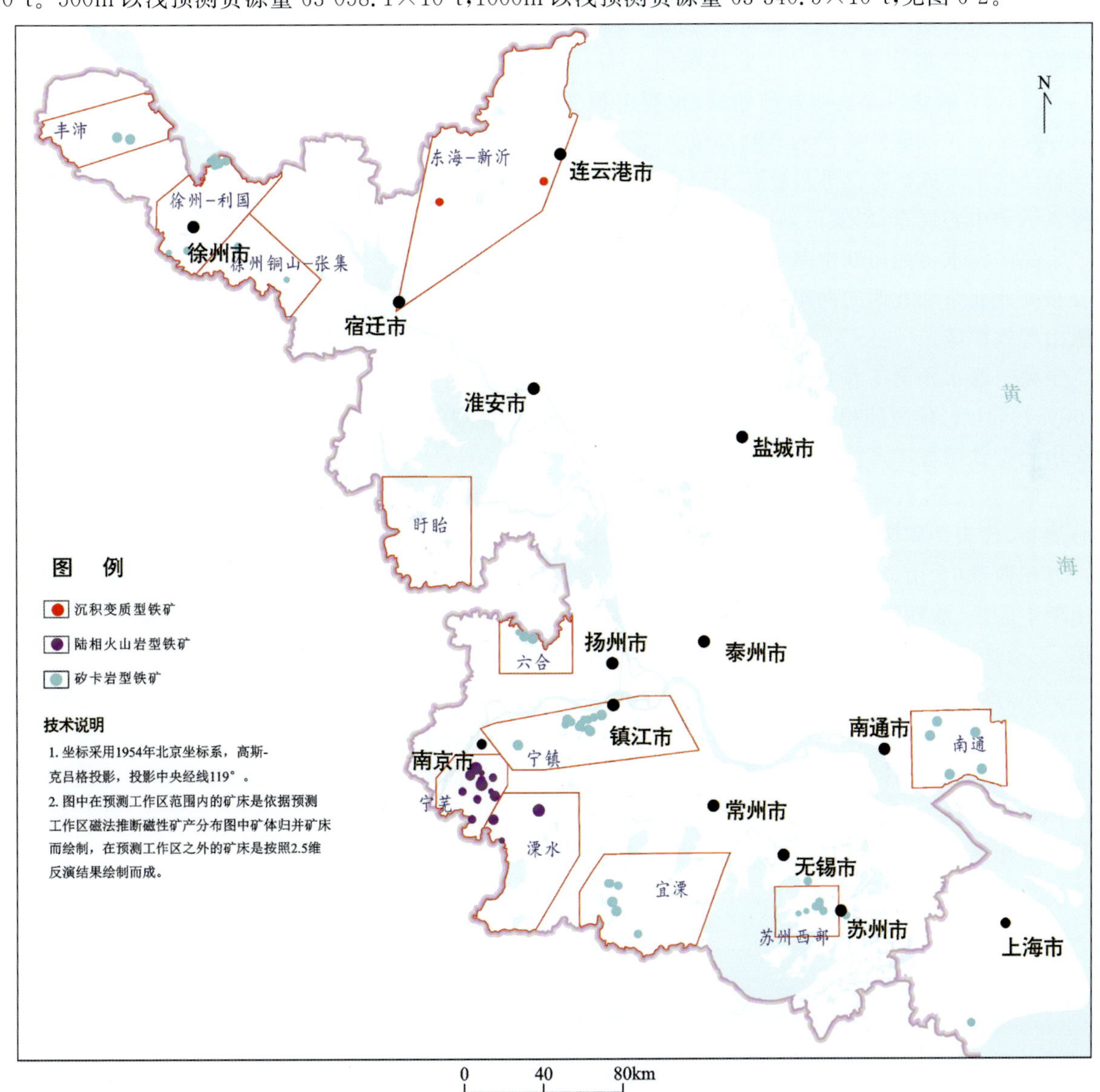

图 6-2　江苏省及上海市磁法推断磁性矿床分布图

江苏省及上海市铁磁性矿产资源主要集中分布于宁芜、溧水、宁镇和南通预测工作区，资源总量占江苏省及上海市磁性矿产资源量的80.8%，其中宁芜和溧水预测工作区预测磁性矿产资源量属陆相火山岩型铁矿，资源总量占江苏省及上海市磁性矿产资源量的56.0%，宁镇和南通预测工作区预测磁性矿产资源量属矽卡岩型铁矿，资源总量占江苏省及上海市磁性矿产资源量的24.8%。其余丰沛、徐州—利国、徐州铜山—张集、东海—新沂、六合、宜溧和苏州西部7个预测工作区及上海金山地区合计磁性矿产资源量仅为19.2%。以下将分区块简述磁性矿产分布规律和找矿潜力。

华北陆块区，包括丰沛、徐州—利国和徐州铜山—张集预测工作区，江苏省内铁矿形成主要与中—新太古代沉积变质作用、中生代构造-岩浆活动有关，其中沉积变质型铁矿主要分布于丰沛中—新太古界泰山岩群变质岩系分布区，矽卡岩型及热液接触交代型主要分布于利国—班井燕山期中酸性侵入体周边和丰沛地区华(山)-栖(山)隆起带。代表性矿床有利国铁矿、吴庄铁矿床、墓山铁矿床、姜梨园铁矿床。本次矿产资源潜力评价工作中，共估算铁磁性矿产总资源量13 849.2×10^4t，区块内已查明资源储量6011.6×10^4t，预测矽卡岩型资源量7837.6×10^4t(航磁资料未能推断出沉积变质岩型的铁磁性矿产航磁异常，故本区块未估算沉积变质岩型铁磁性矿产资源量)，变质岩地层中局部重磁同高异常以及中酸性侵入岩体与围岩(尤其碳酸盐岩地层)接触部位局部磁异常是寻找铁磁性矿产的有利部位。

东海—新沂地区属高压—超高压(造山)变质带，铁矿床形成与古—中元古代沉积变质作用有关，含矿建造为东海岩群武强山岩组，呈北东向分布。本次矿产资源潜力评价估算铁磁性矿产总资源量1317.2×10^4t，区块内无查明资源储量，预测沉积变质型资源量1317.2×10^4t，变质岩地层中局部重磁同高异常是寻找铁磁性矿产的有利部位。

长江中下游成矿带江苏段铁矿床形成与燕山期构造岩浆活动有关，区内铁、铜、金、多金属常围绕岩浆侵入活动中心展布，岩浆活动中心即是成矿活动中心。全区自西往东可划分4个成岩成矿分区。

宁芜—溧水与燕山期中基性—中酸性—碱性火山—次火山岩密切相关的玢岩型成岩成矿分区，矿床分布受北北东和北西向两组基底断裂(构造岩浆喷发带)的控制。代表性矿床有梅山、吉山、麒麟山、凤凰山等铁矿床。

宁芜—溧水预测工作区共估算铁磁性矿产总资源量77 175.1×10^4t，区块内已查明资源储量61 009.7×10^4t，预测陆相火山岩型资源量16 165.4×10^4t，中基性侵入岩体周围局部磁异常是寻找陆相火山岩型铁磁性矿产的重要部位。

宁镇(含六合、盱眙)与燕山期中晚期中酸性斑岩型有关的成岩成矿分区，铁矿床往往围绕岩浆活动中心展布，代表性矿床有韦岗铁矿床、冶山铁矿床。

苏州西部(含南通、宜溧)与燕山期中酸性—酸性火山-侵入岩有关的成岩成矿分区，铁矿床均围绕燕山期中酸性、酸性岩体与围岩接触带呈环状分布，代表性矿床有谈家桥铁矿、旺米山锌铁矿床、唐家墩铁矿、王浩铁矿床。

宁镇、六合、盱眙、南通、宜溧、苏州西部预测工作区及上海金山地区估算铁磁性矿产总资源量45 485.7×10^4t，区块内已查明资源储量7465.4×10^4t，预测矽卡岩型铁矿资源量38 020.3×10^4t，中酸性侵入岩体、酸性岩体与围岩(尤其碳酸岩地层)接触部位局部磁异常是寻找铁磁性矿产重点找矿潜力方向，如：宁镇预测工作区武岐山—天王山—香山—五洲山一带、韦岗太阳山—石马庙附近，此外还有南通预测工作区是寻找铁磁性矿产潜力较大的地区，见图6-2。

第七章　成矿亚带区域磁异常特征及找矿标志

第一节　成矿亚带区域磁异常特征

依据全国成矿区带划分方案，结合本省“二轮”区划成果和江苏省及上海市资源潜力评价项目之成矿背景课题研究成果，江苏省及上海市共划分Ⅲ级成矿区带5个，Ⅳ级成矿带(区)7个，在Ⅳ级成矿带的基础上，根据矿种(矿组)的矿田或矿集区分布特征进一步划出与本次潜力评价矿种相关的成矿远景区(Ⅴ级)14个(表7-1，图7-1)。

表7-1　江苏省及上海市成矿区带划分一览表

Ⅱ级	Ⅲ级	Ⅳ级	Ⅴ级
Ⅱ-15华北(陆块)成矿省	Ⅲ-64鲁西(断隆、含淮北)金、铁、铝土矿、煤、金刚石成矿区(Ar_3;Pz;Pz_2;Ye)	Ⅲ-64-①鲁西金、铁、铝土矿、煤、金刚石成矿亚区	Ⅴ1.丰沛-四户隆凹铁、煤成矿区
			Ⅴ2.利国-班井铁、金、煤成矿区
			Ⅴ3.铜山张集-种羊场铁成矿区
Ⅱ-7秦岭-大别成矿省(东段)	Ⅲ-67桐柏-大别-苏鲁(造山带)金、银、铁、铜、锌、钼、金红石、萤石、珍珠岩成矿带	Ⅲ-67-③苏鲁金、铁成矿带	Ⅴ4.东海-新沂金、铅、锌、铜、铁成矿区
			Ⅴ5.连云港-泗洪磷成矿区
Ⅱ-15A下扬子成矿省	Ⅲ-68苏北(断陷)油气-盐类成矿区	Ⅲ-68-①苏北(断陷)油气、盐类成矿亚区	
	Ⅲ-69长江中下游铜、金、铁、铅、锌(锶、钨、钼、锑)、硫、石膏成矿带	Ⅲ-69-①庐江-滁州铜、金、铁、钼、铅、锌、银、硫成矿带	Ⅴ6.盱眙铜、钼、铁成矿区
		Ⅲ-69-②沿江铜、铁、金、多金属、硫成矿带	Ⅴ7.六合铁、铜成矿区
			Ⅴ8.宁镇铁、铜、铅、锌、银、金、硫成矿区
			Ⅴ9.宁芜铁、铜、铅、锌、金、硫磷成矿区
			Ⅴ10.溧水铁、铜、金、锶、铅、锌、硫成矿区
		Ⅲ-69-③宣州-苏州铜、钼、金、银、铅、锌成矿带	Ⅴ11.南通-启东铁成矿区
			Ⅴ12.宜兴-溧阳铁、铜、铅、锌、金成矿区
			Ⅴ13.苏锡铅、锌、银、铁、锡、硫、萤石成矿区
	Ⅲ-71武功山-杭州湾铜、铅、锌、银、金、钨、锡、铌、钽、锰、海泡石、萤石、硅灰石成矿带(Pt_{2-3};Z;∈;P_1;Ye;Yl)	Ⅲ-71-⑤天目山-金山铜、铅、锌、银、金、钨、锡、铌、钽、铁、萤石成矿带	Ⅴ14.金山铜、多金属成矿区

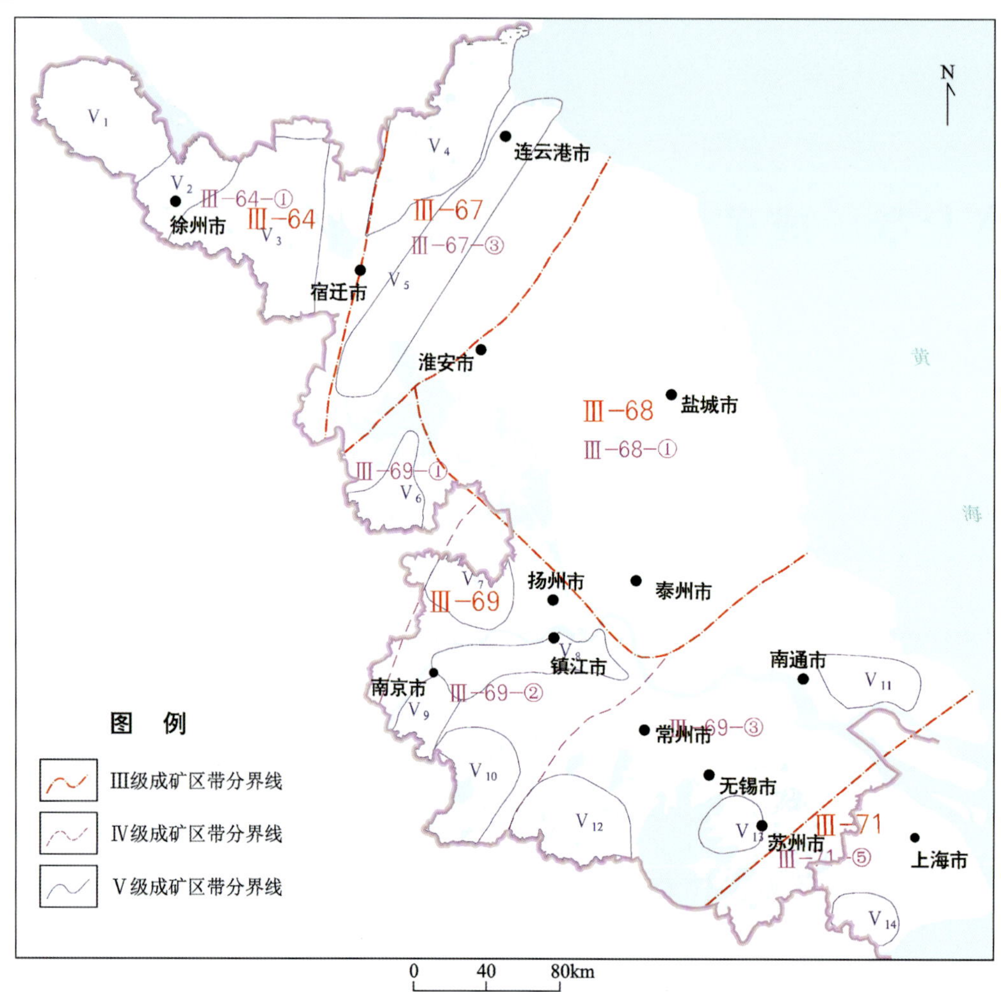

图 7-1　江苏省及上海市成矿区带划分图

纵观 1∶50 万江苏省及上海市航磁 ΔT 异常分区示意图(图 7-2),航磁异常有分区的特点:郯城-庐江断裂带(江苏段)东界断裂以西,磁场以块状异常为主;郯城-庐江断裂带东界断裂以东和六合—扬州—海安一线以北的广大覆盖区,磁场平静,呈区域性的正负相间异常特征;六合—扬州—海安一线以南地区,异常形态复杂,走向多变,磁场显示岩浆岩分布广泛,构造发育。依据磁场强度、走向、梯度及异常形态将区内航磁异常划分成 3 个区,它们是徐州块状正负变化异常区、苏北平缓变化异常区和苏南及上海市复杂异常区。

航磁异常的分区与成矿区带划分相对应,Ⅲ-64-① 鲁西金、铁、铝土矿、煤、金刚石成矿亚区,即:徐州块状正负变化异常区,包括丰县、沛县、徐州、邳县、宿迁等市县,由西向东场值逐渐增大,局部异常逐渐增多,异常轴向由近东西向逐渐转为北东、北北东向。丰县—沛县一带,异常呈东西向的宽缓低值正异常带,丰县赵庄镇以南航磁 ΔT 幅值大于 200nT,推测与泰山岩群古老变质岩有关;徐州—邳州一带,磁场呈宽大块状升高异常特征,航磁 ΔT 幅值一般在 150nT 以上,其上叠加有近于平行的线状异常,轴向北东东,结合区域地质资料,可能与中酸性闪长岩体及基性辉长辉绿岩脉等有关;睢宁地区,磁异常普遍表现为平静的磁场特征,幅值一般在 100nT 左右,南部磁场值降低,地质资料显示:睢宁地区为新元古界淮河群海相碎屑岩-碳酸盐岩,向南为白垩系分布;新沂—宿迁一线,磁异常总体呈北北东向展布,幅值 200～400nT,异常规模和强度向南逐渐变小和减弱(图 7-3),广泛分布上白垩统,新沂南西城岗一带出露太古宙老变质岩和古元古界,磁异常与沿郯庐断裂带侵入的中酸性岩体及太古宙老变质岩有关。

Ⅲ-67-③苏鲁金、铁成矿带和Ⅲ-68-①苏北(断陷)油气、盐类成矿亚区同属苏北平缓变化异常区,位

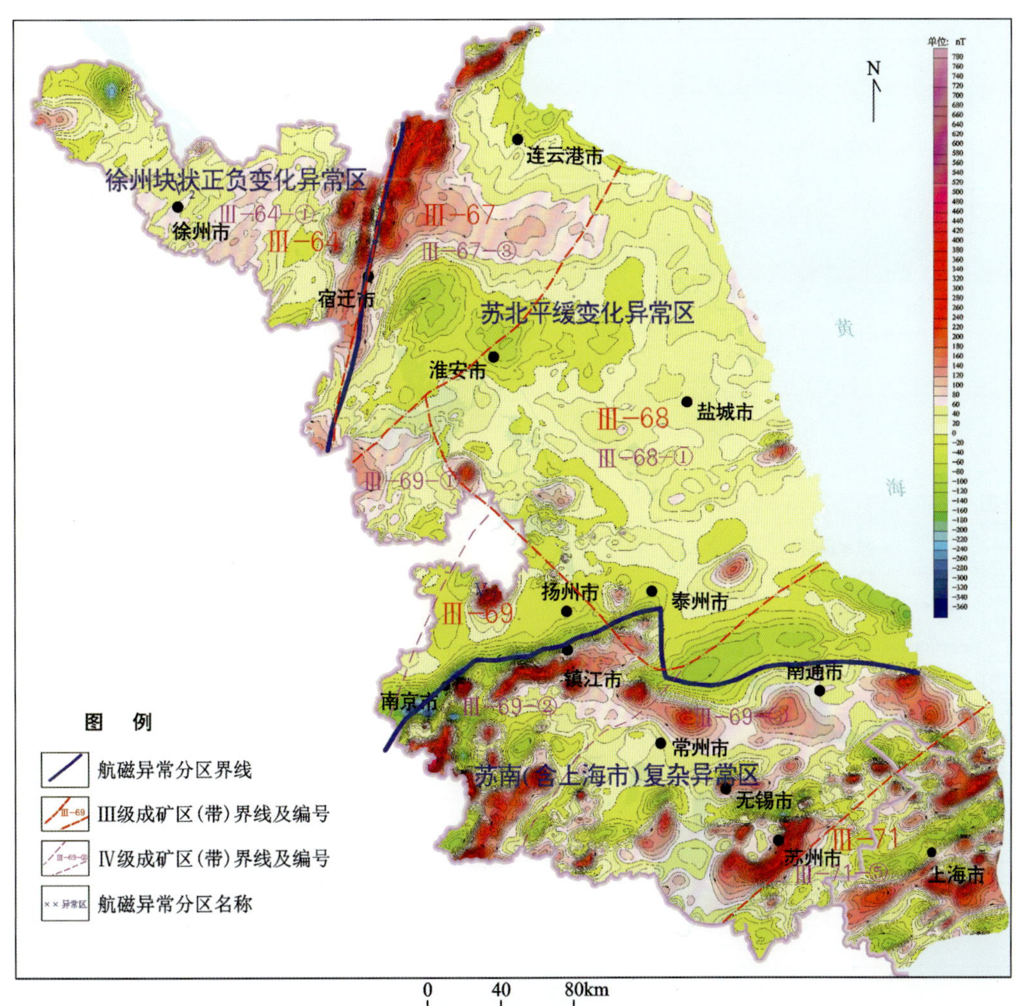

图 7-2　江苏省及上海市航磁 ΔT 异常分区示意图

于郯城-庐江断裂带东界断裂以东，北抵江苏省界，扬州—海安一线以北，南至金湖—高邮—泰州—如皋一带。

Ⅲ-67-③苏鲁金、铁成矿带，磁场表现为平缓变化的特征，幅值一般不超过±100nT，局部异常甚少。东海—赣榆一带背景场宽缓，磁场幅值 20～80nT，其上叠加有较多的局部异常，异常轴向北东或北北东，大多幅值不大，但在异常区北部及东海西侧，局部异常幅值可高达 500nT 以上，呈北东向条带状展布，向西南与郯庐断裂汇聚；连云港—淮阴一带，磁异常以负场为主，异常相对平缓，局部异常主要分布在云台山、灌云县扬集和泗阳县城一带，异常以北东走向为主(图 7-4)。

Ⅲ-68-①苏北(断陷)油气、盐类成矿亚区，洪泽—盐城—滨海一带，以区域性升高异常为主要特征；高邮—东台一线，磁异常以负场为主，异常总体平缓单调，在该成矿亚区西南，洪泽共和镇南、高邮界首镇、江都宜陵镇 3 处附近有走向北西的局部异常，中南部海安胡集镇、大丰南阳镇两地附近存在走向北东的局部异常，上述 5 个局部异常均具有一定规模和强度，推测与中酸性侵入岩体有关。

Ⅲ-69-①庐江-滁州铜、金、铁、钼、铅、锌、银、硫成矿带，Ⅲ-69-②沿江铜、铁、金、多金属、硫成矿带，Ⅲ-69-③宣州-苏州铜、钼、金、银、铅、锌成矿带同属Ⅲ-69 长江中下游铜、金、铁、铅、锌(锶、钨、钼、锑)、硫、石膏成矿带。

Ⅲ-69-①庐江-滁州铜、金、铁、钼、铅、锌、银、硫成矿带，位于苏北平缓变化异常区西部盱眙地区(图 7-5)，中南部航磁 ΔT 异常总体以波动正磁场为背景，局部异常多，杂乱跳跃，且多不规则，大部分异常呈明显的北东走向，但连续性差，航磁 ΔT 强度自西向东局部异常的梯度和幅值有变小的趋势，综合

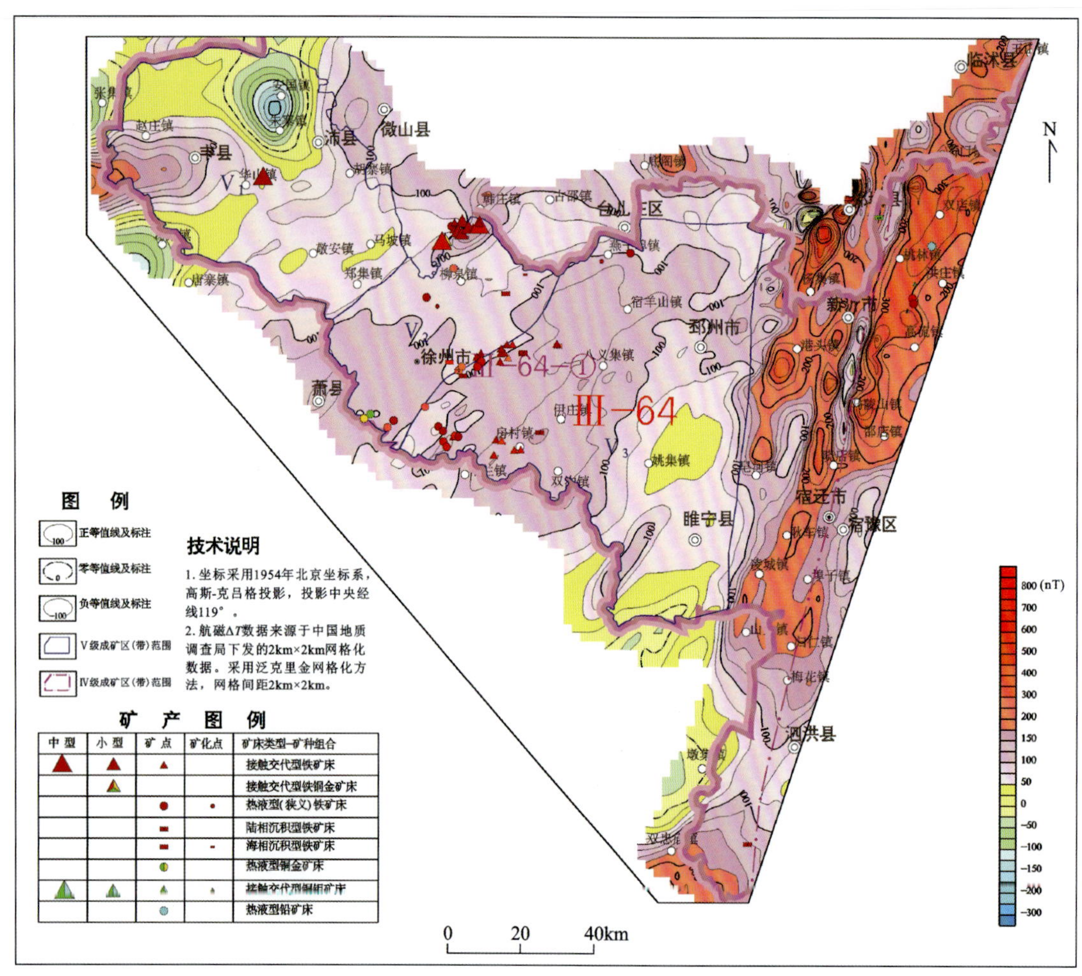

图 7-3　Ⅲ-64-①鲁西成矿区(带)航磁 ΔT 等值线平面图

地质资料，该区局部磁异常为出露的或埋藏浅的玄武岩或火山岩引起。盱眙地区中北部存在北东向航磁 ΔT 局部异常，在铁佛镇—明祖陵镇—老子山镇一带，航磁 ΔT 异常总体呈南西强度高、宽度大，北东强度弱、宽度小的特征，形态较规则，航磁 ΔT 异常中心部位在铁佛镇以西安徽境内，幅值大于 200nT，推测与中酸性侵入岩体有关。

Ⅲ-69-②沿江铜、铁、金、多金属、硫成矿带、Ⅲ-69-③宣州-苏州铜、钼、金、银、铅、锌成矿带相当于苏南及上海市复杂异常区江苏部分，处于长江中下游成矿带，包括六合、宁镇、宁芜(北段)、溧水、溧阳—宜兴、无锡—苏州和南通地区(图 7-6)。

六合地区磁异常主要为冶山正磁异常，据此划分了六合Ⅴ级成矿区，走向北东，表现为一个宽度大、强度高的磁异常带，平面图上航磁 ΔT 异常幅值达 480nT，异常北东方向不完整，延伸至安徽境内，已有地质资料可以佐证，主要由冶山花岗闪长岩、金牛山辉石闪长玢岩等岩体引起。

宁镇地区航磁异常大致对应宁镇Ⅴ级成矿区，航磁异常呈一条正负伴生的宽大异常带，北侧负磁场宽缓，南侧正磁场梯度较大，幅值 640nT 左右，其上分布有较多的总体呈近东西向展布的带状异常，磁场以升高背景场为特征，局部异常轴向以北东东向为主，北东向次之，异常曲线形态规则，磁场幅值一般为 500～600nT，主要与燕山期中酸性侵入岩体有关。

宁芜(北段)表现为负背景磁场上叠加了陶吴高值异常带，范围与宁芜Ⅴ级成矿区相当，陶吴异常带磁场由北西向南东逐渐升高，局部异常在空间的分布上大多呈北东向的带状，异常幅值不等，一般在 500nT 左右，其中以鸡笼山一带磁场幅值为最高，最大幅值可达 800nT 以上，航磁异常向南西延伸至安徽境内，主要与该区辉石闪长玢岩、安山玢岩及石英闪长岩等中基性—中酸性次火山侵入岩体有关；宁

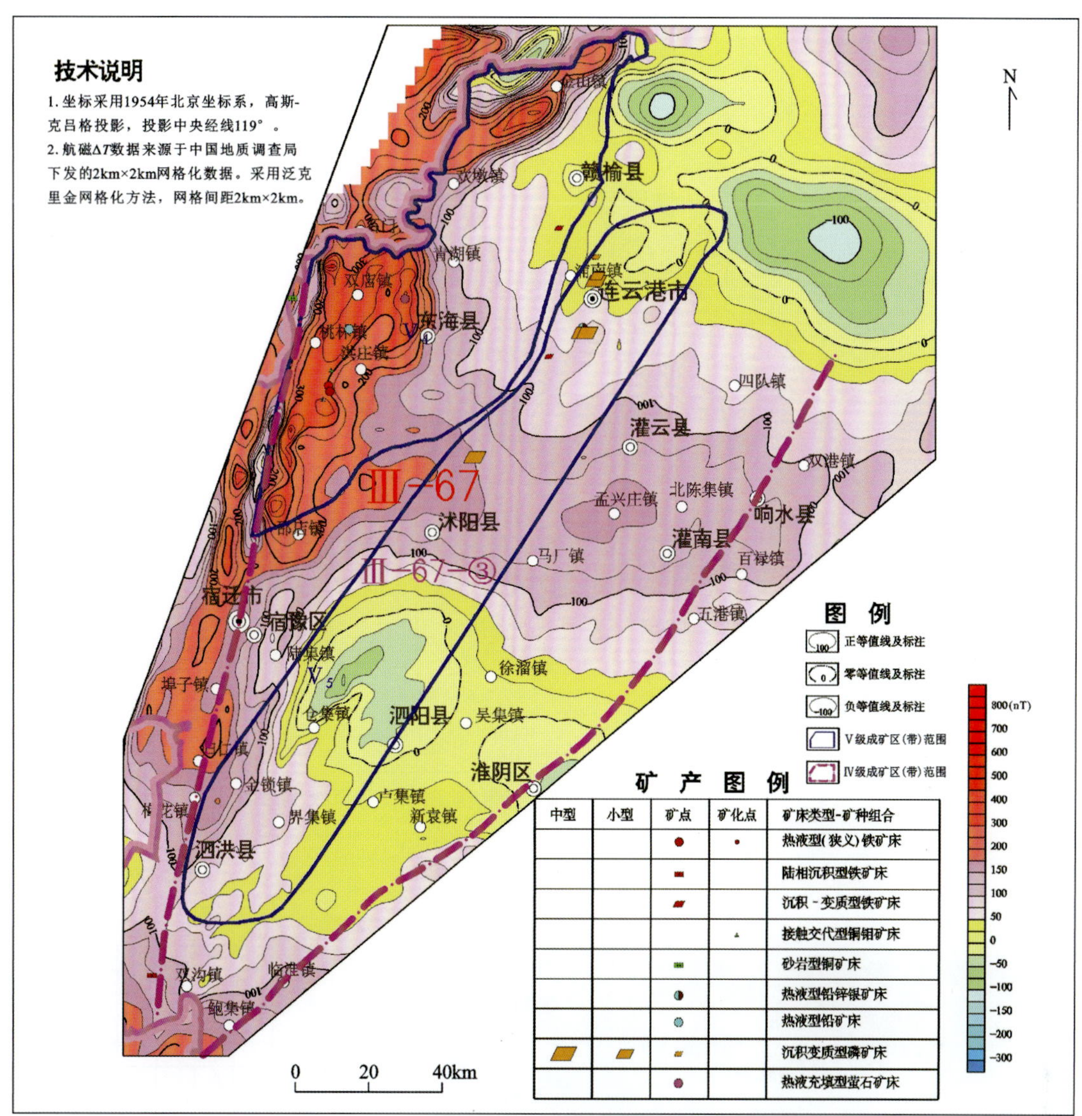

图 7-4　Ⅲ-67-③苏鲁成矿区(带)航磁 ΔT 等值线平面图

芜地区北西为桥林负磁场区，磁场特征以负磁场为背景，一般在－300nT 左右，曲线平缓，范围较大，宁芜地区南东，即宁芜溧水交界位置为东山-禄口平静磁场区，重力资料显示：桥林负磁场区、东山-禄口平静磁场区为相对重力低，推断与白垩系盆地厚覆盖有关。

溧水地区处于苏南航磁复杂异常区西南部，区域上有湖熟镇、溧水北、博望等航磁局部异常和茅山航磁异常带，其中溧水北、博望航磁局部异常和茅山航磁异常带划为溧水Ⅴ级成矿区。

湖熟镇、溧水北、博望等航磁异常，以负磁场为背景，航磁局部异常的轴向较为杂乱，总体呈北东走向，异常幅值一般在 340～520nT 之间，ΔT 曲线呈波动起伏变化，梯度较陡。区内广泛出露中生代喷发的火山岩，次火山侵入岩体也有分布，航磁异常应与中基性次火山岩、中酸性侵入岩及中生代喷发的火山岩等有关。

茅山航磁异常带，分布在漆桥镇—髻山一带，磁场特征以正磁场为背景，总体呈北东走向带状，在其上叠加有众多的局部异常，形态均不甚规则，ΔT 曲线呈波动起伏变化，幅值一般在 300nT 左右，最大可达 500 余纳特，地质上反映为相对隆起的推覆构造，推断航磁异常与中酸性岩体有关。

Ⅲ-69-③宣州-苏州铜、钼、金、银、铅、锌成矿带位于苏南及上海市复杂异常区溧阳—宜兴、无锡—苏州和南通地区(图 7-7)。

溧阳地区主要表现为杂乱航磁异常特征，对应宜兴-溧阳Ⅴ级成矿区，在戴埠镇、社渚一带存在一定

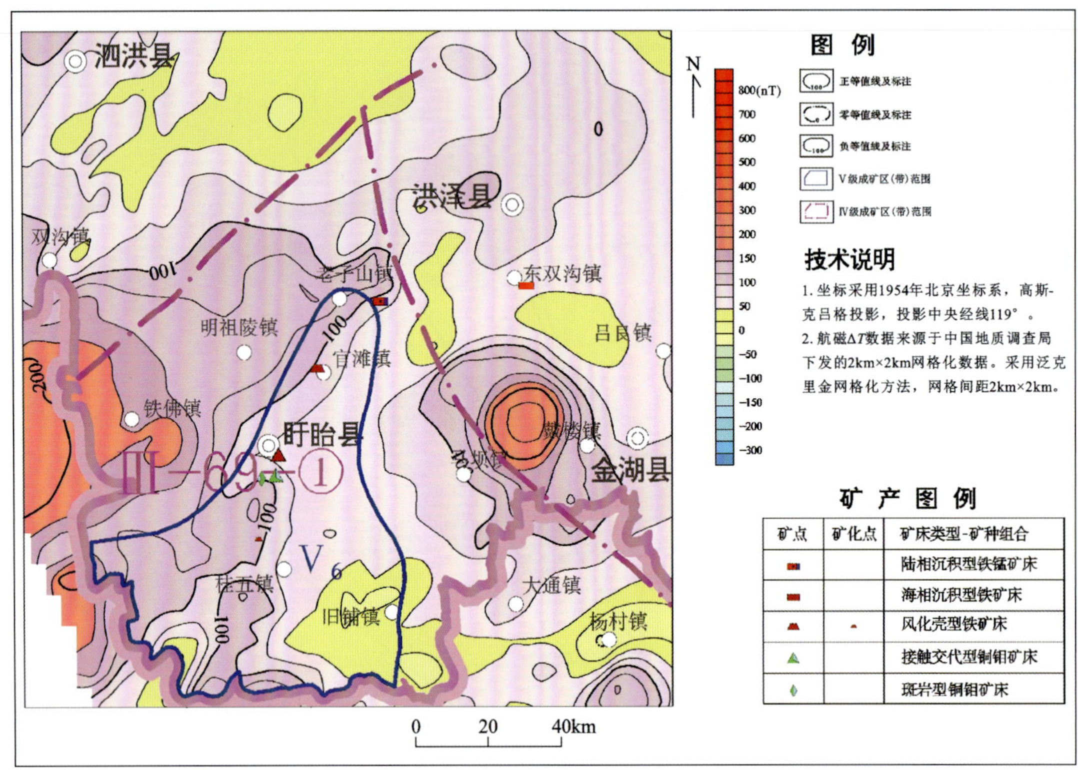

图 7-5　Ⅲ-69-①庐江-滁州成矿区(带)航磁 ΔT 等值线平面图

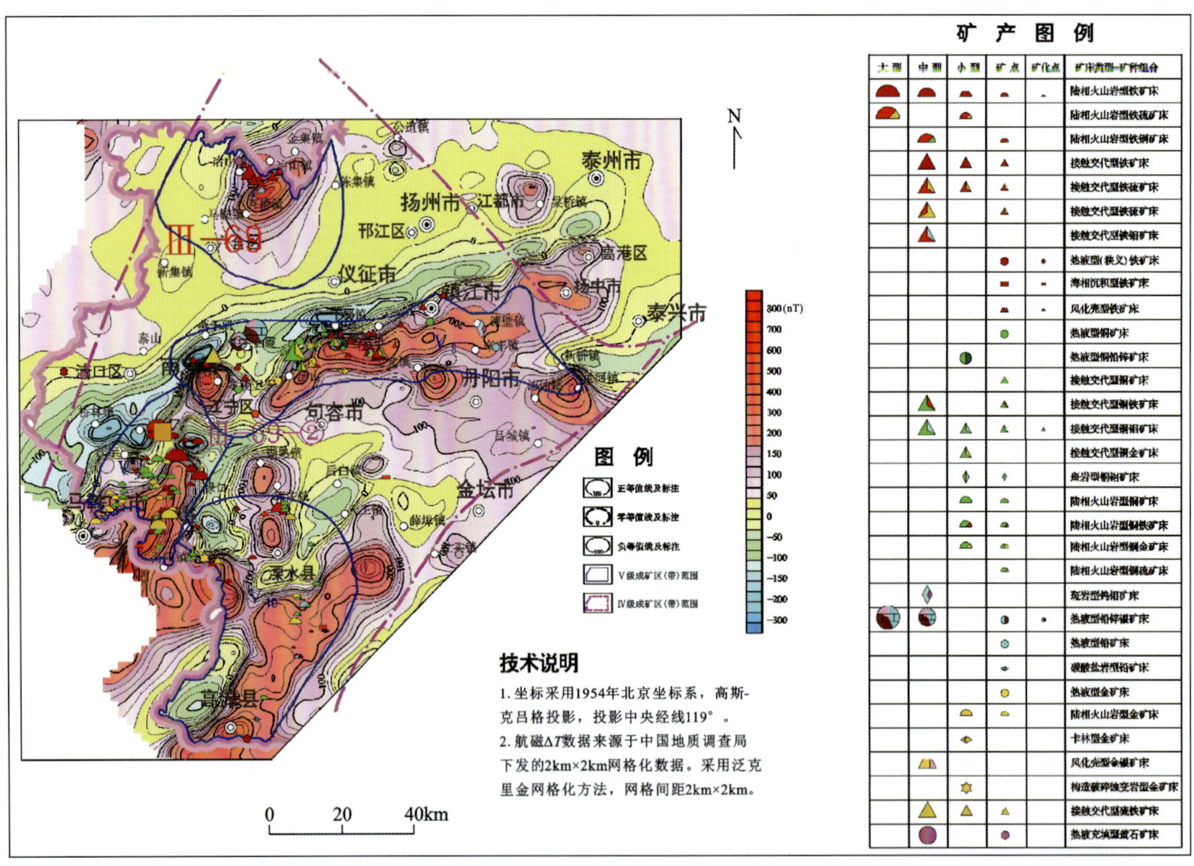

图 7-6　Ⅲ-69-②沿江成矿区(带)航磁 ΔT 等值线平面图

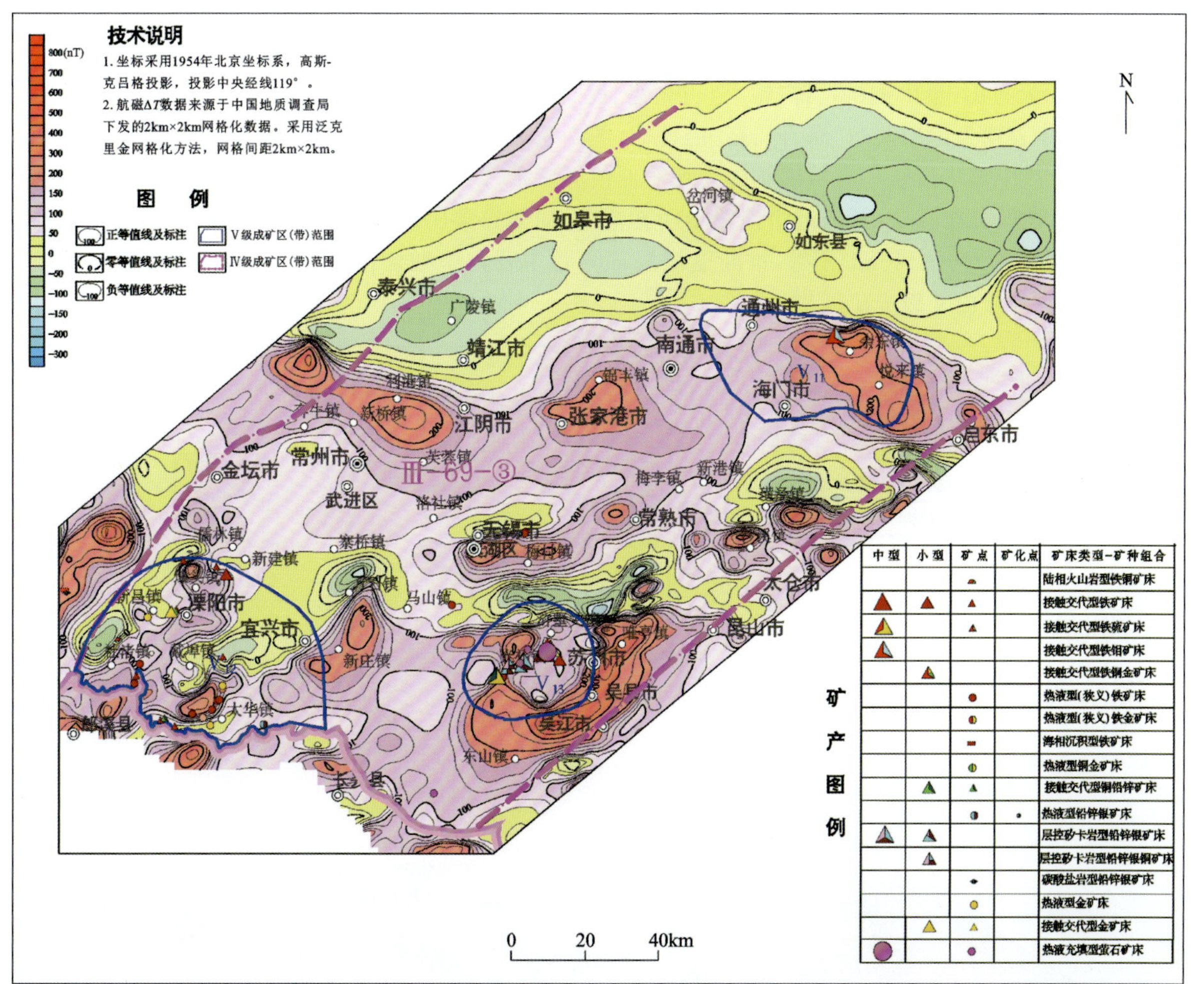

图 7-7　Ⅲ-69-③宣州-苏州成矿区(带)航磁 ΔT 等值线平面图

规模磁异常，呈环状分布特征，异常幅值一般在 250nT 以上，溧阳市周围分布了一些规模较小的局部异常，强度低，走向各异，已有地质资料表明为侏罗系龙王山组和大王山组火山岩的分布区域，局部异常为溧阳、戴埠火山机构附近侵入的石英闪长斑岩等中酸性岩体引起。

宜兴地区东部周铁镇-新庄镇航磁异常具一定规模，走向北东，形态规则，似椭圆状航磁 ΔT 异常，幅值在 340nT 以上，对应重力高异常，前人在漕桥附近见花岗闪长斑岩等中酸性岩体，而花岗闪长斑岩密度值并不高，因此该重磁同高异常，是否与磁性矿物有关？值得进一步探讨。

无锡—苏州地区，在一片平静的负异常中出现一系列较规则的正异常凸起，它们主要是无锡正异常带、苏州环带状异常。

无锡正异常带分布在无锡滨湖区—安镇—虞山一带，总体走向近东西，呈条带状，幅值在 200～260nT 之间，该条带状异常往东沙溪镇和浮桥镇位置，还分布了两个局部异常，幅值为 300nT 和 340nT 左右，上述航磁异常总体呈串珠状分布，结合地质资料认为该串珠状航磁异常反映了中酸性侵入岩体的分布。

苏州环带状异常，分布在东渚镇—光福镇—七子山—唯亭镇一带，呈环带状分布，对应苏锡Ⅴ级成矿区，航磁 ΔT 平面等值线图上反映为 250～500nT 不等幅值的多个局部磁异常，中部为相对低缓磁场区，表现为相对重力低，结合区域地质资料，认为环带状磁异常为中酸性侵入岩体引起，中部为相对低缓磁场、低重力场特征与苏州酸性花岗岩有关。

南通地区航磁异常主要分布在余东镇—悦来镇—南阳镇一带，余东镇—悦来镇航磁异常主体在南通—启东Ⅴ级成矿区范围内，总体走向北西，呈条带状，其上分布了 3 个局部异常，幅值在 200～300nT 之间，表现为北西宽大、强度高，南东变窄、强度低的特点，推断主要与中酸性岩体有关。

Ⅲ-71-⑤天目山-金山铜、铅、锌、银、金、钨、锡、铌、钽、铁、萤石成矿带即苏南复杂异常区上海地区，航磁异常总体表现为走向北东“高、低、高”的特征（图 7-8），在上海市南、北两个地区集中分布航磁相对高值异常区带，中部华漕镇—高桥镇航磁为相对低值异常带，南部地区大致分布在松江区、南汇区、金山镇范围，北部地区分布在宝山区、港沿镇及崇明县范围，局部异常比较零乱，主体走向北东的条带状或串珠状分布，幅值在 200～400nT 不等，推断航磁局部异常主要与中酸性侵入岩体有关，其中金山镇航磁异常周围划分为金山Ⅴ级成矿区。

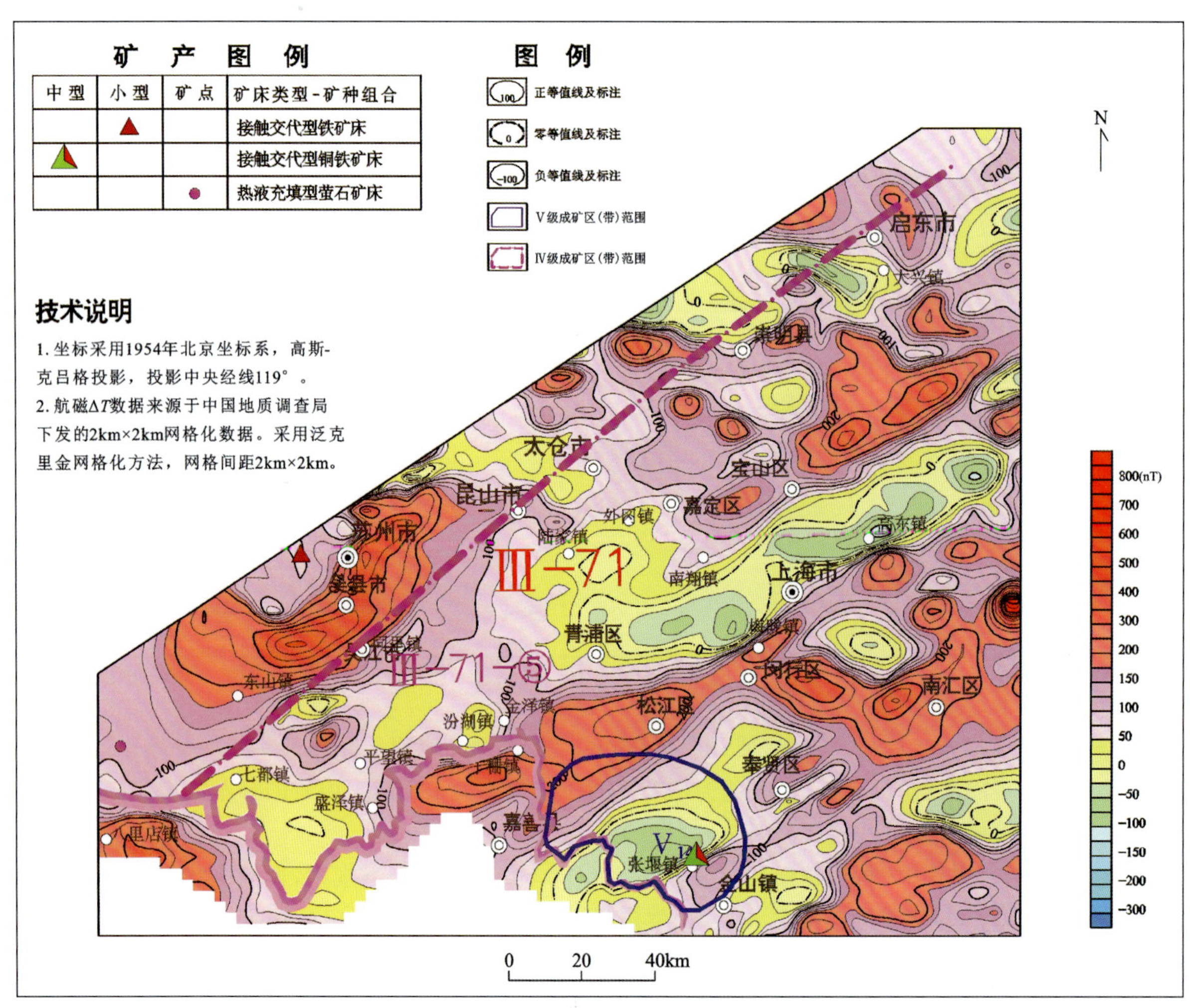

图 7-8　Ⅲ-71-⑤天目山-金山成矿区（带）航磁 ΔT 等值线平面图

第二节　铁矿区域磁异常特征及找矿标志

江苏省及上海市矿产资源潜力评价项目结合本区实际地质情况和矿产预测需要，依据综合信息地质单元法共划分 5 个铁矿Ⅳ级成矿区带（见表 7-1），铁矿矿产预测类型为陆相火山岩、矽卡岩型和沉积变质型 3 类，细分为 12 个铁矿Ⅴ级成矿区，对应有丰沛、徐州-利国、徐州铜山-张集、东海-新沂、盱眙、六合、宁芜、宁镇、南通、溧水、宜溧和苏州西部共 12 个铁矿预测工作区，其中宁芜、溧水为陆相火山岩型铁矿预测工作区，丰沛、徐州-利国、徐州铜山-张集、盱眙、六合、宁镇、南通、宜溧和苏州西部为矽卡岩型铁矿预测工作区，东海-新沂为沉积变质型铁矿预测工作区，12 个铁矿Ⅴ级成矿区、预测工作区分布见图 7-9。

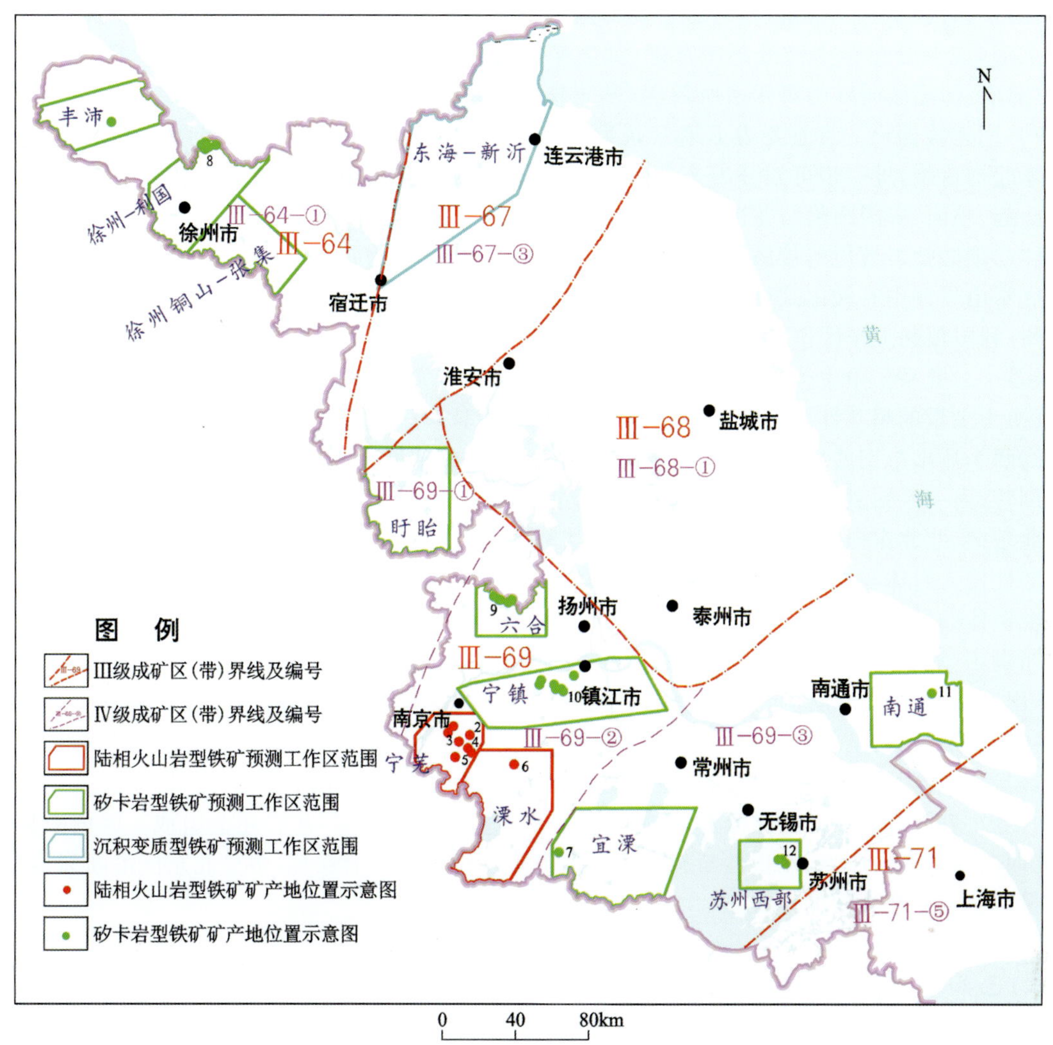

图 7-9　江苏省及上海市铁矿成矿区、预测工作区分布示意图

江苏省及上海市铁典型矿床有梅山铁矿、吉山铁矿、凤凰山铁矿、麒麟山铁矿、龙旗山铁矿、东岗铁矿和中巷铁铜矿陆相火山岩型，冶山铁矿、韦岗铁矿、墓山铁矿、王浩铁矿和谈家桥铁矿矽卡岩型共 12 个，研究结果见铁铜铅锌金磷磁测资料应用研究成果报告，文中选取 5 个铁矿典型矿床，按铁矿成矿区带分别叙述地质、磁异常特征，并结合已知矿产地的分布特征，总结找矿标志。

按磁测资料应用技术要求，成矿区带航磁异常图册采用航遥中心下发的 2km×2km 航磁网格化数据，在完成位场数据转换处理(通常包括化极处理和垂向一阶导数处理等)基础上进行相应参数平面等值线图的编制，航磁 ΔT 和航磁 ΔT 化极成图数据为按要求作零线调整后的数据。

一、鲁西铁矿成矿亚区Ⅲ-64-①地质矿产、磁异常特征及找矿标志

(一)地质特征

鲁西铁矿成矿亚区Ⅲ-64-①北与山东省相邻，西与安徽省接壤，涉及到丰沛、徐州-利国、徐州铜山-

张集预测工作区。丰沛预测工作区位于丰沛近东西向隆起带，主要由一隆一凹组成，华(山)-栖(山)隆起除华山、栖山见零星基岩露头外，为一片第四系覆盖，基底为泰山岩群古老变质岩，基岩地层主要有寒武系、奥陶系、石炭系—二叠系，侵入岩主要为燕山早中期岩浆活动的产物，岩性为闪长岩、花岗闪长岩、花岗岩类等，主要分布于丰沛隆起中东部，如姜梨园岩体、王楼岩体、三座楼岩体。与隆起相邻的为敬安-四户凹陷，凹陷区同样为第四系所覆盖，基岩地层西段敬安一带主要为白垩系青山群(K_2Q)和王氏群(K_2W)，而东段四户一带主要为下第三系大汶口群。丰沛隆起带隐伏于第四系之下，为近东西走向的断裂隆起构造带，进一步可划分为3个凸起与凹陷，自南向北由华(山)栖(山)凸起、常店-鹿楼凹陷、张双楼凸起、顺河-安国凹陷与龙固凸起组成。

岩体与碳酸盐岩地层的接触带，往往形成接触交代型铁矿，为铁的有利成矿地段。据邻区资料，在结晶基底泰山岩群中有鞍山式变质铁矿赋存，规模较大。

徐州-利国预测工作区位于徐(州)-宿(县)弧形构造带的中北段，地层主要为震旦系、寒武系、奥陶系、石炭系—二叠系。中生代燕山期中性—中酸性岩浆岩较发育，侵入岩主要有基性岩、中性岩和中酸性岩，其次为少量的超基性岩和酸性岩类，岩性以辉绿岩脉和闪长斑岩-石英闪长斑岩为主，以利国、班井为主的两个燕山早期的中酸性侵入岩体是区内铁、铜矿成矿最有利的母岩。古生代地层褶皱发育，局部出现倒转，由一系列复式褶皱及大致与之平行的纵向压性-压扭性断裂为主组成弧形构造带，构造线方向以北东向、北北东向和北西向为主，断裂构造较紧密。

中酸性侵入岩体与下奥陶统碳酸盐岩地层的接触带，往往形成接触交代型铁矿，是该区接触交代型磁铁矿主矿体的部位。

徐州铜山-张集预测工作区位于徐州-利国预测工作区东侧，仅局部基岩出露，大部分为第四系覆盖，主体由一系列北东向相间排列的复式褶皱构造组成，主要有贾园-邳县复式背斜、潘塘复式向斜。贾园-邳县复式背斜走向呈北东向，约50°～70°，核部主要为新兴组，两翼依次为赵圩组、倪园组、九顶山组等地层，岩性组合为一套海相碎屑岩与碳酸盐岩建造组成；潘塘复式向斜位于贾园-邳县复式背斜北西侧，轴向20°～70°，核部被青山群覆盖，两翼由寒武系—奥陶系白云岩-灰岩建造组成。区内断裂构造发育，以北西向与北东向压性、压扭性断裂为主。区内震旦纪辉绿岩墙发育，多呈北东向沿断裂构造贯入，并有少量燕山期中酸性岩的侵入。

(二)已知矿产地的分布特征

丰沛预测工作区内岩体与碳酸盐岩地层的接触带，形成接触交代型铁矿，分布于华栖隆起的姜梨园—封新庄一带，已有铁矿分布于华栖隆起的姜梨园—封新庄矿田，矿体可分三块段，封新庄矿段求得矿石储量149×10^4t，新庄矿段304×10^4t，姜梨园矿段上层矿604×10^4t、下层矿532×10^4t，共计铁矿石储量(D级)1589.4×10^4t。其中富矿823×10^4t，贫矿766×10^4t，由于地质工作程度较低，现尚未开发利用。

徐州-利国预测工作区内以铁、铜矿产为主，据已有勘查成果，中型铁矿床5个，小型铁矿床20个，铁矿点47个，已探明矽卡岩型铁矿资源量4105.7×10^4t，成因类型以矽卡岩型为主，燕山期中酸性闪长岩类与下奥陶统肖县组—马家沟组碳酸盐岩接触部位，形成接触交代型磁铁矿，并伴有铜、金、银、钼等矿化。

徐州铜山-张集预测工作区内仅发现8个铁矿点。

(三)磁场特征

Ⅲ-64-① 鲁西铁矿成矿亚区，磁异常主要表现为块状正负变化异常，包括丰县、沛县、徐州、邳县、宿迁等市县，由西向东场值逐渐增大，局部异常逐渐增多，异常轴向由近东西向逐渐转为北东向、北北东向。丰县—沛县一带，异常呈东西向的宽缓低值正异常带，丰县赵庄镇以南航磁ΔT幅值大于200nT，航磁ΔT化极异常中心向北位移至丰县赵庄镇—常店镇一带，推测与泰山岩群古老变质岩有关；徐州—

邳州之间，磁场呈宽大块状升高异常特征，航磁 ΔT 幅值一般在 150nT 以上，其上叠加有近于平行的线状异常，轴向北东东和北东，主要分布在宿羊山镇—房村镇附近，航磁 ΔT 化极异常中心向北位移至燕子埠镇—徐庄镇附近，结合区域地质资料，可能与中酸性闪长岩体及基性辉长辉绿岩脉等有关；睢宁地区，磁异常普遍表现为平静的磁场特征，幅值一般在 100nT 左右，南部磁场值降低，地质资料显示为新元古界淮河群海相碎屑岩-碳酸盐岩，向南为白垩系分布；新沂—宿迁一线，磁异常总体呈北北东向展布，幅值 200～400nT，异常规模和强度向南逐渐变小和减弱，广泛分布上白垩统，新沂南西城岗一带出露太古宙老变质岩和古元古界，磁异常与沿郯庐断裂带侵入的中酸性岩体及太古宙老变质岩有关（见图 7-3）。以下按预测工作区范围叙述 1∶5 万航磁异常特征及展布规律。

丰沛预测工作区航磁处于徐州块状正负变化异常区西北丰县、沛县地区，1∶5 万航磁资料磁场强度、异常特征及展布规律（图 7-10）显示：本区磁场反映丰沛预测工作区东北及西南为一定强度的、平缓负异常，中部以 50～100nT 强度的正磁场为背景，其上叠加了走向各异的局部异常，局部异常特征是：走向总体为北东，向西收敛，向东散开，强度一般为 100～200nT。前人工作结果认为本区正磁场与震旦系泰山岩群古老变质岩有关，即反映为基底隆起构造性质，其上分布的局部异常，可能为后期火成岩活动而在盖层中出现着各种侵入岩体的反映。

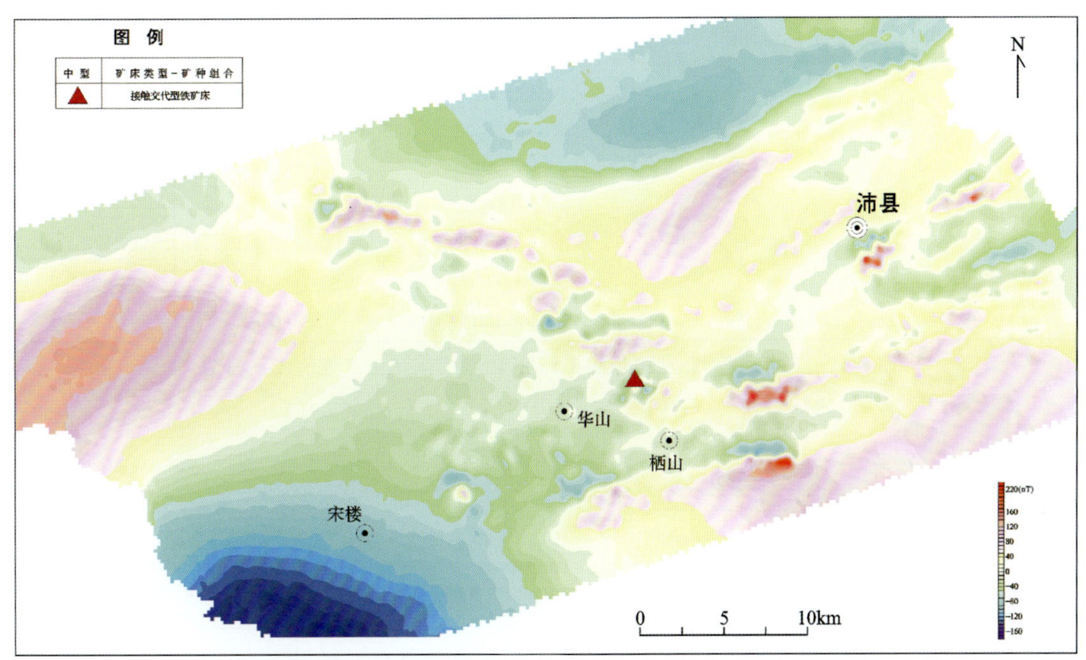

图 7-10　江苏省丰沛预测工作区 1∶5 万航磁 ΔT 等值线平面图

徐州-利国预测工作区航磁处于徐州块状变化异常区中徐州正异常区北部，磁场强度、异常特征及展布规律（图 7-11）显示：该区以 50nT 为正磁场背景，其上分布利国地区局部异常及徐州东南杂乱磁异常。利国地区局部异常总体走向北东，由多个峰值组成，航磁 ΔT 强度达 350nT 左右；徐州东南磁异常杂乱，总体走向北东，异常曲线呈剧烈跳动形状，最大强度达 750～1000nT。区域成果资料反映：利国地区局部异常与利国铁矿和中酸性闪长岩体有关，徐州地区南东杂乱异常由安山岩、玄武岩等火山岩地层引起。

徐州铜山-张集预测工作区航磁处于徐州块状变化异常区中徐州正异常区南部，1∶5 万航磁资料磁场强度、异常特征及展布规律（图 7-12）显示：西南地区为杂乱异常，其他大部分地区以 50nT 为正磁场背景叠加了北东向平行分布的线性带状异常。

西南地区杂乱异常，总体走向北东，异常曲线呈剧烈跳动形状；其他地区异常呈平行分布线性带状，连续性好，走向北东，强度一般 150～200nT，最强达 500nT。前人成果资料反映：西南地区杂乱异常由安山岩、玄武岩等火山岩地层引起，其他地区线性带状北东向平行分布的异常由基性辉长辉绿岩脉引起。

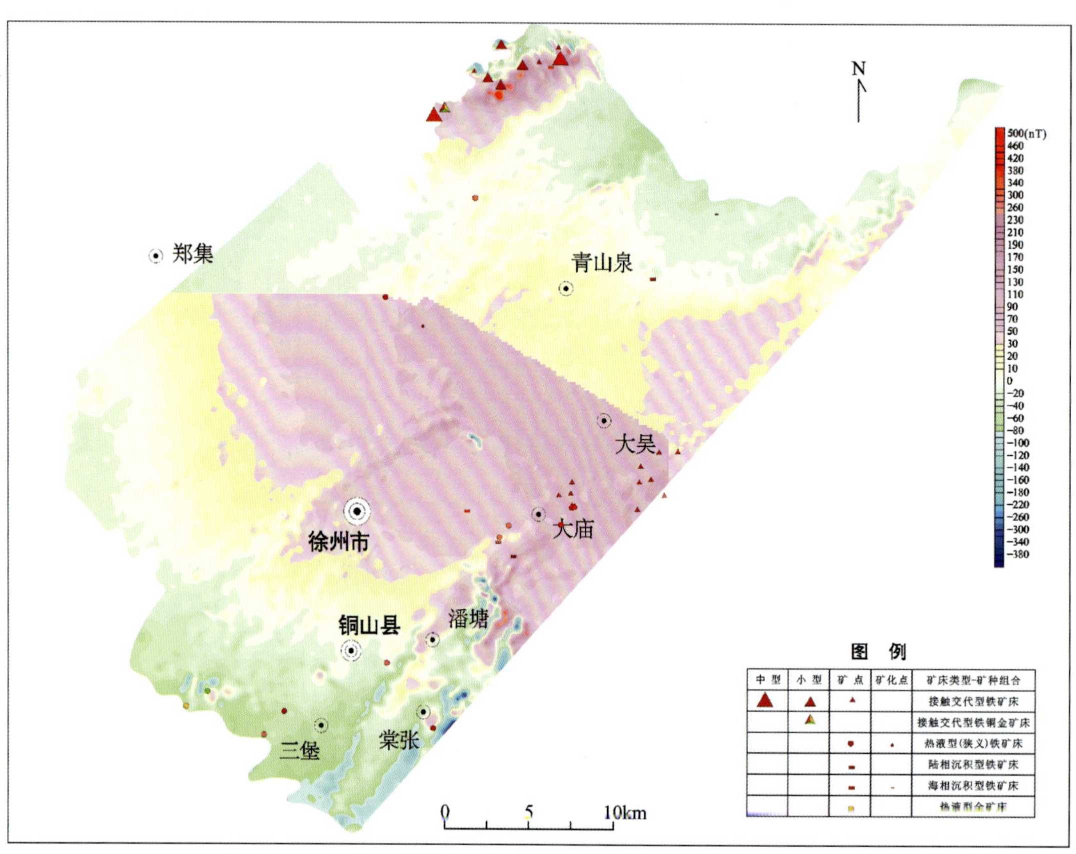

图 7-11　江苏省徐州-利国预测工作区 1∶5 万航磁 ΔT 等值线平面图

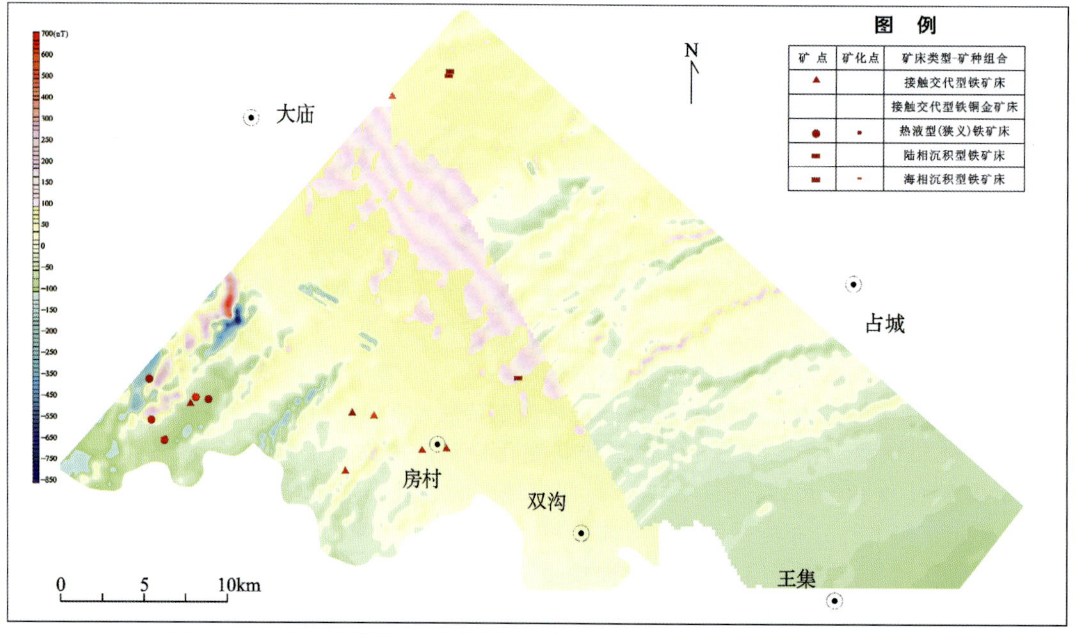

图 7-12　江苏省徐州铜山-张集预测工作区 1∶5 万航磁 ΔT 等值线平面图

(四)典型矿床研究结果

徐州墓山铁矿

1)成矿地质作用

墓山铁矿位于徐州弧形构造的转折端,徐州-江庄复式背斜的西北翼次级褶皱。与成矿有关的地层为肖县组及马家沟组白云质灰岩、灰岩、钙质白云岩。利国短轴背斜南翼及次级褶皱之核部、翼部,东西向、北西向、北东向断裂是重要的控矿构造。呈似层状、脉状磁铁矿产于石英正长岩、闪长岩类与奥陶纪碳酸盐岩接触带位置。闪长斑岩是铁质的主要来源,奥陶纪灰岩有利于矿液流通和矿液交代,并为铁矿的富集形成提供了有利的空间部位。

2)成矿构造体系

铁矿的含矿岩体及富铁矿的形成与地质构造有着密切关系,成矿带的展布方向又受徐州弧形构造的控制,因此矿区存在着东西向构造体系、北东向构造体系和徐州弧形构造体系,利国短轴背斜控制着整个岩体与矿床的空间分布。而主要矿体则赋存在该背斜的两翼和倾没端,在利国所形成的接触带构造是控矿的主要构造。

3)成矿特征

主矿体多赋存于缓倾斜接触带,部分捕虏体接触带。矿体形态极复杂。共由 10 个矿体组成,矿体长 290m,矿体厚度及延深变化极大,厚度从 2～45m,延深 35～176m。矿体产状:走向近东西,倾向南南东,倾角 75°。TFe 平均品位 49.71%。铁矿 C+D 级:1120×10^4t。

矿石特征:金属矿物磁铁矿占 60%～90%,其次为赤铁矿、镜铁矿、黄铁矿,少量黄铜矿、斑铜矿、辉铜矿、自然金。脉石矿物主要为方解石、绿泥石、金云母、透辉石、阳起石、石榴石、透闪石、蛇纹石。矿石结构:以他形—半自形粒状结构为主,次为交代结构,晶粒充填结构,叶片状结构、细粒至隐晶结构。矿石构造:致密块状构造为主,条带状和浸染状构造为次,少量角砾状、斑杂状构造。

蚀变特征:矽卡岩化比较发育,组成矿物主要有透辉石、透闪石、其次有金云母、石榴石,在矿体底板和矿体夹层中发育。钠化、中低温热液蚀变和大理岩化也较发育,有明显的蚀变分带。

成矿期:燕山早期。

4)所在区域重、磁场特征

所在区域 1∶25 万航磁 ΔT 成果反映徐州墓山铁矿处于利国北东向航磁异常南西位置 150nT 等值线附近,航磁 ΔT 化极等值线平面图上,航磁异常极大值往北位移,此时徐州墓山铁矿在航磁 ΔT 化极磁异常的极大值中心的南西 100nT 等值线位置。所在区域 1∶25 万布格重力异常及剩余重力异常平面图上,徐州墓山铁矿位于徐州弧形断褶束北西利国相对重力高异常 $-14\times10^{-5}\text{m/s}^2$ 等值线附近,剩余重力等值线平面图上处于利国相对重力高中心 $3\times10^{-5}\text{m/s}^2$ 等值线附近,剩余重力高 $2\times10^{-5}\text{m/s}^2$ 等值线范围走向北东,具一定规模,反映高密度寒武纪—奥陶纪碳酸盐岩地层的分布,见图 7-13。

5)所在地区重、磁场特征

所在地区 1∶5 万航磁 ΔT 剖面平面图上徐州墓山铁矿为叠加在利国地区航磁 ΔT 异常高值背景南西方向的局部异常,5 条剖面上有尖峰状特征反映,利国地区航磁 ΔT 异常呈条带状,走向北东,北侧伴生负异常,墓山铁矿航磁 $\Delta T_{max}=740$nT。航磁 ΔT 化极图上反映徐州墓山铁矿处在航磁异常的西南梯度带上,见图 7-14。

6)所在位置重、磁场特征

在矿区范围内开展了 1∶1 万比例尺重、磁工作,由于采坑影响,地磁 ΔZ 异常不完整,形状复杂,测量部分总体呈葫芦形,走向北东,由多个峰值组成,局部异常呈北东向,以 800nT 等值线计算,长约 620m,宽约 300m,峰值为 500～1500nT;所在位置重力资料显示徐州墓山铁矿在北东向条带状相对重

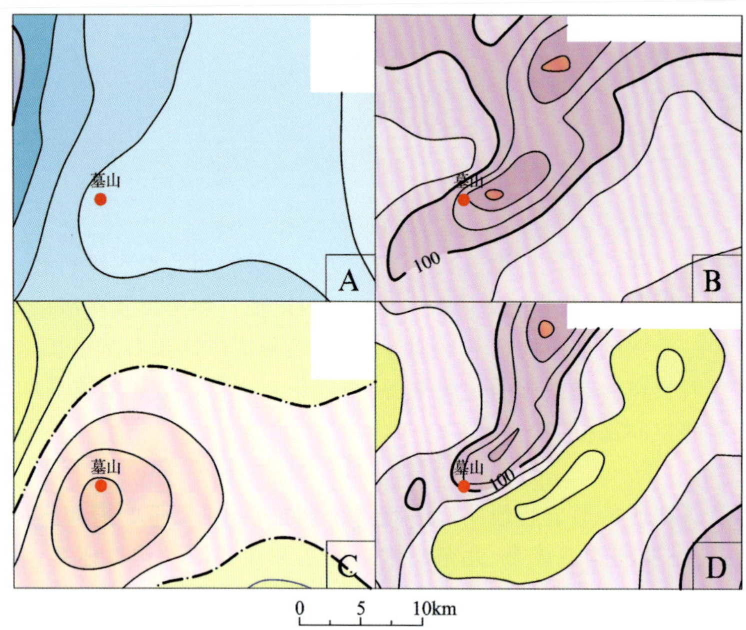

图 7-13　徐州墓山铁矿所在区域系列图

A. 布格重力图；B. 航磁异常图；C. 剩余重力图；D. 航磁化极图

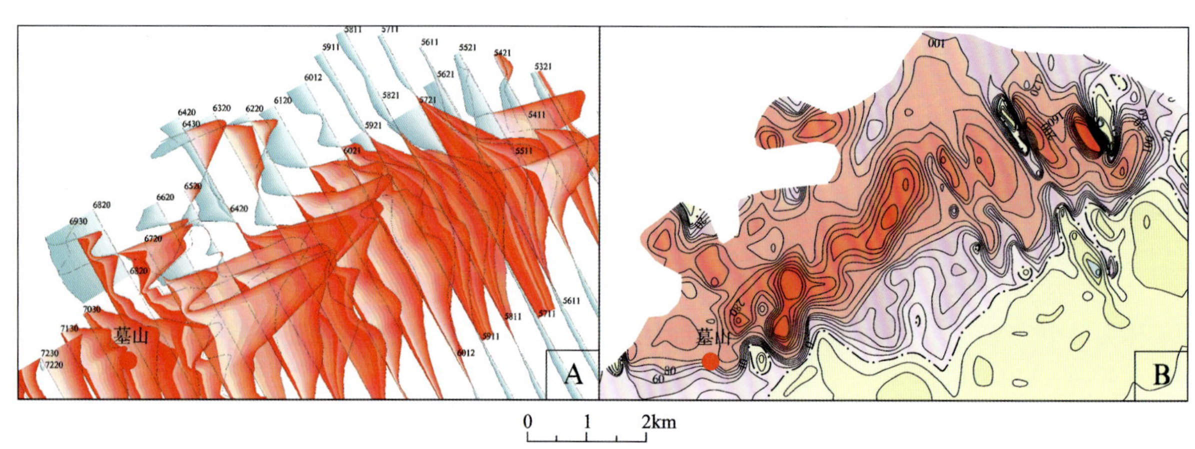

图 7-14　徐州墓山铁矿所在地区系列图

A. 航磁平剖图；B. 航磁化极图

力高异常的西南部梯度带位置，局部重力高主要与高密度寒武纪—奥陶纪碳酸盐岩地层及接触带铁矿有关，见图 7-15。

徐州墓山铁矿产于闪长岩类等侵入岩体与奥陶纪碳酸盐岩缓倾斜接触带，部分是捕虏体接触带，属接触交代-高温热液型铁矿。根据对徐州墓山铁矿重磁异常特征分析：重力高异常梯度带上有局部磁异常组合是徐州墓山铁矿的异常模式。该典型矿床模式图见图 7-16。

（五）找矿标志总结

该成矿区带铁矿含矿建造主要产于碳酸盐岩建造与中酸性侵入岩体的接触带，主要为一套矽卡岩矿物组合。从已知矿产地的分布及磁场特征看：铁矿床主要分布在华山镇以东、柳泉镇北东航磁异常附近，一定规模的磁铁矿床在航磁图上表现为叠加在宽缓高背景航磁异常上的航磁局部异常或突起异常，有明显的地磁异常，铁矿点分布在燕子埠镇—徐庄镇—棠张镇一带，总体处于宿羊山镇-房村镇宽缓的高背景航磁异常向西南突出部位，在大比例（≥1∶1 万）地磁图上有对应的局部地磁异常，因此碳酸盐

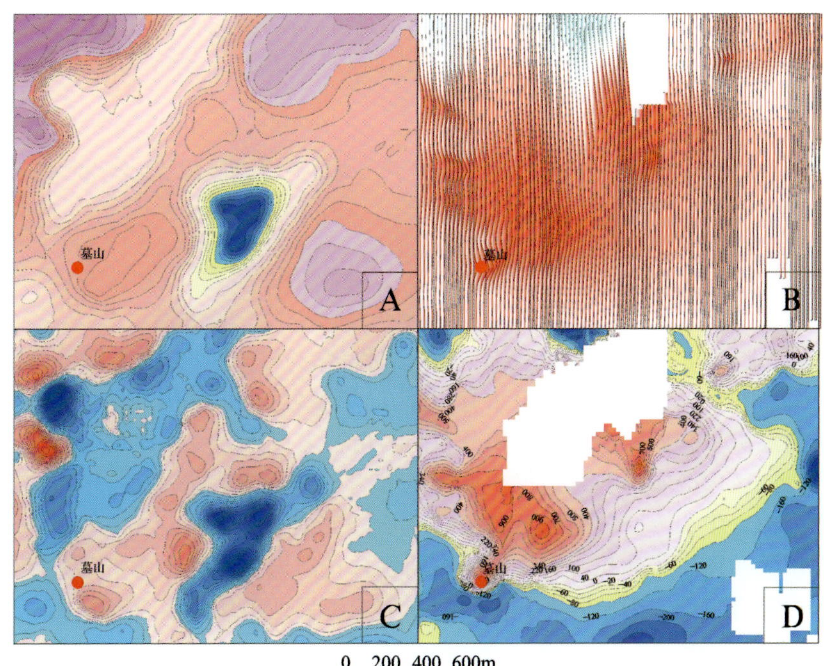

图 7-15　徐州墓山铁矿所在位置系列图

A. 布格重力图；B. 航磁平剖图；C. 剩余重力图；D. 航磁化极图

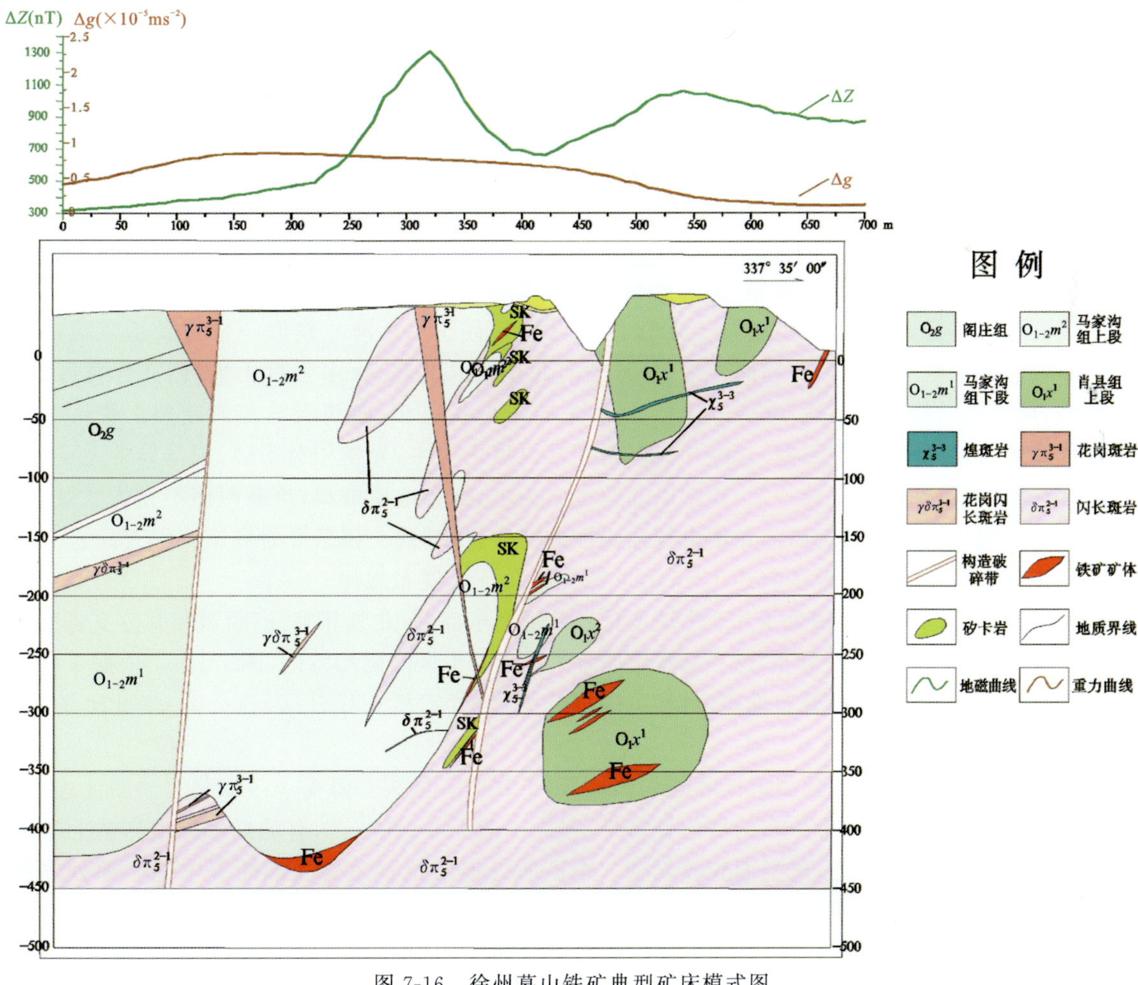

图 7-16　徐州墓山铁矿典型矿床模式图

岩建造与中酸性侵入岩体的接触带上，即岩体航磁异常上的局部凸起或大比例尺局部地磁异常可作为磁性矿产的直接找矿标志。

二、苏鲁铁矿成矿带Ⅲ-67-③地质矿产、磁异常特征及找矿标志

（一）地质特征

苏鲁铁矿成矿带Ⅲ-67-③涉及到东海-新沂预测工作区，位于苏鲁变质造山带的南部，西侧以郯庐断裂带与华北陆块区相邻，西北与北侧与山东省相邻，同属苏鲁造山带，构造属性一致，东侧以海泗断裂与连云港-泗阳磷矿成矿带分界。区内大面积分布的为由古老侵入岩变质而成的各类片麻岩，其原岩为古老的花岗岩。另外，区内分布的基岩地层主要为东海岩群变质表壳岩，呈岩片状、透镜状产于花岗质片麻岩中，其中武强山岩组为一套含磁铁石英岩的变质表壳岩。比较突出的特点是分布有多个经过高压、超高压变质作用的榴辉岩体和蛇纹岩体。燕山期桃林花岗岩体呈北东向沿郯庐断裂东侧分布，岩体分4次侵入，另外分布有各种类型的脉岩。区内断裂构造和韧性剪切带发育，断裂方向有北东、北北东、北西、近南北、近东西几组。

（二）已知矿产地的分布特征

区内有小型铁矿床1个，铁矿点14个，如：赣榆县墩尚乡武强山铁矿点，分布在东海岩群变质含磁铁石英岩中，航磁异常主要为变质含磁铁石英岩的反映；徐塘乡孟庄、徐塘庄铁矿点分布在沿郯庐断裂侵入的燕山期桃林花岗岩体航磁异常东侧位置（见图7-4）。

（三）磁场特征

苏鲁铁成矿带Ⅲ-67-③位于郯城-庐江断裂带东界断裂以东，苏北平缓变化异常区以北，磁场ΔT表现为平缓变化的特征，幅值一般不超过±100nT，局部异常甚少。东海—赣榆一带背景场宽缓，磁场幅值20～80nT，其上叠加有较多的局部异常，异常轴向北东或北北东，大多强度不大，但在异常区北部及东海西侧，局部异常幅值可高达500nT以上，呈北东向条带状展布，向西南与郯庐断裂汇聚，太古宙—中元古代变质岩广泛分布；连云港—淮阴一带，磁异常以负场为主，异常相对平缓，局部异常主要分布在云台山、灌云县扬集和泗阳县城一带，异常以北东走向为主，结合地质资料，推断幅值不大的区域正磁场背景是由变质岩地层所引起。局部异常由较强磁性的变质岩、基性—超基性岩和第三纪玄武岩引起（见图7-4）。以下按预测工作区范围叙述1∶5万航磁异常特征及展布规律。

东海-新沂预测工作区航磁处于苏北平缓变化异常区北东部，西北紧邻郯-庐断裂和其分支青岛断裂，太古宙—中元古代变质岩广泛分布，这一基本地质背景决定着本区的磁场特征（图7-17）。依据1∶5万航磁资料磁场强度、异常特征及展布规律，将该范围划分为徐绣-石桥正异常区、连云港-华冲磁场区和宿迁正磁场区。

徐绣-石桥正异常区位于预测工作区的北部，大致于欢墩—城头—海头一线以北至预测区边界。本区的磁场特征主要是连续成带分布的高值异常带，强度一般200～600nT，有的局部异常高达上千纳特。曲线波动，异常形态多种多样，磁场面貌较复杂。本区所处地质位置是青岛深断裂中的一部分，酸性—超基性侵入岩体很发育，这是引起本区磁场的地质原因。

连云港-华冲异常区是连云港-汤沟平静磁场区以北部分，以变化的平缓磁场为主，区域磁场特征平稳，异常走向以北东为主。欢墩—城头—海头一线以南至赣榆—沭阳一线以北，磁场特征主要是强度

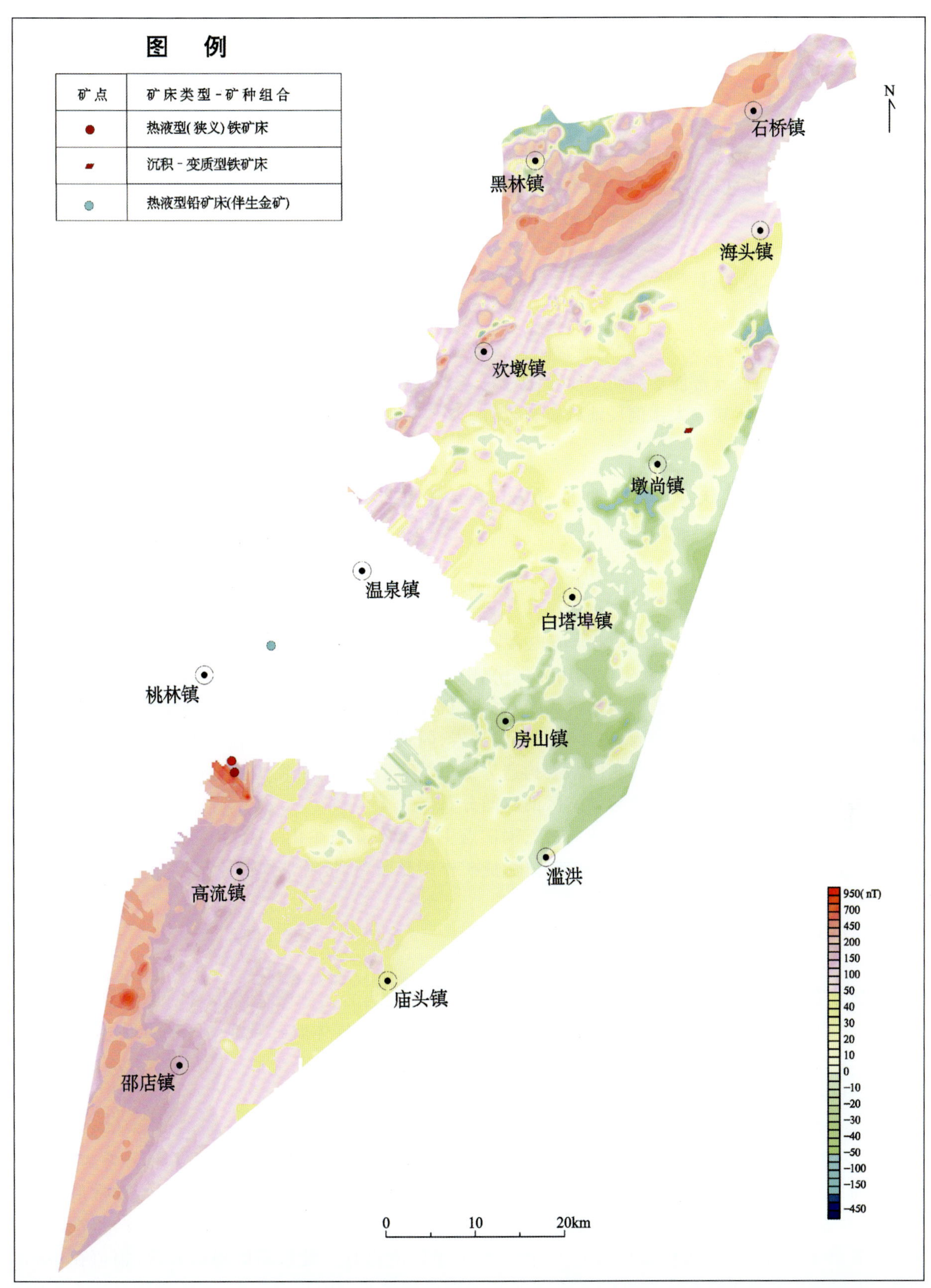

图 7-17　江苏省东海-新沂预测工作区 1：5 万航磁 ΔT 等值线平面图

20～80nT 的正背景场上叠加了众多强度不大的北东走向条带状异常和孤立小异常，结合地质资料，推断强度不大的区域正磁场背景是由变质岩地层所引起。局部异常由较强磁性的变质岩、基性—超基性岩和第三纪玄武岩引起。连云港云台山地区局部磁异常以北西向为主，异常形态较规则，由对应的正负伴生异常组成，磁场强度一般为 50～200nT；区域地质资料结果表明，异常主要与变质岩地层有关。

宿迁正磁场区位于预测工作区西南，预测工作区内仅显示了异常的一部分，区域磁场宽缓，强度为 100～300nT，在正背景场上叠加了一些北东向、北北东向的条带状局部异常，其强度大，有的局部异常高达上千纳特。由区域地质资料可知，本区所处的地质位置正好是郯庐深断裂带的所在部位，这些强度较大的局部异常，为中酸性侵入岩体引起。

（四）找矿标志总结

区内小型铁矿分布在东海岩群变质含磁铁石英岩中，航磁异常主要为变质含磁铁石英岩的反映，从现有航磁资料看：航磁异常能够判断变质含磁铁石英岩和侵入岩体的分布，可作为寻找沉积变质型铁矿的间接找矿标志，由于缺少大比例尺地磁资料，无法进一步细化找矿标志。

三、庐江-滁州铁矿成矿带Ⅲ-69-①地质矿产、磁异常特征及找矿标志

（一）地质特征

庐江-滁州铁矿成矿带Ⅲ-69-①江苏境内含盱眙预测工作区，位于盱眙县—六合县境内，郯庐断裂带东侧，下扬子台褶带苏皖中、新生代火山岩区中，中、新生代凹陷中沉积有中、新生代碎屑岩和堆积大规模火山岩，仅在局部隆起地区有新元古界张八岭岩群变质碎屑岩与震旦纪—寒武纪碳酸盐岩地层分布，并有燕山期中酸性岩浆岩侵入，主要有石英闪长岩、闪长岩、石英二长斑岩、石英正长斑岩、花岗斑岩等。断裂构造主要以北东向、北北东向断裂构造为主，被后期北西向断裂切割与错断，共同构成了区域构造主要格架，控制了区域隆起带与坳陷区的空间分布。

区内铁、铜多金属成矿作用总体较弱，铁、铜矿点主要分布在石牛山-天台山隆起带上，产出于燕山期中酸性侵入岩与碳酸盐岩地层的接触带部位，成矿作用受断裂、接触带构造控制。

（二）已知矿产地的分布特征

本区内仅发现少量铁矿点，主要产出在燕山期中酸性侵入岩与碳酸盐岩地层的接触带部位，受断裂、接触带构造控制。如：盱眙县五里墩、古桑乡佛窝铁矿点处在岩体航磁异常梯度带附近。

（三）磁场特征

庐江-滁州铁成矿带Ⅲ-69-①包含盱眙预测工作区，航磁 ΔT 图上显示区内以大片正异常为背景，航磁 ΔT 局部异常不明显，在成矿带Ⅲ-69-①西北部边缘江苏和安徽交界处有一局部异常，异常形态不完整，主体在安徽境内，主要为第四系覆盖，出露第三纪地层，有太古宙—古元古代变质岩分布，推断航磁异常主要与太古宙—古元古代变质岩有关；南部桂五镇以南也有一处较弱的局部异常，幅值在 100nT 左右，出露第三系方山组玄武岩和辉绿岩，有燕山晚期中酸性花岗闪长岩存在，推断航磁异常主要由第三系方山组玄武岩、燕山晚期中酸性花岗闪长岩及辉绿岩等引起；另在成矿带Ⅲ-69-①东部边缘戴楼镇—马坝镇有一处近圆形的局部正异常，异常幅值达 225nT，分布古近系三垛组，有第三系方山组玄武

岩出露。总体来看在江苏省境内的庐江-滁州成矿带Ⅲ-69-①航磁 ΔT 基本以平缓正异常为背景，区内中部异常平缓，而东部、南部、西部均有一定强度和范围的局部异常。航磁 ΔT 化极图上整体形态和航磁图类似，在异常幅值上有所加强，并向北部偏移(见图 7-5)。以下按预测工作区范围叙述 1∶5 万航磁异常特征及展布规律。

庐江-滁州铁成矿带Ⅲ-69-①位于苏北平缓变化异常区西部盱眙地区，是长江中下游铜、金、铁、铅、锌(锶、钨、钼、锑)、硫、石膏成矿带(Ⅲ-69)中江苏Ⅳ级成矿带之一。1∶5 万航磁资料磁场强度、异常特征及展布规律(图 7-18)显示：中南部航磁 ΔT 异常总体以波动正磁场为背景，局部异常多，杂乱跳跃，且多不规则，大部分异常呈明显的北东走向，但连续性差，航磁 ΔT 强度自西向东局部异常的梯度和幅值有变小的趋势，综合地质资料，该区局部磁异常为出露的或埋藏浅的玄武岩或火山岩引起。盱眙地区中北部存在北东向航磁 ΔT 局部异常，在铁佛镇—明祖陵镇—老子山镇一带，航磁 ΔT 异常总体呈南西强度高、宽度大，北东强度弱、宽度小的特征，形态较规则，航磁 ΔT 异常中心部位在铁佛镇以西安徽境内，强度大于 200nT，推测与中酸性侵入岩体有关。

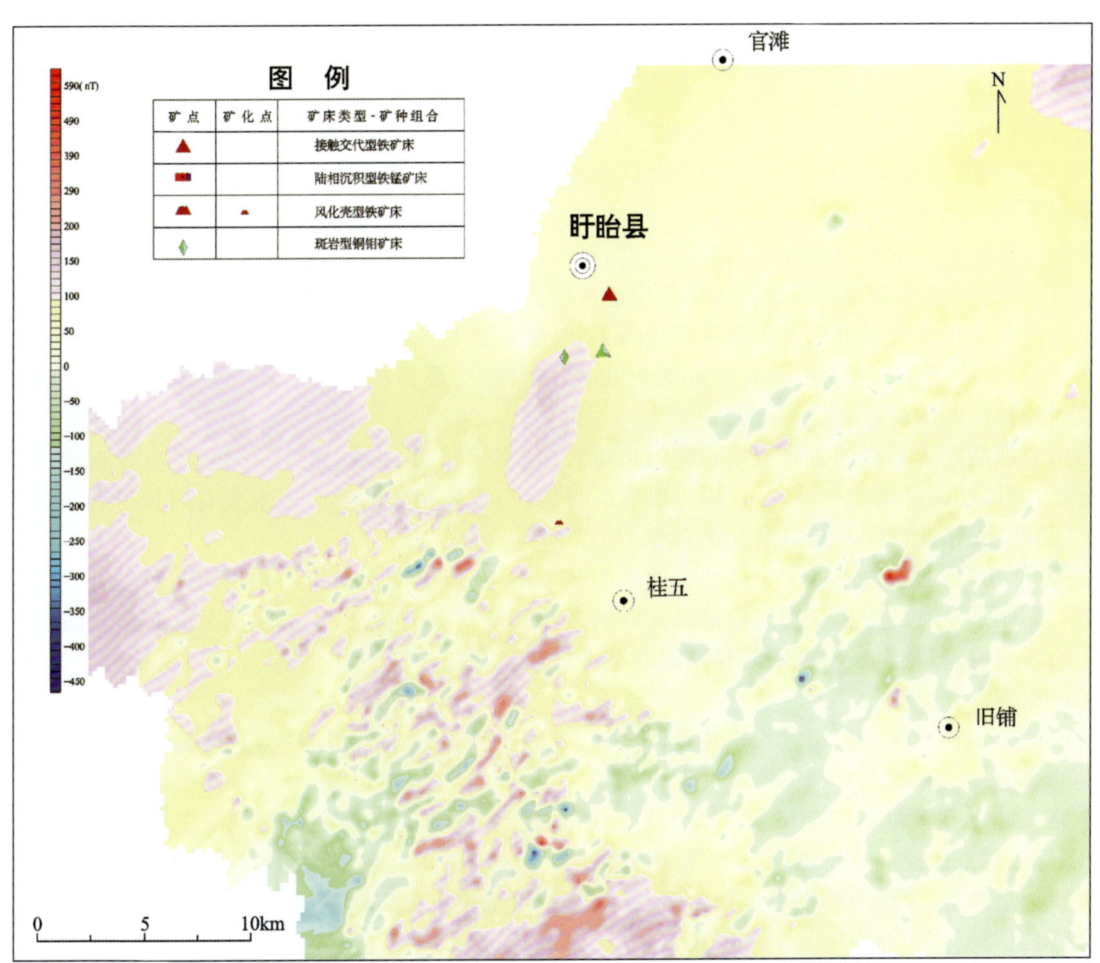

图 7-18　江苏省盱眙预测工作区 1∶5 万航磁 ΔT 等值线平面图

(四)找矿标志总结

本区内仅发现少量铁矿点，主要产出在燕山期中酸性侵入岩与碳酸盐岩地层的接触带部位，受断裂、接触带构造控制，铁矿点处在岩体航磁异常梯度带附近，没有明显的航磁局部异常(见图 7-5)，本区未曾开展大比例尺地磁工作。

四、沿江铁矿成矿带Ⅲ-69-②地质矿产、磁异常特征及找矿标志

（一）地质特征

沿江铁矿成矿带Ⅲ-69-②包含六合、宁镇、宁芜和溧水4个铁矿预测工作区。以下分别按预测工作区介绍该成矿带地质特征。

六合预测工作区位于郯庐断裂带东侧，在下扬子台坳，江浦-冶山隆起东端。中部六合-冶山隆起区中出露有震旦系黄墟组与灯影组及少量寒武系，据钻孔资料，仅部分坳陷中沉积有中生界侏罗系、白垩系及古近系，地表大面积地区出露的主要为新近纪玄武岩和第四纪沉积物。

岩浆活动以喜马拉雅期玄武质岩浆多次喷溢活动为主，在区内广泛分布，呈北西向带状分布。岩性主要为橄榄玄武岩、辉石橄榄玄武岩和玄武岩。在六合-冶山隆起带的周边地区有燕山晚期中酸性岩浆侵入，呈半环状围绕地层捕虏体，主要有闪长（玢）岩、石英闪长岩等，总体上受北北东向断裂和北西向断裂构造控制。

构造上以断裂构造发育、隆起与坳陷相间为特征，褶皱构造不甚发育。断裂构造活动于燕山旋回晚期，主要以北东向断裂构造为主，被后期北西向断裂切割与错断，共同构成了区域构造主要格架，控制了区域隆起带与坳陷区的空间分布。

预测区铁铜矿点主要分布在冶山隆起带上，产于燕山期中酸性侵入岩与碳酸盐岩地层的接触带部位，成矿作用受地层、岩浆岩、断裂和接触带构造控制。

宁镇预测工作区处在近东西向条块状断隆上，基底地层为元古宇埤城岩群变质岩；震旦系至中新生界出露齐全，与成矿关系密切的是石炭系黄龙组白云岩段、二叠系栖霞组上部含镁碳酸盐岩、三叠系青龙组及周冲村组的碳酸盐岩。

燕山中晚期侵入形成的岩浆岩以石英闪长玢岩、花岗闪长斑岩等中酸性岩类为主，分布面积大，剥蚀程度高，岩体在深部连成一片，是区内主要成矿母岩；与成矿相关的岩浆岩主要有闪长玢岩、石英闪长玢岩、二长花岗岩、花岗闪长斑岩及花岗岩等。

“三背两向”褶皱构造组成了宁镇地区褶皱的基本格架，以近南北向挤压作用下的断裂-断块活动为主，继承、加剧了原有的构造变动。构造形式以断裂和断块活动为特征，形成晚期北北东向、北东向和近东西向的断裂构造，奠定了本区断陷和隆起的基本格局。褶皱构造、纵向断裂及侵入岩接触带是区内的主要控矿构造。

区内矿产主要为铁、铜、钼、铅、锌及黄铁矿等，成因类型以矽卡岩型为主，其次是热液型、斑岩型及风化淋滤型等。

宁芜预测工作区处在宁芜继承式火山岩盆地北段，大部分地区为上侏罗统龙王山组、大王山组覆盖，主要反映杂乱的磁异常特征，地质资料研究表明：与区域成矿关系密切的地层主要为周冲村组、黄马青组碳酸盐类建造、含钙质砂泥岩沉积建造、侏罗纪—白垩纪火山岩建造等，尤以大王山组与铁矿，姑山组、娘娘山组与铜金矿具有明显的成因联系。

与火山喷发关系密切的次火山岩体以及燕山期侵入岩分布亦很广泛，主要有角闪闪长（安山）玢岩、辉石闪长（安山）玢岩、安山玢岩、闪长玢岩、英安斑岩、粗安斑岩、粗面斑岩，磁性较强，相对集中分布于西善桥、吉山、蒋门山、皇姑山、麒麟山、凤凰山一带，其中辉石闪长玢岩岩体规模相对较大，受北北东向与北西向断裂喷发的控制，为区内铁矿成矿母岩。预测工作区侵入岩类以中性—中酸性岩为主，主要有石英闪长岩、石英闪长玢岩、石英二长岩等，分布于朱门、蒋门山、皇姑山、阴山、吉山、高公山及板桥—铜井地区。

断裂构造发育，且以北东向为主，伴有北西向、近东西向断裂，大多贯穿全区，构成区内主要构造格架，纵横交叉共同组成了区内断裂构造网络，大部分形成于燕山运动早期。

矿产资源十分丰富，以“玢岩式”铁矿著称，铜、硫矿产亦很丰富，是长江下游地区铁、铜、硫、金矿产

的重要产区之一。

溧水预测工作区位于中生代断凹相对隆起区，含溧水火山岩盆地及周边次级隆起带，盆地中心主要为上侏罗统龙王山组、大王山组和下白垩统姚家边组覆盖，盆地边部次级背斜及局部隆起中分布古生界上奥陶统—下志留统高家边组(O_3S_1g)至侏罗系象山群等火山岩盆地基底地层。区内与区域成矿关系密切的地层主要为周冲村组、黄马青组碳酸盐类建造、含钙质砂泥岩沉积建造、早侏罗世含钙质碎屑沉积建造、侏罗纪—白垩纪火山岩建造等，尤以大王山组与铁矿、姚家边组与铜金矿具有明显的成因联系。

区内次火山岩主要有角闪闪长(安山)玢岩、辉石闪长(安山)玢岩、安山玢岩、闪长玢岩等，其中角闪闪长玢岩规模相对较大，以七里沟、大魏庄、柘塘、铜山、老虎头岩体为代表，受北北东向与北西向断裂喷发的控制，对区内铁、铜多金属矿化有一定的影响，局部矿质富集并成矿。辉石闪长玢岩一般呈小岩株、岩枝或岩脉状产出，岩体规模相对较小，主要分布于东岗火山机构南西外缘，大仁山至十里牌一带，以大仁山、十里牌、东岗头、高家边、曹家边、过山岩体为代表，一般岩石自变质作用较强烈，与围岩接触带蚀变强烈，为区内铁矿主要成矿母岩。预测工作区内燕山期侵入岩发育强度相对较弱，岩体规模也较小，多以岩脉、岩枝或小岩株状产出，集中分布于夏家边及杭村两个地区，其他地区仅零星可见，侵入岩岩性主要有闪长玢岩、石英闪长斑岩、花岗闪长斑岩等。受区域断裂构造网络或火山构造控制，部分岩体次生蚀变与矿化作用强烈，控制了部分地区铜金多金属矿化的分布。

预测工作区断裂构造十分发育，构造形迹主要有北北东向、北东向、北东东向、东西向、北西西向、北西向、北北西向、南北向 8 组，组成区内网络状构造格局，将溧水火山岩盆地切割成多个"菱形断块"。区内北北东向与北西向主干断裂控制了岩浆侵入与喷发构造带的空间分布，受断裂交叉网络控制的火山口、火山岩穹隆及配套形成的环状、放射状断裂一起组成了区内不同级别的火山机构。预测工作区内大部分矿床或矿点都与火山机构有密切的关系，部分火山构造直接控制了矿化体的空间赋存位置与矿体形态。

区内火山岩、次火山岩、侵入岩与围岩接触部位热液蚀变和热变质现象普遍而发育，与铁、铜、硫矿化关系密切。

(二)已知矿产地的分布特征

沿江铁矿成矿带Ⅲ-69-②铁矿产地分布见图 7-6。

六合地区铁矿(点)主要分布在冶山隆起带上，产于燕山期中酸性侵入岩与碳酸盐岩地层的接触带部位，成矿作用受地层、岩浆岩、断裂和接触带构造控制。其中中型矿床 1 个，小型矿床 5 个，矿点 1 个，已探明矽卡岩型铁矿资源量 3491.19×10^4t。

宁镇地区中型铁矿 1 个，小型铁矿 7 个，矿点 16 个，其中韦岗铁矿为本区典型矿床。铁矿(点)成因类型以矽卡岩型为主，主要位于燕山中晚期侵入形成的岩浆岩以石英闪长玢岩、花岗闪长斑岩等中酸性岩类与石炭系黄龙组白云岩段、二叠系栖霞组上部含镁碳酸盐岩、三叠系青龙组及周冲村组的碳酸盐岩接触部位，主要受褶皱构造、纵向断裂及侵入岩接触带控制。有韦岗中型铁矿，太阳山、徐湾、铁门坎、巢凤山、磁山头等小型铁矿及矿点等，已探明矽卡岩型铁矿资源量约 2494.2×10^4t。

宁芜地区铁矿资源十分丰富，以"玢岩式"铁矿为著称，有大型铁矿 2 个，中型铁矿 4 个，小型铁矿 5 个，矿点 8 个，大部分皆位于构造岩浆成矿带中，受区内北东向、北北东向、北西向及其他断裂纵横交叉形成的断裂网格及火山机构控制，矿床与岩浆岩侵入活动关系密切，区内火山岩、次火山岩与围岩接触部位热液蚀变和热变质现象普遍而发育，铁矿与燕山早期侵位的次火山岩-辉石闪长玢岩具有强烈的成因联系。有梅山、吉山、卧儿岗及凤凰山等铁矿，大定坊乡牛首山铁矿等小型铁矿，已探明陆相火山岩型铁矿资源量约 $66\ 226.50\times10^4$t。

溧水地区有中型铁矿 1 个，小型铁矿 2 个，大部分与火山机构有密切的关系，部分火山构造直接控制了矿化体的空间赋存位置与矿体形态。区内火山岩、次火山岩、侵入岩与围岩接触部位热液蚀变和热变质现象普遍而发育，与铁矿(化)关系密切。有溧水县群力乡石坝、爱景山铁矿等，已探明陆相火山岩型铁矿资源量约 1521.27×10^4t。

（三）磁场特征

Ⅲ-69-② 沿江铁成矿带位于苏南及上海市复杂异常区江苏西部，长江中下游成矿带上，包括六合、宁镇、宁芜（北段）和溧水地区，磁场特征见图 7-6。

以下按预测工作区范围叙述 1∶5 万航磁异常特征及展布规律。

六合地区磁异常主要为冶山正磁异常（图 7-19），据此划分了六合Ⅴ级成矿区，走向北东，表现为一个宽度大、强度高的磁异常带，平面图上航磁 ΔT 异常强度达 480nT，异常北东方向不完整，延伸至安徽境内，已有地质资料可以佐证，主要由冶山花岗闪长岩、金牛山辉石闪长玢岩等岩体引起。

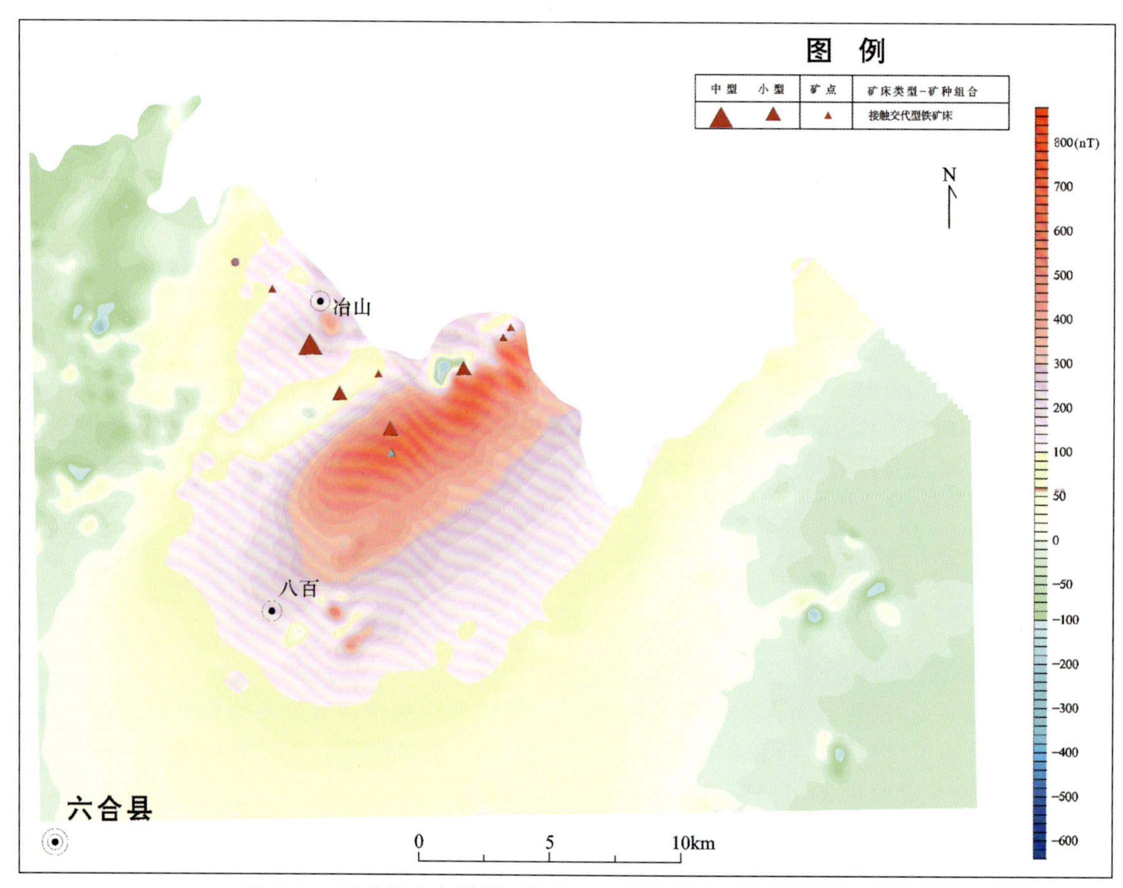

图 7-19　江苏省六合预测工作区 1∶5 万航磁 ΔT 等值线平面图

六合预测工作区航磁处于苏北平缓变化异常区西南部，依据 1∶5 万航磁资料磁场强度、异常特征及展布规律，将本区分为六合冶山正磁异常区、东旺庙-四合墩杂乱异常区和前凹-谢家集平缓异常区。

六合冶山正磁异常区为一个宽度大、强度高的磁异常带，走向北东，平面图上航磁 ΔT 强度达 800nT，梯度北陡南缓，其北部边缘见局部负异常。

在航磁 ΔT 化极、重力 Δg 等值线平面图上（图 7-20），冶山重力高反映了寒武系—震旦系的分布，重力弧形梯度等值线 31×10^{-5}m/s^2 往北东方向逐渐降至 21×10^{-5}m/s^2，显示了一个向北东倾斜，顶面向北东凹陷的缓倾斜引起的重力场。航磁 ΔT 化极异常基本与重力场一致，并对岩体有明显的反映，与航磁 ΔT 化极 100～300nT 等值线圈定冶山花岗闪长岩岩体的范围相对应；以 400nT 等值线圈定金牛山辉石闪长玢岩岩体的范围。重力高和冶山正磁异常之间位置，即冶山弧形重、磁同高带，分布在郑家集—九头山—冶山—横山—金集—仁和集一线，弧长 25km，宽 2km，其上叠加了局部重、磁异常，如冶山北矿段、东矿段及铁石岗矿段等铁矿异常。

东旺庙-四合墩杂乱异常区位于冶山航磁正异常西侧，分布在东旺庙-四合墩附近，总体表现为以负

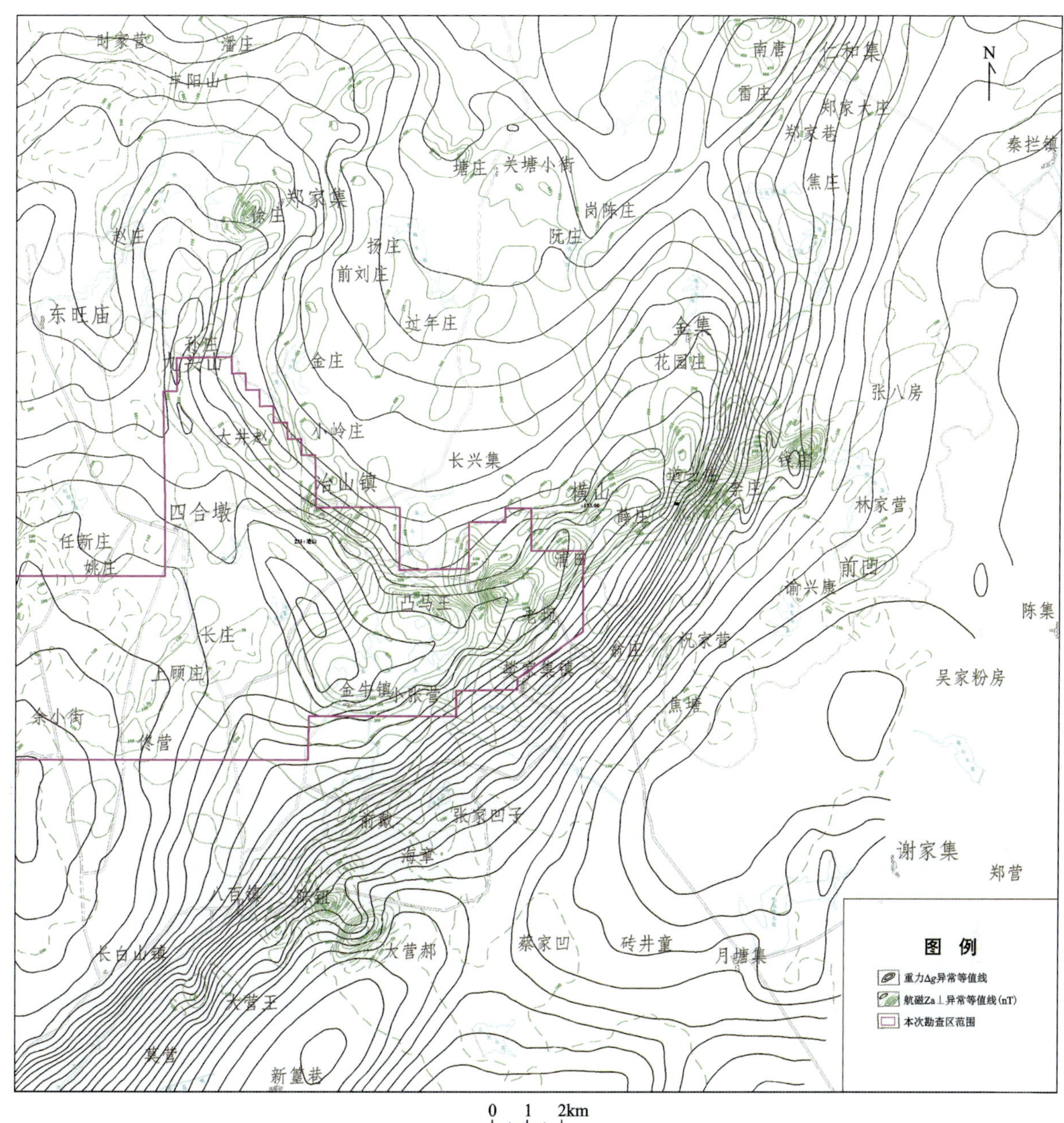

图 7-20　江苏省六合预测工作区 1∶5 万航磁 ΔT 化极、重力 Δg 等值线平面图

磁场为背景的杂乱异常，局部异常正负相伴，且往往出现南负北正的特点，区域地质、物性资料反映该区磁场特征与倒转磁化的玄武岩有关。

前凹-谢家集平缓异常区位于冶山航磁正异常东南侧，分布在前凹—谢家集附近，表现为平静的磁场特征，重力异常表现为北东走向的重力梯度带和相对重力低，地质资料已证实为第三纪沉积凹陷。其上零散分布的局部异常，大部分与第三纪玄武岩有关。

宁镇地区航磁异常大致对应宁镇Ⅴ级成矿区，航磁 ΔT 异常呈一条正负伴生的宽大异常带，北侧负磁场宽缓，强度一般为－250～－100nT，南侧正磁场梯度较大，强度 400nT 左右，其上分布有较多的总体呈近东西向展布的带状异常，磁场以升高背景场为特征，局部异常轴向以北东东向为主，北东向次之，异常曲线形态规则，磁场强度一般为 200～400nT(图 7-21)，主要与燕山期中酸性侵入岩体有关。宁镇航磁 ΔT 化极后北部局部负异常消失，异常的中心位置向北偏移，异常的形态基本不变，呈东西分布的宽大异常带，局部异常轴向以北东东向为主，航磁 ΔT 化极异常基本对应岩体的分布范围。

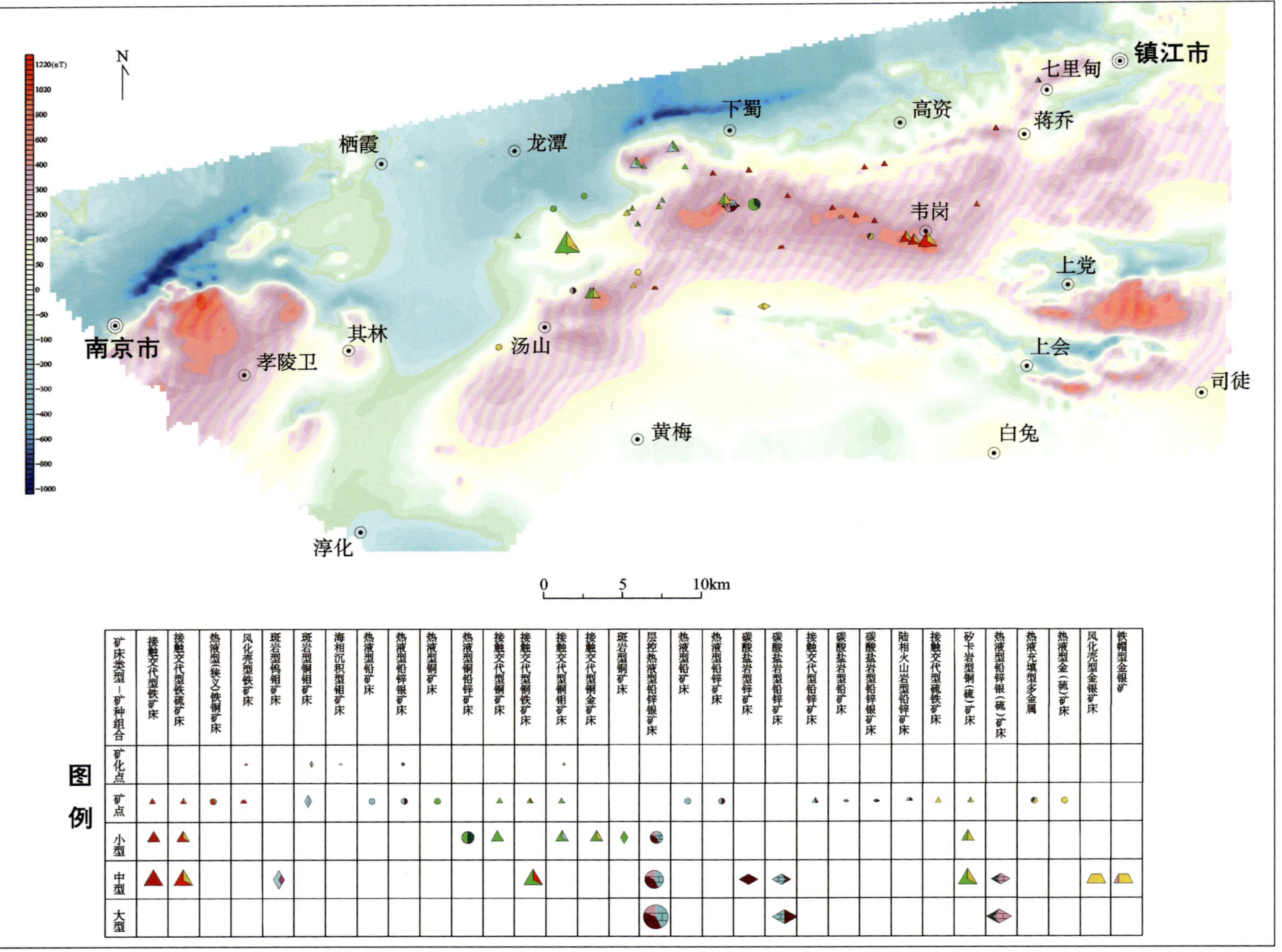

图 7-21　江苏省宁镇预测工作区 1∶5 万航磁 ΔT 等值线平面图

南部为上党-东昌街杂乱磁场区，磁场特征是以正负交替的平静场为背景，航磁局部异常多呈近东西走向的带状分布，峰值尖锐，梯度变化大，强度不等，其中以北陵—上党一带的异常强度为最大，ΔT_{max}=850nT，推断该区分布的航磁异常均为中生代火山岩的反映。

宁镇预测工作区有汤仑重力高异常，与宁镇隆起带的范围基本吻合，为一古生代地层隆起区，出露地层主要为震旦纪至侏罗纪沉积岩地层，断裂构造发育，燕山期岩浆活动剧烈，侵入岩分布广泛，与之有关的矿化作用也十分强烈，是长江下游地区重要的铜、铅、锌及多金属矿产区之一。

宁芜(北段)表现为负背景磁场上叠加了陶吴高值异常带，范围与宁芜Ⅴ级成矿区相当，陶吴异常带磁场由北西向南东逐渐升高，局部异常在空间的分布上大多呈北东向的带状，异常强度不等，一般在200nT左右，其中以鸡笼山一带磁场强度为最高，最大强度可达500nT以上，航磁异常向南西延伸至安徽境内，主要与该区辉石闪长玢岩、安山玢岩及石英闪长岩等中基性—中酸性次火山侵入岩体有关；宁芜地区北西为桥林负磁场区，磁场特征以负磁场为背景，一般在－300nT左右，曲线平缓，范围较大，宁芜地区南东，即：宁芜溧水交界位置为东山-禄口平静磁场区(图7-22)。重力资料显示：桥林负磁场区、东山-禄口平静磁场区为相对重力低，推断与白垩系盆地厚覆盖有关。

宁芜(北段)航磁 ΔT 化极后呈现大面积正异常背景，航磁 ΔT 伴生的负异常基本消失，局部异常变得突出，异常轴向以北东向为主，更好地反映了区内中基性—中酸性岩体的分布范围。

溧水地区处于苏南航磁复杂异常区西南部，区域上有湖熟镇、溧水北、博望等航磁局部异常和茅山航磁异常带，其中溧水北、博望航磁局部异常和茅山航磁异常带划为溧水Ⅴ级成矿区(图7-23)。

湖熟镇、溧水北、博望等航磁异常，以负磁场为背景，航磁局部异常的轴向不定，总体呈北东走向，异常强度一般在250～400nT之间，ΔT 曲线呈波动起伏变化，梯度较陡。区内广泛出露中生代喷发的火山岩，次火山侵入岩体也有分布，航磁异常应与中基性次火山岩、中酸性侵入岩及中生代喷发的火山岩等有关。

茅山航磁异常带，分布在漆桥镇—白马—髻山一带，磁场特征以正磁场为背景，总体呈北东走向带状，在其上叠加有众多的局部异常，形态均不甚规则，ΔT 曲线呈波动起伏变化，强度一般在300nT左右，最大可达500余纳特。从区域地质资料看，茅山山脉一线广泛分布有古生界志留系、泥盆系、石炭系、二叠系及中生界三叠系，为茅山山脉一推覆体构造，古生界逆推在中生代火山岩地层之上，因此，波状起伏的磁场特征为古生界地层之下侏罗纪火山岩及与火山活动有关的次火山岩体的反映。溧水航磁 ΔT 化极后呈现大面积正异常背景，原航磁 ΔT 北侧伴生负异常基本消失，异常总体向北偏移，局部异常变得突出，异常轴向以北向为主，更好地反映了区内中基性—中酸性岩体的分布范围。

(四)典型矿床研究结果

1. 梅山铁矿

1)成矿地质作用

梅山铁矿位于宁芜中生代陆相火山岩断陷盆地的北段，梅山-凤凰山构造岩浆成矿带与滨江构造岩浆带的交叉部位。区内出露侏罗纪—白垩纪陆相火山岩系及红层以上沉积地层，与成矿有关的地层为大王山组火山岩，矿体产于辉石闪长玢岩与大王山组上段接触带中，矿体边缘分支及单独小矿体亦有产于辉石闪长玢岩中。

2)成矿构造体系

宁芜断陷盆地呈北北东方向延展，明显受安德门-娘娘山、梅山-秣陵断裂喷发带控制。成矿前断裂：以302°～336°方向的张性断裂和26°～48°方向压性断裂为主，这两组断裂交叉部位控制成矿，北西西向压扭性断裂为控岩构造。成矿后的断裂有31处，其中地表断距大于2m的14处，井下断裂裂隙17处。断裂为北西向、北北东向及北东东向张性和张扭性断裂，断距一般在10～15m之间。矿坑断裂调

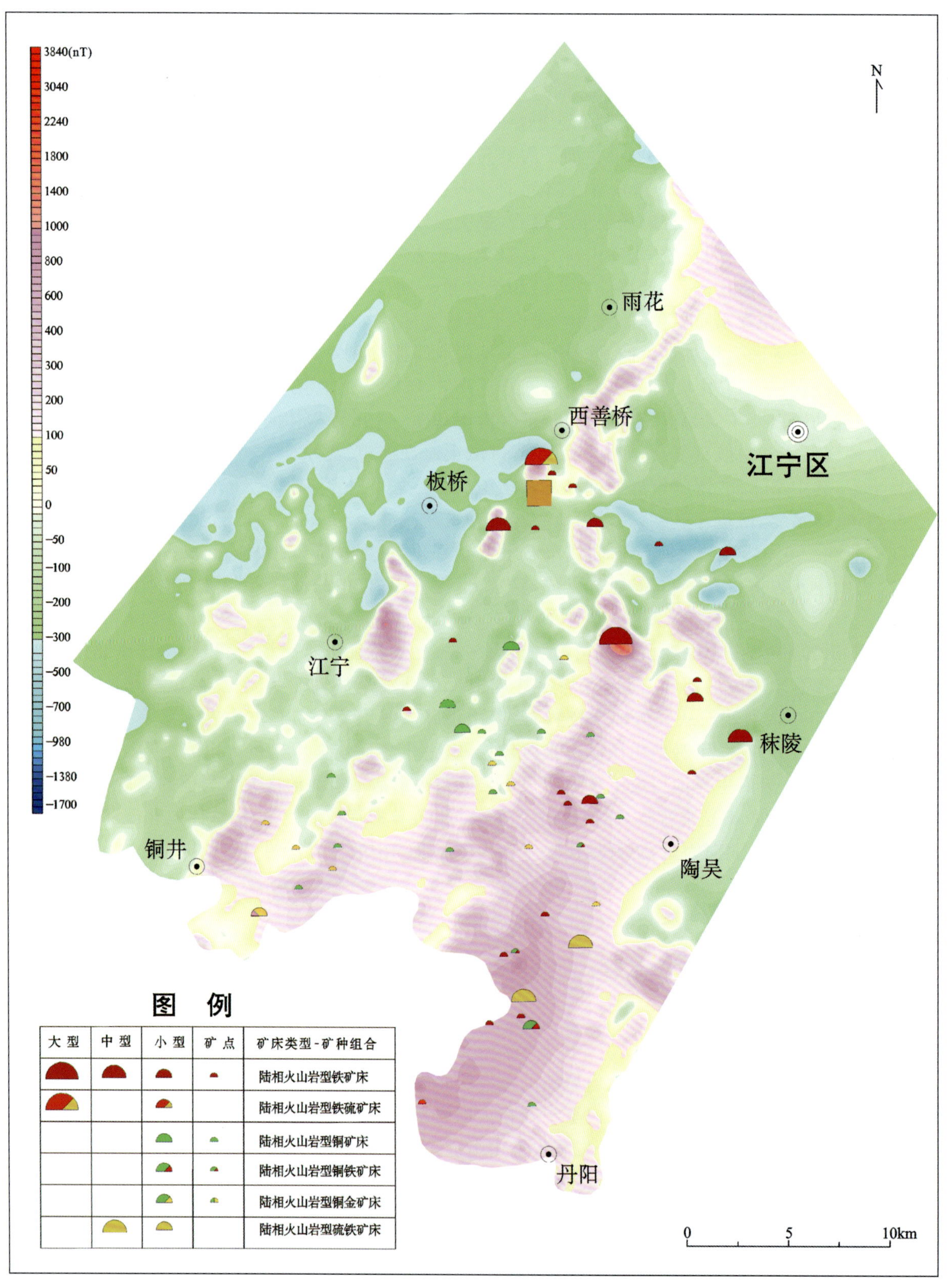

图 7-22　江苏省宁芜预测工作区 1∶5 万航磁 ΔT 等值线平面图

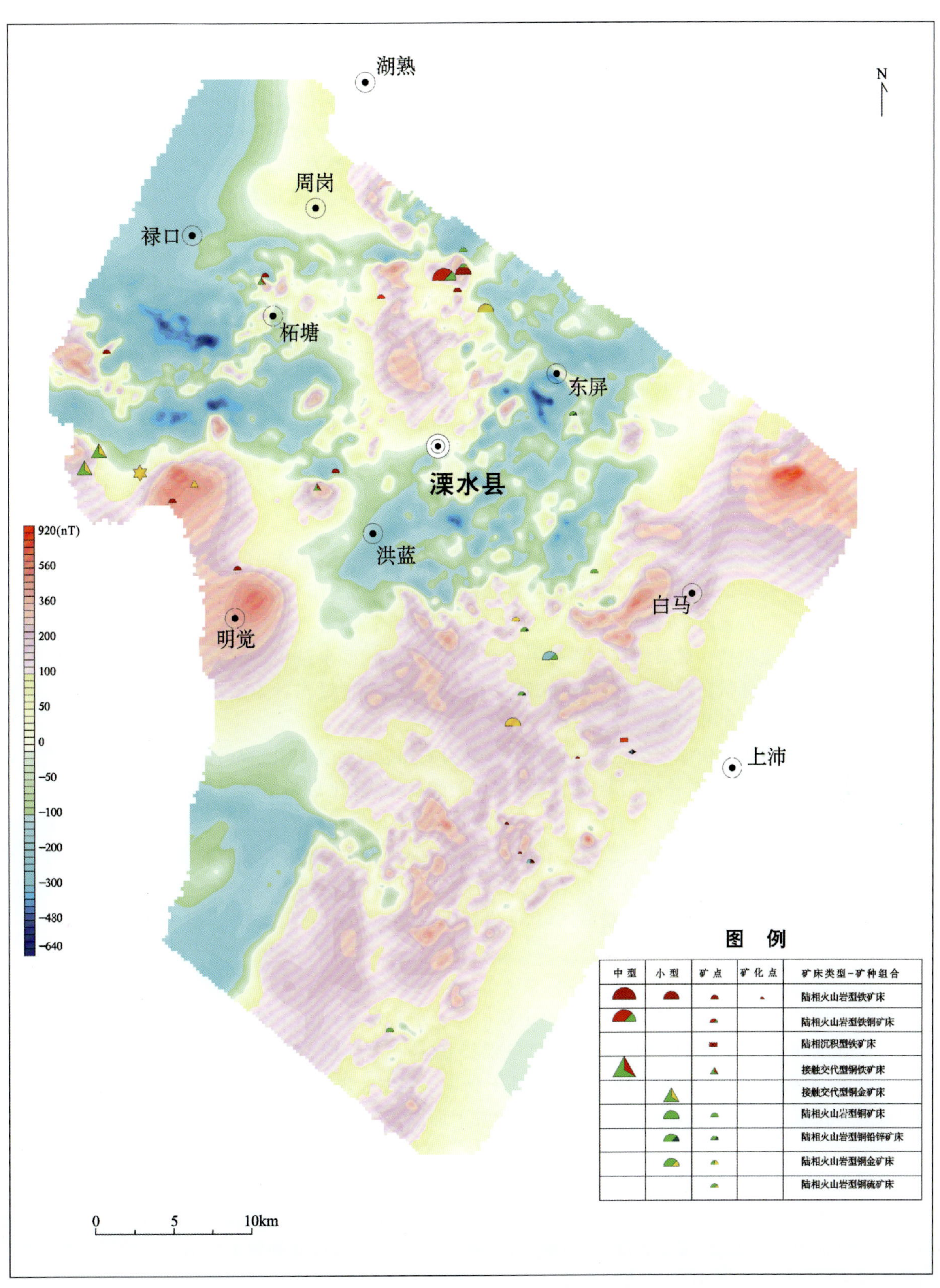

图 7-23　江苏省溧水预测工作区 1∶5 万航磁 ΔT 等值线平面图

查和地表节理裂隙统计，亦以 NW325°～295°及 NE30°～50°者居多，这与地表断层方向基本一致，这些断裂裂隙对矿体没有明显破坏作用。

3)成矿特征

矿床特征：矿石类型多样、矿化阶段多期、铁矿物质多源的多种成因类型的铁矿床。铁矿体为盲矿体，空间上主矿体呈单一巨型透镜体状，向北东倾伏，倾伏角 20°左右，矿体投影面积约 0.8km^2，控制矿体长 1370m，宽 824m，最厚为 292.50m，最薄为 2.56m，平均厚 134m，资源储量大于 3×10^8t，属大型铁矿床。

矿体特征：主矿体顶板标高由 −327～−34m，最大相对高差为 293m；底板标高由 −169.4m 至 −604m，最大相对高差为 434.6m。矿体分布范围约 0.8km^2，矿体平面投影呈椭圆形，长轴方向为 NE20°左右，在剖面上呈透镜体状，向四周倾伏，向北东倾伏角 20°左右，并向北西侧伏。主矿体空间上呈单一巨型透镜体状，铁矿体西南部埋藏较浅，西北部埋藏较深；富矿埋藏深度主要在 −350～−50m 之间，贫矿分布在富矿的下部及边部。矿体中心部厚度大且富，向边部穿插分支变薄变贫。富矿与贫矿为连续过渡关系，呈互层状产出。矿区富矿 TFe 含量最高者可达 66.06%，平均品位 49.24%，贫矿 TFe 平均品位 32.93%，全矿区 TFe 平均品位 39.14%。矿体展布受接触带形状控制，富矿呈瘤状、似层状、透镜体状，且受接触带凹部控制最明显。铁品位的高低与矿石类型和分布的空间关系密切，一般铁在矿体中心偏上部含量高而外缘低，浅部较深部高，南部较北部高。不同矿石类型中，TFe 平均品位变化较大，如块状矿石平均 56.10%，竹叶状矿石平均 54.20%，角砾状矿石平均 40.64%，浸染状矿石平均 30.67%，斑点状矿石平均 30.32%。根据物相分析结果，TFe 含量高者多为磁铁矿、假象赤铁矿，其次是菱铁矿。

矿石特征：矿石矿物主要有磁铁矿、半假象赤铁矿、假象赤铁矿、褐铁矿、菱铁矿，其次为镜铁矿、针铁矿、含矾磁铁矿及赤铁矿等。硫化物主要为黄铁矿，亦有少量黄铜矿、斑铜矿、辉铜矿和方铅矿等。脉石矿物有铁白云石、白云石、方解石、方柱石、钙铁榴石、透辉石、阳起石、绿泥石、绿帘石、磷灰石、石英、蛋白石、玉髓及黏土矿物。矿石结构主要有中—细粒结构、交代残余结构。矿石构造有致密块状、斑点状、网脉-浸染状、角砾状、竹叶状构造等。铁矿石中矿石矿物含量最多者为磁铁矿及假象赤铁矿，其次是菱铁矿，少量的黄铁矿和硅酸铁。

蚀变特征：围岩蚀变依原岩类型的不同而异。辉石安山岩蚀变为硅化、高岭土化、碳酸盐化、绢云母化、叶蜡石化、绿泥石化和黄铁矿化等，以高岭土化、碳酸盐化、硅化最为明显。辉石闪长玢岩的蚀变有钠柱石化、钙铁榴石化、透辉石化、钠长石化、绿泥石化、磷灰石化和碳酸盐化等，以钙铁榴石化、透辉石化和碳酸盐化较为明显。铁矿化一般与强烈蚀变的辉石闪长岩关系密切，未蚀变的闪长岩一般没见矿化现象。矿体顶板主要为高岭土化安山岩，其次为矽化安山岩和次生石英岩。底板为辉石闪长玢岩。围岩中除了高岭土化安山岩稳定性较差外，其他岩石属中等—稳定类岩石。

成矿期：燕山中晚期，123.4±5Ma。

4)所在区域重、磁场特征

所在区域 1∶25 万航磁 ΔT 成果反映梅山铁矿处于宁芜北段蒋门山-朱门北东向航磁主异常以北，为具一定强度和规模的独立封闭异常，异常呈条带状，航磁 ΔT 强度 100nT 以上，其西部及东南部均为负磁场背景，航磁 ΔT 化极成果反映梅山铁矿处于具一定强度和规模的蒋门山-朱门航磁异常以北突出的次级异常位置。所在区域 1∶25 万布格重力异常平面图上，梅山铁矿位于宁芜北段区域重力高北部梯度带上，见图 7-24。

5)所在地区重、磁场特征

所在地区 1∶5 万航磁 ΔT 剖面平面图为负背景场上叠加的尖峰异常，比较醒目，有两条测线反映强烈，航磁 ΔT 曲线圆滑规律，异常梯度陡，强度大，航磁 ΔT_{max}=1600nT，北侧伴生负值，1∶5 万航磁 ΔT 平面等值线磁场图中呈一近似的等轴状异常，航磁 ΔT 化极反映梅山铁矿为呈等轴状独立封闭异常，强度 1000nT 以上。所在地区 1∶5 万布格异常平面图上，梅山铁矿位于重力异常北西端，以 21.5×10^{-5}m/s^2 计算，长约 750m，宽约 500m，剩余重力图上，剩余重力值在 4×10^{-5}m/s^2 左右，异常明显，见图 7-25。

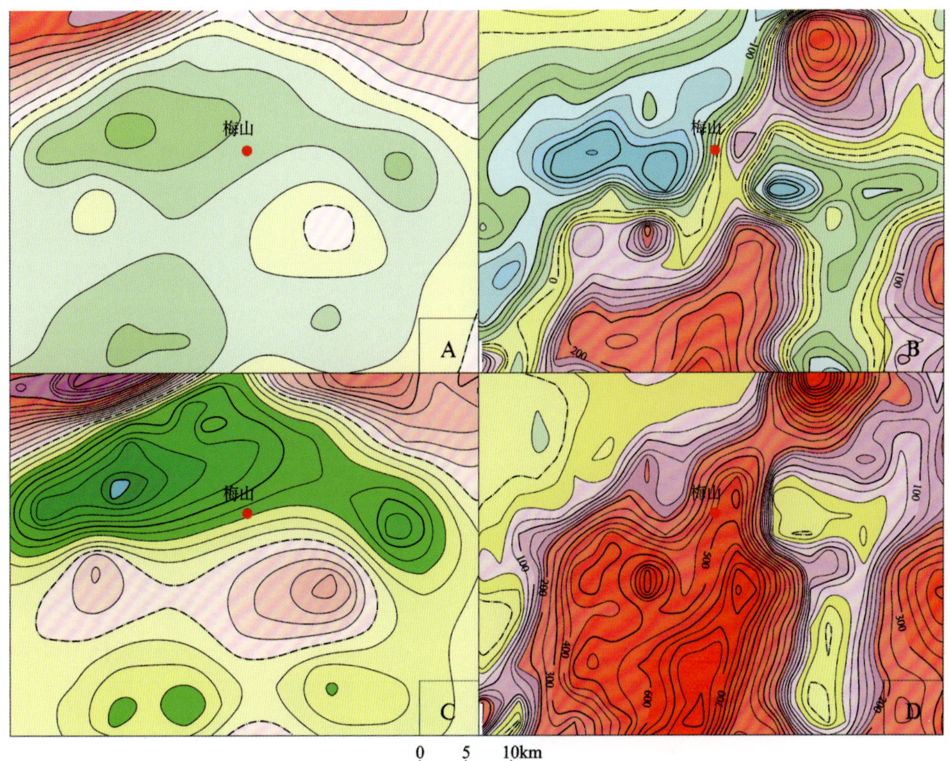

图 7-24　梅山铁矿所在区域系列图

A. 布格重力图；B. 航磁异常图；C. 剩余重力图；D. 航磁化极图

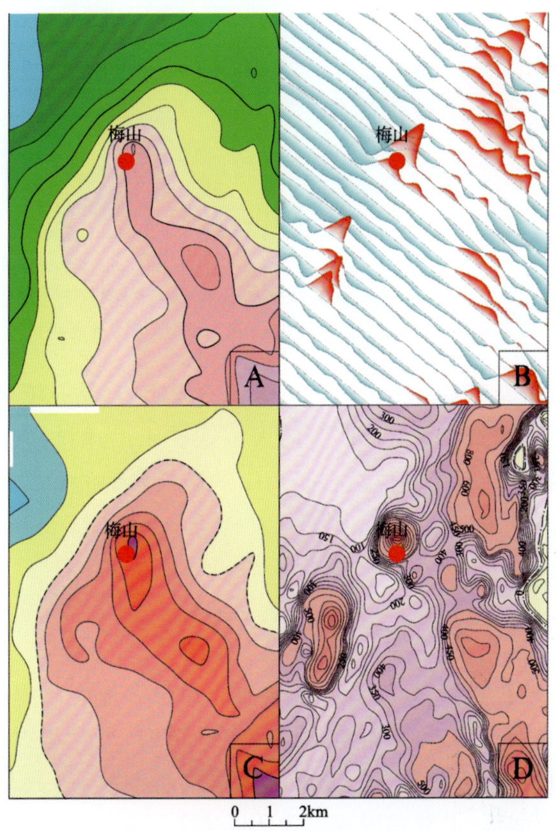

图 7-25　梅山铁矿所在地区系列图

A. 布格重力图；B. 航磁平剖图；C. 剩余重力图；D. 航磁化极图

6)所在位置重、磁场特征

在矿区范围内开展了 1∶1 万比例尺磁测、1∶2 万比例尺重力工作，地磁 ΔZ 异常呈椭圆形，以 1000nT 等值线计算，长约 900m，宽约 750m，峰值为 7120nT，北面有明显的负场伴生，极小值为 −1050nT，异常梯度北西较陡，东南较缓；磁异常上有明显的重力异常，剩余重力值在 4×10^{-5} m/s^2 左右，见图 7-26。

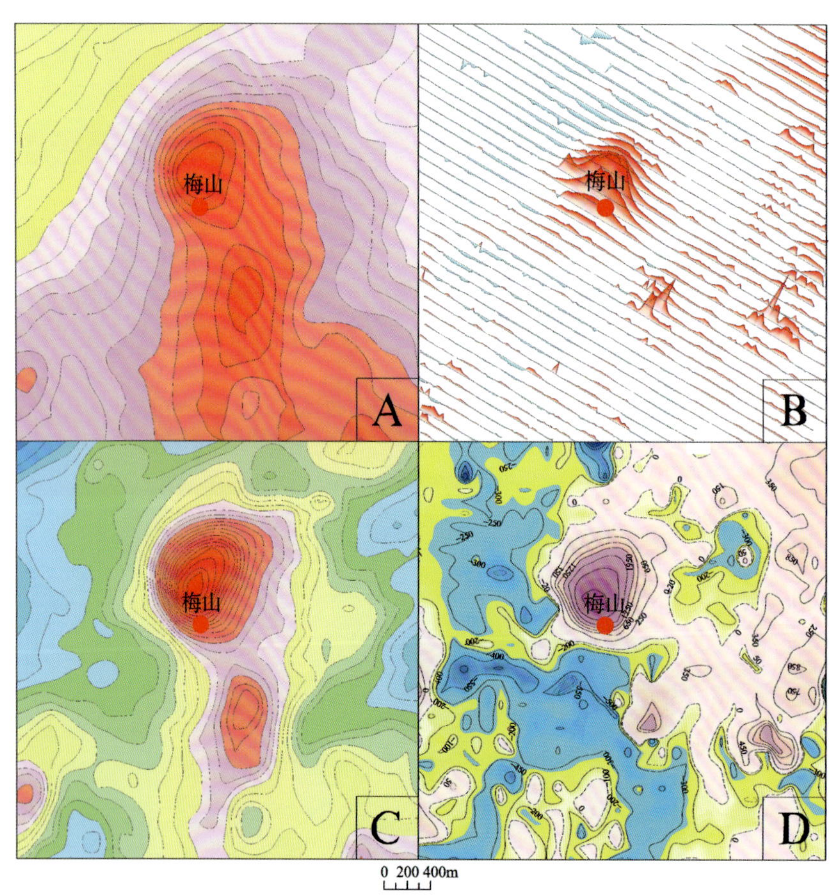

图 7-26　梅山铁矿所在位置系列图

A. 布格重力图；B. 航磁平剖图；C. 剩余重力图；D. 航磁化极图

梅山铁矿重磁异常区出露侏罗系大王山组黑云母辉石安山岩，钻孔下部见辉石闪长玢岩及铁矿体，勘查结果铁矿平均厚 134m，资源量约 3.3×10^8t 的大型铁矿床，为陆相火山岩型铁矿。根据对梅山铁矿重磁异常特征分析：重磁异常的双高同位组合是梅山铁矿最典型的异常模式，也是此类矿床最典型的识别标志，该典型矿床模式图见图 7-27。

2. 韦岗铁矿

1)成矿地质作用

矿区位于汤仑复背斜东端北翼，上党火山岩盆地西北边缘。地表出露地层由老至新有中志留统坟头组砂页岩，上泥盆统五通组石英砂岩，下白垩统杨冲组砂页岩，上党组火山岩。深部钻孔中所见地层自老至新有下寒武统幕府山组，上奥陶统—下志留统高家边组砂页岩，上二叠统龙潭组砂页岩，下三叠统下青龙组灰岩及上青龙组灰岩。上青龙组灰岩为矿区主要赋矿层位。

矿区东部及南部有上党组火山岩分布，岩性为安山质晶屑角砾熔岩，凝灰角砾岩等。侵入岩主要为花岗闪长斑岩、石英闪长斑岩和闪长玢岩。

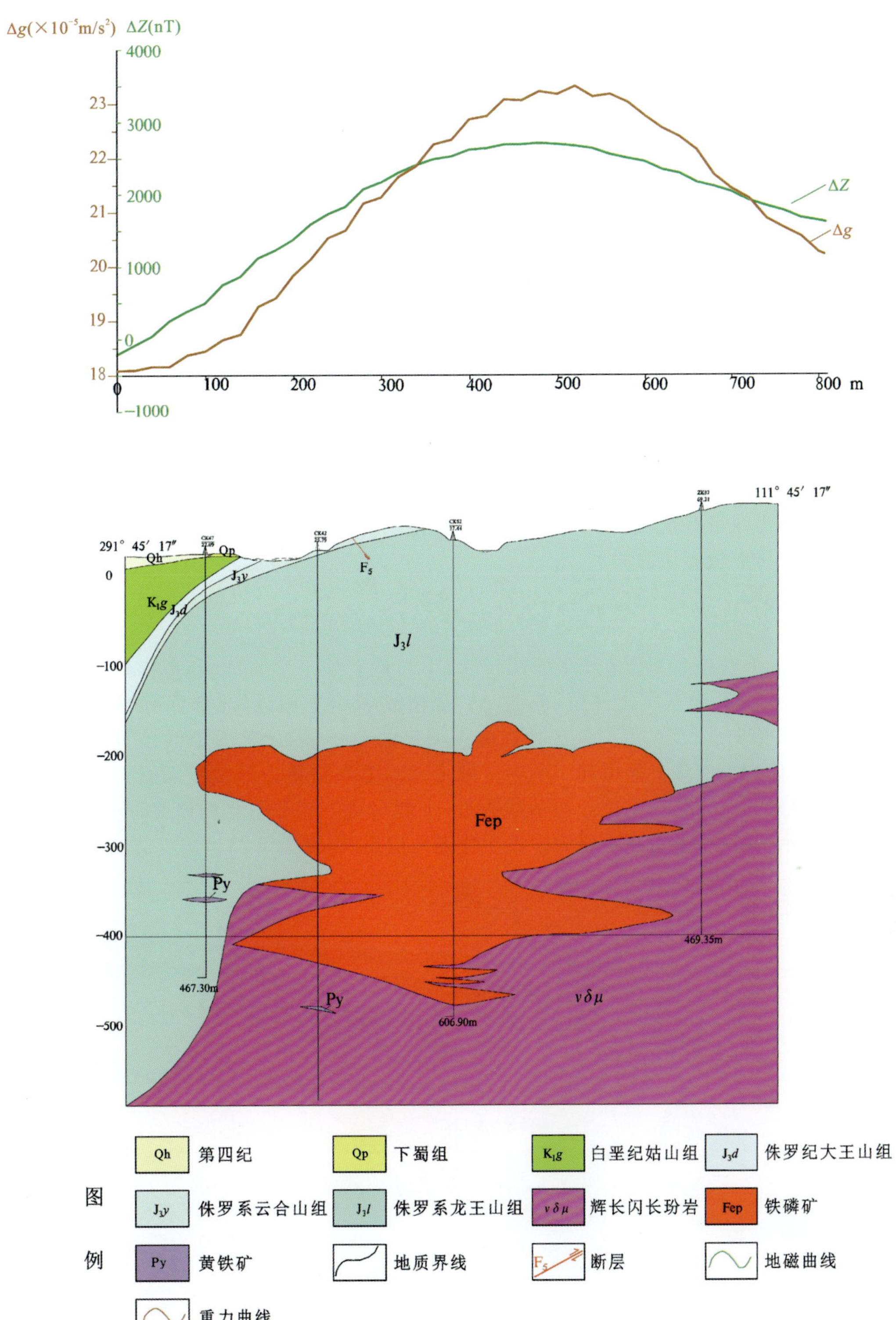

图 7-27　梅山铁矿典型矿床模式图

2)成矿构造体系

矿区位于燕山晚期石马岩体南部接触带上。近东西向压性断裂与北北西向、北东向扭性断裂交会部位,为区内导矿和容矿构造。铁矿体均赋存于花岗闪长斑岩与大理岩、角岩接触带、矽卡岩中,北西向纵向断裂带是其主要控矿构造。走向北北西,倾角陡立闪长玢岩脉为成矿后构造。

3)成矿特征

矿床特征:矿区内铁矿体赋存于花岗闪长斑岩与大理岩、角岩接触带,F3 断裂带上盘的矽卡岩中。

根据构造部位和含矿层位可分为以下几个成矿部位:产于杨冲组底部角砾岩之下,上青龙组顶部,矿体底板为角砾岩(F3 破碎带),以Ⅰ号矿体为代表,为矿区矿体主要赋存部位。杨冲组角砾岩与花岗闪长斑岩接触带。下青龙组灰岩与花岗闪长斑岩接触带。

矿区共有矿体 85 个,以Ⅰ号矿体规模最大,控制走向长 556.13m,倾向延深最大 130m,最小 20m。矿体走向近东西,总体倾向北,倾角 70°~80°。矿体顶板为矽卡岩、花岗闪长斑岩,底板为矽卡岩、大理岩,F3 断裂破碎带角砾岩。

矿石特征:矿石中金属矿物主要为磁铁矿、赤铁矿,其次为斑铜矿、方铅矿、闪锌矿、黄铁矿、褐铁矿等。

矿石结构:磁铁矿矿石一般呈他形晶粒状,早期磁铁矿为细粒结构,晚期磁铁矿为中—细粒结构,一般富矿的磁铁矿结晶颗粒较大,且结晶程度较好,贫矿结晶颗粒细,呈他形紧密共生。

赤铁矿矿石一般为假象结构、交代残余结构,赤铁矿交代早期形成的磁铁矿。

矿石构造:主要有块状矿石、条带状矿石、角砾状矿石、条纹状矿石。富矿一般为块状矿石。

矿石的化学成分:TFe 最高含量 57.68%,硫含量一般为 3%~5%,属高硫矿石。富矿石中硫含量较低。

蚀变特征:主要为绿帘石化、透辉石化、绿泥石化、钠长石化、硅化、绢云母化、黝帘石化。其中绿帘石、透辉石化与铁矿体有较密切的关系。

成矿期:燕山晚期。

4)所在区域重、磁场特征

所在区域 1∶25 万航磁 ΔT 等值线平面图反映,韦岗铁矿处于宁镇,以升高背景场为特征,高资近东西向展布的带状磁场区南东突出部位,航磁 ΔT 等值线 350nT 附近,北部伴有明显的负异常;航磁 ΔT 化极成果反映极值向北位移,韦岗铁矿处在南东突出的 200~250nT 等值线位置,韦岗航磁异常主要为石马中酸性岩体和韦岗铁矿等引起。所在区域 1∶25 万布格重力异常平面图上,韦岗铁矿位于近东西汤仑重力高异常北东 $6\times10^{-5}m/s^2$ 等值线附近,于剩余重力异常图北侧梯度带 $7\times10^{-5}m/s^2$ 等值线上,地质资料显示,该区域重力高主要为中古生代老地层反映,见图 7-28。

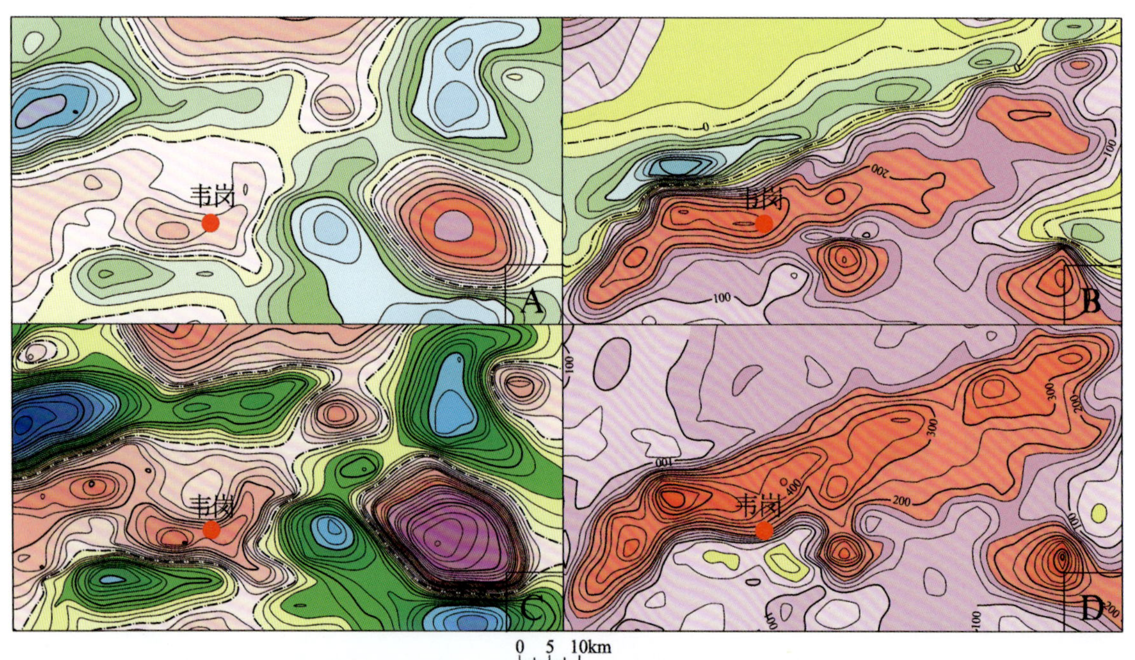

图 7-28　韦岗铁矿所在区域系列图

A. 布格重力图;B. 航磁异常图;C. 剩余重力图;D. 航磁化极图

5)所在地区重、磁场特征

所在地区 1∶5 万航磁 ΔT 剖面平面图上韦岗铁矿位于高背景场上叠加的尖峰状局部异常，有 3 条测线反映明显；1∶5 万航磁 ΔT 平面等值线磁场图中位于正背景场中，呈北西西走向的哑铃状，500nT 等值线圈定的异常长度约 1.6km，宽约 0.8km，异常强度高，$\Delta T_{max}=1050$nT，梯度陡；航磁 ΔT 化极图上韦岗铁矿 ΔT 异常极值北移。所在地区 1∶5 万布格异常平面图上，韦岗铁矿位于汤仑重力高异常北部梯度带 24×10^{-5}m/s^2 等值线附近，剩余重力图上显示，韦岗铁矿在汤仑剩余重力高北侧梯度带位置见图 7-29。

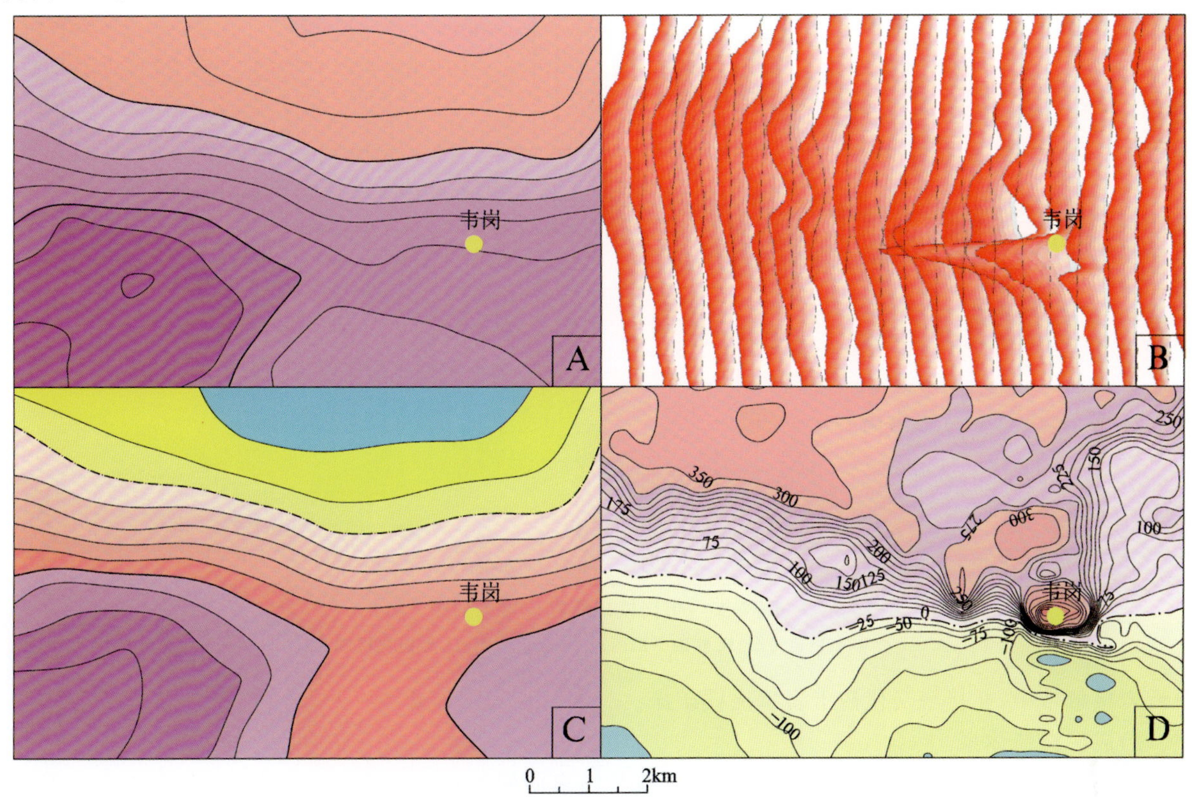

图 7-29　韦岗铁矿所在地区系列图

A. 布格重力图；B. 航磁平剖图；C. 剩余重力图；D. 航磁化极图

6)所在位置重、磁场特征

在矿区范围内开展了 1∶1 万比例尺磁测、1∶5 万比例尺重力工作，地磁异常 $\Delta Z=100$nT 等值线总体呈半圆形，其中有 3 个局部异常，呈近东西向串珠状排列，东西长约 1200m，南北最宽约 800m，$\Delta Z_{max}=17\ 000$nT，北侧有负场伴生，负异常最低可达 -3000nT；磁异常位置是重力高异常北部梯度带 24×10^{-5}m/s^2 等值线附近，见图 7-30。

韦岗铁矿赋存于花岗闪长斑岩与大理岩、角岩接触带矽卡岩中，北西向纵向断裂带是其主要控矿构造，属接触交代矽卡岩型高硫磁铁矿床，根据对韦岗铁矿重磁异常特征分析：重力异常梯度带位置有明显的局部磁异常是矽卡岩型高硫韦岗磁铁矿床重磁异常模式。该典型矿床模式图见图 7-31。

3. 冶山铁矿

1)成矿地质作用

冶山铁矿位于扬子准地台下扬子台坳苏北之六合-天长隆起，冶山复式背斜之冶山倒转背斜北翼及汤泉倒转向斜之间，冶山倒转背斜轴面倾向南南东，倾角约 70°。地层有上震旦统黄墟组、灯影组及下寒武统幕府山组。与成矿有关的侵入岩主要为花岗闪长岩、二长岩、闪长玢岩。

本次典型矿床研究主要针对冶山铁矿北矿段，北矿段矿体赋存于花岗闪长岩与下寒武统幕府山组

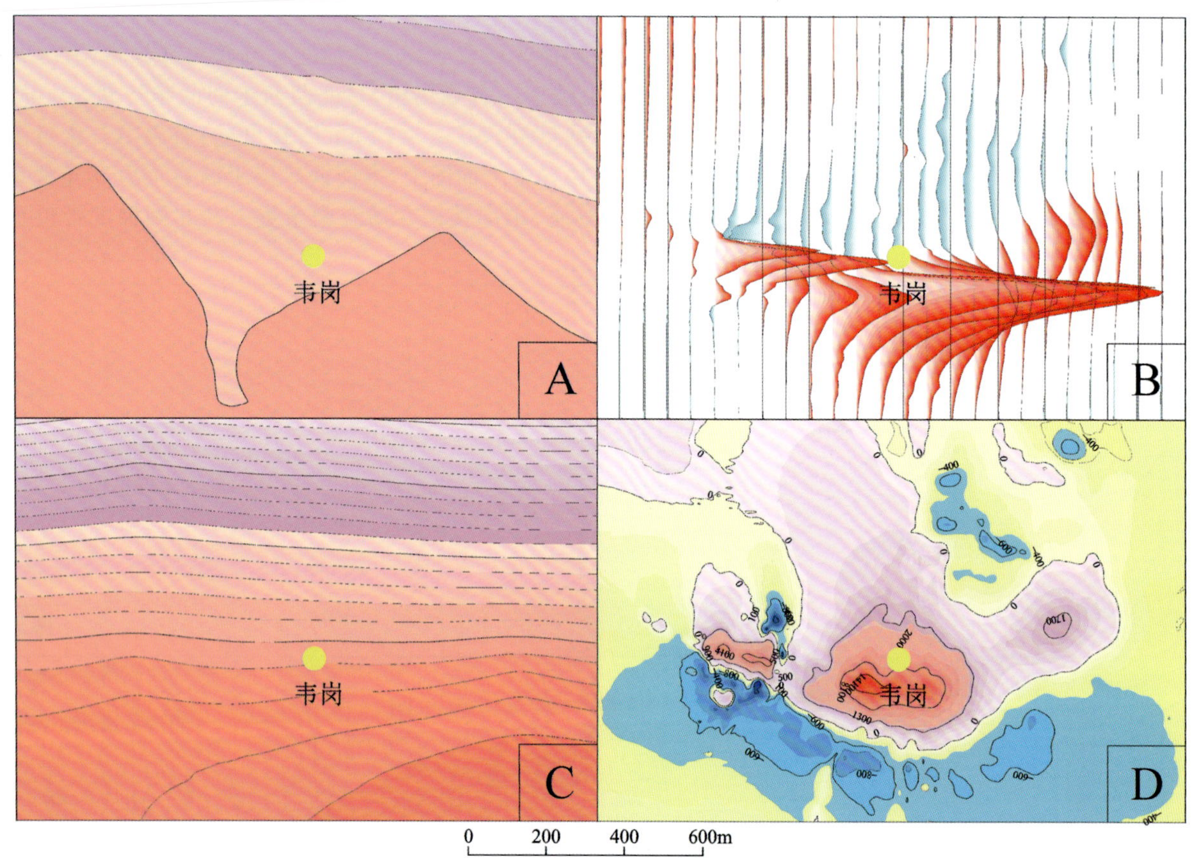

图 7-30　韦岗铁矿所在位置系列图

A. 布格重力图;B. 航磁平剖图;C. 剩余重力图;D. 航磁化极图

白云岩接触带中,属接触交代矽卡岩型磁铁矿床。

2)成矿构造体系

冶山复式背斜由金牛、大毛营向斜、冶山背斜及汤泉向斜组成,冶山铁矿位于冶山倒转背斜北翼及汤泉倒转向斜之间。冶山断裂组由 4 条大致平行的走向逆断层组成,断裂走向 50°～60°,属控岩构造,其中北部两条断裂见于东矿段东南部。次级断裂比较发育,主要有 3 组:北东向(走向 60°左右),为成矿前断裂,控制了北矿段的上部矿体;北西西向(走向 300°左右)为成矿断裂,控制了北矿段的下部主矿体;北北西向(走向 330°左右),系成矿后断裂,综观矿区总貌,成矿后的破矿构造并不发育。

3)成矿特征

矿床特征:花岗闪长岩与下寒武统幕府山组白云岩接触带是北矿段矿体主要赋存部位。

矿体特征:冶山铁矿北矿段共圈出 12 个矿体,矿体长 10～320m,厚度 2.34～42.01m,延深 10～260m。北矿段走向北西,倾向南西,倾角 10°～65°。

矿石特征:矿石矿物以磁铁矿为主,次为穆磁铁矿、赤铁矿和褐铁矿,少量黄铁矿、黄铜矿、斑铜矿等。矿石结构为半自形不等粒晶粒结构。矿石构造为块状磁铁矿石、浸染状磁铁矿石、条带状磁铁矿石、斑杂状磁铁矿石、网脉状磁铁矿石、角砾状磁铁矿石。矿石的化学成分:TFe 品位 22.91%～63.70%。

蚀变特征:围岩蚀变有钾长石化、透辉石化、绿泥石化、蛇纹石化、金云母化等,由外而内分为热接触变质亚带、接触交代变质亚带、透辉石钾长石混染岩带、钾长石化带,主矿体多赋存于绿泥石、透辉石和金云母透辉石矽卡岩中。

成矿期:燕山晚期(116Ma)。

4)所在区域重、磁场特征

所在区域 1∶25 万航磁 ΔT 成果反映冶山铁矿北矿段处于六合冶山航磁正磁异常区北西突出部

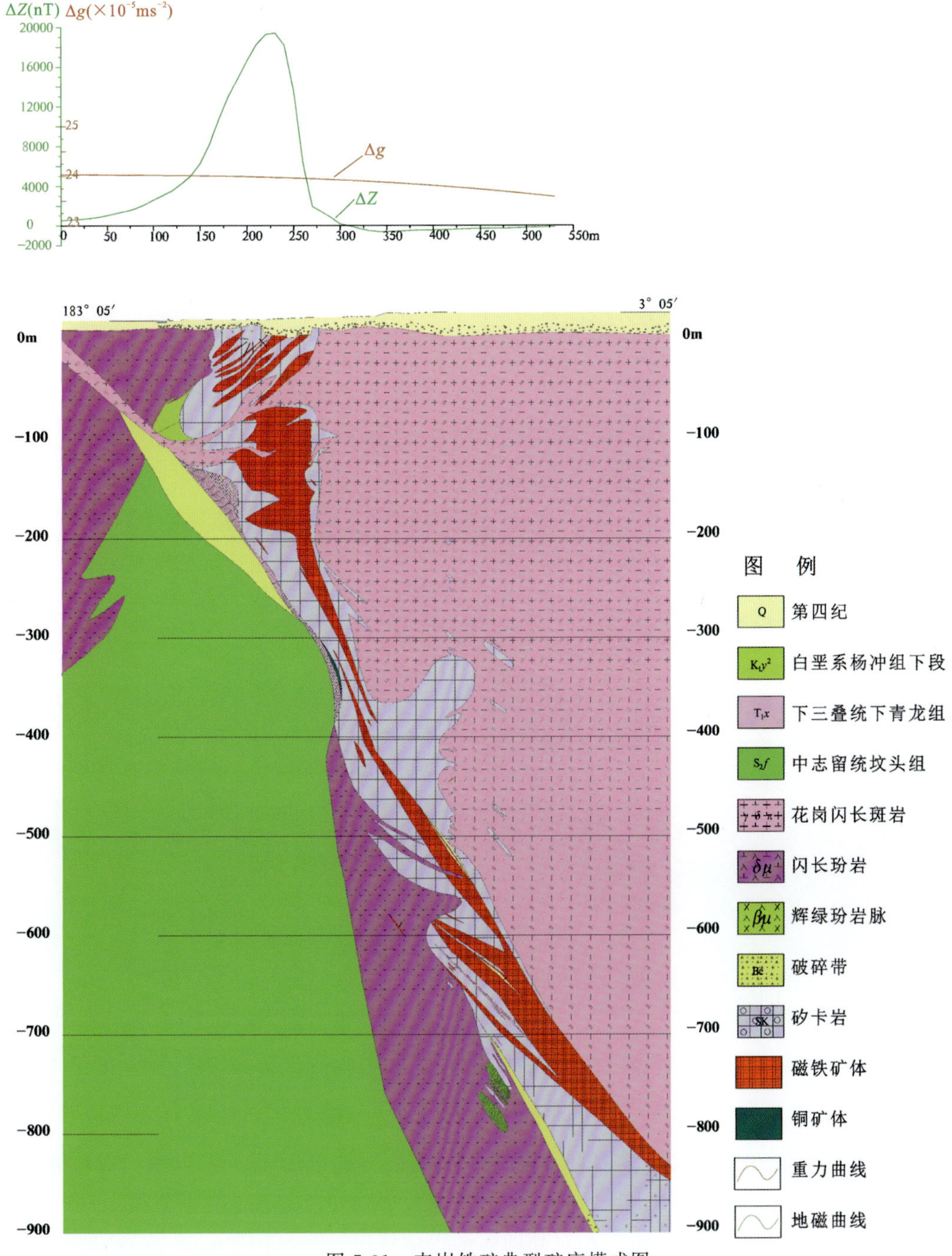

图 7-31　韦岗铁矿典型矿床模式图

位，航磁 ΔT 等值线 200～250nT 附近，航磁 ΔT 化极等值线平面图上，反映冶山铁矿北矿段处于冶山航磁异常向北西突出的次级异常位置，冶山航磁正磁异常主要为冶山中酸性岩体和冶山铁矿引起。所在区域 1∶25 万布格重力异常平面图上，冶山铁矿北矿段位于冶山重力高异常向北东突出部位梯度带 $12\times10^{-5}m/s^2$ 等值线上，剩余重力异常图上，在梯度带 $9\times10^{-5}m/s^2$ 等值线上，区域地质资料该显示重力高异常是主要为寒武纪—震旦纪灰岩、白云岩地层反映，见图 7-32。

5)所在地区重、磁场特征

所在地区 1∶5 万航磁 ΔT 剖面平面图上冶山铁矿北矿段位于平缓背景场上叠加的局部异常，有 5 条测线反映明显；1∶5 万航磁 ΔT 平面等值线磁场图中异常呈似等轴状，航磁 ΔT 曲线圆滑规律，航磁

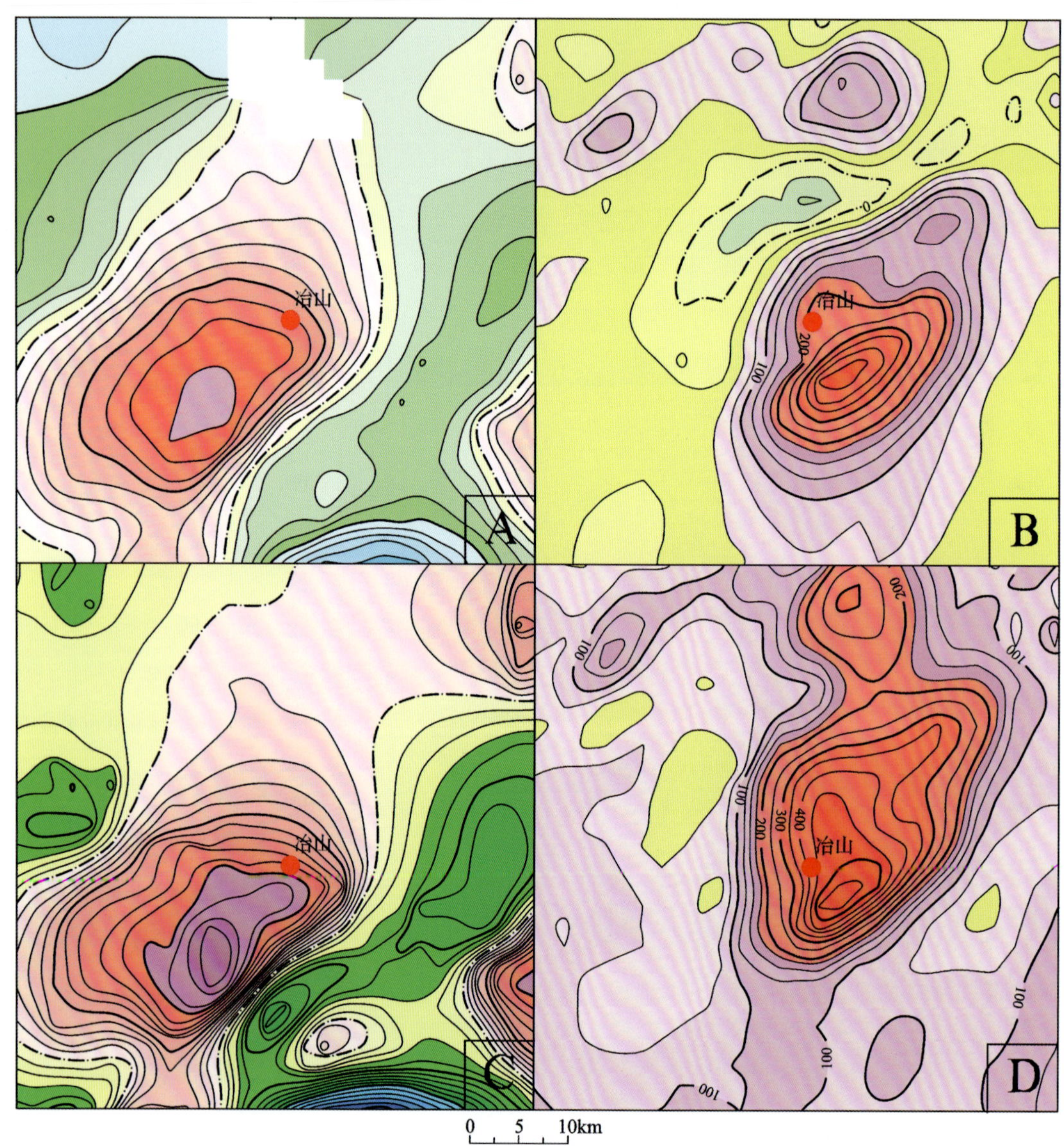

图 7-32　冶山铁矿所在区域系列图

A. 布格重力图；B. 航磁异常图；C. 剩余重力图；D. 航磁化极图

异常强度 ΔT>350nT；航磁 ΔT 化极图上冶山铁矿为半封闭异常，强度 450nT 以上。所在地区 1∶5 万布格异常平面图上，冶山铁矿位于冶山重力高异常北东梯度带 $30\times10^{-5}\mathrm{m/s^2}$ 等值线上，剩余重力图上显示冶山弧形重力高，其位置在剩余重力相对高的弧形等值线$(4\sim5)\times10^{-5}\mathrm{m/s^2}$ 附近，见图 7-33。

6)所在位置重、磁场特征

在矿区范围内开展了 1∶1 万比例尺磁测、1∶5 万比例尺重力工作，冶山北矿段地磁异常总体走向 75°，400nT 等值线长 1000m，宽 450m，呈半圆状，ΔZ_{max} 在 10 000nT 以上，北侧梯度较大，伴有明显的负异常，南侧梯度较缓，且 400nT 等值线范围内存在明显的宽缓次级叠加异常。磁异常位于重力高异常北东梯度带 $30\times10^{-5}\mathrm{m/s^2}$ 等值线上，见图 7-34。

冶山铁矿北矿段赋存于花岗闪长岩与下寒武统幕府山组白云岩接触带，属接触交代矽卡岩型磁铁矿床，根据对冶山铁矿重磁异常特征分析：寒武纪—震旦纪碳酸岩地层重力高异常与中酸性岩体航磁异常间(接触带)的局部磁异常是矽卡岩型典型矿床冶山铁矿异常模式，该典型矿床模式图见图 7-35。

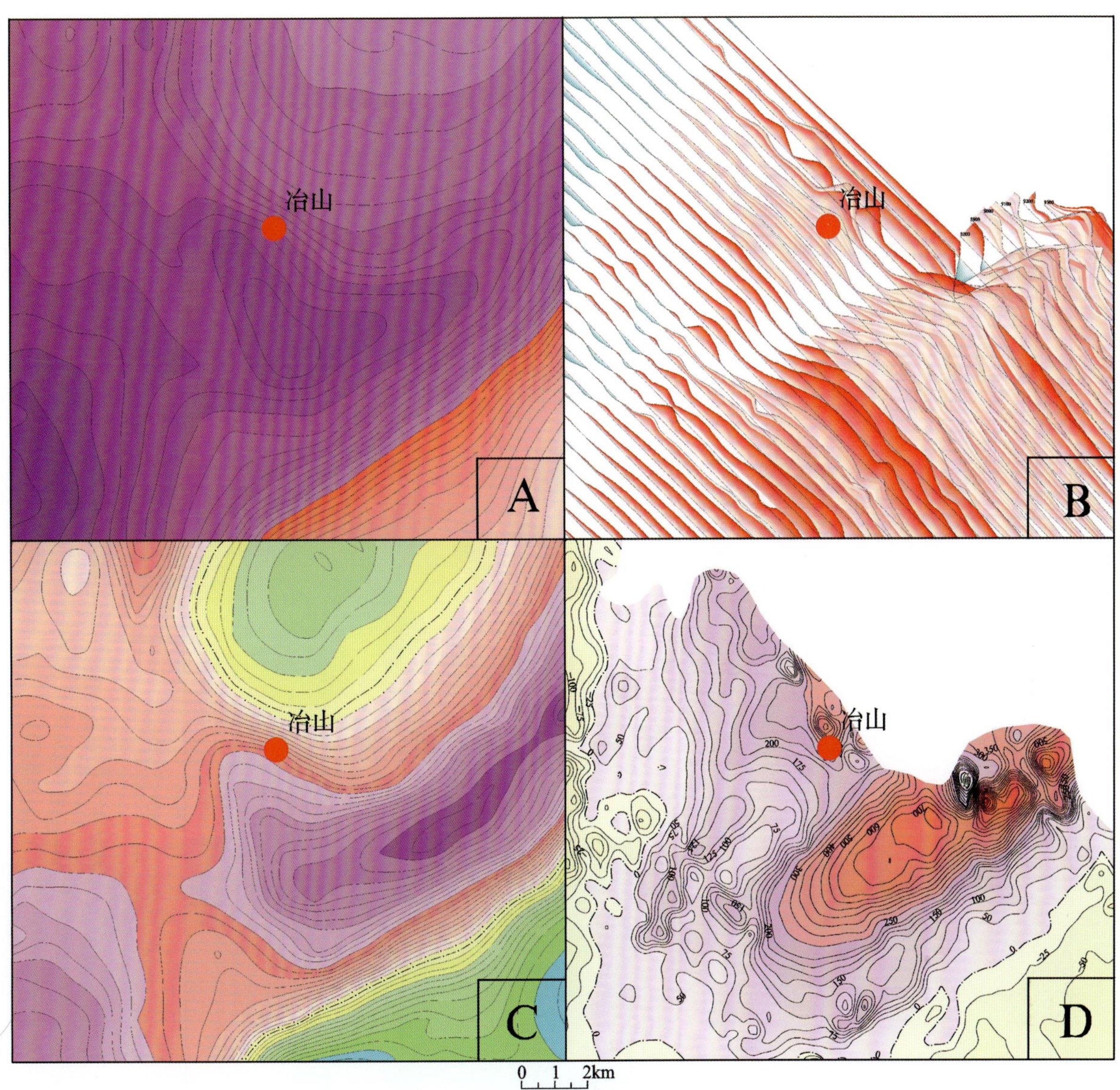

图 7-33 冶山铁矿所在地区系列图

A. 布格重力图;B. 航磁平剖图;C. 剩余重力图;D. 航磁化极图

(五)找矿标志总结

该成矿区带铁矿含矿建造岩性复杂，按铁矿床成因类型分为陆相火山岩型和矽卡岩型，陆相火山岩型铁矿是多旋回火山活动的产物，且往往受一定的陆相火山盆地和火山口控制，铁矿主要产于次火山岩与侏罗纪—白垩纪火山岩建造等，尤以大王山组接触带上；矽卡岩型铁矿主要产于碳酸盐岩建造与中酸性侵入岩体接触带上，主要为一套矽卡岩矿物组合。

已知铁矿床的分布特征及典型矿床研究结果说明，铁矿床上在小比例尺航磁图上总体位于中基性—中酸性侵入岩体引起的航磁异常梯度带附近(见图 7-6)，有一定规模的磁铁矿床在 1∶5 万磁测图上表现为明显的航磁局部异常或岩体磁异常上叠加的突起磁异常，有明显的地磁异常；规模较小的铁矿，航磁异常不明显，往往表现为岩体磁异常上叠加的突起磁异常，在大比例尺(1∶1 万)地磁图上表现为局部地磁异常。本成矿区带铁矿具有成群成带的分布特征，成矿作用受地层(火山岩地层、碳酸盐岩

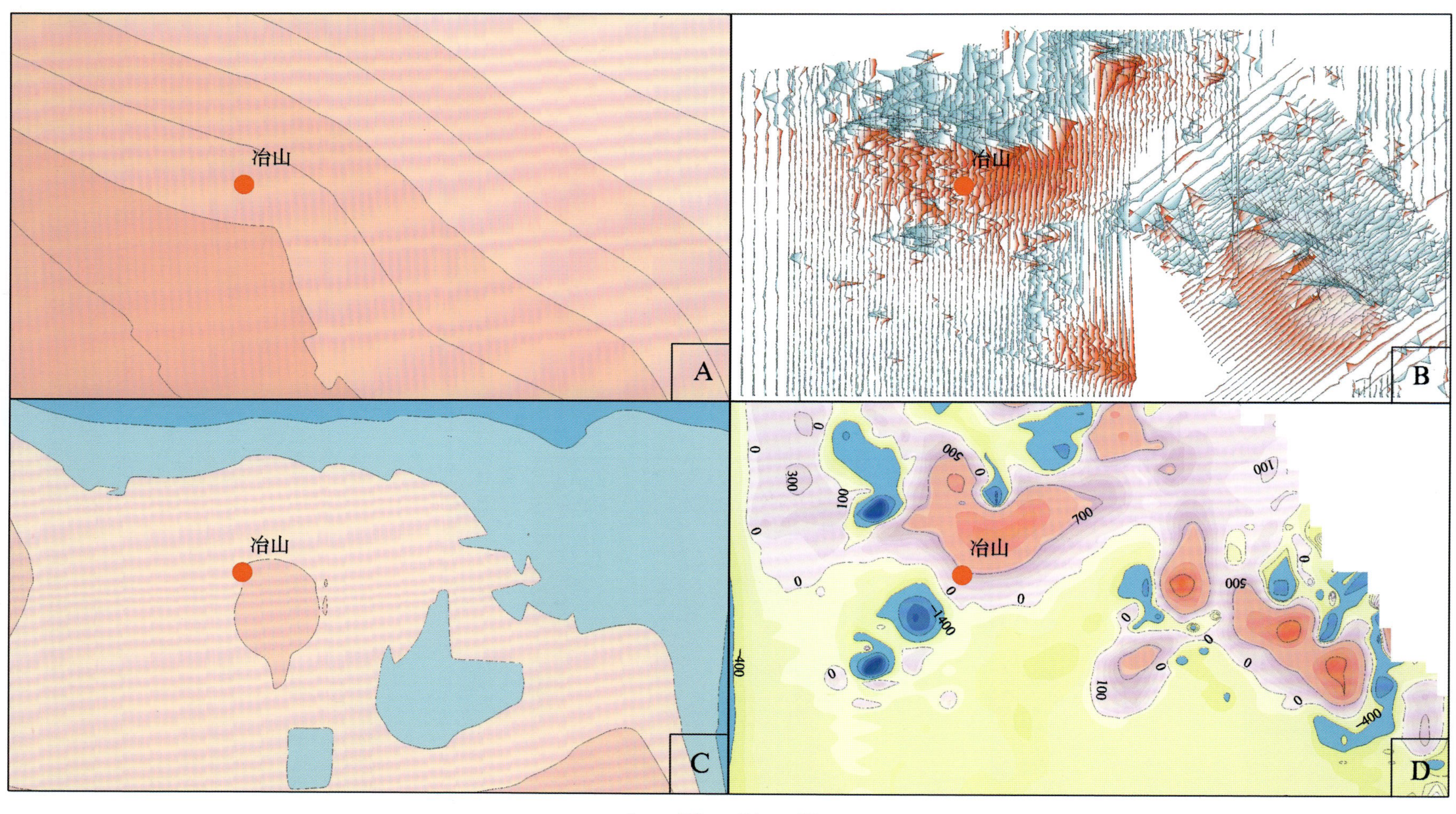

图 7-34　冶山铁矿所在位置系列图

A. 布格重力图；B. 航磁平剖图；C. 剩余重力图；D. 航磁化极图

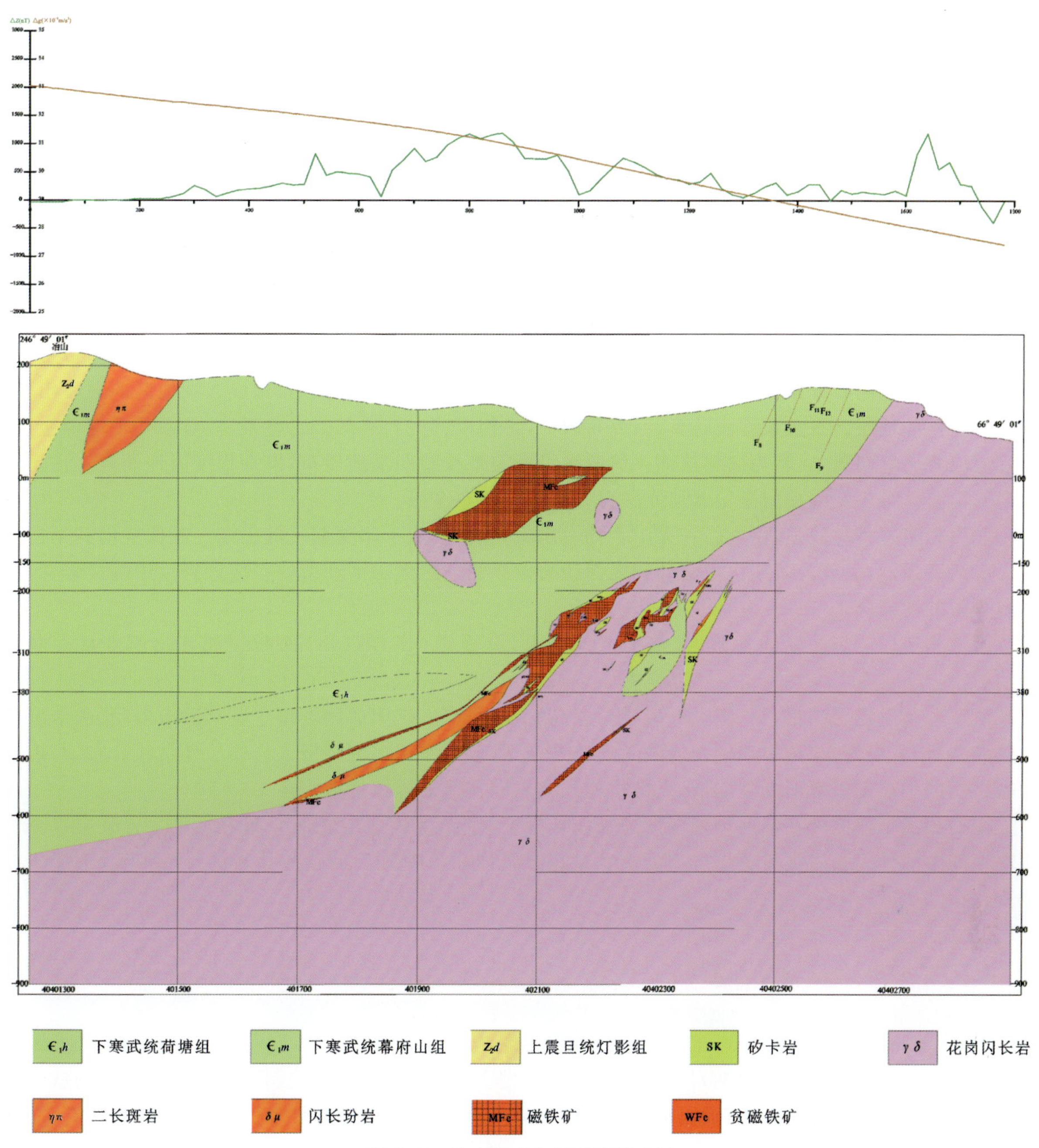

图 7-35　冶山铁矿典型矿床模式图

地层)、岩浆岩、断裂、火山机构和接触带构造控制。因此成矿有利地段航磁局部异常、航磁异常的局部突起或局部地磁异常可作为寻找磁性矿产的直接找矿标志。

五、宣州-苏州铁矿成矿带Ⅲ-69-③地质矿产、磁异常特征及找矿标志

(一)地质特征

宣州-苏州铁矿成矿带Ⅲ-69-③包含宜溧、苏州西部和南通铁矿预测工作区。

宜溧预测工作区西部为戴埠-社渚火山岩盆地,东部为中生代隆起区。戴埠-社渚火山岩盆地属Ⅳ

级火山构造单元，中三叠世以前，地壳活动处于平静状态，岩浆活动极其微弱，中—晚三叠世以来，地壳活动渐强，海水退出，稳定的沉积环境瓦解，区域环境代之以一个强烈褶皱、冲断及断块活动为特征的新阶段，至晚侏罗世—早白垩世，地壳活动达到了最高峰，并伴有强烈的火山岩浆喷发和侵入。晚白垩世—第三纪时期，地壳以快速沉降为主，火山活动微弱，断陷盆地进一步发展，堆积了巨厚的白垩系和第三系。

东部隆起区除太阳山零星出露早奥陶世泥灰岩外，其余最老地层为下志留统坟头组。前侏罗纪地层总体呈北东—北东东走向。下侏罗统象山群砂岩和上侏罗统西横山组杂砾岩亦有少量零星出露。

北北东向与北西向、东西向断裂在区内交叉，导致燕山期岩浆侵入-喷发活动强烈，对铁、铜矿产有重要控制作用。

预测工作区西部已知矿产有铁、铜、铅、锌，矿床类型属火山喷溢型、火山热液型及次火山热液型。

苏州西部预测工作区处在扬子板块江南台隆北延的德安-苏州前陆盆地、皖东南-太湖坳褶带上，震旦系及下古生界主要分布在其东、西两侧，泥盆系广泛出露于湖苏断裂以西，构成太湖地区的主要山体，并为背斜核部地层。石炭系露头甚少，但分布较广，常构成背向斜翼部。二叠系、三叠系几乎遍及全区，前者组成背向斜两翼，后者为向斜核部。侏罗系沿断裂带及断凹盆地展布，发育程度因地而异。白垩系仅局部出露。第三纪继承白垩纪盆地而发育。第四系遍布全区。

区内岩浆岩种类较多，侵入岩和火山岩均有出露，主要形成于印支期—燕山期。晚侏罗世到早白垩世火山活动强烈，表现为多期火山活动和大面积喷发。第三纪火山活动微弱。侵入岩以中酸性岩为主，另有少量基性岩脉。

区域构造以北东向复式褶皱、推覆构造为特色，并受湖（州）苏（州）深断裂和苏州西部基底断裂制约。

矿产种类以铅、锌、银、铜、钼、铌、硫（锡）和高岭土为特色，矿床成因类型主要有矽卡岩型、矽卡岩伴生热液型、斑岩型等，与燕山期侵入岩浆活动关系密切，成矿作用多围绕侵入岩体呈环带状分布，与成矿关系密切的构造则以弧形断裂构造（火山机构）、北东向构造及推覆构造为主。

南通预测工作区处在苏北坳陷南部边缘斜坡带上，中新生代地层之下分布古生界。岩浆岩以燕山中晚期的中酸性闪长岩类与花岗岩类为主。在花岗岩体和早中寒武世碳酸盐岩的接触带上，形成了接触交代型铁矿床。

（二）已知矿产地的分布特征

宣州-苏州铁矿成矿带Ⅲ-69-③铁矿产地分布见图7-7。

宜溧预测工作区东部燕山期岩浆侵入-喷发活动强烈，对铁矿有重要控制作用。目前发现的铁矿有小型矿床5处，矿点10多处，其成因类型多属矽卡岩型及热液交代充填型，均与火山岩浆活动有关，以矽卡岩型为主要成因类型。

铁矿（点）基本围绕戴埠-社渚火山岩盆地周围中酸性侵入岩体引起的航磁异常梯度带附近，如：宜兴市新芳、溧阳上黄、中巷、社渚镇兔子山、土包山，此外还有别桥镇土山、周城镇金山、平桥小梅岭、横涧乡松岭、李家园、张渚镇长山、张渚镇鸡笼山、西洋渚北山等铁矿点。

苏州西部预测工作区有铁矿床（点）共7个，含中型铁矿3个，小型铁矿2个，矿点2个，已探明矽卡岩型铁矿资源量1556.17×10^4t，成因类型主要为矽卡岩型。

铁矿与燕山期侵入岩浆活动关系密切，成矿作用多围绕侵入岩体呈环带状分布，与成矿关系密切的构造则以弧形断裂构造（火山机构）、北东向构造及推覆构造为主。矿产主要分布在中酸性侵入岩体引起的环带状航磁异常梯度带附近，如：吴县善桥镇陈家沟、谈家桥、浒关镇旺米山、浒墅关镇范家桥和枫桥唐家墩铁多金属矿。

南通预测工作区范围矿产与燕山中晚期的中酸性闪长岩类及花岗岩类关系密切，在花岗岩体和早中寒武世碳酸盐岩的接触带上，形成了接触交代型铁矿，王浩铁矿已探明铁矿资源量1413.2×10^4t。

(三)磁场特征

Ⅲ-69-③宣州-苏州铁成矿带位于苏南及上海市复杂异常区溧阳—宜兴、无锡—苏州和南通地区,磁异常特征见图7-7。

溧阳地区主要表现为杂乱航磁异常特征,在戴埠镇、社渚一带存在一定规模磁异常,呈环状分布特征,异常幅值一般在250nT以上,溧阳市周围分布了一些规模较小局部异常,强度低,走向各异,已有地质资料表明为侏罗系龙王山组和大王山组火山岩的分布区域,局部异常由溧阳、戴埠火山机构附近侵入的石英闪长斑岩等中酸性岩体引起。

宜兴地区东部周铁镇-新庄镇航磁异常具一定规模,走向北东,形态规则,似椭圆状航磁 ΔT 异常,幅值在340nT以上,对应重力高异常,前人在漕桥附近见花岗闪长斑岩等中酸性岩体,而花岗闪长斑岩密度值并不高,因此该重磁同高异常,是否与磁性矿物有关?值得进一步探讨。

溧阳-宜兴地区航磁 ΔT 化极后,异常向北偏移,形态与航磁异常相似。

宜溧预测工作区位于该Ⅳ级成矿带的西南,苏南航磁复杂异常区中南部,依据1∶5万航磁资料区域磁场特征可划分为:西北部为后周—定埠平静负磁场区,中部为溧阳杂乱磁场区,东部为徐舍-鼎蜀平静磁场区(图7-36)。

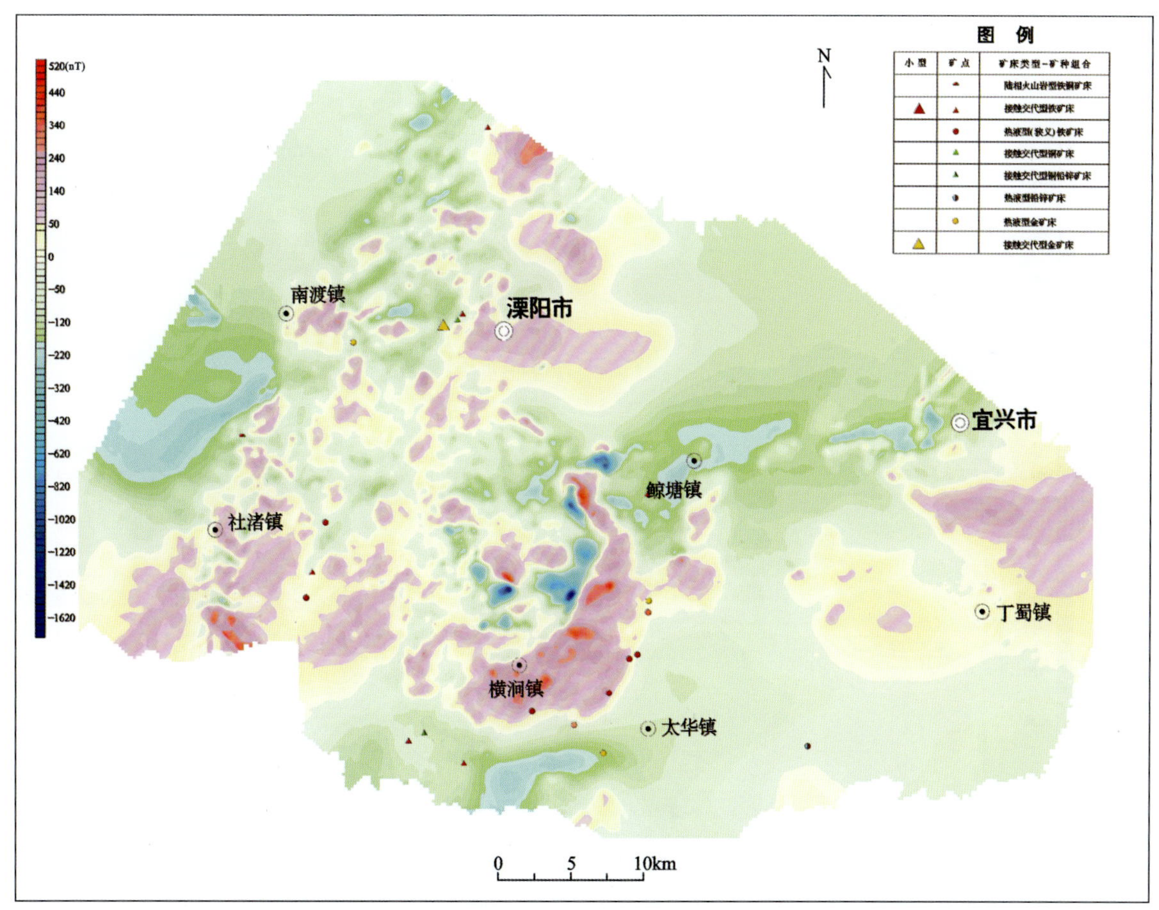

图7-36　江苏省宜溧预测工作区1∶5万航磁 ΔT 等值线平面图

后周-定埠平静负磁场区为变化单调的负磁场,是桠溪港凹陷磁场特征反映。

溧阳杂乱磁场区以杂乱磁场为特征,ΔT 曲线呈波状起伏变化,除在戴埠镇、双庙一带磁异常规模较大外,其余异常的规模均较小,异常强度一般在200nT左右。该区出露地层主要为侏罗系龙王山组和大王山组火山岩,次火山岩有流纹斑岩、辉石石英粗安斑岩。燕山期侵入岩分布广泛,岩石类型主要有斑状花岗岩、斑状花岗闪长岩、石英二长斑岩、石英闪长斑岩和花岗斑岩。

徐舍-鼎蜀平静磁场区以平静负磁场为主要特征，鼎蜀—西塘一带为平缓升高的正磁场，其 ΔT 曲线变化单调，强度一般是在 150nT 左右，局部异常较少，区内出露地层主要为中古生界，零星见有花岗斑岩及闪长玢岩脉出露。区域地质资料结合磁场特征分析，上述无磁性地层是构成磁场变化单调的基本因素，而呈孤立分布的异常则主要与中酸性侵入岩体有关。

无锡—苏州地区，在一片平静的负异常中出现一系列较规则的正异常凸起，它们主要是无锡正异常带、苏州环带状异常。

无锡正异常带，分布在无锡滨湖区—安镇—虞山一带，总体走向近东西，呈条带状，幅值在 200～260nT 之间，该条带状异常往东沙溪镇和浮桥镇位置，还分布了两个局部异常，幅值为 300nT 和 340nT 左右，上述航磁异常总体呈串珠状分布，结合地质资料认为该串珠状航磁异常反映了中酸性侵入岩体的分布。

苏州环带状磁异常对应苏锡Ⅴ级成矿区，航磁 ΔT 平面等值线图上反映为 250～500nT 不等幅值的多个局部磁异常，在东渚镇—光福镇—七子山—唯亭镇一带呈环带状分布，中部为相对低缓磁场区，表现为相对重力低，结合区域地质资料，认为环带状磁异常为中酸性侵入岩体引起，中部为相对低缓磁场、低重力场特征，与苏州酸性花岗岩有关(见图 7-7)。

苏州西部预测工作区处于苏南航磁复杂异常区中南部，区域上总体呈环形磁场特征，依据 1∶5 万航磁资料磁场的强度、形态、分布等特征，可将其划分为中部圆形磁场区、环形磁场区和东北部团块磁场区(图 7-37)。

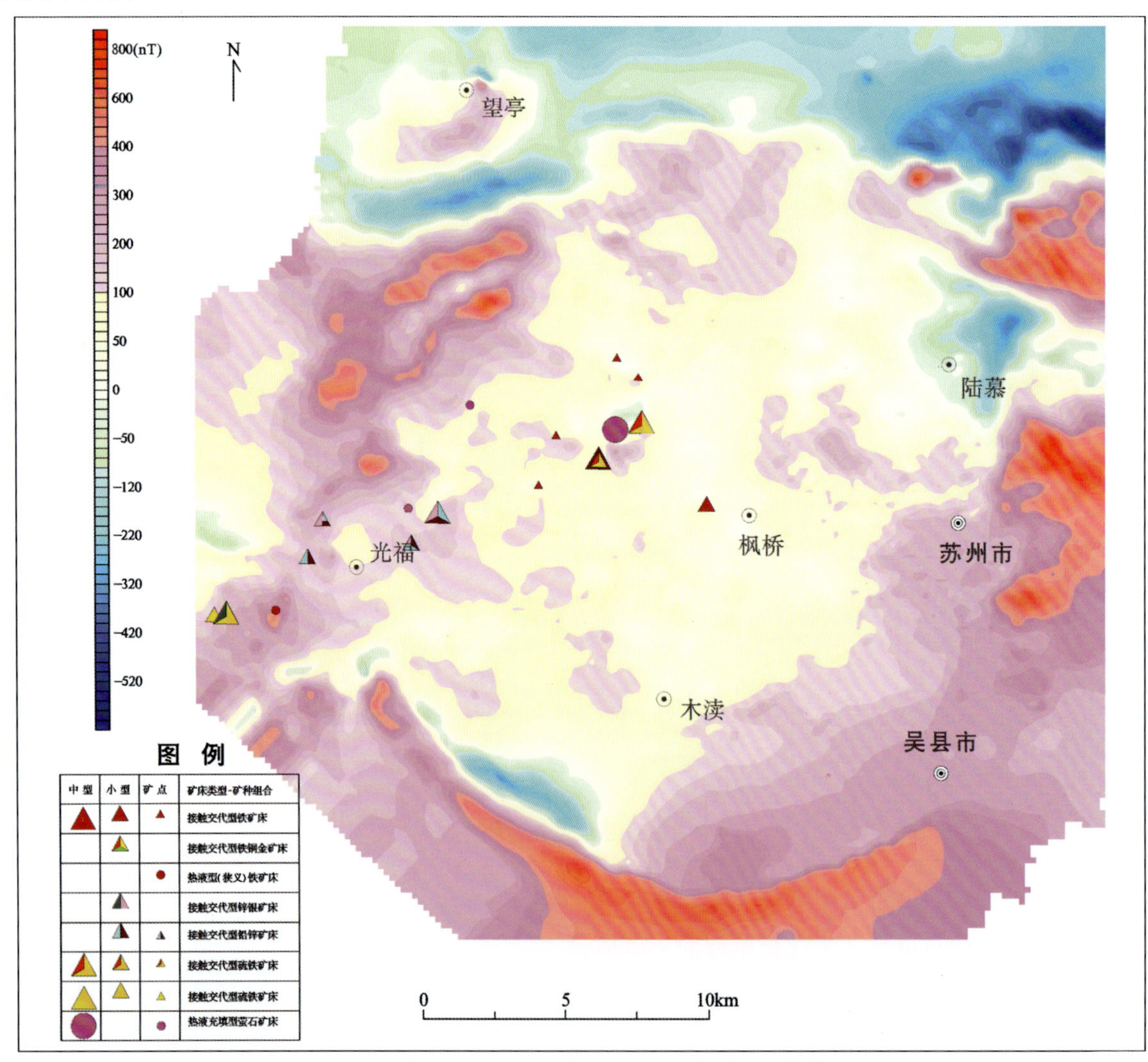

图 7-37　江苏省苏州西部预测工作区 1∶5 万航磁 ΔT 等值线平面图

中部圆形磁场区近似于圆形，分布于预测工作区中部，直径大约 18km，大致范围：东至苏州—陆墓一线，西至通安—善人桥一带，南至木渎，北到里口—北胜桥一带。区内局部异常强度一般为 20～200nT，异常轴向变化无一定规律，物探重磁、区域地质资料显示为苏州花岗岩体的分部范围，该区北东部分地区 ΔT 曲线呈杂乱跳动状，推断与花岗岩体上覆的酸性火山岩地层有关。

环形磁场区围绕中部圆形磁场区呈环带状分布，航磁 ΔT 平面等值线图上反映为 200～800nT 不等强度的局部磁异常，结合区域地质资料，推断为中酸性侵入岩体引起的磁场。

东北部团块磁场区位于预测工作区东部，异常呈团块状分布，强度 1000nT 左右，团块与团块之间通常出现 200～300nT 的负异常，从区域地质、物性资料看，东北部团块磁场与中酸性和偏基性火山岩分布有关。

南通地区航磁异常主要分布在余东镇—悦来镇—南阳镇一带，余东镇-悦来镇航磁异常主体在南通-启东Ⅴ级成矿区范围内，总体走向北西，呈条带状，其上分布了 3 个局部异常，强度在 200～300nT 之间，表现为北西宽大、强度高，南东变窄、强度低的特点，推断主要与中酸性岩体有关。

南通预测工作区与南通-启东Ⅴ级成矿区范围相对应，处于苏南航磁复杂异常区北东部，总体呈北低南高的磁场特征，依据 1∶5 万航磁资料，区域场上可划分为泰兴-如东负磁场区东延石港磁场区及海门正磁场区（图 7-38）。

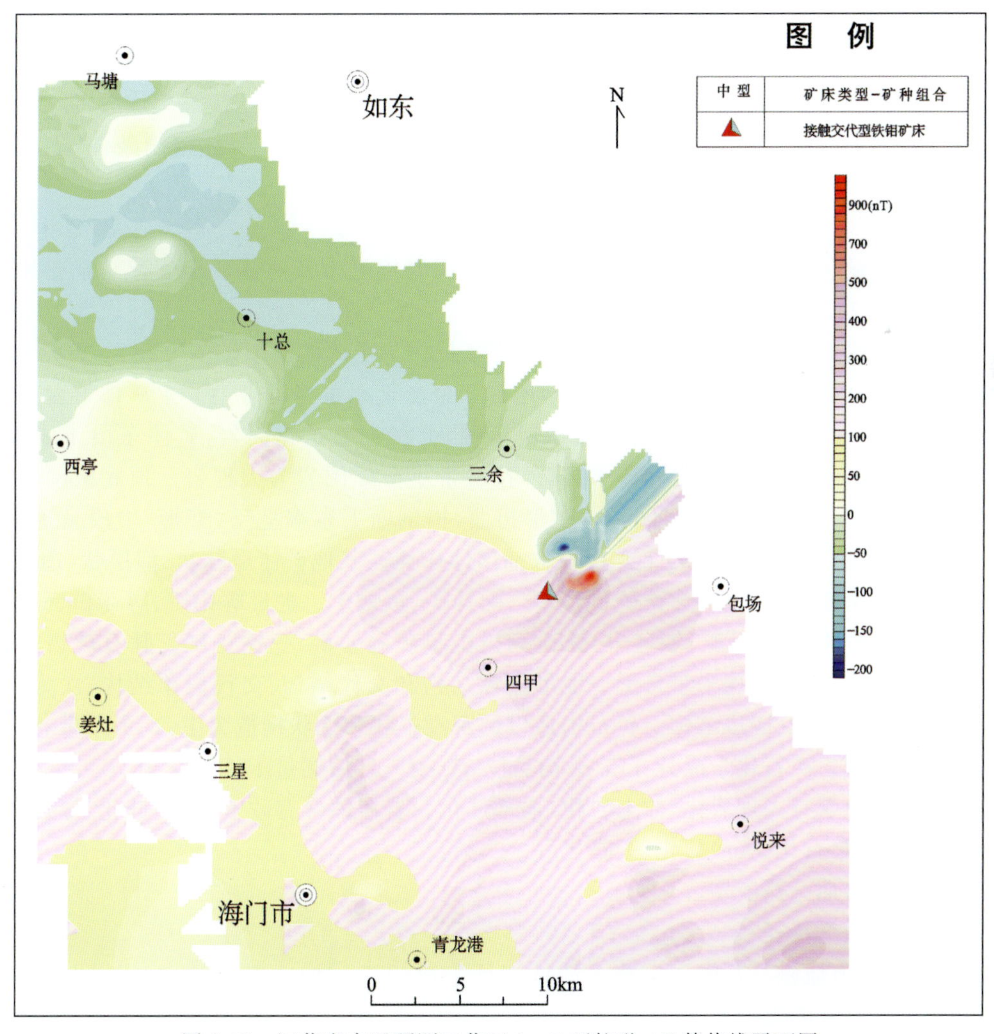

图 7-38　江苏省南通预测工作区 1∶5 万航磁 ΔT 等值线平面图

石港负磁场区位于预测工作区北部，是泰兴-如东负磁场区东延部分，航磁 ΔT 背景一般在 −50nT 左右，其上分布的局部异常走向近东西，磁场幅值 100nT 左右，梯度相对较缓，结合区域地质资料，该磁场纪征与第三纪凹陷中局部中酸性侵入岩体有关。

海门正磁场区位于预测工作区南部，航磁 ΔT 背景一般在 50～150nT 之间，异常由西向东逐渐升高，异常总体走向北西，其上分布多个局部异常，形态不一，走向各异，强度一般在 200～300nT 之间，结合区域地质资料，较高的磁场背景与抬升的结晶基底磁性地层有关，航磁 ΔT 局部异常由中酸性侵入岩体引起。

（四）典型矿床研究结果

王浩铁矿

1）成矿地质作用

王浩铁矿位于江南古陆东北部南京-南通断裂带的东端，南京-三余隆起带。主要与成矿有关的地层为中下寒武统幕府山组大理岩，主要岩体为花岗岩类，晚期有花岗斑岩、霏细斑岩、辉绿玢岩等岩脉穿插。南侧覆盖侏罗纪火山岩，北侧为白垩系所覆盖，总体走向为北东东向。

2）成矿构造体系

矿体受围岩与岩体接触构造控制，主矿体产于正接触带，其形态、产状严格受正接触带控制。小矿体受内接触带捕虏体控制。围岩控制条件：早寒武世含镁质较高的大理岩，接触交代后，形成以透辉石、粒硅镁石、蛇纹石为主的矽卡岩，磁铁矿选择交代透辉石形成工业矿体。岩体控制条件：矿区岩浆岩有花岗岩、花岗斑岩及岩脉，其中花岗岩对矿体具有明显控制作用。

3）成矿特征

矿床特征：矿体赋存于寒武纪大理岩与燕山晚期花岗岩接触带及两侧矽卡岩化含矿带中，围绕花岗岩体呈“U”字形分布。

矿体特征：三矿段的主矿体有 5 个赋存在正接触带上，I_2 主矿体及小矿体中有 21 个产于内接触带花岗岩的捕虏体中，3 个产于外接触带大理岩中，还有 3 个产于超覆接触带上。主矿体上盘围岩是大理岩，局部为矽卡岩，2—4 线矿体头部直接与覆盖层接触，下盘主要是花岗岩，矿体东段 1 线为矽卡岩。捕虏体小矿体顶底板围岩均为花岗岩和矽卡岩，外接触带小矿体围岩为大理岩。顶底板围岩与矿层界线一般较清楚。I_1 号主矿体水平断面上呈“S”形扭曲，横剖面上东端呈反“S”形，中段呈透镜状，西段为似层状。I_2 号主矿体呈似层状，为Ⅰ矿段最大捕虏体矿体。其他矿体呈脉状、似层状、透镜状。

矿石特征：金属矿物有磁铁矿、赤铁矿、褐铁矿、闪锌矿、黄铁矿。少量辉钼矿、辉铋矿、硼镁铁矿、菱铁矿；少许自然铋、黄铜矿、方铅矿、铜蓝、白铁矿和极微量硫碲铋矿、硫铜铋矿。脉石矿物主要有透辉石、石榴石、粒硅镁石。矿石结构为半自形—他形晶粒结构和交代结构、交代假象结构，次为包含结构、交代残余结构、胶状结构、反应边结构。矿石构造以稠密浸染状和块状构造为主，次为条带状、斑杂状构造，少量呈角砾状构造。矿石化学成分 TFe 平均品位 35.04%。铁储量 1413.2×10^4t。

蚀变特征：围岩蚀变有大理岩化、矽卡岩化，局部硅化。岩体蚀变有矽卡岩化、硅化、绿泥石化、高岭土化、绢云母化、钾钠长石化、碳酸盐化、萤石化等。

成矿期次：矽卡岩期—热液期。

4）所在区域重、磁场特征

所在区域 1∶25 万航磁 ΔT 成果反映王浩铁矿处于海门正磁场区王浩航磁 ΔT 异常北侧梯度带上，航磁 ΔT 化极平面等值线图上，航磁异常极大值往北位移，此时王浩铁矿在航磁 ΔT 化极磁异常的极大值中心的西南次级异常位置。所在区域 1∶25 万布格重力异常及剩余重力异常平面图上，王浩铁矿位于十总—三余重力高异常东南 $-2\times10^{-5}\mathrm{m/s^2}$ 等值线附近，见图 7-39。

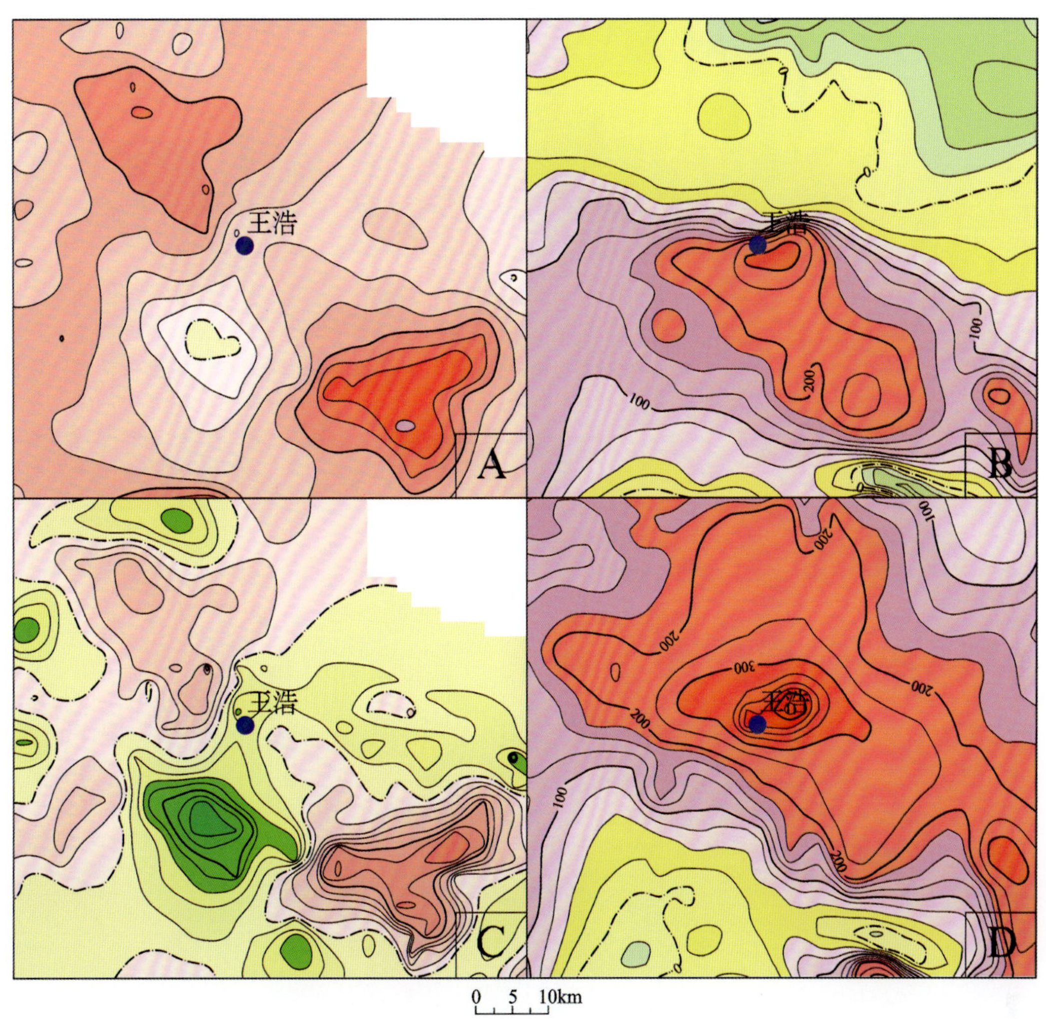

图 7-39　王浩铁矿所在区域系列图

A. 布格重力图；B. 航磁异常图；C. 剩余重力图；D. 航磁化极图

5)所在地区重、磁场特征

所在地区 1∶5 万航磁 ΔT 剖面平面图上王浩铁矿为叠加在东西宽缓背景场上的次级异常，比较醒目，有 5 条测线反映强烈，航磁 ΔT 等值线平面图上，300nT 等值线，呈椭圆状、近东西走向，长约 2600m，宽约 1600m，极大值 1100nT，北侧伴生负场，极小值－150nT。航磁 ΔT 化极图上反映王浩铁矿处在航磁异常的东南梯度带上。所在地区重力资料显示王浩铁矿在重力高向东突出的$(4\sim6)\times10^{-5}\,m/s^2$ 等值线附近，见图 7-40。

6)所在位置重、磁场特征

在矿区范围内开展了 1∶1 万比例尺重、磁工作，地磁 ΔZ 异常总体呈向北东开口的“U”字形，由 3 个峰值组成，局部异常呈北东向，以 400nT 等值线计算，长约 3100m，宽约 1000～1600m，峰值为 2138nT，北侧有负异常伴生；磁异常位于重力高向东突出的$(4\sim6)\times10^{-5}\,m/s^2$ 等值线附近，表现为相对重力高，见图 7-41。

王浩铁矿含矿带产于寒武纪大理岩与燕山晚期花岗岩接触带及两侧矽卡岩中，围绕花岗岩体呈“U”字形分布，属接触交代矽卡岩型磁铁矿床。根据对王浩铁矿重磁异常特征分析：重力高突出(相对重力高)位置有明显的磁异常组合是典型王浩铁矿的异常模式，该典型矿床模式图见图 7-42。

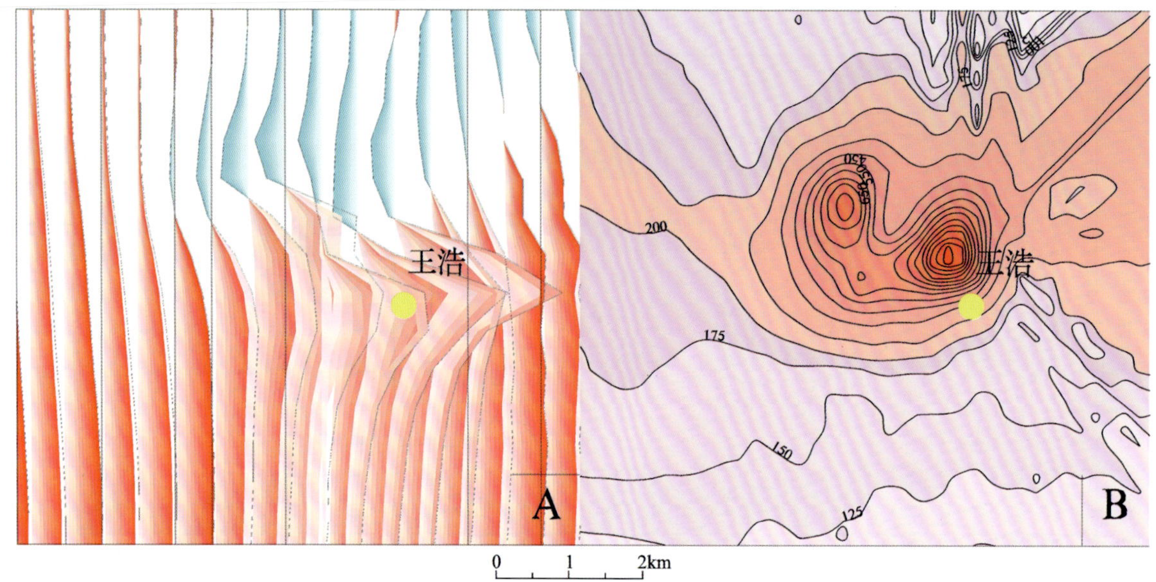

图 7-40　王浩铁矿所在地区系列图

A. 航磁平剖图；B. 航磁化极图

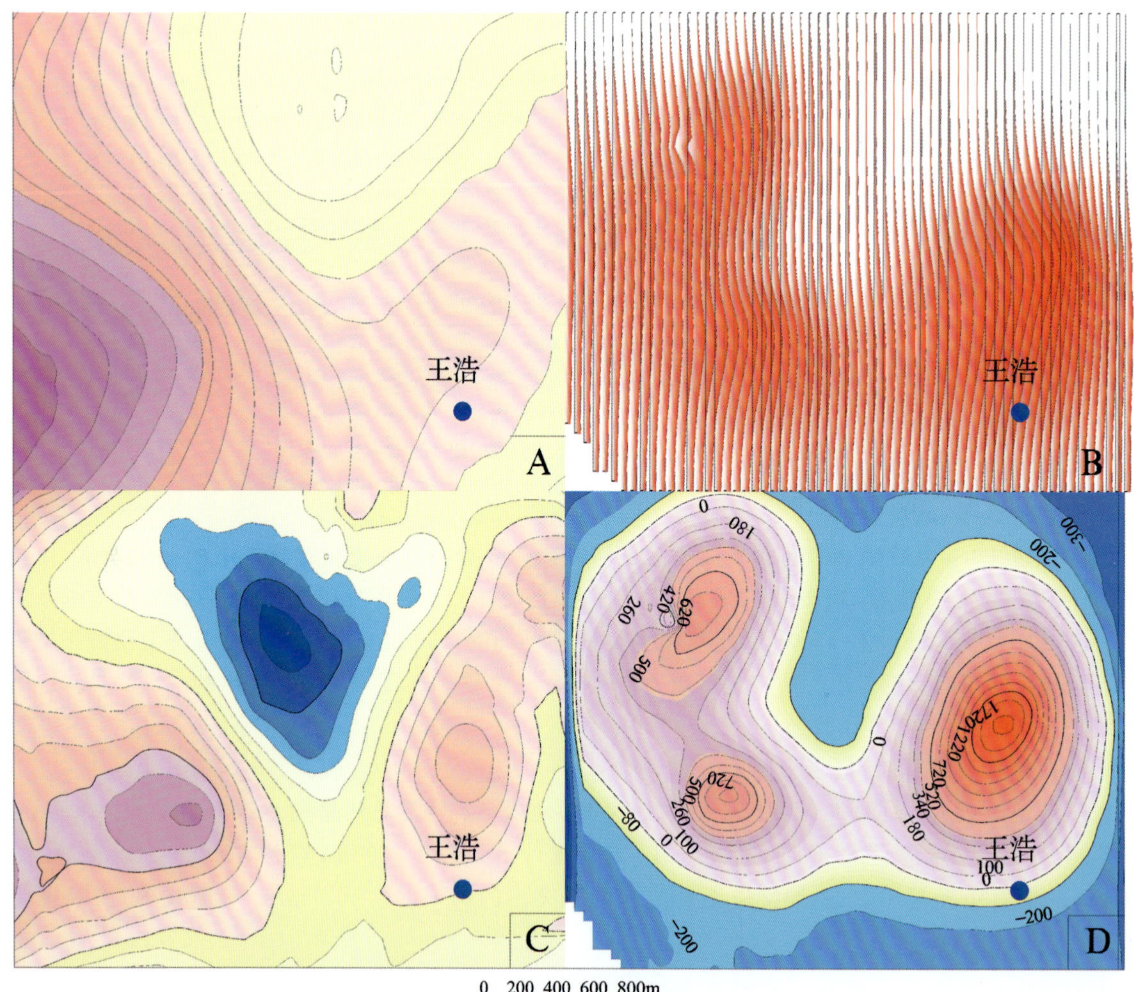

图 7-41　王浩铁矿所在位置系列图

A. 布格重力图；B. 航磁平剖图；C. 剩余重力图；D. 航磁化极图

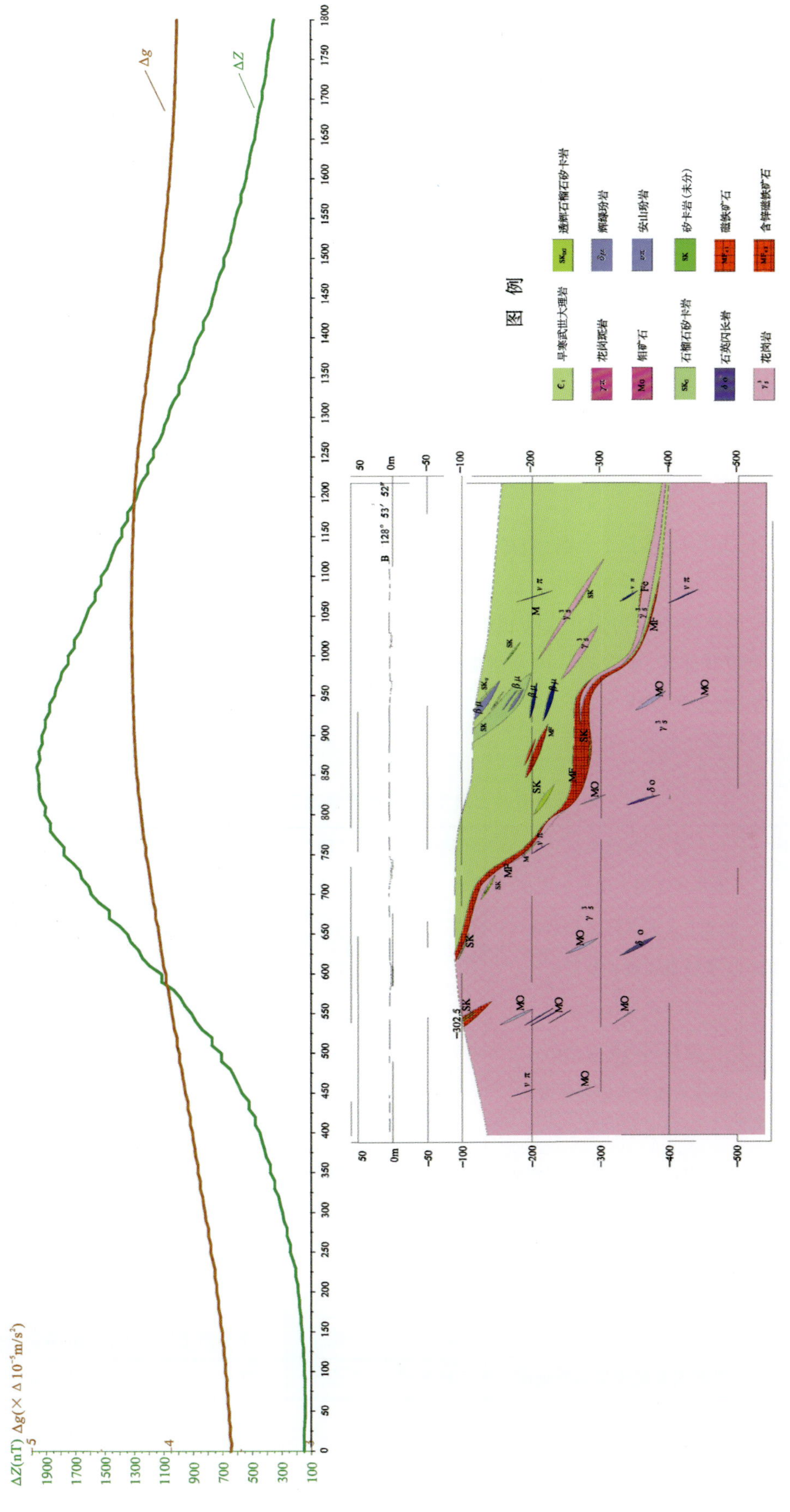

图 7-42　王浩铁矿典型矿床模式图

（五）找矿标志总结

该成矿区带铁矿含矿建造主要产于碳酸盐岩建造与中酸性侵入岩体的接触带，主要为一套矽卡岩矿物组合。已知铁矿床的分布特征及典型矿床研究结果说明，铁矿床在小比例尺航磁图上总体位于中酸性侵入岩体引起的航磁异常梯度带附近（见图 7-7），有一定规模的磁铁矿床在 1：5 万磁测图上表现为明显的航磁局部异常或岩体磁异常上叠加的突起磁异常，有明显的地磁异常，规模较小的铁矿，航磁异常不明显，往往表现为岩体磁异常上叠加的突起磁异常，在大比例尺（1：1 万）地磁图上表现为局部地磁异常。因此成矿有利地段小比例尺航磁异常的局部突起或大比例尺航、地磁局部异常可作为寻找磁性矿产的直接找矿标志。

第三节　铜、金矿区域磁异常特征及找矿标志

江苏省及上海市共划分了 5 个铜、金矿Ⅳ级成矿区带，其中鲁西Ⅲ-64-①、苏鲁Ⅲ-67-③、沿江Ⅲ-69-②和宣州-苏州Ⅲ-69-③ 4 个成矿区带与前述铁矿Ⅳ级成矿区带范围一致，此外还有Ⅲ-71-⑤天目山-金山Ⅳ级成矿区带，预测类型分为铜井式陆相火山岩型铜金矿、安基山式矽卡岩斑岩型铜矿、汤山式卡林型金矿、新桥式铁帽型金矿、侵入岩体内及接触带型金矿、焦家式破碎蚀变岩型金矿、金山式矽卡岩型铜矿等，细分为 7 个铜、金矿Ⅴ级成矿区，对应有徐州-利国、东海-新沂、宁芜、宁镇、溧水、宜溧和上海金山部共 7 个铜、金矿预测工作区，见表 7-2。

表 7-2　江苏省及上海市铜、金矿产预测工作区一览表

预测工作区名称	矿产预测类型	面积（km^2）	矿种	预测方法类型	典型矿床
宁芜	铜井式陆相火山岩铜金矿	875	铜、金	火山型	铜井铜金矿
宁镇	安基山式矽卡岩斑岩型铜矿	2250	铜	复合内生型	安基山铜矿
	德兴式斑岩型铜矿		铜	复合内生型	句容盘龙岗铜矿
	汤山式卡林型金矿		金	复合内生型	汤山金矿
	新桥式铁帽型金矿		金	复合内生型	平山头金矿
溧水	铜井式陆相火山岩铜金矿	2560	铜、金	火山型	金驹山金矿
	破碎蚀变岩型金矿		金	复合内生型	燕子口金矿
宜溧	安基山式矽卡岩斑岩型铜矿	3100	铜	层控内生型	安基山铜矿（借用）
	新桥式铁帽型金矿		金	复合内生型	平山头金矿（借用）
	侵入岩体内及接触带型金矿		金	侵入型	土包山铁金矿
上海金山	金山式矽卡岩型铜矿	1200	铜	层控内生型	张堰铜铁矿
徐州-利国	焦家式破碎蚀变岩型金矿	1500	金	复合内生型	借用全国项目组
东海-新沂	焦家式破碎蚀变岩型金矿	4500	金	复合内生型	借用全国项目组

鲁西Ⅲ-64-①，苏鲁Ⅲ-67-③，沿江Ⅲ-69-②和宣州-苏州Ⅲ-69-③ 4 个铜、金矿成矿带与对应铁矿成矿带范围一致，地质、磁异常特征不再叙述，江苏省及上海市铜金典型矿床有安基山铜矿、句容盘龙岗铜

矿、铜井铜金矿、獾子洞铜金矿、观山铜铅矿、张堰铜铁矿、燕子口、汤山、平山头、金驹山和土包山金矿，文中选取2个铜金矿典型矿床按各成矿区带地质矿产、磁场特征，结合典型矿床研究结果总结找矿标志。

一、鲁西铜、金矿成矿带Ⅲ-64-①已知矿产地的分布特征及找矿标志

（一）已知矿产地的分布特征

鲁西铜、金矿成矿带Ⅲ-64-①内徐州-利国预测工作区（见图7-3）内有接触交代型铜金矿点1个，即：徐州市班井热液型铜金矿点，位于徐州市西南约15km，即：宿羊山镇-房村镇航磁异常西部次一级北东向航磁异常南缘江苏安徽省界位置。

（二）找矿标志总结

班井东西向断裂与北东向断裂的复合部位是主岩体上侵的通道，岩体对区内的金、银、铜、铁、多金属矿化起控制作用。该岩体是以接触交代的矽卡岩型铁、铜（金、银、钼）矿化为主，其围岩以寒武纪碳酸盐岩和碎屑岩为主。在1∶5万航磁图上（图7-43），铜（金）矿化点位于北北东向班井燕山期中酸性岩体航磁局部异常西南边缘，因此成矿有利地段航磁局部异常边缘，可作为寻找该类型金矿产的间接找矿标志。

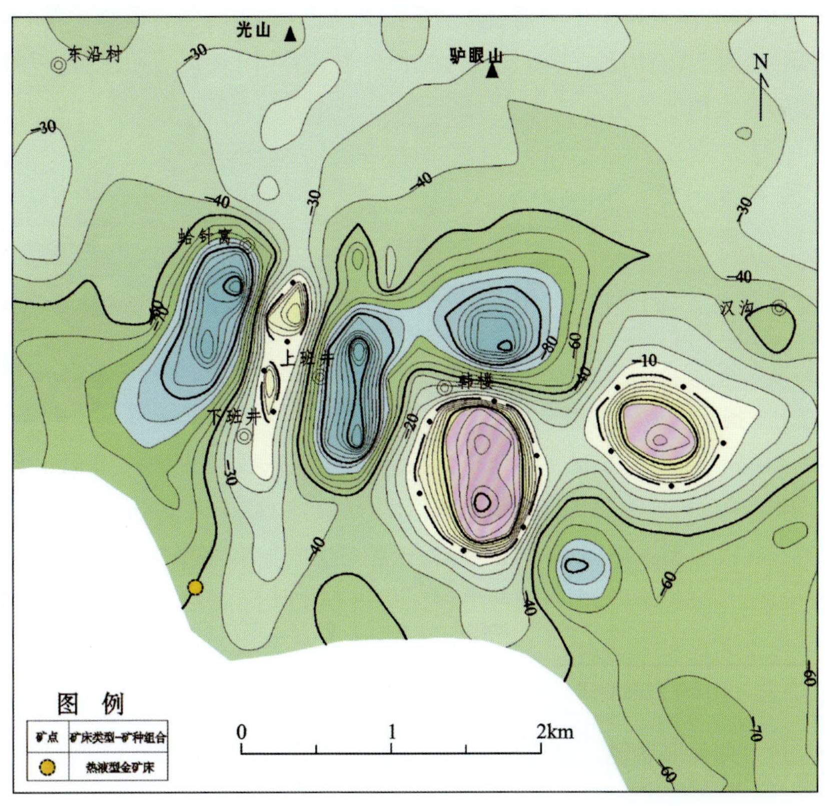

图7-43　航磁 ΔT 平面等值线图

二、苏鲁金矿成矿带Ⅲ-67-③已知矿产地的分布特征及找矿标志

苏鲁铜、金矿成矿带Ⅲ-67-③东海-新沂地区有东海县竹墩、新沂市小古沟等金矿点，位于郯庐断裂东侧，北北东向桃林岩体航磁异常边缘（见图7-4），金矿化主要类型为破碎带蚀变岩型，金矿化主要受断裂破碎带控制，成矿有利地段郯庐断裂航磁异常边缘，可作为寻找该类型金矿产的间接找矿标志。

三、沿江铜、金矿成矿带Ⅲ-69-②已知矿产地的分布特征及找矿标志

（一）已知矿产地的分布特征

沿江铜、金矿成矿带Ⅲ-69-②已知铜、金矿产地主要分布在宁镇、宁芜和溧水地区（见图7-6），铜、金矿产成群成带分布。

宁镇地区有盘龙岗、安基山、伏牛山和铜山铜多金属矿等，铜、金矿等多金属矿产大多分布在石英闪长玢岩、花岗闪长斑岩等中酸性侵入岩体引起的航磁异常梯度带附近。

宁芜地区铜、金矿产有谷里铜金矿、谷里高庄、铜井铜金矿、陆朗镇大岭岗、横溪乡大平山等，铜、金矿矿产大多分布在角闪闪长（安山）玢岩、辉石闪长（安山）玢岩、石英闪长岩、石英闪长玢岩等中基性—中酸性次火山岩或侵入岩体引起的航磁异常梯度带附近。

溧水地区铜、金矿产有南京市獾子洞铜金矿、燕子口、东岗、观山、金驹山金矿等，铜、金矿产大多分布在角闪闪长（安山）玢岩、辉石闪长（安山）玢岩、闪长玢岩、石英闪长斑岩中基性—中酸性次火山岩或侵入岩体引起的航磁异常梯度带附近。

（二）典型矿床研究结果

1. 安基山铜矿

1）地质特征及物性特征

安基山铜矿位于下扬子构造域东部宁镇穹断褶束中段桦墅-亭子向斜南翼与汤山-仑山背斜北翼之间近东西向与北北西向断裂交会处。矿区主要地层为石炭系、二叠系及三叠系，主要岩体为花岗闪长斑岩和石英闪长玢岩。矿床属于矽卡岩型和斑岩型铜矿床，平均品位Cu（矽卡岩型）0.83%，Cu（斑岩型）0.49%。

安基山铜矿矿石有斑岩型铜矿、矽卡岩型铜矿、铁帽等，围岩有沉积岩、构造角砾岩、矽卡岩和石英闪长玢岩、花岗闪长斑岩、闪长玢岩、煌斑岩脉等侵入岩。铜矿体无磁性，磁铁矿κ平均129 434×10^{-5} SI。含磁铁矿κ平均矽卡岩4273×10^{-5} SI。石英闪长玢岩κ平均63×10^{-5} SI，花岗闪长斑岩κ平均63×10^{-5} SI，闪长玢岩κ平均251×10^{-5} SI，均为弱磁性，煌斑岩κ平均1508×10^{-5} SI。其余沉积岩均无磁性。

2）所在区域重、磁场特征

所在区域1∶25万航磁ΔT等值线平面图上，安基山铜矿处于宁镇，以升高背景场为特征，近东西向展布的带状磁场区北东部的梯度带上，航磁ΔT等值线60nT附近，北部伴有明显的负异常。所在区

域 1∶25 万布格重力异常平面图上，安基山铜矿位于近东西重力高异常北西两处重力低之间 $2\times10^{-5}m/s^2$ 等值线附近，见图 7-44。

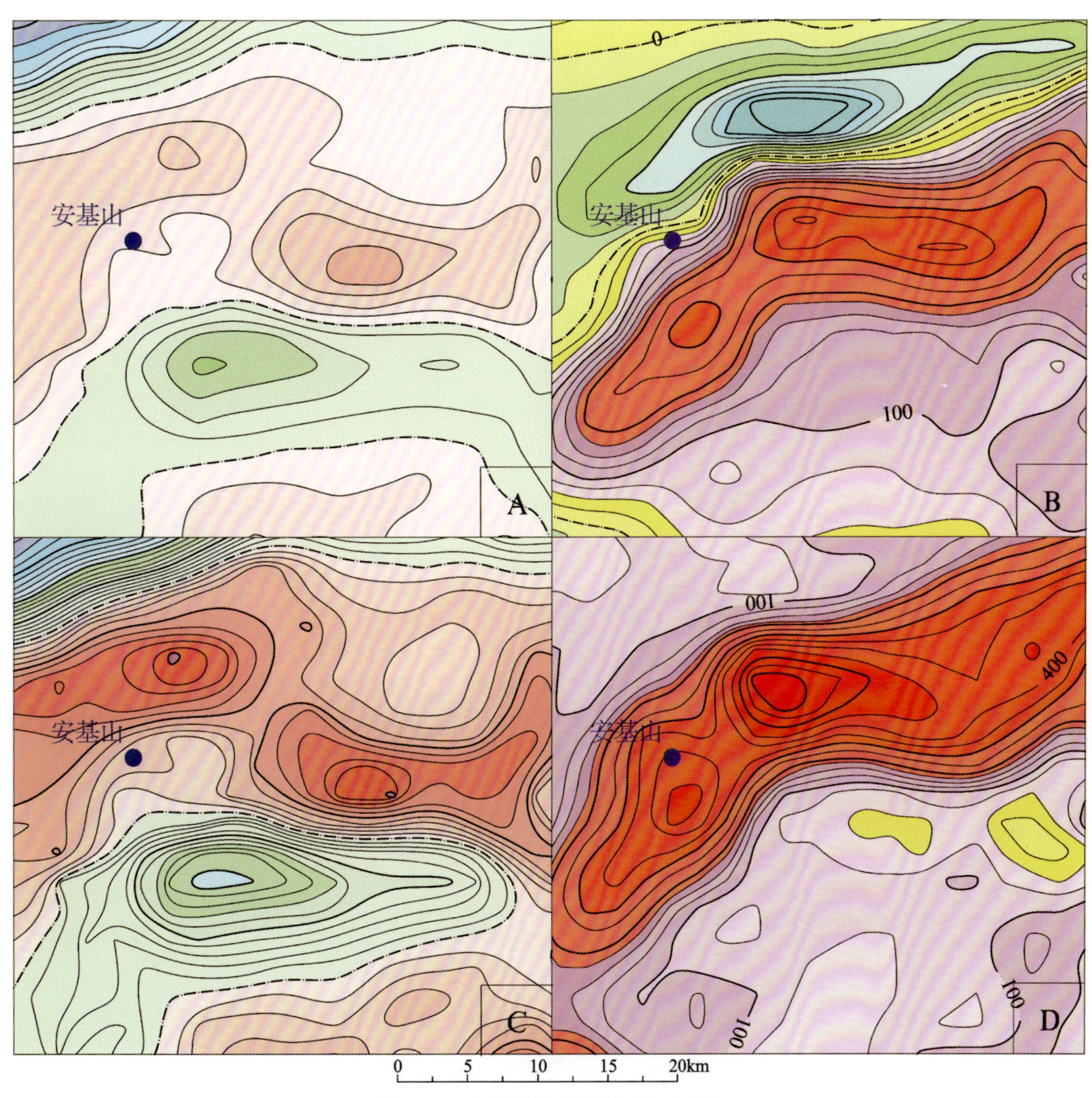

图 7-44　安基山铜矿所在区域系列图

A. 布格重力图；B. 航磁异常图；C. 剩余重力图；D. 航磁化极图

3）所在地区重、磁场特征

所在地区 1∶5 万航磁 ΔT 等值线平面图上，安基山铜矿处于宁镇，以升高背景场为特征，近东西向展布的带状磁场区北东部一处异常凸起中心处，航磁 ΔT 等值线 70nT，该正异常北部为带状负异常。所在地区 1∶5 万布格重力异常图上，以重力高背景异常为主要特征，由宁镇重力高、埤城重力高和黄梅重力低、辛丰重力低构成。宁镇重力高为醒目的东西向带状重力高，其上分布有较多的次级重力高异常，次级重力高轴向多变，异常间以线状和梯级带异常过渡。埤城重力高形似平行四边形，异常醒目，轴向北西，四周伴梯级带。黄梅重力低东西向窄条状展布，南、北伴梯级带，由 2 个次级重力低构成。辛丰重力低北西向带状展布，低值中心等轴状圈闭，见图 7-45。

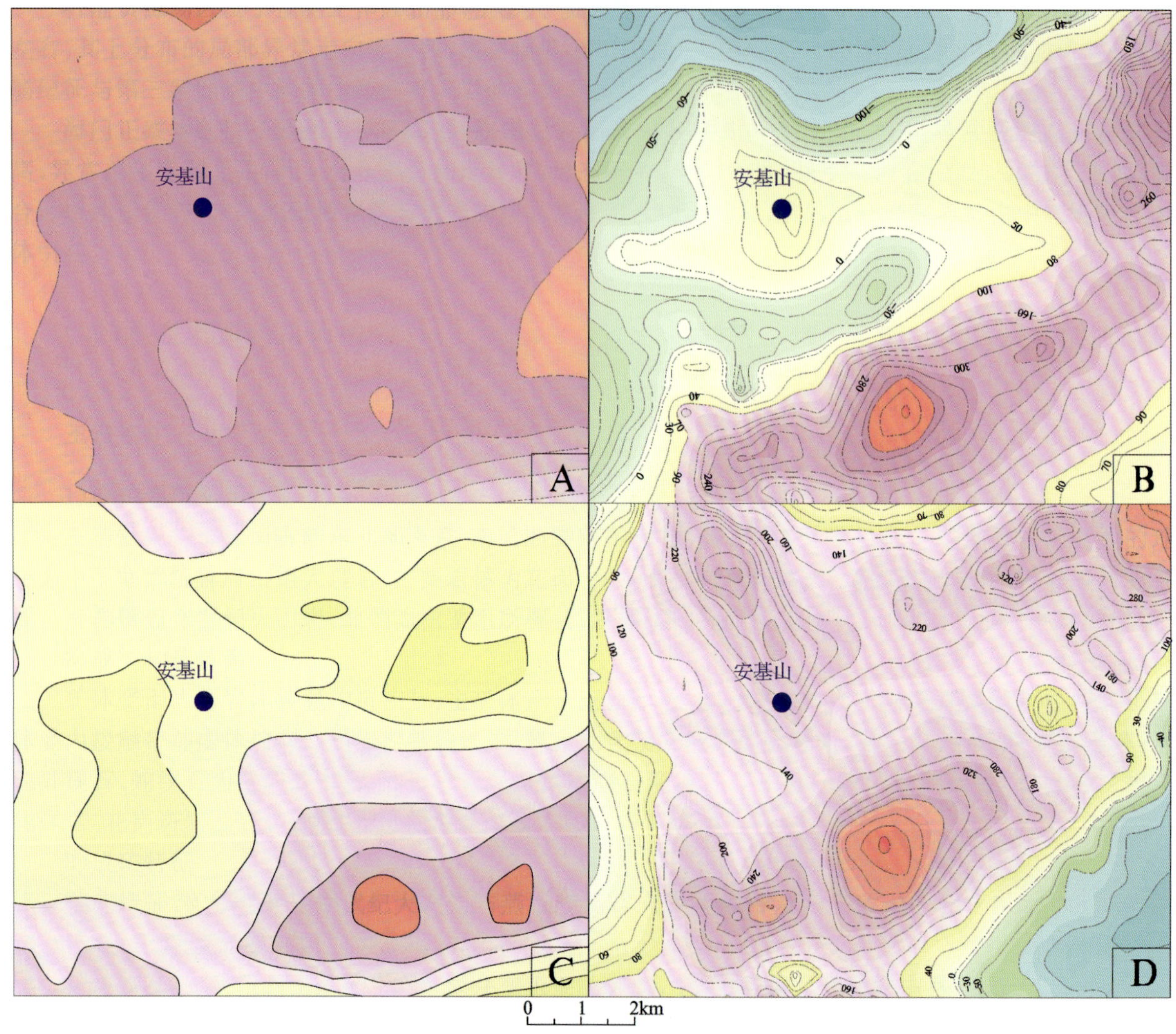

图 7-45　安基山铜矿所在地区系列图

A. 布格重力图；B. 航磁异常图；C. 剩余重力图；D. 航磁化极图

4）所在位置重、磁场特征

在矿区范围内开展了 1∶1 万比例尺磁测、1∶5 万比例尺重力工作，地磁以正异常为背景，其上零散分布局部异常，峰值范围 300～200nT，无伴生负异常，局部异常由岩体引起。重力异常图上，矿床处在重力高东南缘，反映矿床附近有接触带存在，矿床位置无局部重力异常显示，见图 7-46。

安基山铜矿属矽卡岩斑岩型铜矿，根据对安基山铜矿重磁异常特征分析：重力异常梯度带位置上有微弱的局部重力异常和明显的局部磁异常是安基山铜矿的异常模式，该典型矿床模式图见图 7-47。

2. 铜井铜金矿

1）地质特征及物性特征

铜井铜金矿位于宁芜火山岩断陷盆地中段西侧，区域断裂有北北东向铜井-芜湖断裂和北西向铜井-小丹阳断裂。两组断裂共轭处，白垩系娘娘山组碱性火山岩喷发，霓辉正长斑岩、粗面斑岩等次火山侵入体携带热液和矿液沿火山期后断裂破碎带上侵，在有利构造空间充填、交代破碎带及围岩，形成与构造-火山热液有关的中低温含铜、金石英-菱铁矿脉型矿床。矿体厚度小、延深大，内部结构相对简单，属多期、多次脉动充填交代成矿。矿区地层主要有上侏罗统大王山组辉石安山岩、暗紫色粉砂质泥岩、

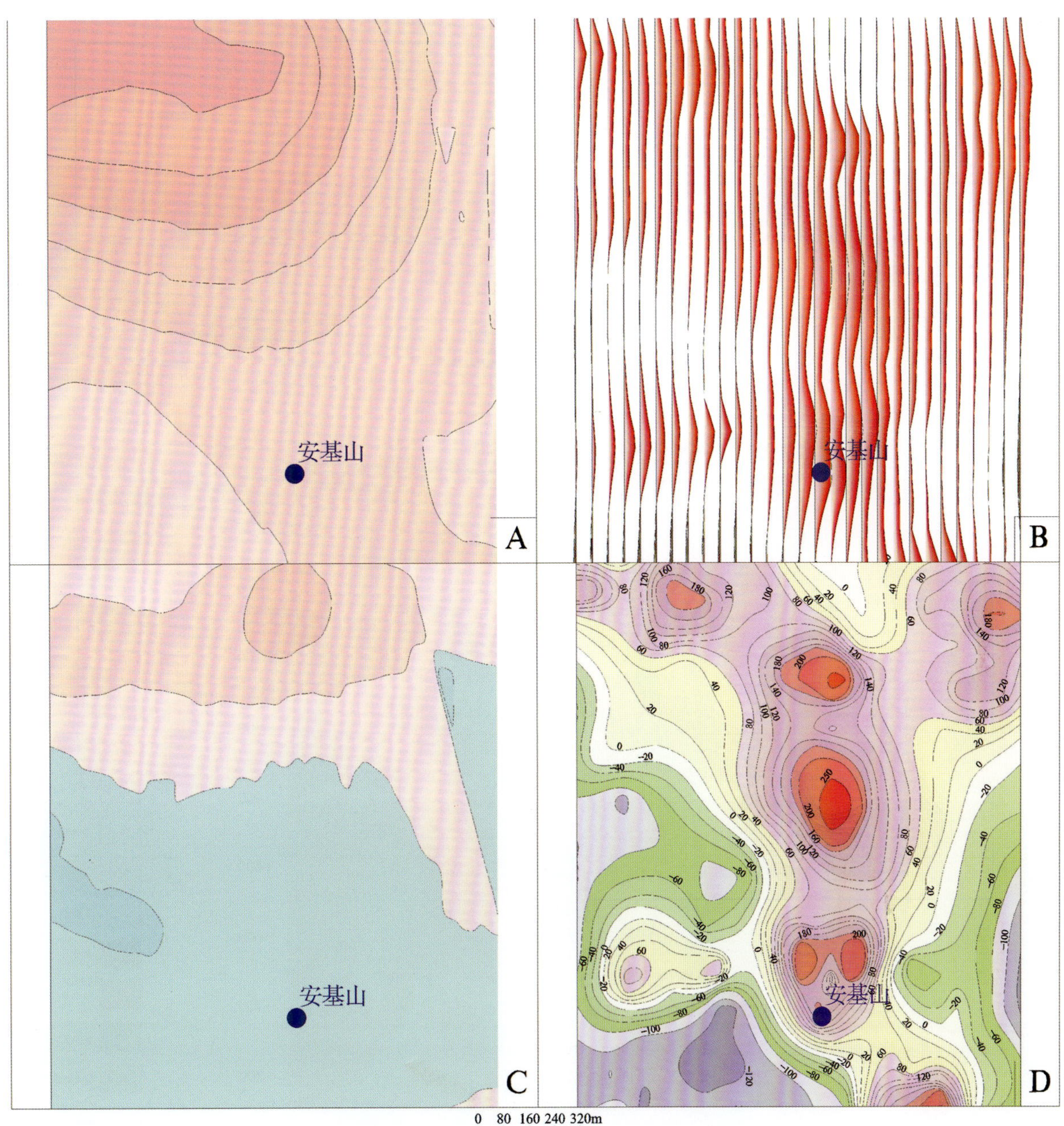

图 7-46 安基山铜矿所在位置系列图

A. 布格重力图；B. 航磁平剖图；C. 剩余重力图；D. 航磁化极图

辉石粗安岩、粗安质凝灰岩夹凝灰质粉砂岩和下白垩统娘娘山组粗面火山角砾岩、集块岩、熔结火山角砾岩、熔结凝灰岩、黝方石响岩质熔结凝灰岩。矿床属于陆相火山热液型成因类型，平均品位 Cu 0.54％，Au 3.99×10^{-6}。

铜井铜金矿矿石有金铜矿石、硅质脉、含金铜石英脉，无磁性。围岩主要为砾岩、砂砾岩、砂页岩等沉积岩，均无磁性，少量的石英二长岩、石英正长岩、正长岩、正长斑岩、粗安岩、辉石粗安岩等侵入岩，部分侵入岩具弱磁性，在磁异常上无反应。含铜石英脉平均密度为 3.06g/cm^3，金铜矿石密度较大，但因矿体规模较小，在围岩背景上无重力异常反应。

2)所在区域重、磁场特征

所在区域 1∶25 万航磁 ΔT 等值线平面图上，铜井铜矿位于宁芜预测工作区南部正异常梯度带上，该正异常自北向南呈条带状，在铜井铜矿北部有两处封闭正异常圈，东侧正异常圈幅值达 240nT，西侧

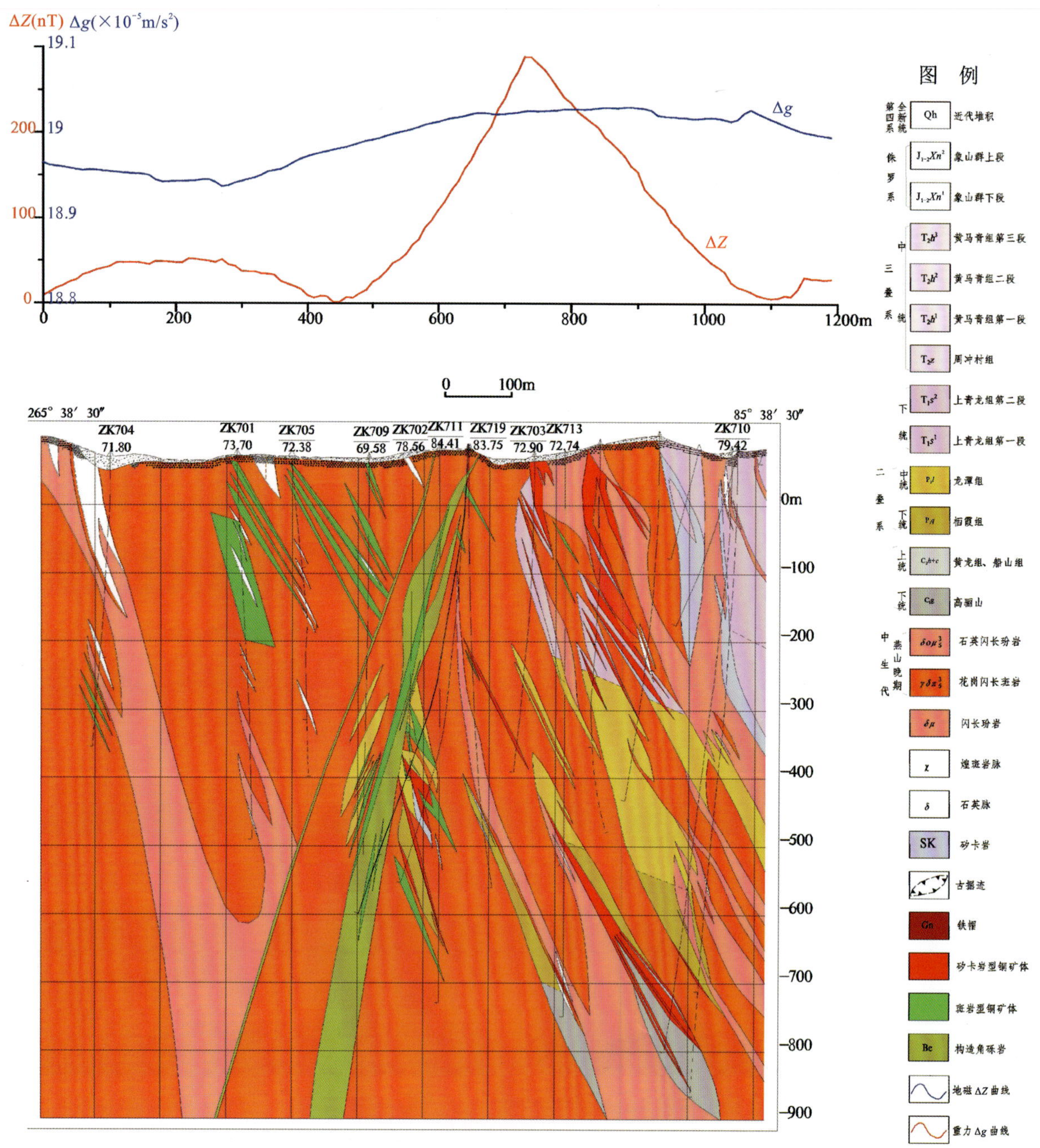

图 7-47　安基山铜矿典型矿床模式图

正异常圈幅值达 100nT。所在区域 1∶25 万布格重力异常平面图上，铜井铜矿位于宁芜预测工作区南部一重力低，异常幅值为(−7～−6)$\times 10^{-5}$ m/s^2。见图 7-48。

3)所在地区重、磁场特征

所在地区 1∶5 万航磁 ΔT 等值线平面图上，铜井铜矿位于一腰子形正异常的梯度带上，北部为负异常，南部为正异常，该地区普遍为正异常，偶有伴生负异常，异常幅值最大达 560nT。所在地区 1∶5 万布格重力异常图上，以重力低异常为主要特征，由西向东分出低、高、低 3 个北北东向异常带。西部重力低由桥林重力低和铜井重力低构成，桥林重力低东西轴向，铜井重力低半圆形向南开口。东部重力低由淳化重力低和陶吴重力低构成，重力低近等轴状。中部重力高，异常强度相对加大，大比例尺图上，由局部重力高形成北北东向串珠状异常带。见图 7-49。

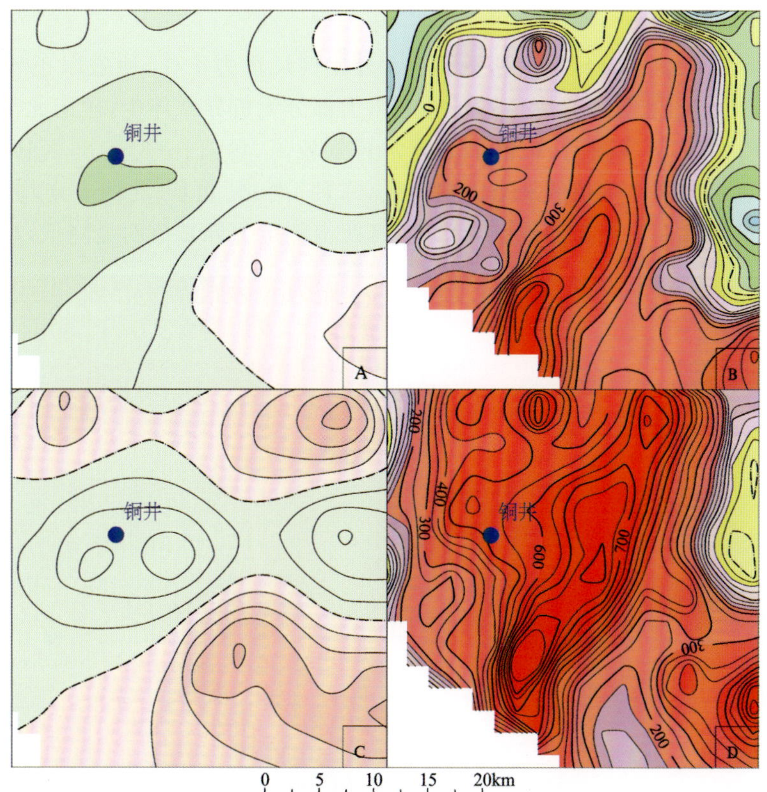

图 7-48 铜井铜金矿所在区域系列图

A. 布格重力图;B. 航磁异常图;C. 剩余重力图;D. 航磁化极图

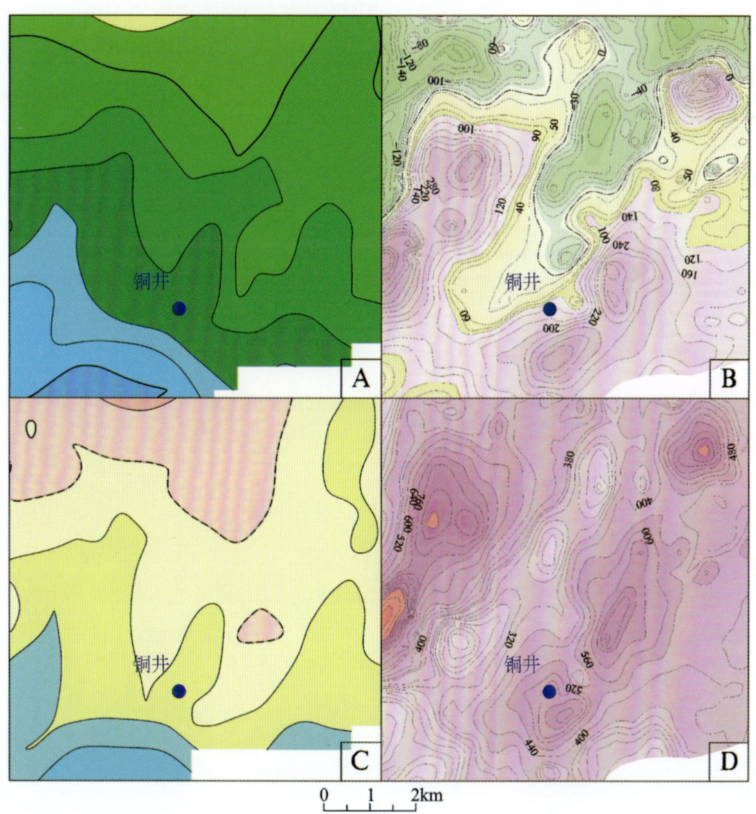

图 7-49 铜井铜金矿所在地区系列图

A. 布格重力图;B. 航磁异常图;C. 剩余重力图;D. 航磁化极图

4)所在位置重、磁场特征

在矿区范围内开展了1∶1万比例尺磁测、1∶2万比例尺重力工作,地磁以正异常为主,局部异常多而紊乱,不规则零散分布,正异常最大值达1400nT,大部分无负异常伴生,矿床北部偶见负异常,负异常最大值达−700nT。重力异常图上,布格重力异常背景较高,场值在(8～16)$\times 10^{-5}$ m/s^2 间变化,由西南向东北,异常值逐渐升高。等值线展布方向凌乱,东西、南北、北东、北西方向均有之。矿床所在位置南侧,存在一醒目的北北西向展布的线状异常带,其西南侧重力异常值明显降低,见图7-50。

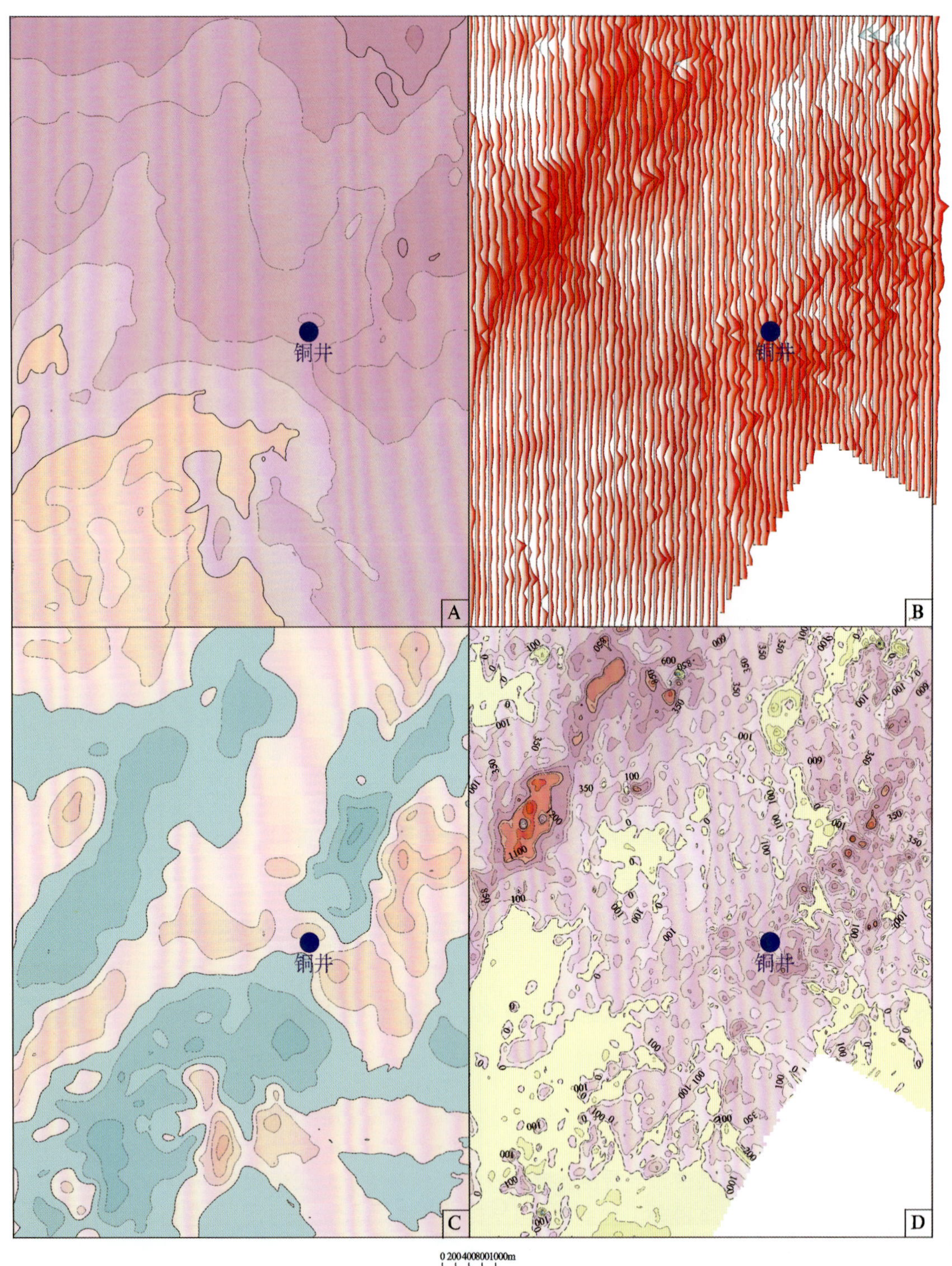

图7-50　铜井铜金矿所在位置系列图

A.布格重力图;B.航磁平剖图;C.剩余重力图;D.航磁化极图

铜井铜金矿属陆相火山岩铜金矿，根据对铜井铜金矿重磁异常特征分析：重力异常不明显，有微弱的局部磁异常组合是铜井铜金矿的异常模式，该典型矿床模式图见图 7-51。

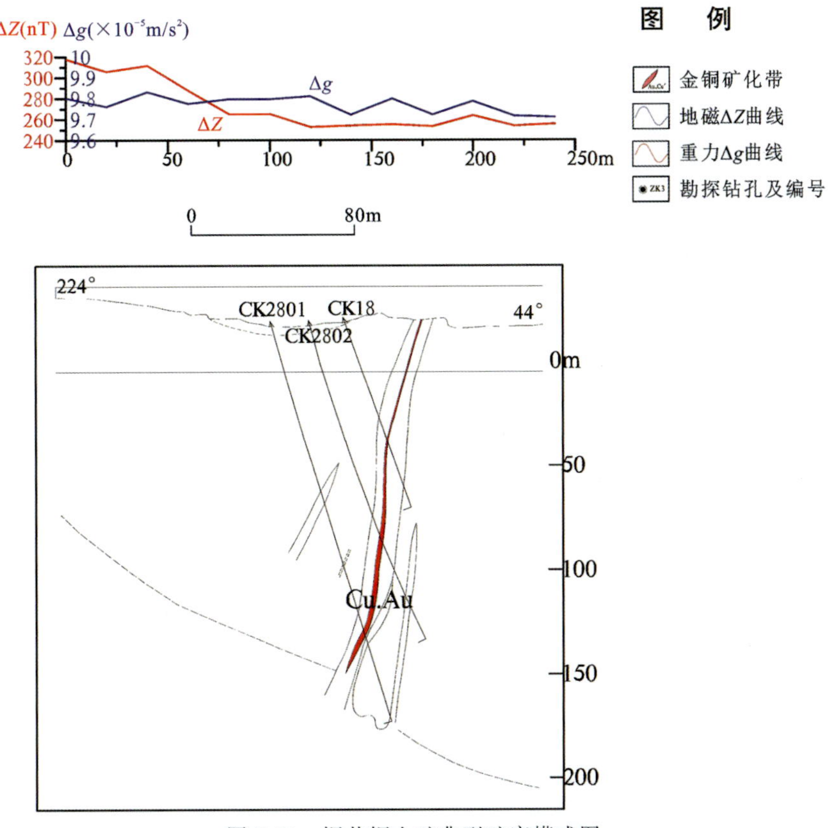

图 7-51　铜井铜金矿典型矿床模式图

(三)找矿标志总结

由成矿带地质矿产与磁场特征，并结合典型矿床研究结果看，铜、金矿成因类型有矽卡岩型、陆相火山岩型矿床，矽卡岩型含矿建造主要位于石炭纪—三叠纪的碳酸盐岩建造与中酸性侵入岩体的外接触带及其附近的岩体中，并受近东西向断裂与北北西向断裂控制；陆相火山岩型含矿建造主要为白垩纪中偏基性和碱性火山岩建造，以及上侏罗统西横山组与燕山中晚期中酸性次火山岩体的接触带或其附近的钙质砂砾岩层，并受火山机构及断裂以及层间破碎带(或层间碎裂带)控制。

因此，沿江铜、金矿成矿带Ⅲ-69-②已知铜、金矿产地主要分布在角闪闪长(安山)玢岩、辉石闪长(安山)玢岩、石英闪长岩、石英闪长玢岩、花岗闪长斑岩等中基性—中酸性次火山岩或侵入岩体引起的航磁异常梯度带附近(见图 7-6)，没有明显的局部磁异常，该类矿产可通过中基性—中酸性次火山岩或侵入岩体磁异常梯度带作为间接找矿标志。

四、宣州-苏州铜、金矿成矿带Ⅲ-69-③已知矿产地的分布特征及找矿标志

(一)已知矿产地的分布特征

宣州-苏州铜、金矿成矿带Ⅲ-69-③已知铜、金矿产地主要分布在宜溧地区，具体有溧阳县土包山、

中巷、平桥杨家村、宜兴县张渚镇大贤岭和吉多岕等，分布在燕山期石英闪长岩、石英闪长斑岩、花岗斑岩等中酸性侵入岩体引起的航磁异常梯度带附近（见图 7-7）。

（二）找矿标志总结

由成矿带地质矿产与磁场特征，并结合典型矿床研究结果看，铜、金矿成因类型主要为矽卡岩型矿床，含矿建造主要产于石炭纪的碳酸盐岩与中酸性侵入岩的接触带及捕虏体矽卡岩中，受控矿构造控制，主要为一套矽卡岩矿物组合。

已知铜、金矿产地主要分布在燕山期石英闪长岩、石英闪长斑岩、花岗斑岩等中酸性侵入岩体引起的航磁异常梯度带附近（见图 7-7），该类矿产可通过燕山期石英闪长岩、石英闪长斑岩、花岗斑岩等中酸侵入岩体磁异常梯度带作为间接找矿标志。

五、天目山-金山铜、金矿成矿带Ⅲ-71-⑤地质矿产、磁异常特征及找矿标志

（一）地质特征

地质构造上，上海金山预测工作区位于扬子准地台浙西-皖南台褶带上海台陷之金山-南汇褶断束南缘，所见地层主要有前震旦系金山岩群，震旦系灯影组，寒武系超山组、大陈岭组、杨柳岗组、超峰组（以白云岩为主），奥陶系（以灰岩、泥岩为主），侏罗系，白垩系，第三系和第四系，除局部有少量侏罗纪地层出露外，均为隐伏地层。

受北东向枫泾-川沙大断裂带控制，发育有一系列由基底或地台盖层组成的复式褶皱如金山-南汇复背斜、青浦-宝山复向斜及东西向、北东向、北西向、近南北向次级断裂构造，其中基底构造以近东西向为主，盖层中断裂则以北东向、北西向断裂为主。

岩浆岩主要为燕山期产物，多呈小岩株状产出，以中—中酸性岩为主，酸性、基性岩次之。多沿断裂构造带侵入，岩性主要为花岗闪长岩，另有石英闪长玢岩、煌斑岩、二长花岗岩、花岗斑岩等，多呈岩脉状产出，规模较小。

（二）已知矿产地的分布特征

预测工作区范围矿产以铜矿为主，伴有铁、锌、银等，主要分布在花岗闪长岩与金山岩群的接触角岩矽卡岩带中，受北东向断裂与岩体接触带控制。有金山小型铁铜多金属矿床一个，为铜铁金银锌组合矿床。金山铁铜矿为本区典型矿床，已查明铜资源储量 950.86×10^4 t。

（三）磁场特征

Ⅲ-71-⑤天目山-金山铁成矿带即苏南复杂异常区上海地区，航磁异常总体表现为走向北东“高、低、高”的特征，在上海市南、北两个地区集中分布航磁相对高值异常区带，中部华漕镇-高桥镇航磁为相对低值异常带，南部地区大致分布在松江区、南汇区、金山镇范围，北部地区分布在宝山区、港沿镇及崇明县范围，局部异常比较零乱，主体走向北东的条带状或串珠状分布，幅值在 200～400nT 不等（见图 7-8），推断航磁局部异常主要与中酸性侵入岩体有关，其中金山镇航磁异常周围划分为金山Ⅴ级成矿区，即：上海金山铜、铁、金和锌矿预测工作区。

上海金山预测工作区处于苏南复杂异常区东南部，根据 1∶10 万航磁异常强度、特征及展布规律

(图 7-52),预测工作区北西是嘉善-天马山异常带西南部新浜正磁场,中部为金山平静负异常,东南是张堰-灶前礁磁场区张堰杂乱异常。

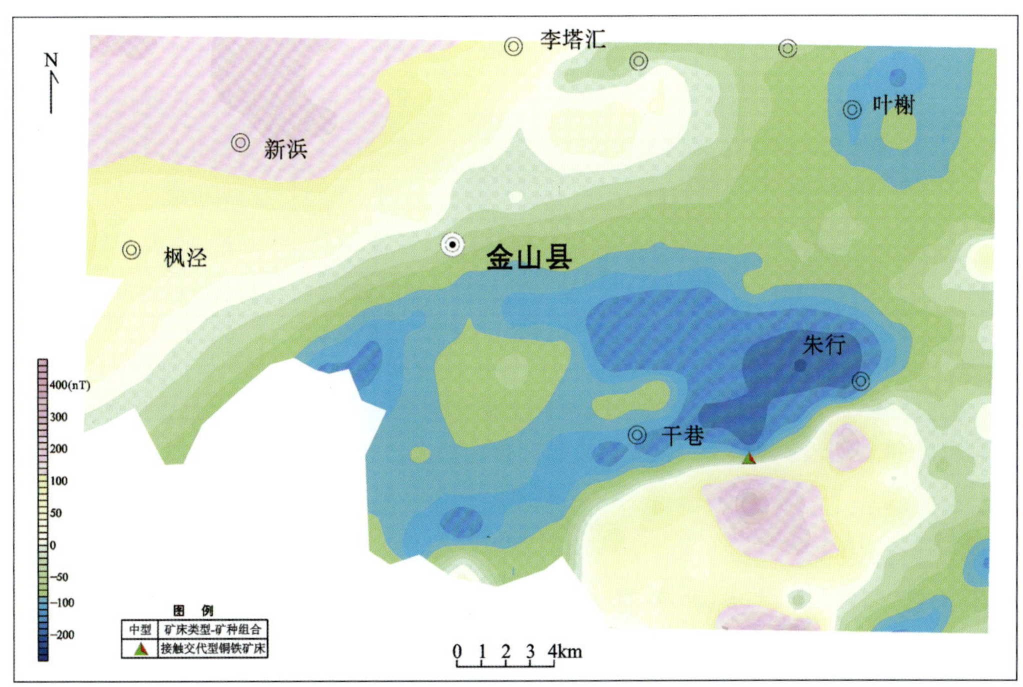

图 7-52 江苏省上海金山预测工作区 1∶10 万航磁 ΔT 等值线平面图

新浜正异常呈北东走向,区域背景场值一般为 50nT 左右,其上叠加了不规则的次级异常,航磁 ΔT 强度大于 140nT,区域地质资料结果认为高的磁场背景与前震旦纪变质岩有关,局部不规则异常由侏罗纪火山岩引起。

金山平静负异常为北东走向,航磁 ΔT 强度－200nT 左右,航磁异常相对规则,区域地质资料显示该区为金山相对凹陷区。

张堰杂乱异常总体比较零乱,走向北东,多个峰值,航磁 ΔT 强度一般为 150nT 左右,其中较大的局部异常相对规则,呈椭圆状,航磁 ΔT 强度大于 240nT,区域地质资料结果认为该异常由中酸性侵入岩体综合引起,杂乱异常与火山岩地层有关。

(四)找矿标志总结

本区铜、铁等矿产与燕山期花岗闪长岩侵入活动关系密切,如:金山县张堰铜铁矿,因伴生磁铁矿物,磁场上表现为花岗闪长岩等中酸性侵入岩体引起宽缓的航磁异常上叠加的突起磁异常,在大比例尺(1∶1 万)地磁图上表现为局部地磁异常,因此在成矿有利地段航磁异常的局部突起或局部地磁异常可作为寻找磁性矿产的直接找矿标志,同时也是寻找铜多金属矿产的间接找矿标志。

第四节 铅、锌、银矿区域磁异常特征及找矿标志

在江苏省及上海市划分的 6 个铁、铜多金属矿Ⅳ级成矿区带中,有沿江成矿带Ⅲ-69-②和宣州-苏州成矿带Ⅲ-69-③两个铅、锌、银矿Ⅳ级成矿带,铅、锌、银矿矿产预测类型为五部式陆相火山岩型铅锌矿、栖霞山式层控“内生型”铅锌银矿、吴宅式矽卡岩型铅锌银矿等,细分为 5 个铅、锌、银矿Ⅴ级成矿区,对应有宁芜、宁镇、溧水、宜溧和苏州西部共 5 个铅、锌、银矿预测工作区,见表 7-3。

表 7-3 江苏省及上海市铅、锌、银矿产预测工作区一览表

预测工作区名称	矿产预测类型	面积(km²)	矿种	预测方法类型	典型矿床
宁芜	五部式陆相火山岩型铅锌矿	875	铅、锌	火山型	江宁陶吴
宁镇	吴宅式矽卡岩型铅锌银矿	2350	铅、锌、银	层控内生型	
	栖霞山式层控“内生型”铅锌银矿		铅、锌、银	层控内生型	栖霞山铅锌银矿
溧水	五部式陆相火山岩型铅锌矿	2560	铅、锌	火山型	观山铜铅矿
宜溧	吴宅式矽卡岩型铅锌矿	3100	铅、锌	层控内生型	
苏州西部	吴宅式矽卡岩型铅锌银矿	920	铅、锌、银	层控内生型	吴宅式铅锌银矿

沿江Ⅲ-69-②和宣州-苏州Ⅲ-69-③两个铅、锌、银矿Ⅳ级成矿带与对应铁矿成矿带范围一致，地质、磁异常特征不再叙述，江苏省及上海市铅、锌、银典型矿床有栖霞山铅锌银矿、观山铜铅矿、吴宅铅锌银矿，文中选取 2 个铅、锌、银矿典型矿床，按各成矿区带地质矿产、磁场特征，结合典型矿床研究结果总结找矿标志。

一、沿江铅、锌、银矿成矿带Ⅲ-69-②已知矿产地的分布特征及找矿标志

(一)已知矿产地的分布特征

沿江铅、锌、银矿成矿带Ⅲ-69-②已知矿产地主要分布在宁镇和溧水地区，宁镇地区有栖霞山银铅锌矿、南京市平山头银金矿、南京市甘家巷银铅锌矿及句容县老人峰、七里甸三摆渡铅锌银多金属矿等，铅、锌、银矿产大多分布在石英闪长玢岩、花岗闪长斑岩等中酸性侵入岩体航磁异常梯度带附近；溧水地区铅、锌、银矿(点)有溧水县观山、邹村大山、高淳县固城镇刘下山等，铜、铅、锌、银矿产大多分布在粗安斑岩等次火山岩及闪长岩等侵入岩体航磁异常梯度带附近(见图 7-6)。

(二)典型矿床研究结果

栖霞山铅锌银矿

1)地质特征及物性特征

栖霞山铅锌矿位于宁镇穹断褶束中段东西向长江大断裂南缘，受北东东向纵向断裂、北西向横断裂及层间断碎不整合面控制。矿床属于栖霞山式碳酸盐岩(层控热液)型铅锌银矿床，石炭纪、二叠纪碳酸盐地层为有利成矿层位，平均品位铅 3.29%，锌 6.01%，银 104.23×10^{-6}，见图 7-53。

宁镇地区沉积岩如硅化、大理岩化和角岩化等一般不具有磁性或弱磁性，少量具磁性者，如磁铁矿化大理岩、磁铁矿化砂卡岩具有一定磁性，主要是由于磁铁矿物所致。在沉积厚度较大的地区形成平缓单调的磁场。

栖霞山铅锌矿矿石有铅锌矿、硫铁矿、锰矿石等，均无磁性或部分磁性。围岩有灰岩、砂岩、砾岩、页岩等沉积岩，均无磁性。矿区附近未见侵入岩或火山岩。围岩密度在 2.52～2.68g/cm³ 之间，矿石比围岩密度大。

2)所在区域重、磁场特征

所在区域 1∶25 万航磁 ΔT 等值线平面图上，栖霞山铅锌矿位于宁镇预测工作区北西边缘航磁平

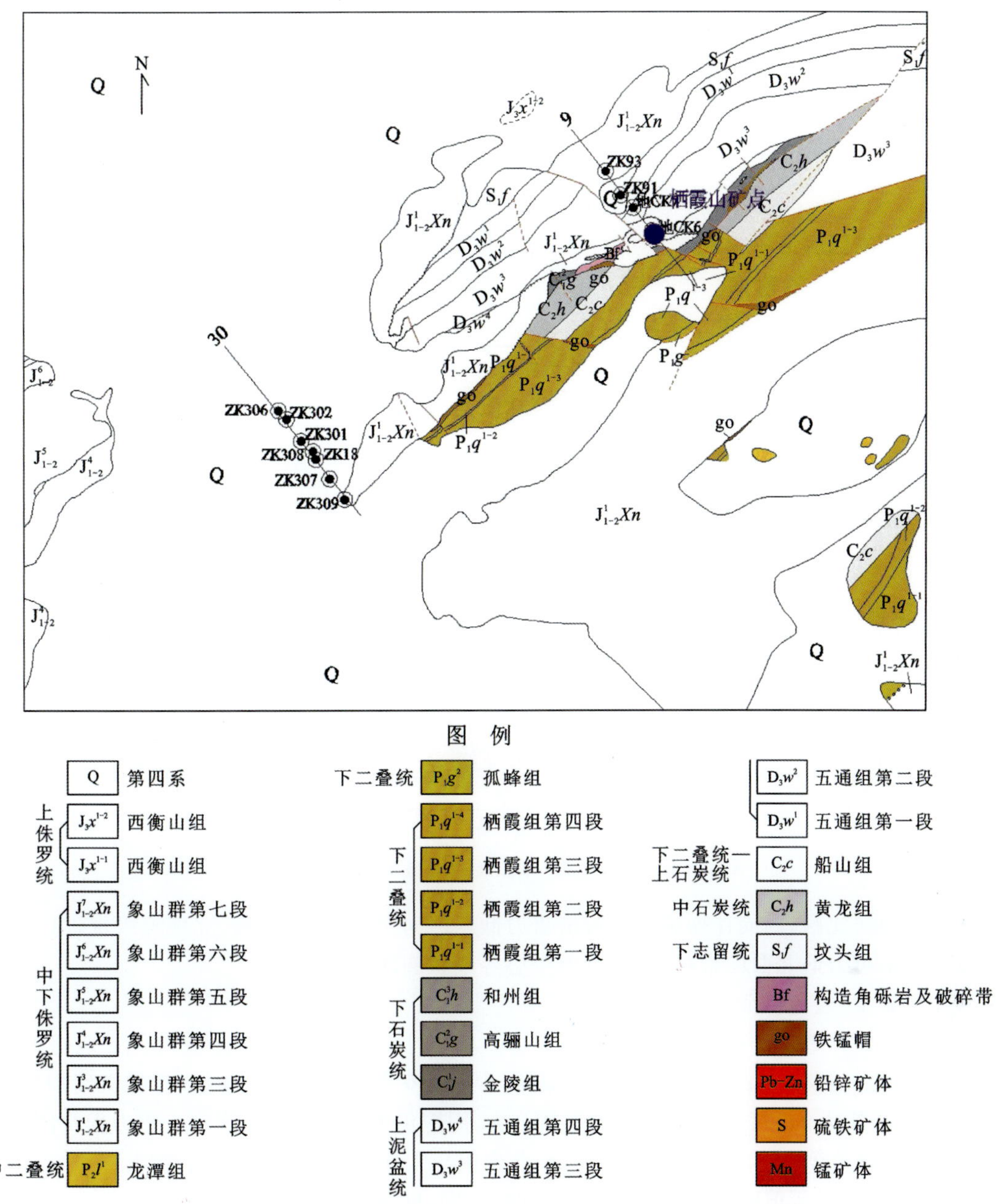

图 7-53 栖霞山铅锌矿矿区地质略图

稳负异常区域，东南方向为一带状负异常，西南方向为一圈闭正异常，航磁 ΔT 等值线在 $-40\sim-20$nT 之间，推测与中酸—基性岩体有关，很可能为栖霞山铅锌矿床的主要物质来源。所在区域 1∶25 万布格重力异常图上，栖霞山铅锌矿位于北东向重力高北梯度带上，布格重力等值线 $2\times10^{-5}\mathrm{m/s^2}$ 附近，重力高主要与泥盆系—侏罗系象山群相对高密度地层有关，见图 7-54。

3)所在地区重、磁场特征

所在地区 1∶5 万航磁 ΔT 等值线平面图上，栖霞山铅锌矿位于宁镇预测工作区北西边缘航磁平稳负异常背景区域，对应泥盆系—侏罗系象山群沉积地层，西边有一处很小的正异常，幅值为 20nT，与龙王山火山岩有关。所在地区 1∶5 万布格重力异常图上，以重力高背景异常为主要特征，由宁镇重力高、埤城重力高和黄梅重力低、辛丰重力低构成。宁镇重力高为醒目的东西向带状重力高，其上分布有较多的次级重力高异常，次级重力高轴向多变，异常间以线状和梯级带异常过渡。埤城重力高形似平行四边

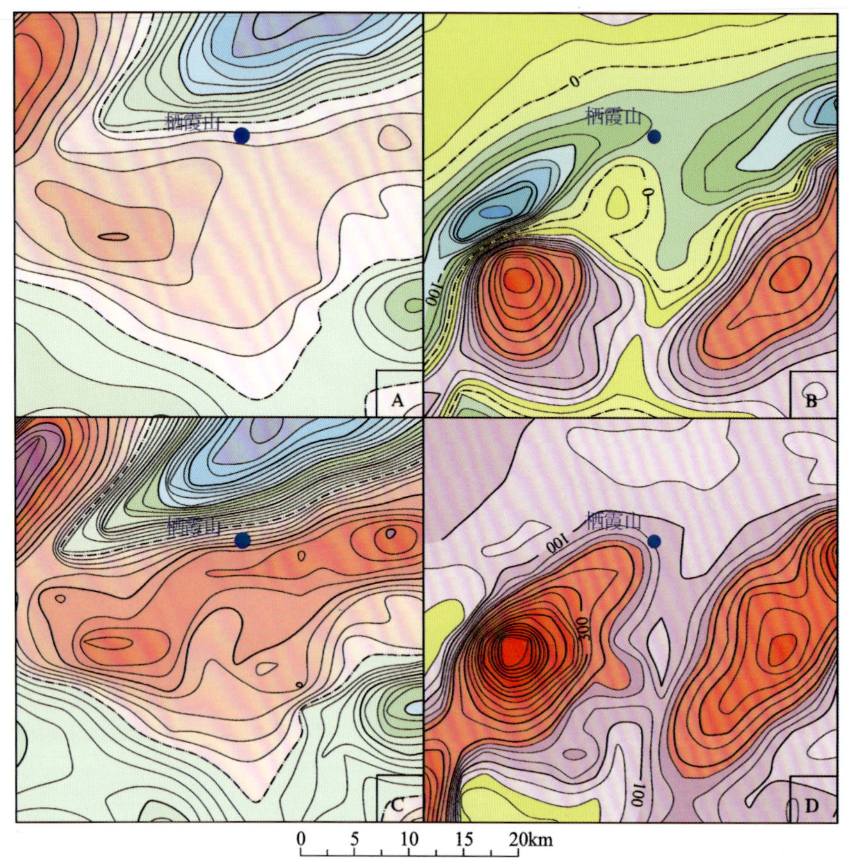

图 7-54　栖霞山铅锌银矿所在区域系列图

A. 布格重力图；B. 航磁异常图；C. 剩余重力图；D. 航磁化极图

形，异常醒目，轴向北西，四周伴梯级带。黄梅重力低东西向窄条状展布，南、北伴梯级带，由 2 个次级重力低构成。辛丰重力低北西向带状展布，低值中心等轴状圈闭，见图 7-55。

4）所在位置重、磁场特征

在矿区范围内开展了 1∶1 万比例尺磁测、1∶5 万比例尺重力工作，矿床所在位置地磁为大片平稳负异常，地磁场在 −120～0nT 范围变化，对应泥盆系—侏罗系象山群沉积地层，负异常周围分布有正异常，北部正异常峰值达 900nT，化极后负异常范围变大，周围仍零散分布有正异常。重力异常图上，布格重力异常总体呈线状异常特征，近东西方向展布，由北向南异常强度逐渐升高，场值在(8.5～14)×10^{-5} m/s^2 间变化，南部重力异常等值线局部向北东、北西方向拐折，见图 7-56。

栖霞山铅锌银矿属栖霞山式碳酸盐岩(层控热液)型，矿床处于重力异常和磁异常的梯度带上，矿床西南航磁异常与中酸性—基性岩体有关，矿床南相对重力高与志留系—二叠系有关，已知矿床范围无局部重磁异常，该典型矿床模式图见图 7-57。

(三)找矿标志总结

由成矿带地质矿产与磁场特征，并结合典型矿床研究结果看，沿江成矿带铅、锌、银矿成因类型有层控热液型铅锌银矿及中低温热液充填成因类型铜铅矿。

层控热液型铅锌银矿含矿建造主要为石炭系黄龙组、二叠系栖霞组的碳酸盐岩建造，主要控矿构造是沿“硅钙面”发育的北东—近东向压性或压扭性纵向断裂；中低温热液充填成因类型铜铅矿含矿建造主要为晚侏罗世—早白垩世的次火山岩体，并受次火山岩体内古火山机构形成的断裂所控制。

沿江铅、锌、银矿成矿带Ⅲ-69-②已知矿产地主要分布在石英闪长玢岩、花岗闪长斑岩等中酸性侵

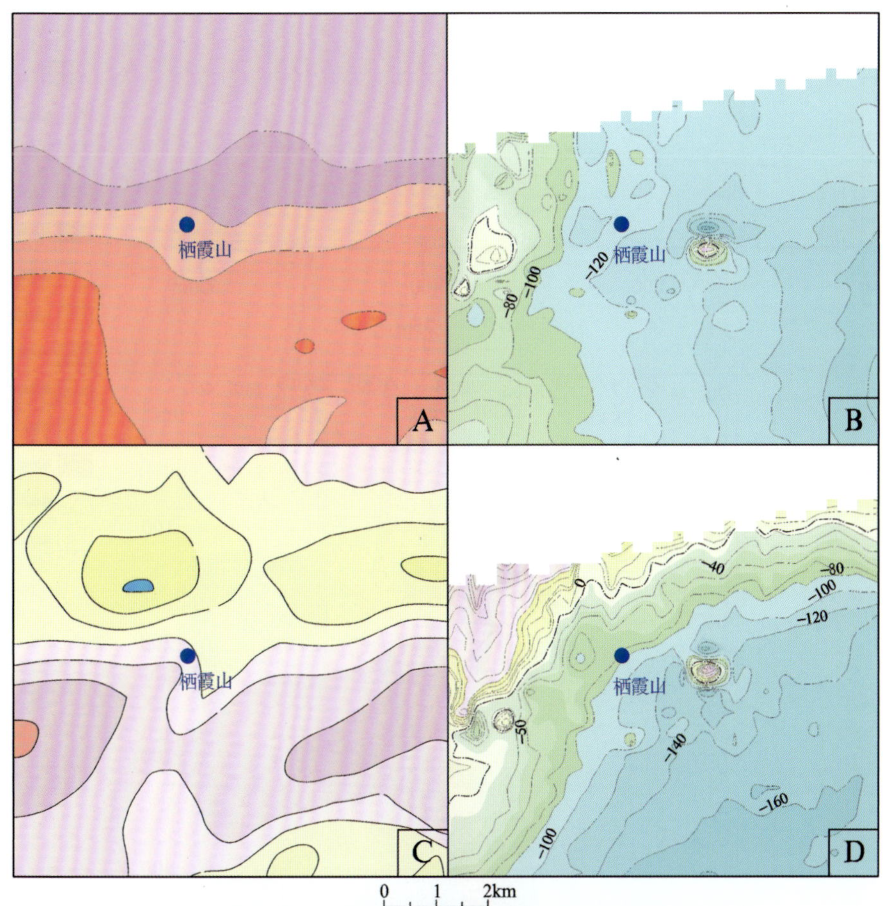

图 7-55　栖霞山铅锌银矿所在地区系列图

A. 布格重力图；B. 航磁异常图；C. 剩余重力图；D. 航磁化极图

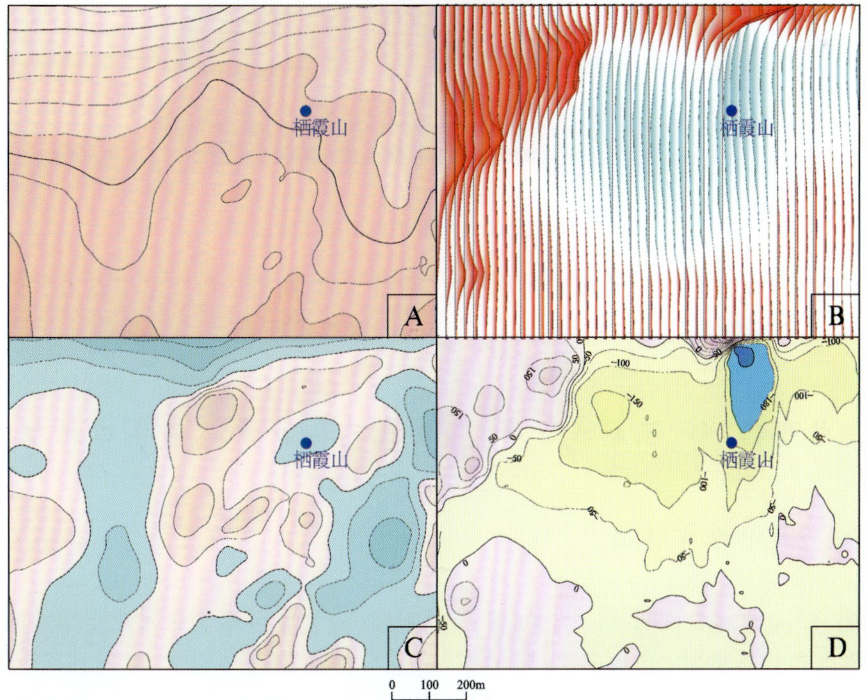

图 7-56　栖霞山铅锌银矿所在位置系列图

A. 布格重力图；B. 航磁平剖图；C. 剩余重力图；D. 航磁化极图

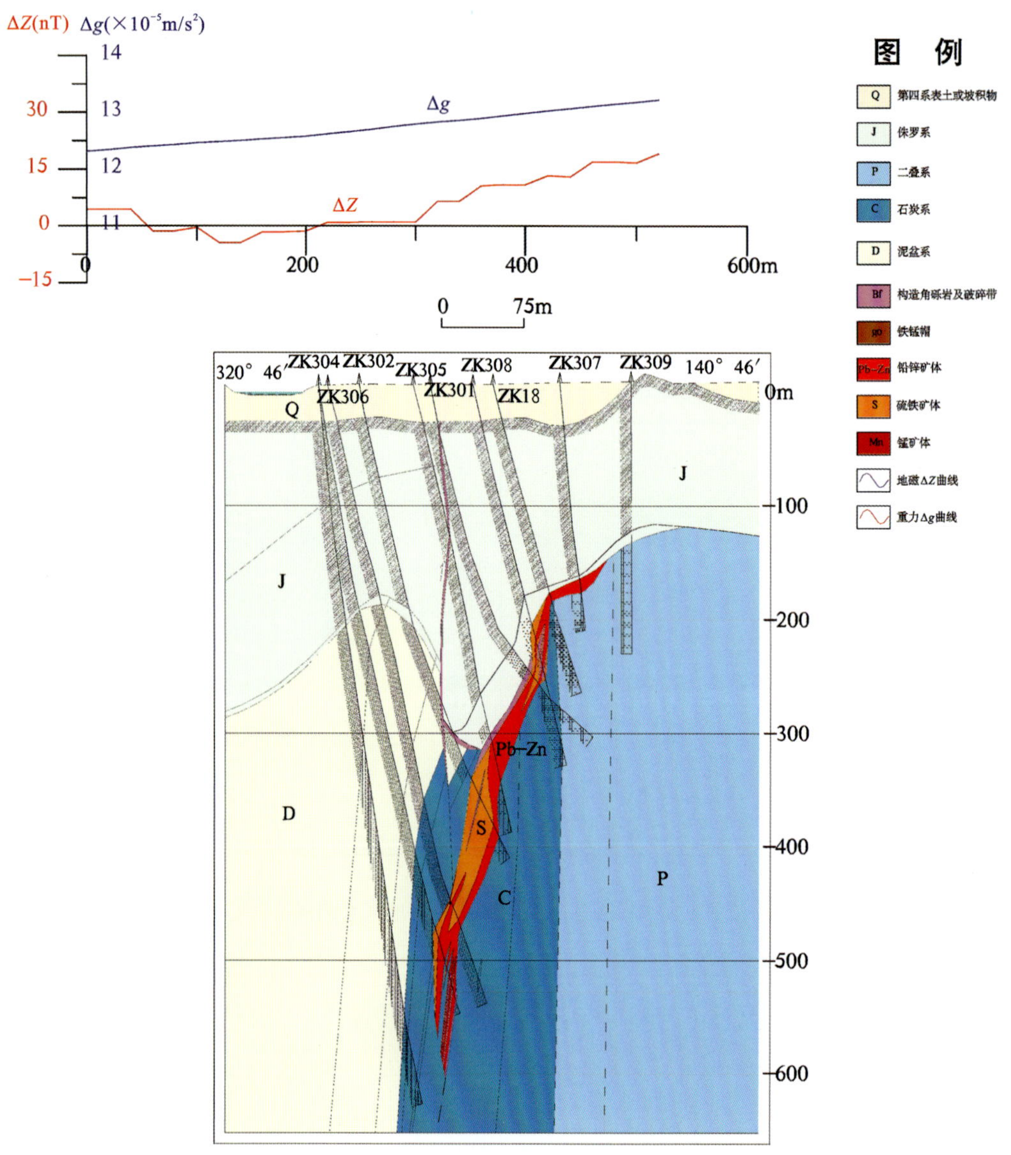

图 7-57　栖霞山铅锌银矿典型矿床模式图

入岩体及粗安斑岩等次火山岩航磁异常梯度带附近(见图 7-6),典型矿研究结果有微弱局部重磁异常反映,该类矿产可通过中酸性侵入岩体磁异常梯度带作为间接找矿标志。

二、宣州-苏州铅、锌、银矿成矿带Ⅲ-69-③已知矿产地的分布特征及找矿标志

(一)已知矿产地的分布特征

宣州-苏州铅、锌、银矿成矿带Ⅲ-69-③已知铅、锌、银矿产地主要分布在苏州和宜溧地区(见图 7-7),苏州地区有吴县潭山铅锌黄铁矿、光福迁里、吴宅铅锌矿、苏州鸡笼山锌银矿、吴县谈家桥锌铁矿等,铅、锌、银矿产大多分布在石英斑岩等中酸性侵入岩体航磁异常梯度带附近。宜溧地区有宜兴省庄对门山铅锌矿点,矿点分布在花岗斑岩等中酸性侵入岩体微弱航磁异常梯度带附近。

(二)典型矿床研究结果

吴宅式铅锌银矿

1)地质特征及物性特征

吴宅铅锌矿位于无锡-湖州断块东部,矿区北东向逆掩断层、北北东向断层和北西向断层发育;主要地层为石炭系黄龙组和二叠系栖霞组,主要岩体为石英斑岩;矿床属于矽卡岩型锌铁矿和中低温热液充填交代型铅锌银矿床成因类型,平均品位 Pb 4.24%,Zn 7.81%。

吴宅铅锌矿矿石有铅锌矿、铁矿,围岩是灰岩、砂岩、白云质灰岩、凝灰岩等沉积岩,以及辉长岩、辉绿玢岩、闪长玢岩、花岗斑岩、石英正长斑岩、石英闪长玢岩、花岗岩、石英斑岩等侵入岩。铅锌矿无磁性,铁矿石 κ 平均值 162 734×10^{-5}SI。沉积岩均无磁性或弱磁性。辉绿玢岩 κ 平均值 8168×10^{-5}SI,闪长玢岩 κ 平均值 33 770×10^{-5}SI,花岗斑岩、石英正长斑岩、石英斑岩呈无磁性或弱磁性。矿石密度较大,但因矿体规模较小,整体无重力异常反映。

2)所在区域重、磁场特征

所在区域 1∶25 万航磁 ΔT 等值线平面图上,吴宅铅锌矿位于苏州西部预测工作区环状正异常带的西部一处圈闭正异常的东边的梯度带上,在等值线 150nT 附近。所在区域 1∶25 万布格重力图上,吴宅铅锌矿位于苏州西部预测工作区中部大片重力负异常区的西边,在等值线 -12×10^{-5} m/s^2 附近,苏州西部预测工作区大面积为重力负异常,在预测工作区东部及东南部出现带状重力正异常,见图 7-58。

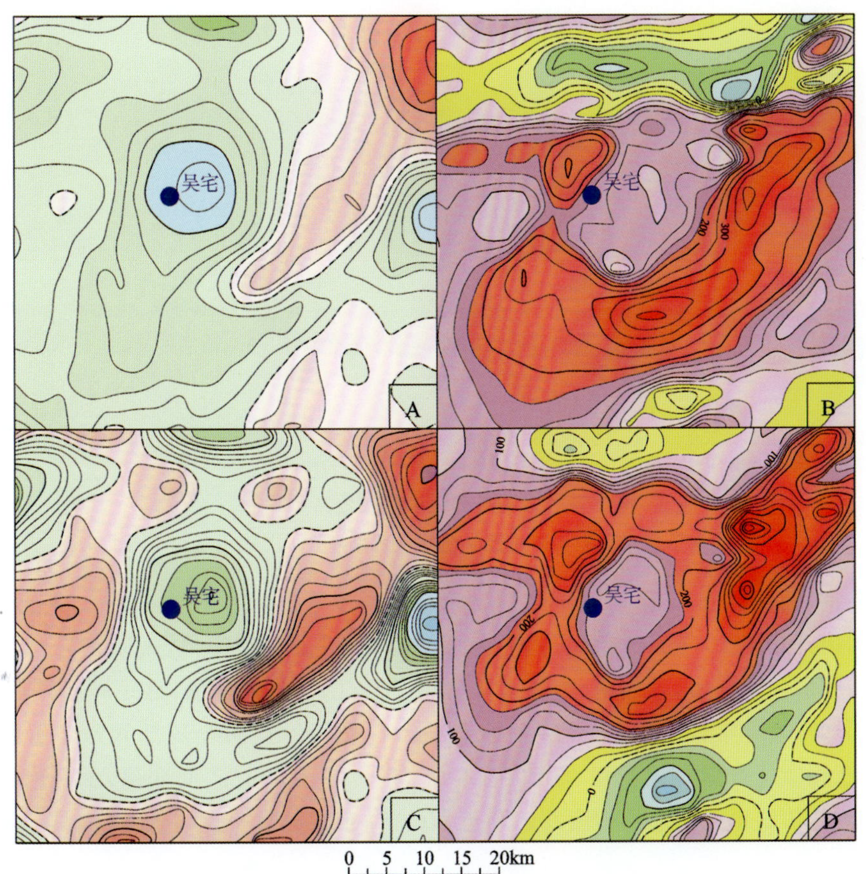

图 7-58 吴宅铅锌银矿所在区域系列图

A. 布格重力图;B. 航磁异常图;C. 剩余重力图;D. 航磁化极图

3)所在地区重磁场特征

所在地区 1∶5 万航磁 ΔT 等值线平面图上，吴宅铅锌矿位于苏州西部预测工作区环状正异常带的西部一处圈闭正异常东边的梯度带上，在等值线 110nT 附近，苏州西部预测工作区航磁异常背景为大片正异常，仅在北部出现东西向展布的负异常带。所在地区 1∶5 万布格重力异常图上，异常由西部重力低和东部重力高两部分构成。西部重力低异常呈环形，四周为梯级带，重力低异常规模大，范围占预测工作区面积的 2/3。东部重力高北东向展布，东、西两侧为梯级带，大比例尺图上，由数个局部重力高形成北东向串珠状异常带，见图 7-59。

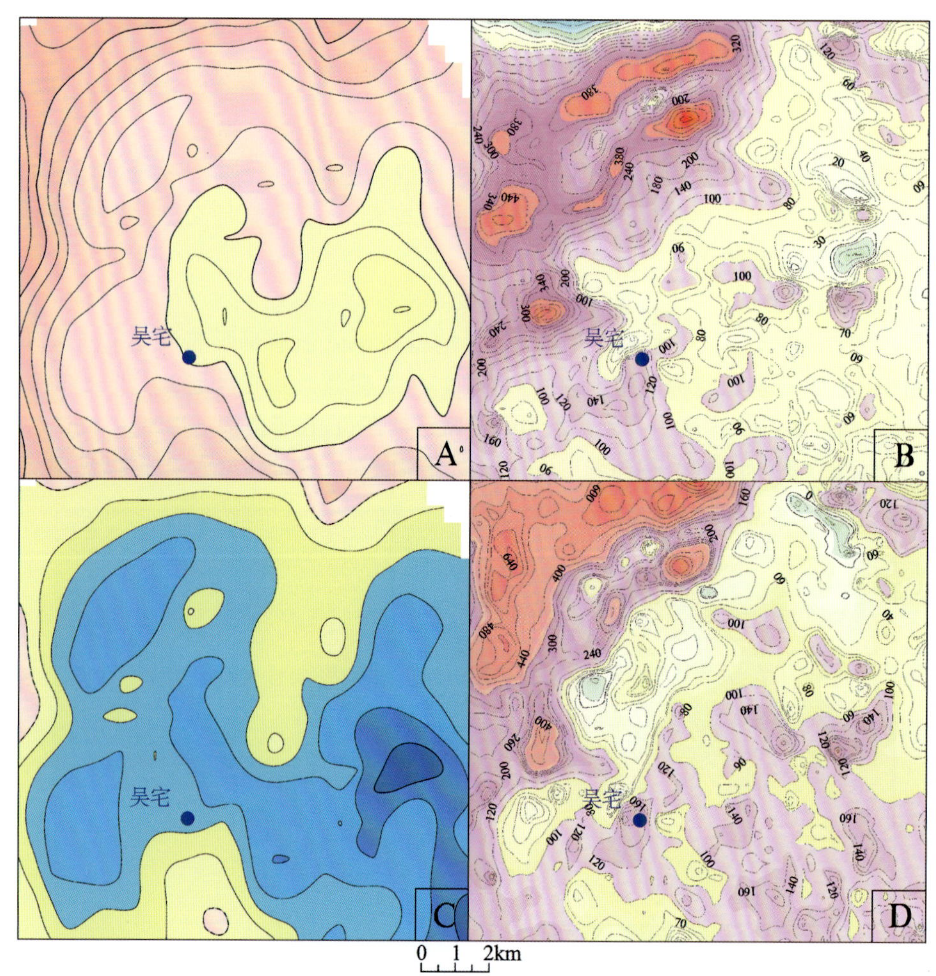

图 7-59　吴宅铅锌银矿所在地区系列图

A. 布格重力图；B. 航磁异常图；C. 剩余重力图；D. 航磁化极图

4)所在位置重、磁场特征

在矿区范围内开展了 1∶1 万比例尺磁测、1∶5 万比例尺重力工作，地磁以正异常为背景，矿床所在位置有一近椭圆的局部异常，轴向南北，最大幅值达 370nT，无负场伴生；另一局部异常分布在矿床西侧，北部伴生负异常，磁异常极大值 770nT，极小值 −4nT；化极后这两个局部异常位置没有明显变化。重力异常图上，布格重力异常相对平稳，场值在 $(3.6 \sim 5.6) \times 10^{-5}\ m/s^2$ 间变化，由西南向东北方向，异常强度逐渐降低，等值线由北西向转为南北向和近东西向；东半部有一重力低异常，具一定规模，向东开口，见图 7-60。

吴宅铅锌银矿属矽卡岩型铅锌银矿，吴宅式铅锌银矿位置处于重力异常梯度带上，有微弱的局部重力异常和局部的磁异常反映，该典型矿床模式图见图 7-61。

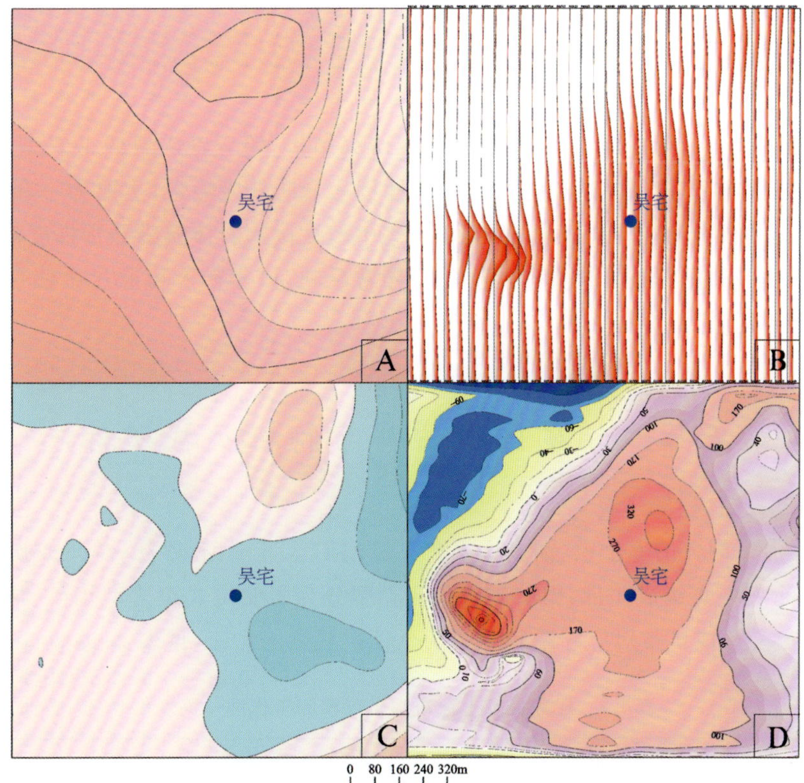

图 7-60　吴宅铅锌银矿所在位置系列图

A. 布格重力图；B. 航磁异常图；C. 剩余重力图；D. 航磁化极图

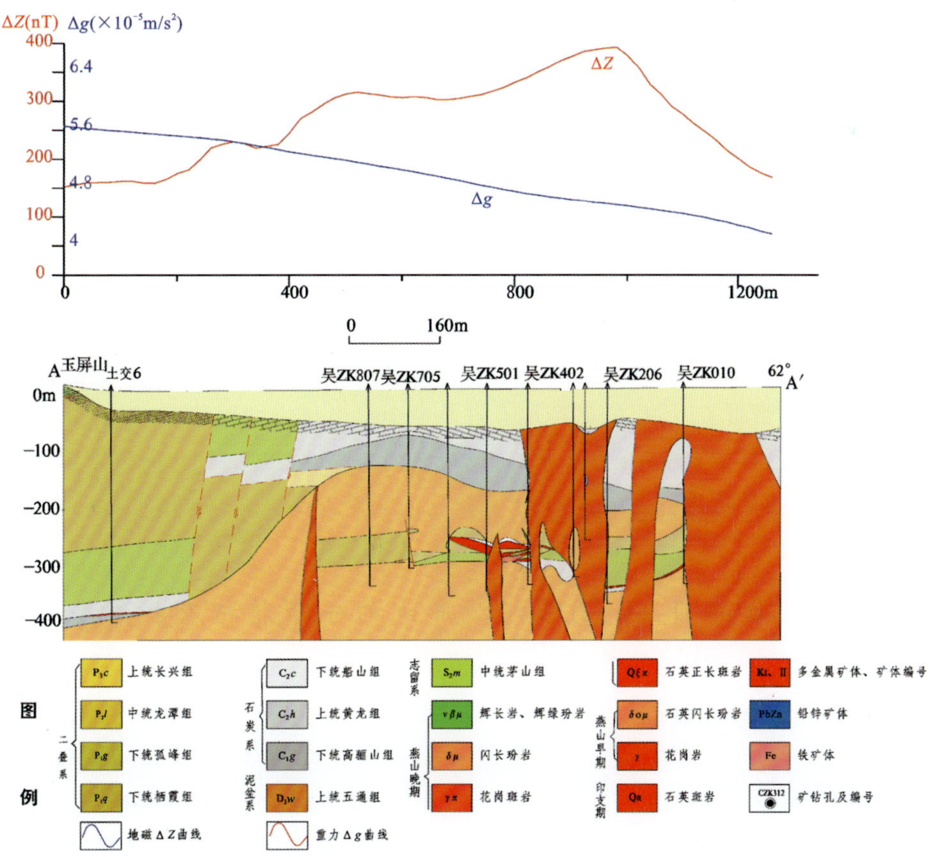

图 7-61　吴宅铅锌银矿典型矿床模式图

(三)找矿标志总结

由成矿带地质矿产与磁场特征,并结合典型矿床研究结果,铅锌银矿属矽卡岩型矿床,含矿建造主要为石炭纪—三叠纪的碳酸盐岩建造与侏罗纪中酸性侵入岩的外接触带,主要为一套矽卡岩矿物组合,已知铅、锌、银矿产地主要分布在花岗斑岩、石英斑岩等中酸性侵入岩体航磁异常梯度带附近(见图 7-7),典型矿研究结果有微弱的局部重力异常和局部的磁异常反映,该类矿产可通过中酸性侵入岩体磁异常梯度带作为间接找矿标志。

第五节　钼矿区域磁异常特征及找矿标志

在江苏省及上海市划分的 6 个铁、铜多金属矿Ⅳ级成矿区带中,有庐江-滁州成矿带Ⅲ-69-①、沿江成矿带Ⅲ-69-②两个钼矿Ⅳ级成矿带,钼矿矿产预测类型分为阳储岭式斑岩型钼矿、柿竹园式矽卡岩型钼矿两类,两个钼矿Ⅴ级成矿带对应盱眙和宁镇两个钼矿预测工作区,见表 7-4。

表 7-4　江苏省及上海市钼矿产预测工作区一览表

预测工作区名称	预测类型	面积(km^2)	矿种	预测方法类型	典型矿床
盱眙	谏壁式斑岩型钼矿	2000	钼	侵入岩体型	镇江市谏壁钼钨矿床
宁镇	谏壁式斑岩型钼(钨)矿	2350	钼	侵入岩体型	镇江市谏壁钼钨矿床
	铜山式矽卡岩型钼矿				句容市铜山钼铜矿床

庐江-滁州Ⅲ-69-①和沿江Ⅲ-69-②两个钼矿Ⅳ级成矿带与对应铁矿成矿带范围一致,地质、磁异常特征不再叙述,江苏省及上海市钼典型矿床有镇江市谏壁钼钨矿床、句容市铜山钼铜矿床,文中选取 1 个钨钼矿典型矿床按各成矿区带地质矿产、磁场特征,结合典型矿床研究结果总结找矿标志。

一、庐江-滁州钼矿成矿带Ⅲ-69-①已知矿产地的分布特征及找矿标志

庐江-滁州钼矿成矿带Ⅲ-69-①已知矿产地有古桑乡李家岗斑岩型钼矿点,钼矿分布在二长花岗斑岩等中酸性侵入岩体航磁异常梯度带附近(见图 7-5),该类矿产可通过二长花岗斑岩等中酸性侵入岩体磁异常梯度带作为间接找矿标志。

二、沿江钼矿成矿带Ⅲ-69-②已知矿产地的分布特征及找矿标志

(一)已知矿产地的分布特征

沿江钼矿成矿带Ⅲ-69-②已知矿产地主要在宁镇地区,如:镇江市谏壁钼钨矿、句容市仓头镇石砀山、下蜀镇铜山和盘龙岗铜钼矿等,钼矿分布在石英闪长斑岩、花岗闪长斑岩等中酸性侵入岩体航磁异常梯度带附近(见图 7-6)。

(二)典型矿床研究结果

句容市铜山钼铜矿床

1)地质特征及物性特征

宁镇地区地质构造发育,褶皱构造——"宁镇褶皱束"近东西向展布,由一系列近东西向的大致平行的"三背二向"复式褶皱组成,自北向南依次为龙(潭)-仓(头)复背斜、范家塘复向斜、宝(华山)-巢(凤山)-石(头岗)复背斜、桦(墅)-亭(子)复向斜和汤(山)-仑(山)复背斜。断裂构造主要由纵向断裂和北西向、北东向的共轭剪切断裂以及北北东向断裂、北北西向断裂组成。

宁镇地区地层发育较齐全,自震旦系至第四系均有分布,其中与成矿关系密切的地层为石炭系黄龙组、船山组,二叠系栖霞组及三叠系上、下青龙组。

岩浆活动主要在燕山期,岩石类型包括一套从基性—酸性的火山-侵入杂岩。与成矿关系密切的岩浆岩主要是花岗闪长斑岩,其次为石英闪长玢岩、二长花岗岩等。岩体与围岩接触部位热液蚀变和热变质现象普遍发育。

铜山铜钼矿体主要赋存于岩体与二叠系孤峰组硅质岩、栖霞组大理岩接触的矽卡岩带中,少部分赋存于蚀变黑云母石英闪长岩中。矿床成因为与燕山期中酸性杂岩体有关的中深环境高—中温热液矿床,其工业类型属接触交代矽卡岩矿床。

矿区内二叠纪的碳质页岩、灰岩无磁性。侵入岩具有一定磁性,石英闪长岩κ平均值2513×10^{-5}SI,闪长岩κ平均值2212×10^{-5}SI,煌斑岩κ平均值2350×10^{-5}SI,含铜矽卡岩有弱磁性κ平均值1064×10^{-5}SI。磁铁矿磁性较强,κ平均值$149\ 540\times10^{-5}$SI,铜钼矿无磁性。

矿区内第四纪浮土密度平均值为2.01g/cm^3。侏罗系长石、石英砂岩密度平均值为2.57g/cm^3。三叠纪粉砂岩、细砂岩、页岩、泥岩密度平均值为2.62g/cm^3,灰岩密度平均值为2.65g/cm^3,密度差异不大。二叠纪页岩、泥岩、砂岩密度不大,密度平均值为2.52g/cm^3,灰岩密度平均值为2.68g/cm^3。石炭纪灰岩、白云岩、砂岩密度平均值为2.69g/cm^3。泥盆纪石英砂岩、细砂岩、粉砂岩密度相对较小,密度平均值为2.57g/cm^3。志留纪砂岩、页岩密度平均值为2.58g/cm^3,但灰岩密度相对较大,密度平均值为2.66g/cm^3。中酸性的闪长岩密度值较低,平均值为2.48g/cm^3,基性的辉长岩具有较高密度,平均值为3.10g/cm^3。

2)所在区域重磁场特征

所在区域1∶25万航磁ΔT等值线平面图上,图面中部为一条带状正异常,北部为其伴生的负异常,推断为中酸性岩体引起。铜山铜钼矿位于该正负异常之间的零等值线附近,在航磁化极和化极一阶导数图上该矿床则位于正异常的梯度带上。所在区域1∶25万布格重力异常图上,图面上由两个重力高组成的东西向的条带状异常,其北部为一处封闭的重力低异常。图上重力高对应于三叠纪灰岩,石炭纪灰岩、白云岩、砂岩。重力低对应于白垩纪的盆地。铜山铜钼矿位于其中一个偏西的重力高处,重力等值线6×10^{-5}m/s^{2}附近,见图7-62。

3)所在地区重磁场特征

所在地区1∶5万航磁ΔT等值线平面图上,图面上北西方向大片负异常区,南东方向为大片正异常区,正异常区为两个局部航磁正异常区,推断为中酸性侵入岩引起。铜山铜钼矿位于航磁正异常区的偏北的一个局部异常上,幅值为480nT,该局部异常呈东西向展布的条带状。所在地区1∶5万布格重力异常图上,以重力高背景异常为主要特征,北部相对重力较高,南部相对重力较低。图上重力相对较高处对应于三叠纪灰岩,重力相对较低处则推断为侵入岩体引起。铜山铜钼矿位于北部相对重力较高的梯度带上,在剩余重力异常图上,南部则出现了重力低的异常,见图7-63。

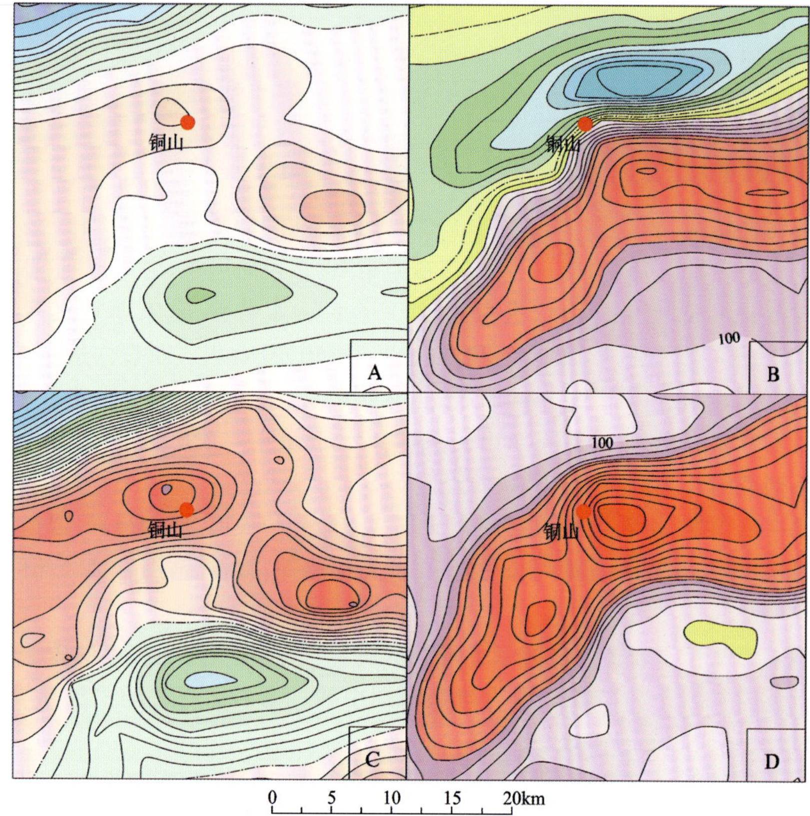

图 7-62　铜山铜钼矿所在区域系列图

A. 布格重力图；B. 航磁异常图；C. 剩余重力图；D. 航磁化极图

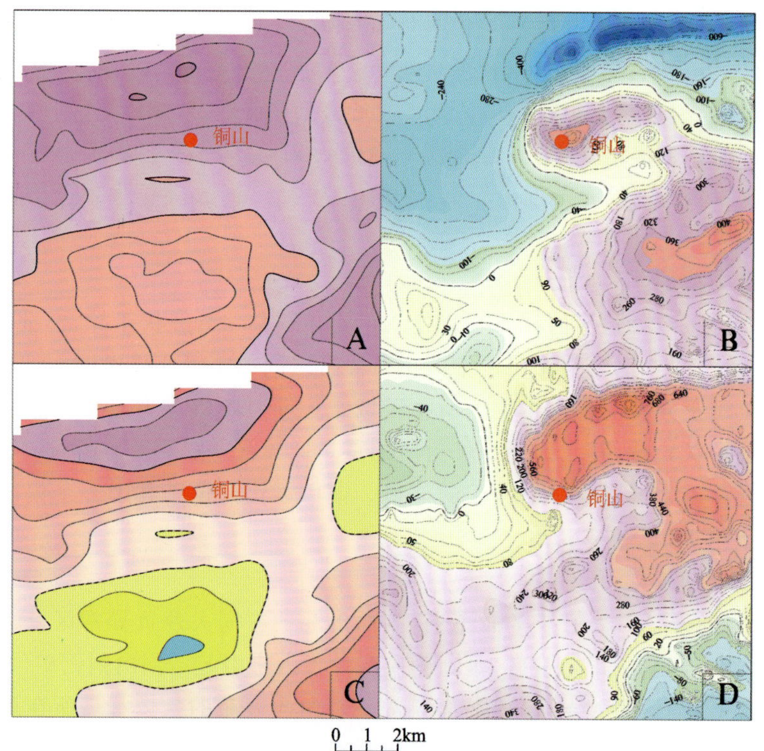

图 7-63　铜山铜钼矿所在地区系列图

A. 布格重力图；B. 航磁异常图；C. 剩余重力图；D. 航磁化极图

4)所在位置重磁场特征

在矿区范围内开展了1∶1万比例尺磁测、1∶5万比例尺重力工作，地磁等值线图上，正负异常都有分布但分布不均匀，中间以负异常为主，四周主要分布正异常，呈不规则的环状异常形态。地磁图中大面积的磁异常推断为中性—中酸性闪长岩类引起。矿床北部为一处近椭圆形的带状正异常，该异常最大值为2580nT，矿床所在位置处于一处局部正异常的梯度带上。布格重力异常背景较高，场值在(19～24)$\times10^{-5}m/s^2$ 间变化，由南向北，异常值逐渐升高，整体南北向展布；矿床处在场值为$23\times10^{-5}m/s^2$ 等值线上，无局部异常，见图7-64。

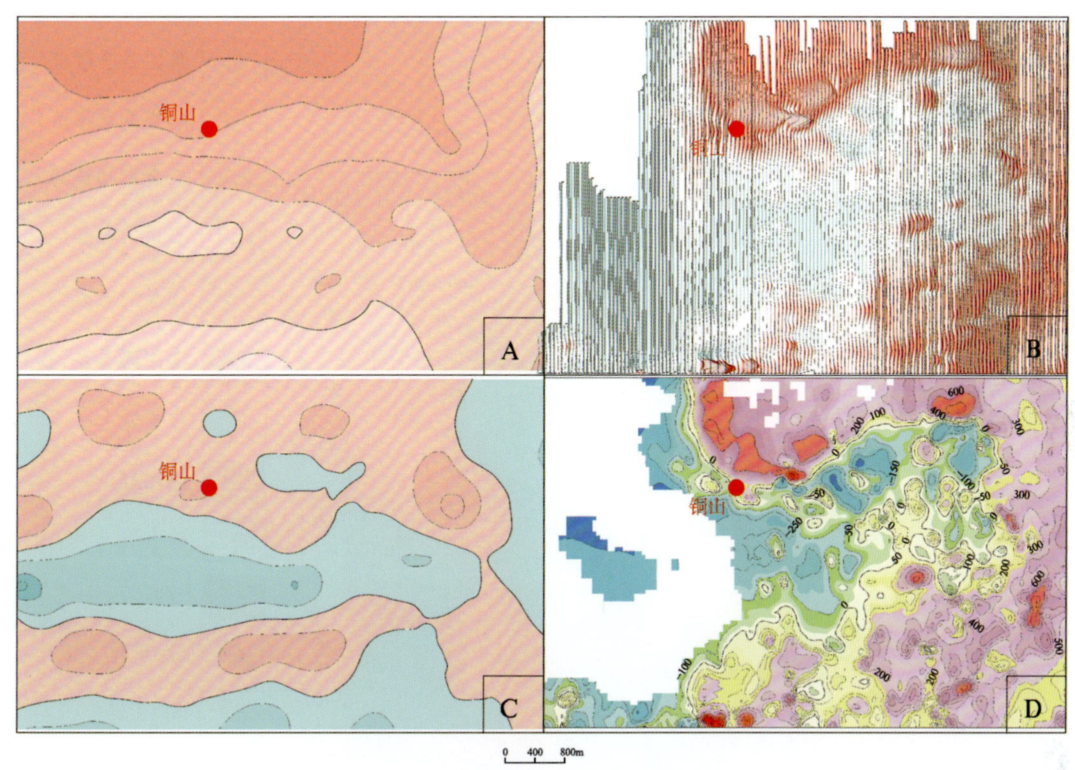

图7-64　铜山铜钼矿所在位置系列图

A.布格重力图；B.航磁平剖图；C.剩余重力图；D.航磁化极图

铜山铜钼矿属矽卡岩型铜钼矿，矿床处于重力异常和磁异常的梯度带上，矿床位置及南部航磁异常与中酸性岩体有关，矿床及北部位置相对重力高与志留系—二叠系有关，矿床位置存在接触带含铜钼磁铁局部磁异常，该典型矿床模式图见图7-65。

(三)找矿标志总结

由成矿带地质矿产与磁场特征，并结合典型矿床研究结果看，阳储岭式斑岩型钼(钨)矿主要赋存于二长花岗岩中，部分产于二长花岗岩与震旦系黄墟组接触带中，为“似斑岩型”隐伏矿床。涑壁钼钨矿床所处位置无大比例尺磁测资料，矿床位置处于区域上磁法推断的中酸性岩体南东边缘，中酸性岩体表现为相对高的航磁异常，矿床位置处于岩体重力低异常南梯度带上。

柿竹园式矽卡岩型钼矿含矿建造主要产于石炭纪及二叠纪的碳酸盐岩建造与白垩纪中酸性侵入岩的外接触带矽卡岩，矿床处于重力异常和磁异常的梯度带上，矿床位置有接触带含铜钼磁铁局部地磁异常反映，该类矿产可通过石英闪长斑岩、花岗闪长斑岩等中酸侵入岩体磁异常梯度带上局部地磁异常作为间接找矿标志。

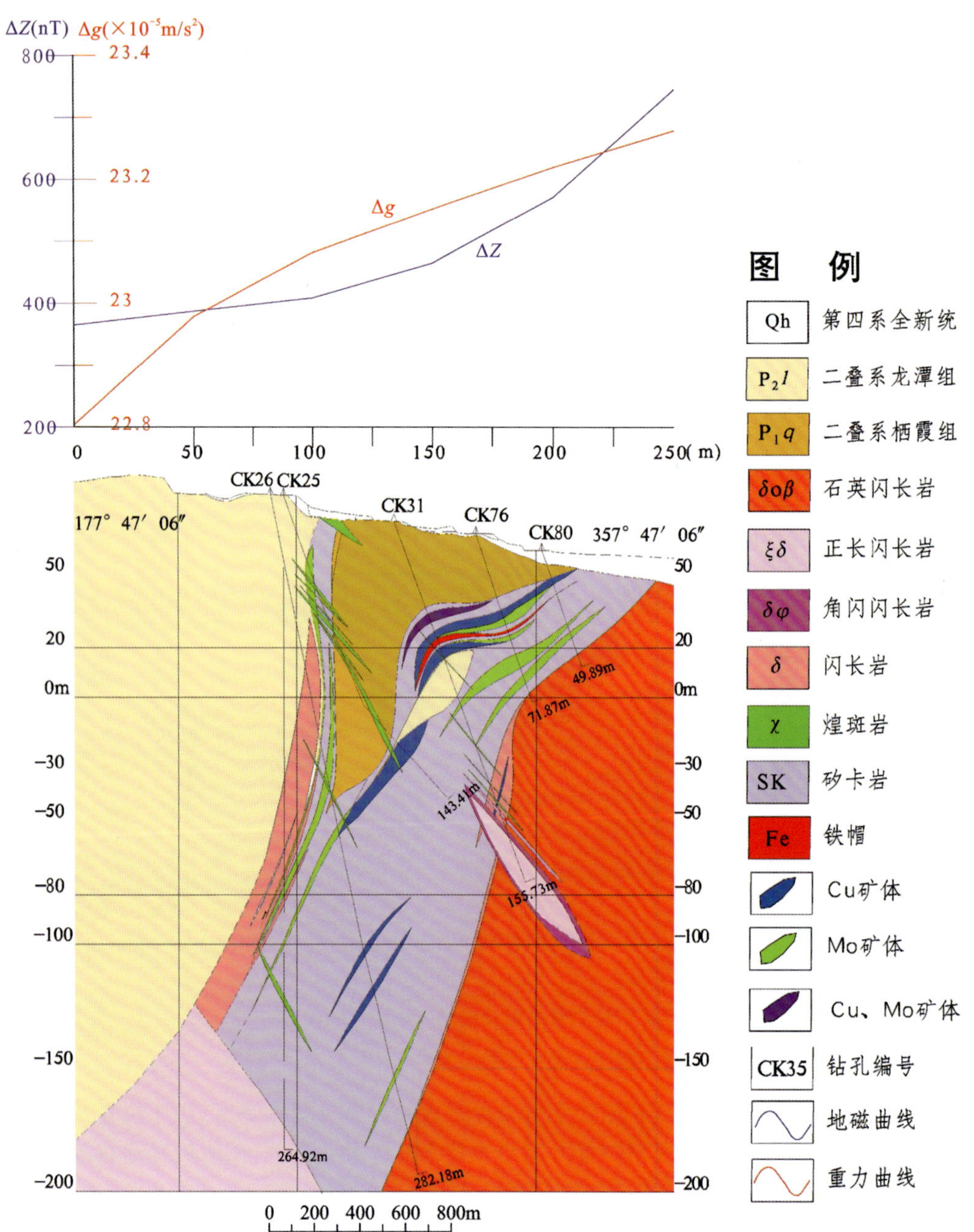

图 7-65　铜山铜钼矿典型矿床模式图

第六节　硫铁矿区域磁异常特征及找矿标志

江苏省及上海市矿产资源潜力评价项目结合本区实际地质情况和矿产预测需要，依据综合信息地质单元法划分了沿江成矿带Ⅲ-69-②、宣州-苏州成矿带Ⅲ-69-③两个硫铁矿Ⅳ级成矿带，硫铁矿矿产预测类型为向山式陆相火山岩型硫铁矿、铜陵式矽卡岩型硫铁矿两类，细分为4个硫铁矿Ⅴ级成矿区，对应有宁芜、宁镇、溧水和苏州西部共4个硫铁矿预测工作区，见表7-5。

表 7-5　江苏省及上海市硫铁矿矿产预测工作区一览表

预测工作区名称	预测类型	面积(km^2)	矿种	预测方法类型	典型矿床
宁芜	向山式陆相火山岩型硫铁矿	944	硫铁矿	火山岩型	南京市云台山硫铁矿床
溧水	向山式陆相火山岩型硫铁矿	2222	硫铁矿	火山岩型	南京市云台山硫铁矿床
宁镇	铜陵式矽卡岩型硫铁矿	2350	硫铁矿	侵入岩体型	南京市岔路口硫铁矿床
苏州西部	铜陵式矽卡岩型硫铁矿	722	硫铁矿	侵入岩体型	苏州市潭山铅锌(银)硫铁矿床

沿江成矿带Ⅲ-69-②和宣州-苏州成矿带Ⅲ-69-③两个硫铁矿Ⅳ级成矿带与对应铁矿成矿带范围一致，地质、磁异常特征不再叙述，江苏省及上海市硫铁矿典型矿床有南京市云台山、岔路口硫铁矿床和苏州市潭山铅锌(银)硫铁矿床，文中选取 1 个硫铁矿典型矿床，按各成矿区带地质矿产、磁场特征，结合典型矿床研究结果总结找矿标志。

一、沿江硫成矿带Ⅲ-69-②已知矿产地的分布特征及找矿标志

(一)已知矿产地的分布特征

沿江硫成矿带Ⅲ-69-②已知矿产地主要分布在宁镇、宁芜和溧水地区(见图 7-6)。宁镇地区有南京板仓岔路口、栖霞山甘家巷、东郊大凹山、江宁县汤山镇安基山和句容县盘龙岗硫矿等，硫矿产大多分布在闪长岩、花岗闪长斑岩中酸性侵入岩体航磁异常梯度带附近；宁芜地区硫铁矿(点)有南京市梅山硫铁矿、云台山硫铁矿、天台山硫铁矿，分布在角闪闪长玢岩、角闪安山玢岩和辉石闪长玢岩等次火山岩航磁异常梯度带附近，一般没有明显的局部磁异常；溧水地区硫铁矿(点)有溧水县卧龙山硫铁矿，位于辉石闪长玢岩等中基性次火山岩体航磁异常边缘没有明显的局部地磁异常。

(二)典型矿床研究结果

南京市云台山硫铁矿床

1)地质特征及物性特征

矿区位于宁芜丘陵山区中段偏北部的东南缘，自南向北由公鸡山、母鸡山、狮子山、云台山、秃子山、富而岗等组成，山体主要呈北东-南西走向，植被发育，海拔标高一般为 60～200m，最高峰为云台山，海拔标高 318.85m，矿区地面标高为 76m，云台山东坡坡角 25°～30°；山(丘)体周围广泛分布第四纪松散沉积物，其地面标高 30～50m。

区内出露的地层有中三叠统黄马青组、中下侏罗统象山群、上侏罗统龙王山组及第四系。

以 F3 断层为界，F3 断层以北为狮子山矿段，以南为母鸡山矿段。

母鸡山矿段位于云台山单斜构造的南段，地层总体走向呈北北东向展布，倾向北西西，倾角东部较陡，一般为 60°～80°，局部直立，向南变缓，一般为 30°～50°；矿段内断裂构造较为发育，但对矿体的完整性影响微小，除 F110 外均为成矿前断裂。

狮子山矿段褶皱构造简单，为北北东走向的单斜构造，地层倾向北西，倾角 35°～60°；发育有 11 条断层，其中 F7、F8、F5 等断层相对规模较大，断距分别为 16m、25m、16m，但对矿体破坏不大。

母鸡山矿段以闪长岩类为主，局部见二长闪长岩和煌斑岩，多呈岩脉及岩枝产出，地表出露零星，平面上多呈椭圆形或不规则形状；狮子山矿段仅见闪长玢岩，沿层面侵入，呈岩脉状产出，主要分布于云台

山及狮子山北部。

母鸡山矿段黄铁矿矿床的成因类型属于中温热液矿床，硫和铁主要来源于岩浆热液；狮子山矿段矿床成因类型与母鸡山矿段类似，为中温热液充填交代黄铁矿矿床。

云台山硫铁矿矿区内沉积岩类（三叠系黄马青组砂页岩、粉砂岩、灰岩，侏罗系象山群砂岩，白垩系赤山组砂页岩等），一般均无磁性。火山岩一般具有磁性，其不同岩性或同一岩性的不同分组和地段，磁性变化较大。辉石闪长玢岩磁性较大，κ 值在（3142～12 189）$\times10^{-5}$SI 之间变化，尤其是磁铁矿化的辉石闪长玢岩磁性相对较强。闪长玢岩磁性相对较弱，κ 值变化范围在（1257～7791）$\times10^{-5}$SI 之间变化，矿区内的硫铁矿体不具有磁性或弱磁性。

矿区内沉积岩中，第四纪黏土、侏罗系西横山组砂砾岩密度值较小，白垩系赤山组砂页岩密度值稍高，在 2.5g/cm^3 左右，只有三叠系黄马青组砂页岩、灰岩密度值与岩体相当或稍大一些，达 2.5～2.8g/cm^3。区内辉石闪长玢岩的密度仅次于矿石密度，一般为 2.6～2.8g/cm^3。区内硫铁矿矿体密度值最大，达 3.12g/cm^3。

2）所在区域重磁场特征

所在区域 1∶25 万航磁 ΔT 等值线平面图上，云台山硫铁矿位于图面中部大片正异常梯度带上，该正异常自西南向东北呈条带状，矿床西南出现幅值达 650nT 的最高值，北东向航磁异常与区域上中酸性—中基性岩体有关。在航磁 ΔT 化极一阶导数等值线平面图上，该矿床位于条带状正异常的边缘，零等值线附近。所在区域 1∶25 万布格重力异常平面图上，云台山硫铁矿位于图面中部重力零等值线附近，其西北方向为重力低，其东南方向为重力高，见图 7-66。

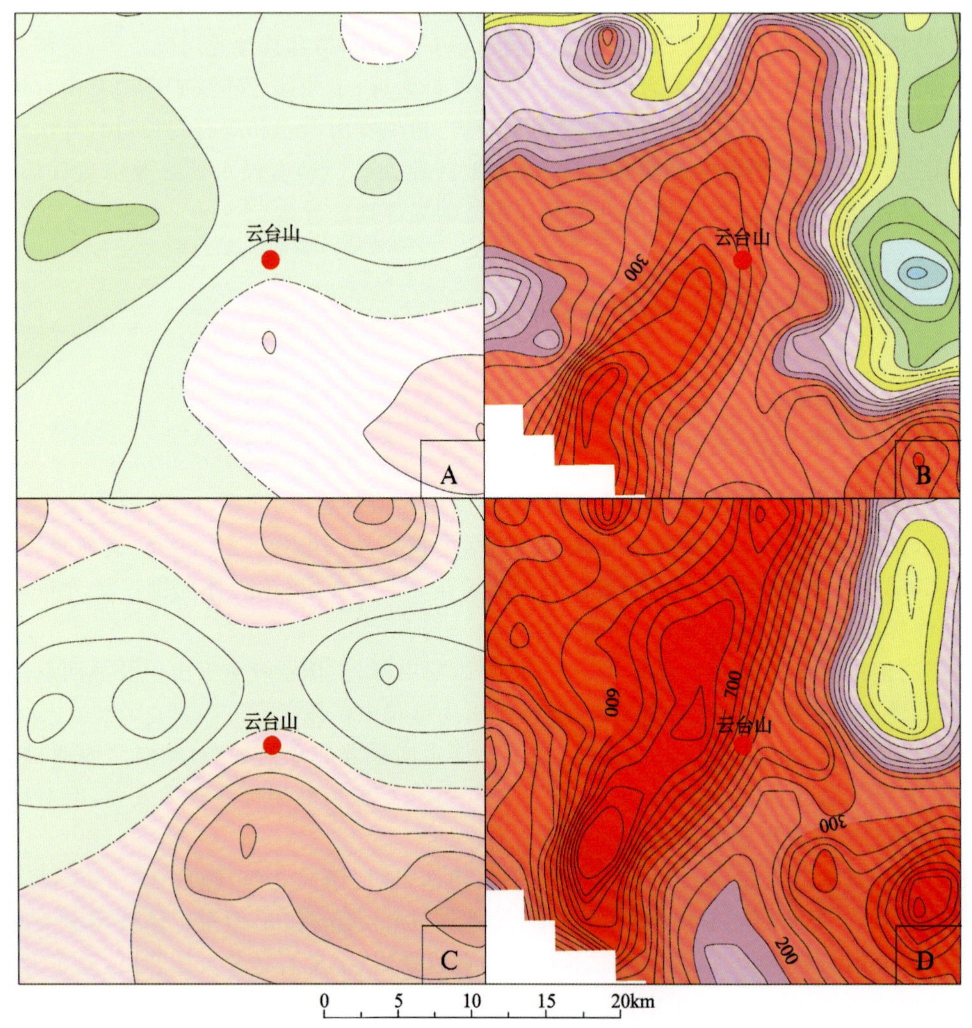

图 7-66　云台山硫铁矿所在区域系列图

A. 布格重力图；B. 航磁异常图；C. 剩余重力图；D. 航磁化极图

3)所在地区重磁场特征

所在地区 1∶5 万航磁 ΔT、航磁 ΔT 化极等值线平面图上,云台山硫铁矿位于北东向具一定规模的磁异常的北东梯度带位置,化极一阶导数图上,矿床处于零等值线附近。北东向航磁异常对应磁法推断的中酸性—中基性岩体。所在地区 1∶5 万布格重力异常图上,北东向航磁异常位置总体为相对重力高异常特征。北东向重磁高值异常可能与中基性—中酸性岩体以及三叠纪页岩、灰岩等有关。矿床位于自西南向东北呈条带状的重力高的梯度带上,位于 $22\times10^{-5}\,m/s^2$ 等值线位置,该条带状正异常的东西方向分别有两处重力低异常,见图 7-67。

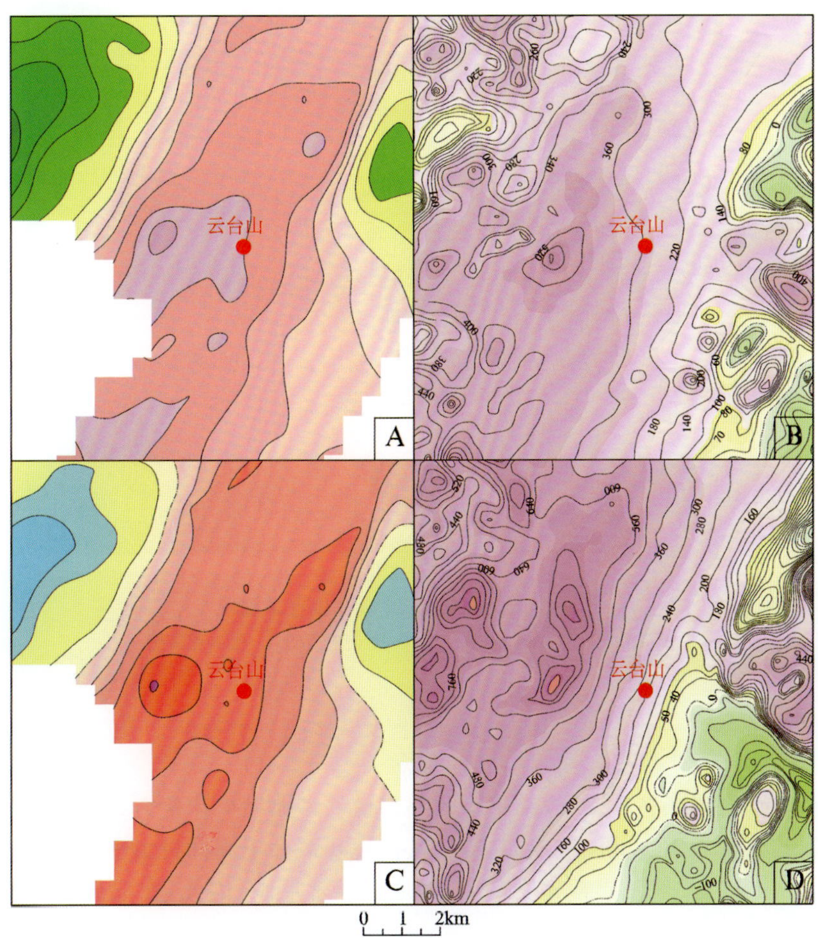

图 7-67 云台山硫铁矿所在地区系列图

A. 布格重力图;B. 航磁异常图;C. 剩余重力图;D. 航磁化极图

4)所在位置重磁场特征

在矿区范围内开展了 1∶1 万比例尺磁测、1∶2 万比例尺重力工作,地磁等值线图上背景为大片正异常,总体走向北东,磁场表现杂乱,反映了中酸性—中基性岩体叠加了火山岩地层的磁场特征,符合该区实际地质情况,东部磁异常背景值较低,西部磁异常背景值较高,地磁较高背景值与航磁推断中酸性—中基性岩体相吻合,矿床所在位置处于高低背景的过渡带上。布格重力异常背景较高,场值在 $(14\sim24)\times10^{-5}\,m/s^2$ 间变化,异常等值线北东向展布,研究区中部有一北东向升高异常带,两侧异常值逐渐降低,见图 7-68。

云台山硫铁矿属陆相火山岩型硫铁矿,根据对云台山硫铁矿重磁异常特征分析:北东向重磁高值异常反映的中基性—中酸性岩体与三叠纪页岩、灰岩等接触部位,有局部重力高异常和局部磁异常的组合是云台山硫铁矿的异常模式,该典型矿床模式图见图 7-69。

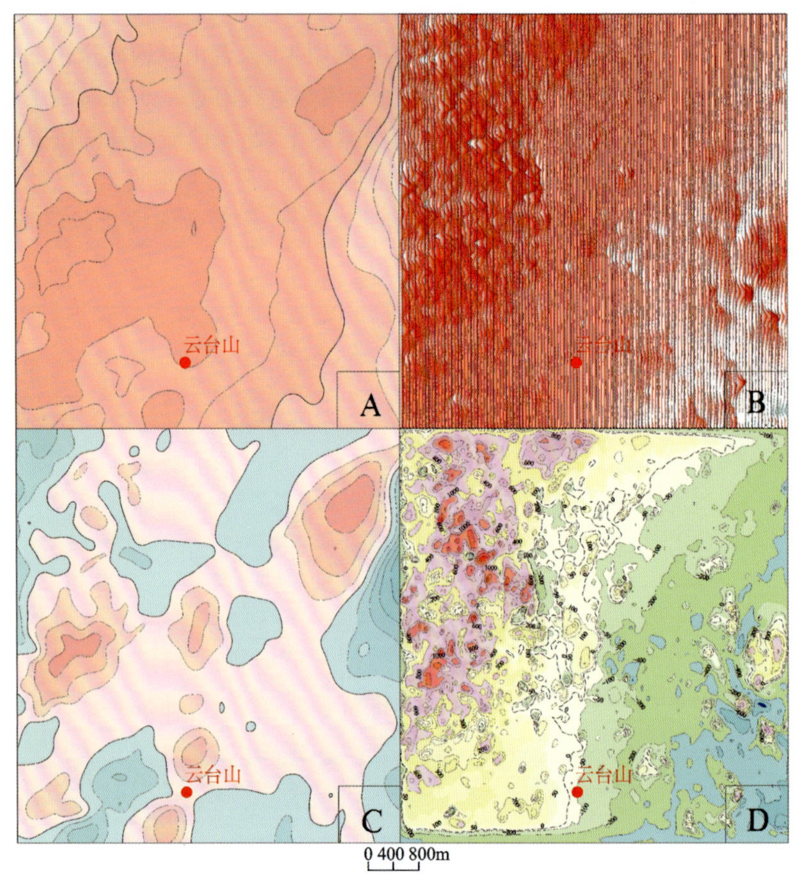

图 7-68　云台山硫铁矿所在位置系列图

A. 布格重力图；B. 航磁平剖图；C. 剩余重力图；D. 航磁化极图

(三)找矿标志总结

由成矿带地质矿产与磁场特征，结合南京市岔路口硫铁矿典型矿床研究结果，铜陵式矽卡岩型硫铁矿的成因为矿床属岩浆期后中—低温热液充填型，矿体主要赋存于周冲村组中，岔路口硫铁矿位于中基性的辉长岩、中酸性闪长岩类航磁异常梯度带上，无地磁异常反映，因此，在成矿有利地段，航磁异常梯度带边缘可作为间接找矿标志。

结合南京市云台山硫铁矿典型矿床研究结果，向山式陆相火山岩型硫铁矿床的成因为中温热液充填交代黄铁矿矿床，角闪闪长玢岩、角闪安山玢岩和辉石闪长玢岩等次火山岩引起的航磁异常梯度带可作为间接找矿标志，配合开展激电等工作是寻找硫铁矿及铜多金属矿产的有效物探方法。近年来，在天台山-云台山硫铁矿北东向成矿带延伸方向富而岗地区，通过复电阻率 CR 法剖面工作，取得了良好的找矿效果，新增硫铁矿资源储量 1000 多万吨。为此，在成矿有利地段，辉石闪长玢岩等次火山岩航磁异常梯度带可作为该类矿产的间接找矿标志。

二、宣州-苏州硫铁矿成矿带Ⅲ-69-③已知矿产地的分布特征及找矿标志

(一)已知矿产地的分布特征

宣州-苏州硫铁矿成矿带Ⅲ-69-③已知矿产地有吴县市西迹山和潭山硫铁矿等，硫铁矿产分布在石

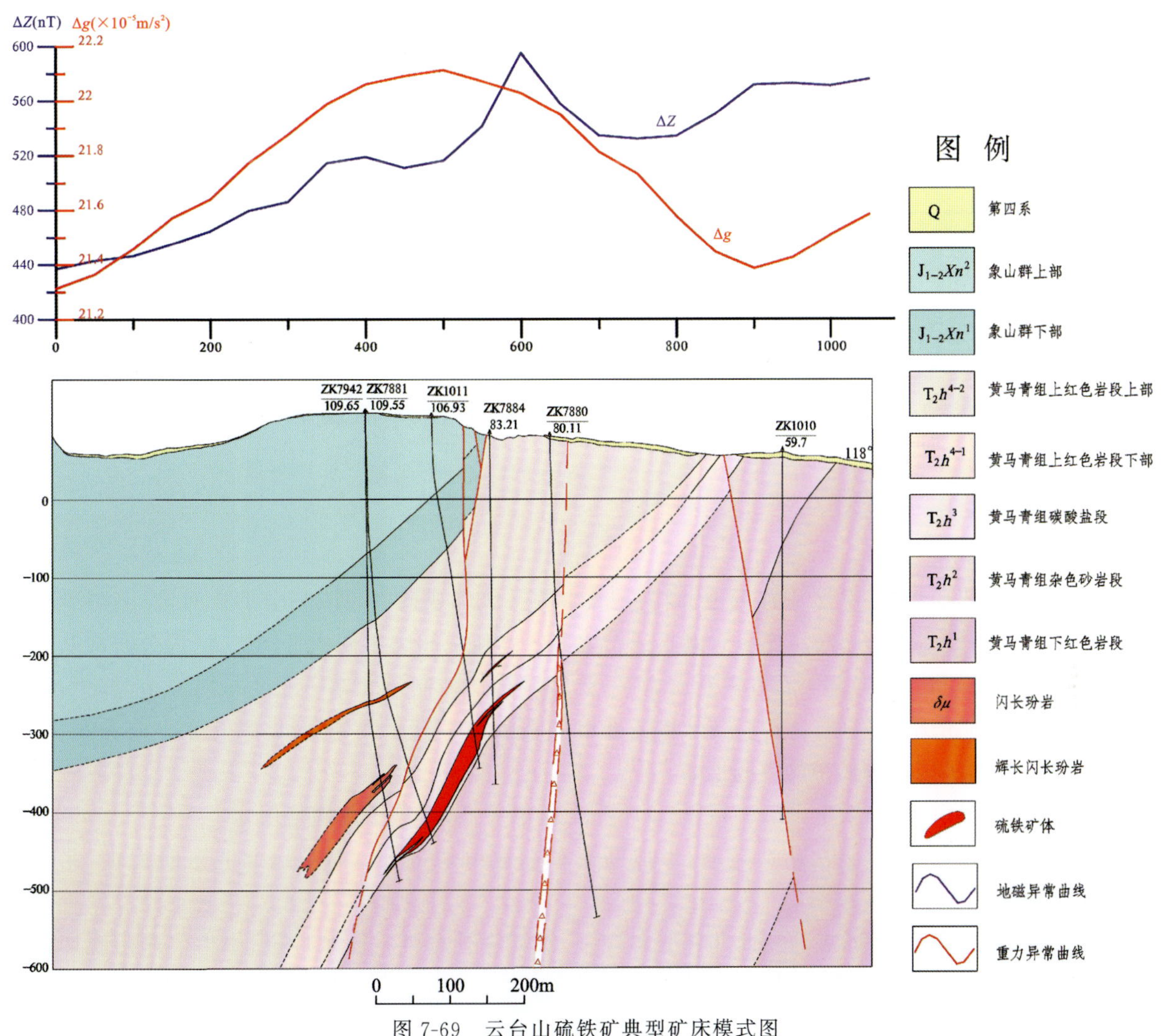

图 7-69　云台山硫铁矿典型矿床模式图

英斑岩、闪长玢岩等中酸性侵入岩体航磁异常梯度带附近(见图 7-7)。

(二)找矿标志总结

由成矿带地质矿产与磁场特征,并结合潭山硫铁矿典型矿床研究结果看:矿床的成因为矽卡岩中的低温热液交代型多金属矿床,地磁主要反映高出岩体的接触带的局部磁异常,因此,在成矿有利地段,中酸性岩体航磁异常梯度带上反映接触带的局部地磁异常可作为该类矿床的找矿标志。

第七节　磷矿区域磁异常特征及找矿标志

江苏省及上海市矿产资源潜力评价项目结合本区实际地质情况和矿产预测需要,依据综合信息地质单元法划分了沿江成矿带Ⅲ-69-②、苏鲁成矿带Ⅲ-67-③两个磷矿Ⅳ级成矿带,磷矿矿产预测类型为矾山式晚期岩浆岩型磷矿、海州式沉积变质型磷矿两类,具体为两个磷矿Ⅴ级成矿区,对应有宁芜、连云港-泗洪两个磷矿预测工作区,见表 7-6。

表 7-6 江苏省及上海市磷矿矿产预测工作区一览表

预测工作名称	矿产预测类型	面积(km^2)	矿种	预测方法类型	典型矿床
宁芜	矾山式晚期岩浆岩型磷矿	875	磷	火山型	泰山磷矿
连云港-泗洪	海州式沉积变质型磷矿	2250	磷	变质型	锦屏磷矿

文中选取 1 个磷矿典型矿床，按磷矿成矿带分别叙述地质矿产、磁场特征，结合典型矿床研究结果总结找矿标志。

一、苏鲁磷矿成矿带Ⅲ-67-③地质矿产、磁异常特征及找矿标志

(一)地质特征

苏鲁铁磷矿成矿带Ⅲ-67-③中连云港-泗洪是其中的Ⅴ级磷成矿区，即：划分的连云港-泗洪磷矿预测工作区，位于苏鲁高压—超高压变质岩系折返带之苏鲁高压—超高压变质带南缘，区内分布的基底地层主要为锦屏岩群和云台岩群等元古宙变质岩系，受区域构造控制呈北东—北北东向分布，其中，锦屏岩群为海州式磷矿的赋矿层位，含磷岩带从连云港市的临洪口一直延展到泗洪，呈北东方向分布，总长度近 200km，控制了区域磷矿带的空间展布。

盖层有中生界白垩系、新生界第三系，均呈不整合接触关系，覆盖于基底地层之上。

自元古代以来，经历了多次构造运动，形成断裂和韧性剪切带等。断裂以北北东向为主，北东向次之。

区域岩浆岩分布不均衡，在西—西北部分布较多，有元古代基性—超基性岩、中生代燕山晚期二长花岗岩和新生代喜马拉雅期玄武岩。

(二)已知矿产地的分布特征

预测工作区范围矿产以磷矿为主，其次有铁等，磷矿主要分布在海州、锦屏、大浦、华冲等地。在锦屏岩群的上、下部，地层中有两个含磷层位，主要工业矿体多产于下含矿层中，矿体多呈似层、透镜状顺层产出，矿石类型主要有磷灰岩、云母磷灰岩、锰磷矿 3 类，规模较大的磷矿体空间上多与白云质大理岩的分布关系密切。矿床成因系中元古代浅海沉积的磷块岩后经变质改造作用进一步富集而成，属沉积变质型，探明中型磷矿 7 个，资源量为 13 961.92×10^4t。

(三)磁场特征

连云港-泗洪预测工作区处于苏北平缓变化异常区北部，区域上该范围分为连云港-淮安平静磁场区北西部和宿迁-五河正磁场区以南部分。根据磁场强度、异常特征及展布规律，可以将本区分为 4 个异常区，即连云港云台山地区局部磁异常区；沭阳平静磁场区和泗阳县城西-泗洪县城东南杂乱异常区；五河-上塘镇正磁场区，本区的磁场特征如图 7-70。

连云港-淮安平静磁场区以变化的平缓磁场为主，区域磁场特征平稳，总体异常走向以北东为主。

预测工作区北东部，即连云港云台山地区局部磁异常，以北西向为主，异常形态较规则，由对应的正

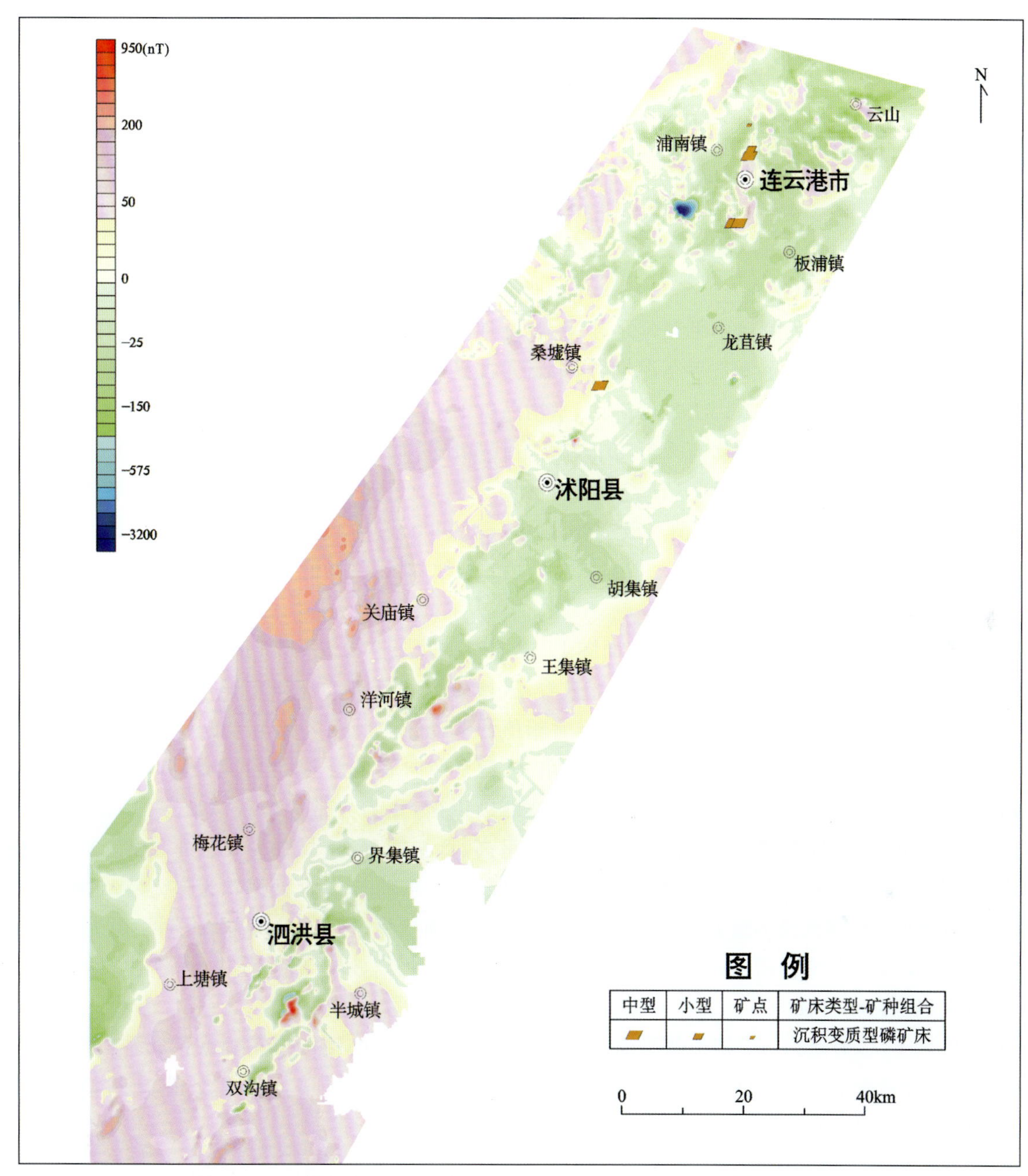

图 7-70　江苏省连云港-泗洪预测工作区 1∶5 万航磁 ΔT 等值线平面图

负伴生异常组成，磁场强度一般为 50～200nT；连云港云台山局部磁异常特征与区域地质资料结果表明，异常主要与变质岩地层有关。

预测工作区中部为沭阳平静磁场区，以变化的平缓磁场为主，磁场强度 ΔT 变化一般小于 100nT，走向北东，反映了沉积地层的磁场特征，中西部有局部杂乱磁异常，地质资料证实为千米以上第三纪、白垩纪沭阳沉积凹陷，中西部局部杂乱磁异常为凹陷边缘第三纪玄武岩引起。

预测工作区南东部是泗阳县城西-泗洪县城东南杂乱异常区，由为数众多的局部异常构成的北东走向异常带，带中局部异常复杂多样，规模和强度的大小相差悬殊，磁场强度 ΔT 一般为 200～500nT，双沟镇北西航磁异常达 850nT 以上；部分航磁异常做过地面磁测和查证工作，异常主要与辉长岩、橄榄岩等基性岩体及中酸性岩体有关，部分由含磁铁矿物变质岩地层引起。

预测工作区南西部为五河-上塘镇正磁场区，区域上属宿迁-五河正磁场区以南部分，为正背景上叠加宽缓升高磁场，磁场强度 ΔT 大于 100nT 以上的，异常走向总体北东，区域地质资料可知，本区所处的地质位置正好是郯庐深断裂带的所在部位，这些强度较大的局部异常，为中酸性侵入岩体引起。

（四）典型矿床研究结果

锦屏磷矿

1）地质特征及物性特征

锦屏磷矿位于秦岭-大别造山带东延之苏北-胶南地块南部，北北东向锦屏倒转背斜的南西倾伏端及其翼部；矿区地层主要有古元古界东海岩群，中新元古界锦屏岩群、云台岩群，锦屏岩群是磷矿的赋矿层位；矿床属于海相沉积变质成因类型磷矿床，平均品位 P_2O_5 14.19%，CaO 35.62%，MgO 9.02%。

锦屏磷矿矿石为磷矿石，围岩有太古宙—古元古代变质岩系，包括洣边组、锦屏岩群和云台岩群等，岩石组合复杂，磁性变化大，即使同一种岩石磁性也有变化，这主要取决于岩石中铁磁性矿物含量的多少，与地层时代早晚无关。磁化率 κ 值一般在 $(n\times10\sim n\times1000)\times10^{-5}$ SI 之间变化。东海地区变质岩地层各类岩性磁性都较弱，地面磁测结果一般显示为低缓的平稳磁场，磁场值在几十至一百几十纳特之间。

2）所在区域重、磁场特征

所在区域 1∶25 万航磁 ΔT 等值线平面图上，锦屏磷矿处于连云港-泗洪预测工作区北东区域的平稳正异常梯度带上，从整个区域航磁异常图上来看，区域磁场背景为大面积正异常，仅在中部出现负异常，呈现四周正异常中间负异常的分布情况，异常幅值约 250nT。所在区域 1∶25 万布格重力异常平面图上，邵店-桑墟断裂以北，重力异常等值线以北东向、近东西向展布为主，异常背景高，其上有锦屏重力高、赣榆重力高等局部重力高异常分布。邵店-桑墟断裂以南，重力异常等值线以北东向、北北东向、北西向和近南北向展布，异常背景北弱南强，局部异常呈高、低相间分布，场强变化较平缓，有多个低值中心，其中颜集（沭阳）重力低和龙苴（穆圩）重力低特别醒目，北东轴向，南北两侧均为梯级带，北侧尤明显；低值异常间分布有较多的局部重力高异常，轴向北东和近等轴状为主，其中，高沟—华冲一线局部异常构成北西向串珠状重力异常高带；颜集（沭阳）重力低以南，异常背景高，以局部重力高分布为主，见图 7-71。

3）所在地区磁场特征

所在地区 1∶5 万航磁 ΔT 等值线平面图上，锦屏磷矿位于一处腰子形正异常区，磷矿西边有一处圈闭负异常，背景异常杂乱，总体趋势是西—北西方向正异常，北东方向正负异常交替，南边整体为平稳的低缓负异常，见图 7-72。

4）所在位置重、磁场特征

矿床所在位置 1∶5 万航磁上有一明显半环状正异常存在，环状异常向北开口，其北及南西侧有负异常伴生，异常带中有 4 个局部高值圈闭，峰值范围 100～140nT，异常系花岗质片麻岩引起。1∶5 万重力异常图上，由西南向东北，布格异常场值由高渐低变化，其间为一北西向梯级带过渡；矿床西南侧为重力高，似等轴状，研究区内异常未封闭，向南开口，最大等值线圈 $34\times10^{-5}\,m/s^2$；矿床东北侧为重力低，等值线稀疏，向北开口，最小等值线圈 $21\times10^{-5}\,m/s^2$，见图 7-73。

锦屏磷矿属海州式沉积变质型磷矿，根据对锦屏磷矿重磁异常特征分析：重力异常梯度带位置有局部磁异常是锦屏磷矿的异常模式，该典型矿床模式图见图 7-74。

（五）找矿标志总结

由成矿带地质矿产与磁场特征，并结合锦屏磷矿典型矿床研究结果看，锦屏岩群为海州式磷矿的赋

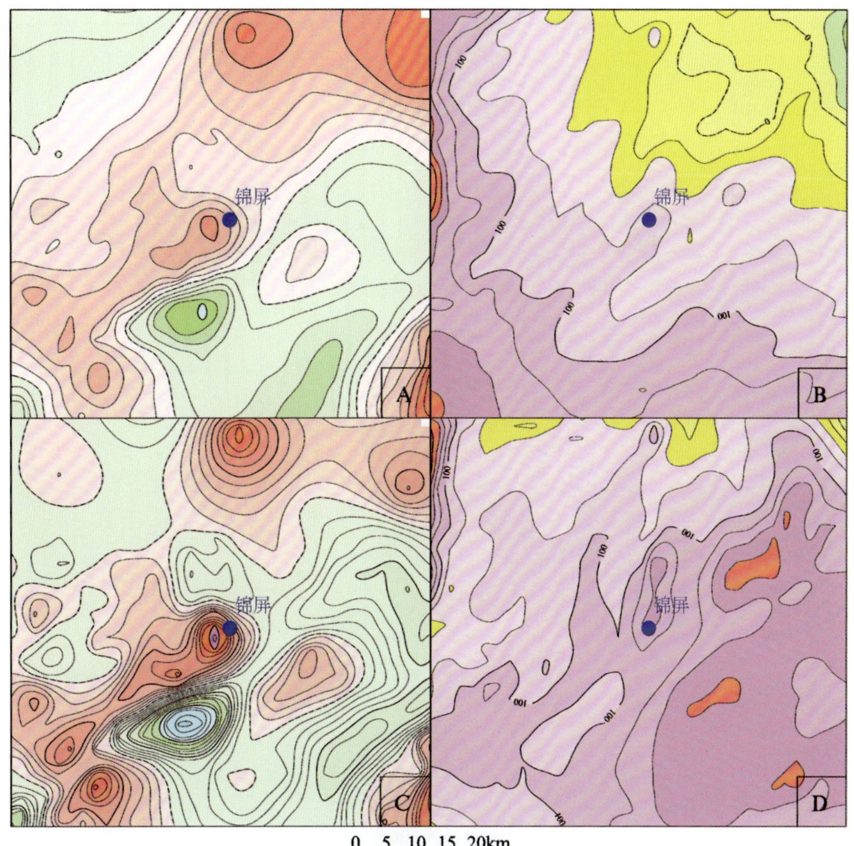

图 7-71　锦屏磷矿所在区域系列图

A. 布格重力图；B. 航磁异常图；C. 剩余重力图；D. 航磁化极图

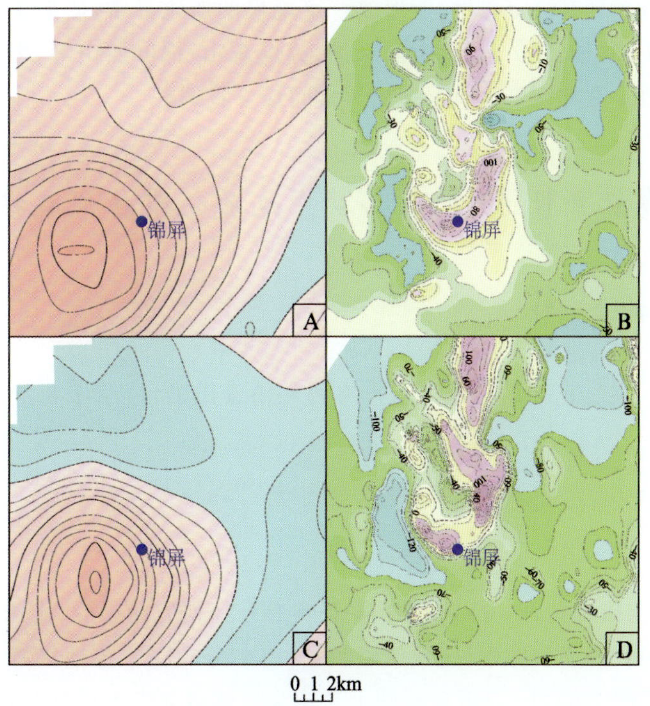

图 7-72　锦屏磷矿所在地区系列图

A. 布格重力图；B. 航磁异常图；C. 剩余重力图；D. 航磁化极图

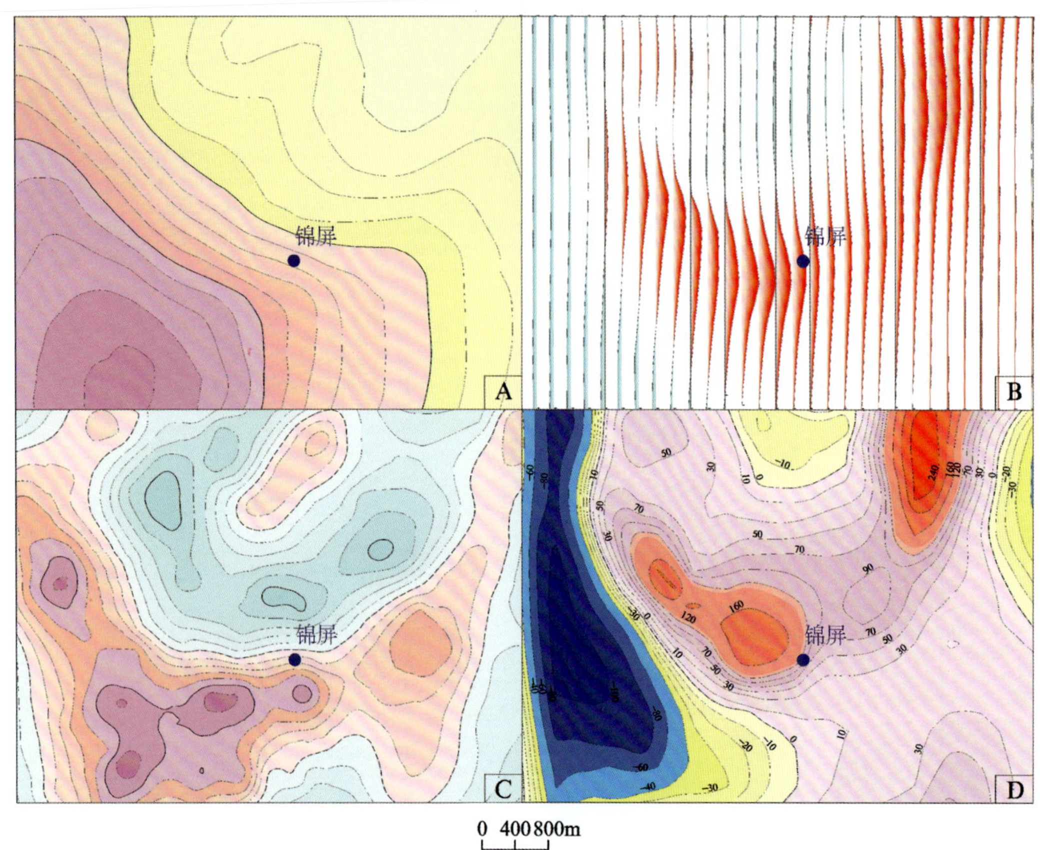

图 7-73　锦屏磷矿所在位置系列图

A. 布格重力图；B. 航磁平剖图；C. 剩余重力图；D. 航磁化极图

矿层位，锦屏岩群变质岩系具有一定磁性，能形成一定规模的航磁异常，磷矿主要分布在锦屏岩群形成航磁异常的周围（见图 7-4），如：连云港市大浦、新浦、锦屏东山、锦屏西山等，因此可通过航磁异常了解锦屏岩群分布，利用重力异常梯度带上有局部磁异常间接寻找磷矿。

二、沿江磷矿成矿带Ⅲ-69-②已知矿产地的分布特征及找矿标志

（一）已知矿产地的分布特征

沿江磷矿成矿带Ⅲ-69-②已知矿产地为南京市西善桥泰山磷，位于宁芜继承式火山断陷盆地北段梅山铁矿南侧。

（二）找矿标志总结

由成矿带地质矿产与磁场特征，并结合泰山磷矿典型矿床研究结果看，矿床属于岩浆气成热液型磷矿床，矿体赋存于辉石闪长玢岩裂隙中，区域航磁图上，磷矿分布在宁芜地区辉石闪长玢岩等次火山岩航磁异常梯度带附近（见图 7-6），1∶5 万磁测图上表现为岩体磁异常上叠加的凸起磁异常，因伴生磁铁矿，在大比例尺（1∶1 万）地磁图上表现为局部地磁异常和相对重力高，上述特征可作为寻找磷矿（伴生磁铁矿）的直接找矿标志。

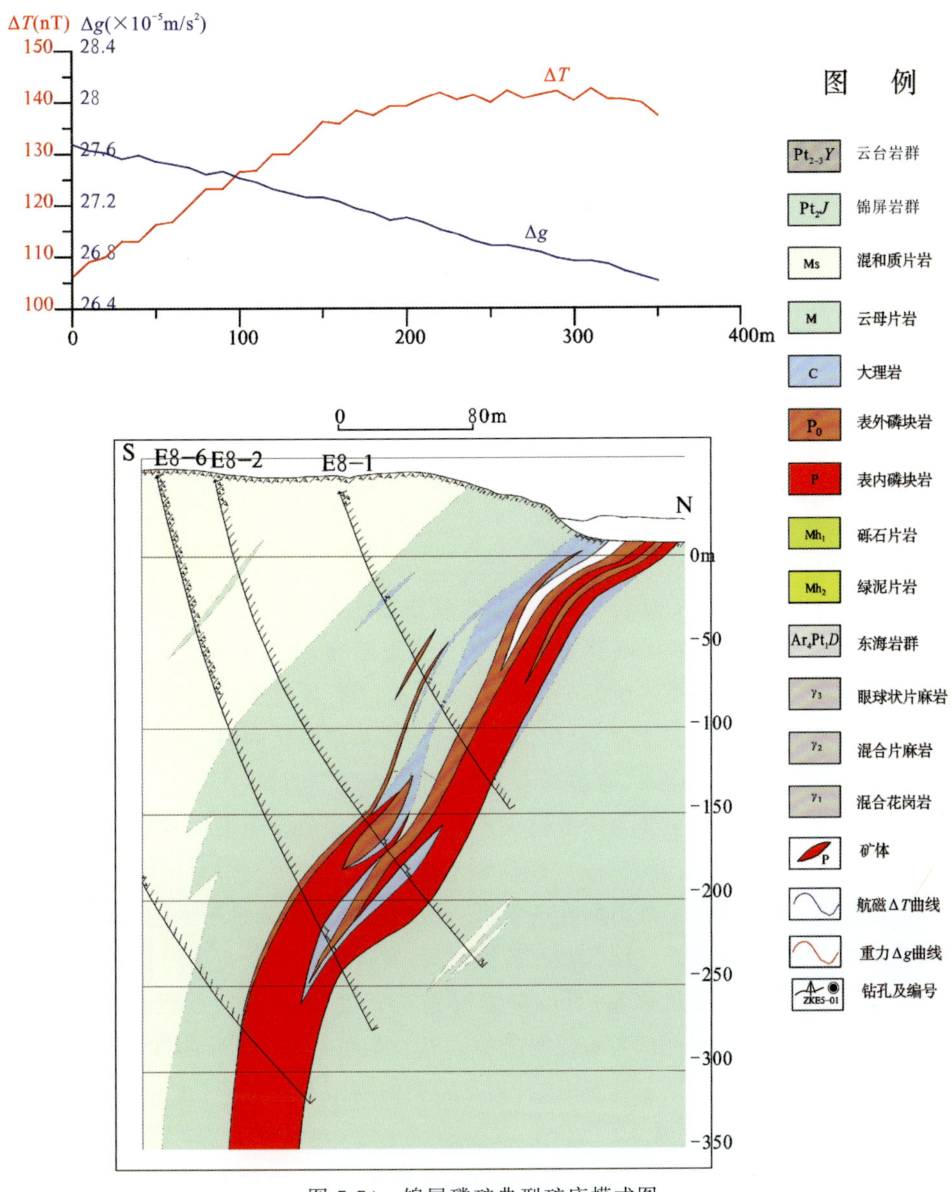

图 7-74　锦屏磷矿典型矿床模式图

第八节　萤石矿区域磁异常特征及找矿标志

江苏省及上海市矿产资源潜力评价项目结合本区实际地质情况和矿产预测需要，依据综合信息地质单元法划分了宣州-苏州萤石矿Ⅳ级成矿带Ⅲ-69-③，矿产预测类型为武义式热液充填型萤石矿，具体为苏州西部萤石矿Ⅴ级成矿区，对应苏州西部萤石矿预测工作区，见表 7-7。

表 7-7　江苏省及上海市萤石矿产预测工作区一览表

预测工作区名称	预测类型	面积(km^2)	矿种	预测方法类型	典型矿床
苏州西部	武义式热液充填型萤石矿	722	萤石	侵入岩体型	苏州市俞石泉萤石矿床

宣州-苏州Ⅳ级成矿带Ⅲ-69-③区域地质矿产及磁异常特征已在前面铁铅锌多金属相关章节叙述，文中选取1个萤石矿典型矿床，按萤石成矿带地质矿产、磁场特征，结合典型矿床研究结果总结找矿标志。

(一)已知矿产地的分布特征

已知吴县枫桥俞石泉、城隍山、阳耙山萤石矿处于大范围磁场相对平缓的酸性侵入岩体中，其中有局部航磁异常。

(二)典型矿床研究结果

苏州市俞石泉萤石矿床

1)地质特征及物性特征

大地构造图上，苏州俞石泉萤石矿位于无锡-湖州断块的东部，发育有3组断裂构造，一是北东-南西向断裂构造，以潭东-光福-通安桥大断裂为代表；二是弧形断裂，多属逆掩性质，见于阳山、翠屏山、青山等处；三是北西-南东向断裂，为第一组断裂的次一级构造。断裂主要形成于燕山期。褶皱构造主要为一系列短轴拱形背斜及向斜，轴向北西-南东，如西华背斜，木渎倾伏向斜，洞庭向斜等，多形成于印支期；由于后期断裂的切割和火成岩侵入，褶皱形态多遭破坏，表现不明显。

矿区上古生界较发育，中生界主要为侏罗纪火山岩系，主要地层有中下泥盆统茅山组($D_{1-2}m$)、上二叠统长兴组(P_2c)、中下三叠统青龙组($T_{1-2}g$)、晚侏罗世火山岩(J_3)。

矿区岩浆活动频繁，主要发育于燕山期晚侏罗世。中酸性火山岩分布于本区北部，最北至浒墅关一带，为安山岩、英安岩、安山质凝灰岩、凝灰熔岩、流纹岩等；花岗闪长岩及石英闪长岩则分布于通安桥至光福及横泾一带，呈一弧圈状的隐伏岩基；石英斑岩出露在光福、城隍山及阳巴山等地，呈小岩株状产出；花岗岩主要分布在灵岩山、天池山，为一较明显的岩基。根据火成岩与周围地层的接触及火成岩相互间的穿插关系，其生成顺序大致是先有安山岩、英安岩类的喷出及花岗闪长岩、石英闪长岩类的侵入，后为流纹岩类的喷出及花岗岩类的侵入。

由矿物的共生组合、矿石的物质组分(主要为萤石，其次为石英、方解石，部分含钾长石较高)、结构构造(他形粒状结构、交代结构，块状构造、角砾状构造、条带状构造、脉状穿插构造)、围岩蚀变(大理岩化、角岩化、萤石化、矽卡岩化、钠长石化)，以及矿体与围岩界线大都清楚等特征，认为本矿床属中低温热液裂隙充填交代型萤石矿床。

区内二叠系长兴组、龙潭组的白云质灰岩、杂色泥质粉砂岩、砂岩等沉积岩均无磁性或微磁性。石榴子石矽卡岩具有一定磁性，κ值范围为$(0\sim68\ 612)\times10^{-5}$SI，平均值为$1257\times10^{-5}$SI。萤石矿矿体本身无磁性，但伴生的磁铁矿具有一定磁性。

区内二叠系长兴组、龙潭组的白云质灰岩、杂色泥质粉砂岩、砂岩等沉积岩密度值较高，范围为$2.61\sim2.69\mathrm{g/cm^3}$。侵入岩及矽卡岩密度与地层之间密度差较小，且规模不大，不足以引起一定的重力异常。

2)所在区域重、磁场特征

所在区域1∶25万航磁ΔT等值线平面图上，图面上分布大片正异常，仅在北部边缘处出现小片负异常。俞石泉萤石矿位于图面大面积的正异常区中间相对较低处，在等值线100nT附近。在航磁化极图上，矿床则位于一处局部椭圆形正异常处，该异常相对周围异常场值较低，图面上分散的大片正异常呈现出环状异常。图中环状异常推断为中酸性岩体引起。所在区域 1∶25 万布格重力图上，图面以大范围重力低为主要特征，出现一处近似圆形的重力低，在东部边缘出现小片重力高。大范围重力低与苏州酸性花岗岩有关，推断小片重力高由石炭系—二叠系以及泥盆系引起。俞石泉萤石矿位于重力负异常区最低值处，在等值线 $-12\times10^{-5}\,m/s^2$ 附近，在剩余重力异常图上仍然处于重力最低值处，见图 7-75。

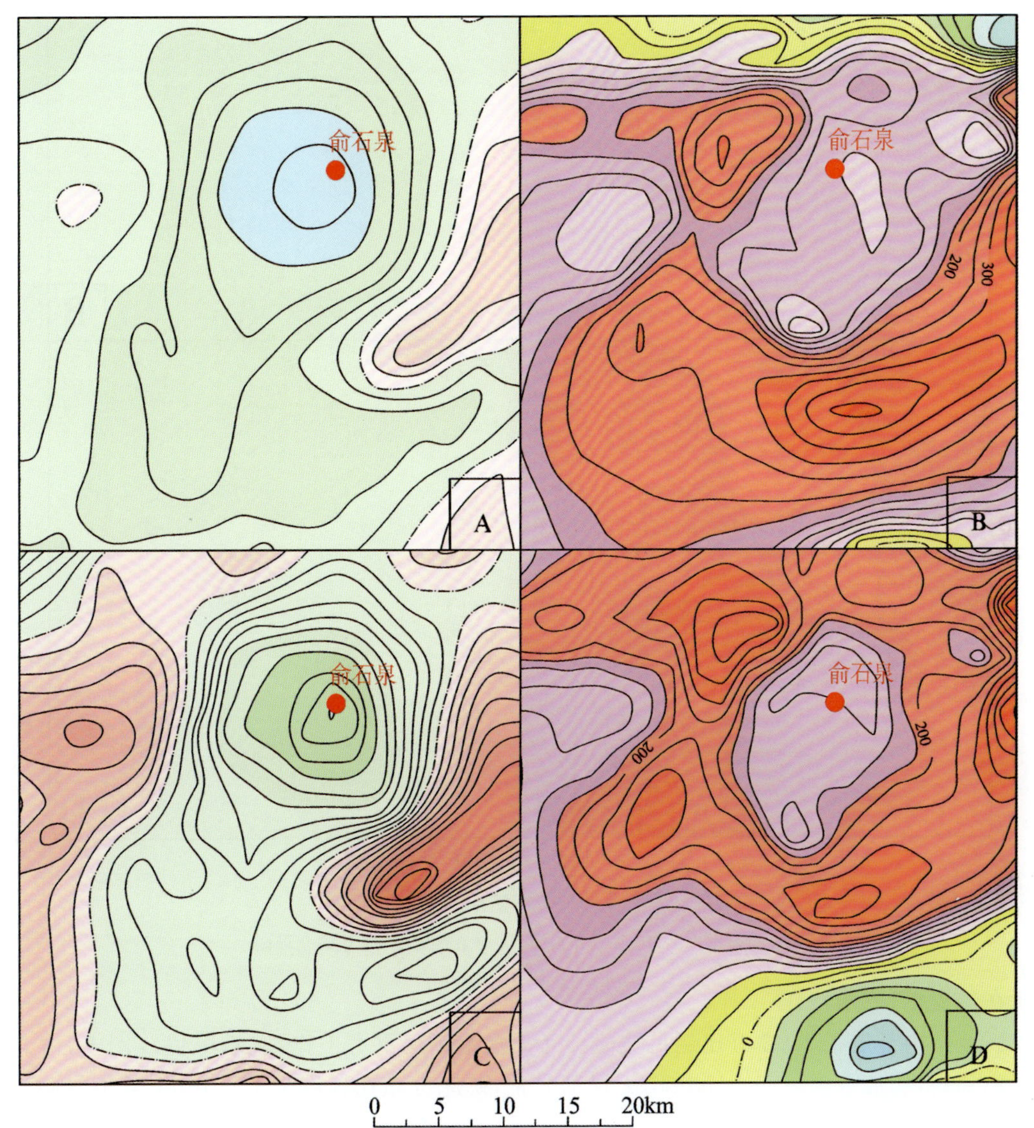

图 7-75　俞石泉萤石矿所在区域系列图

A. 布格重力图；B. 航磁异常图；C. 剩余重力图；D. 航磁化极图

3）所在地区重、磁场特征

所在地区 1∶5 万航磁 ΔT 等值线平面图上，表现为大片相对零乱的航磁正异常，在北西方向有一处范围较大的局部航磁正异常。俞石泉萤石矿位于图面大片航磁正异常区的一处局部正负伴生异常梯度带 -10nT 等值线附近。在航磁化极图上背景几乎为正异常，由形态复杂的多个小异常组成，主要为磁性蚀变带和花岗闪长岩、石英闪长岩等中酸性侵入岩引起。该矿床此时则位于一处局部正异常梯度带上。所在地区 1∶5 万布格重力异常图上，以大片重力高为背景，在中部出现了相对的重力低，即苏州酸性花岗岩分布区，无明显场值变化，矿床处于相对的重力低 $3\times10^{-5}\,m/s^2$ 等值线附近，在剩余重力异常图上，则出现重力低异常，矿床则处于该重力低异常的最低值附近，见图 7-76。

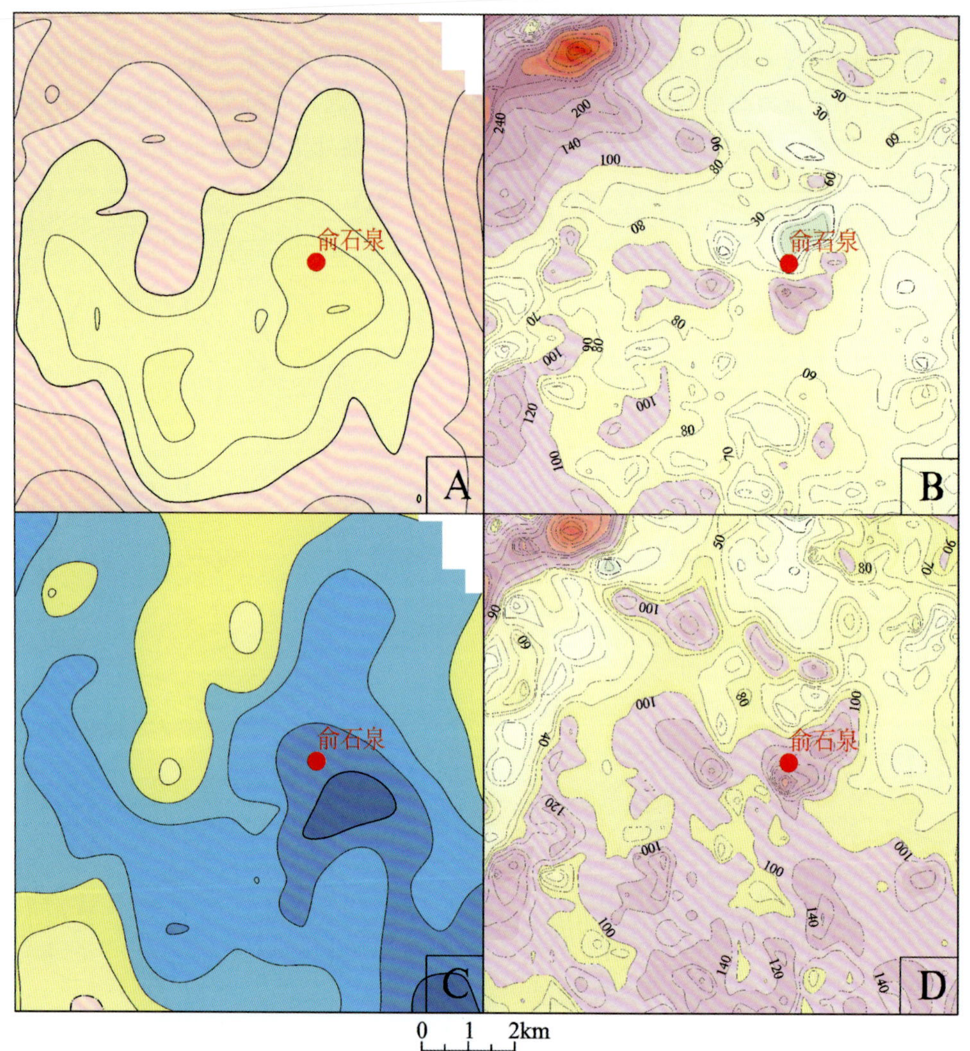

图 7-76　俞石泉萤石矿所在地区系列图

A. 布格重力图；B. 航磁异常图；C. 剩余重力图；D. 航磁化极图

4)所在位置重、磁场特征

在矿区范围内开展了 1∶5 万比例尺航磁、1∶5 万比例尺重力工作，航磁等值线图上，由北向南场值由负变化到正，场值范围－55～150nT，无局部异常，矿床分布在梯度带上－15nT 等值线附近。布格重力异常背景为正异常，场值在$(2.4\sim3.2)\times10^{-5}m/s^2$间变化，由南向北，异常值逐渐升高，整体呈近东西向展布；矿床处在场值为$2.4\times10^{-5}m/s^2$等值线上，无明显局部异常，见图 7-77。

俞石泉萤石矿属侵入岩体型萤石矿，俞石泉萤石矿位置处于重力异常和航磁梯度带上，无明显重力异常和磁异常反映，该典型矿床模式图见图 7-78。

(三)找矿标志总结

由成矿带地质矿产与磁场特征，并结合典型矿床研究结果看，含矿建造主要产于砂页岩与二叠纪—三叠纪碳酸盐岩建造之间的断层内或层间裂隙中以及碳酸盐岩与中酸性侵入岩的外接触带中，俞石泉萤石矿处于局部航磁异常梯度带附近(见图 7-7)，航磁局部异常可能与花岗闪长岩、石英闪长岩等中酸性侵入岩或磁性蚀变带有关，矿床位置无明显地磁异常，因此成矿有利地段局部航磁异常梯度带可作为寻找萤石矿的间接找矿标志。

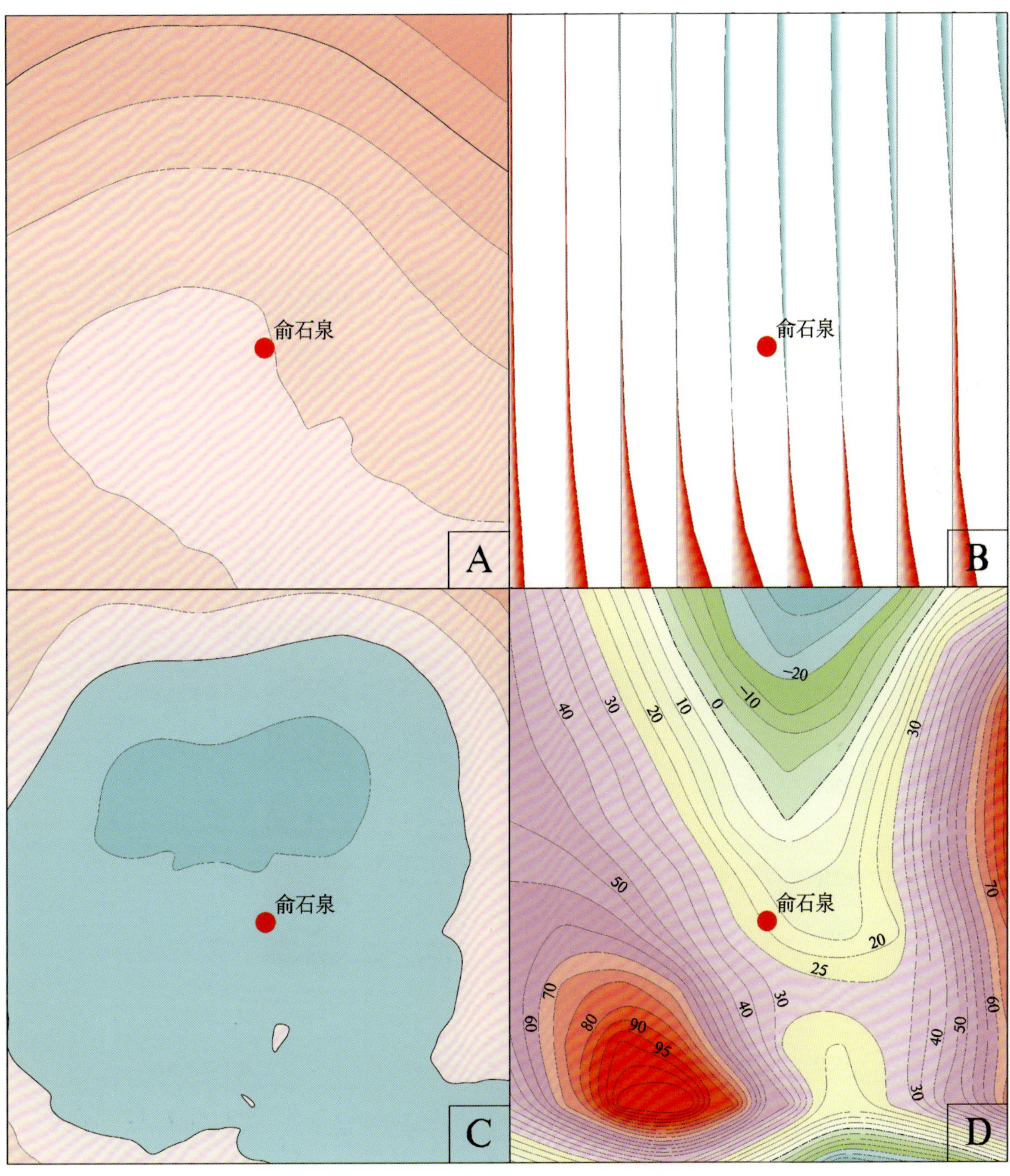

图 7-77　俞石泉萤石矿所在位置系列图

A. 布格重力图；B. 航磁平剖图；C. 剩余重力图；D. 航磁化极图

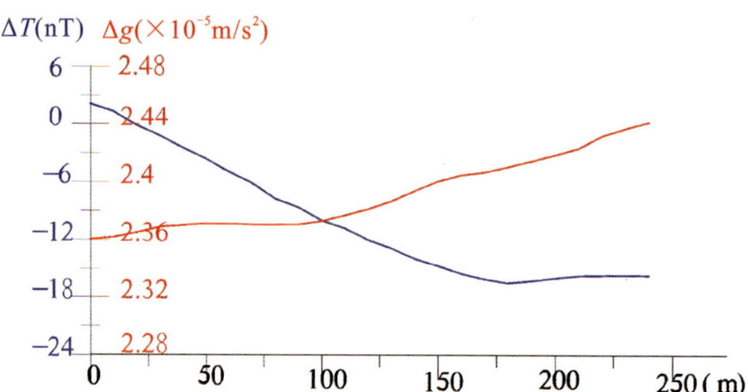

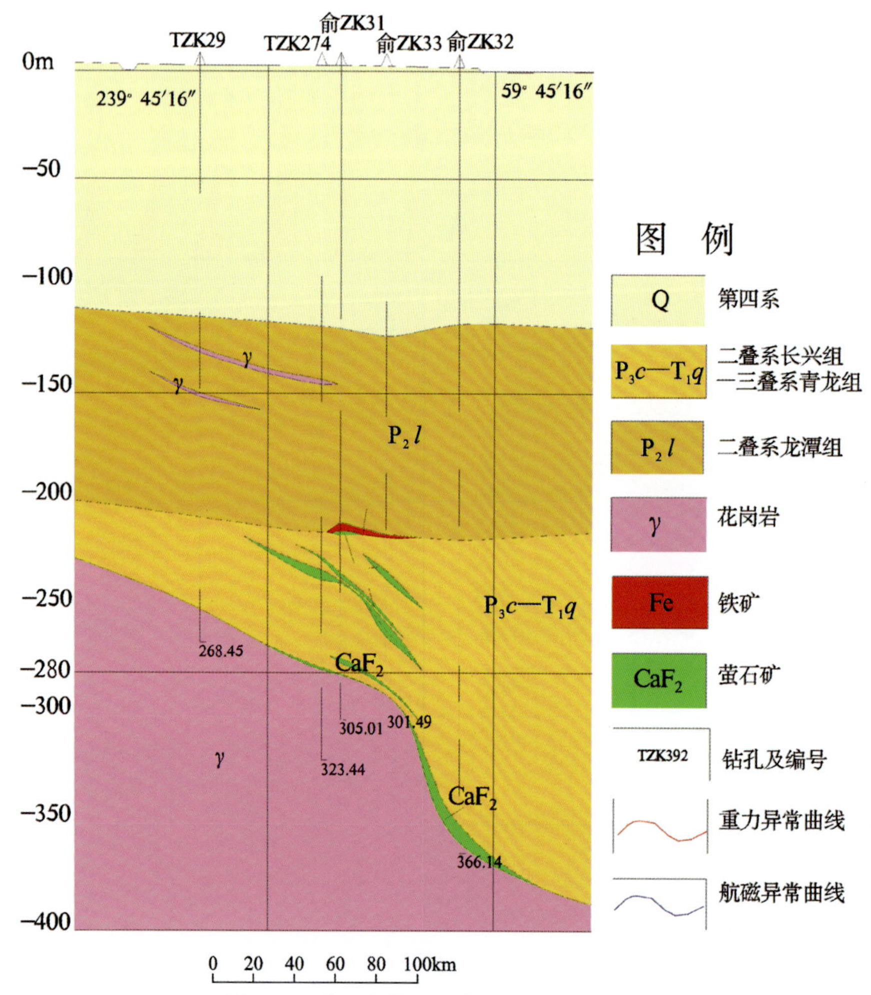

图 7-78　俞石泉萤石矿典型矿床模式图

第八章　磁测工作部署建议

第一节　概述

按照“区域评价、择优查证、重点勘查”3个层次统一部署勘查工作，同时部署建议也要与“江苏省矿产资源总体规划(2008—2015年)”“江苏省地质勘查总体部署实施方案(2011—2015年)”“江苏省找矿突破战略行动方案(2012—2020年)”相衔接，并要考虑沿江大中城市建设发展规划和交通建设发展规划对矿产资源的开发制约因素。在部署过程中充分应用本次潜力评价成果，根据区域成矿地质条件、地质矿产工作研究程度和近年勘查工作的主要进展，遵循从实际出发、力求最佳效益的原则，选择勘查技术方法，部署勘查工作。

总体技术路线在全省矿产资源潜力评价项目成果基础上，择优选区，利用综合地球物理、地球化学勘查、数据处理技术方法进行隐伏矿、深部矿的勘查技术方法试验与验证，实现江苏省地质找矿新突破。

磁法推断的地质构造，包括断裂构造、火山构造、中基性—中酸性侵入岩体和变质岩地层的分布为磁测工作部署提供了重要依据。以铁、铜、铅锌和金等矿种调查为目的，分别在Ⅲ-64-①鲁西金、铁，Ⅲ-67-③苏鲁金、铁，Ⅲ-69-①庐江-滁州，Ⅲ-69-②沿江和Ⅲ-69-③宣州-苏州铜、铁、金、多金属5个Ⅳ级成矿区带，共11个远景调查区(图8-1)开展物探工作部署。

通过分析成矿区带地质、区域磁异常特征以相关矿产地的分布特征，结合典型矿床的研究结果，归纳本省铜铅锌银等多金属矿产的总体磁场特征如下：

陆相火山岩型铁矿通常分布在中基性侵入岩体周围，即宁芜、溧水地区，具一定规模的陆相火山岩型铁矿磁场特征，往往表现为叠加在中基性侵入岩体磁异常周围的局部重磁同高异常，如：梅山铁矿。矽卡岩型铁磁性矿产一般分布在中酸性侵入岩体、酸性岩体与围岩(尤其碳酸岩地层)接触部位，以宁镇、六合、宜溧、徐州-利国和丰沛地区为主，具一定规模的矽卡岩型铁矿能产生高出岩体异常的局部重磁异常，如：镇江韦岗铁矿、南京冶山铁矿、徐州墓山铁矿等。沉积变质型铁矿分布在变质岩地层中，主要在东海-新沂和丰沛地区，具一定规模的沉积变质型铁矿磁场上往往表现为叠加在相应变质岩地层的局部重磁同高异常。

铜铅锌银等多金属矿产一般分布在中酸性侵入岩体边缘，集中分布在沿江Ⅲ-69-②和宣州-苏州Ⅲ-69-③两个铜、铅、锌、银等多金属Ⅳ级成矿带，利用磁测资料圈定或研究与矿产有关的控矿地层、构造或岩体等进行间接找矿。

磁测工作一方面可以直接寻找铁磁性矿产，另一方面确定与成矿有关的岩体、含矿地层和接触带等的分布，开展铁、铜、铅、锌、银等多金属矿等间接找矿。针对全省各远景调查区磁测工作程度，地质、地球物理特征，确定各远景调查区的磁测工作部署。根据探测目标体与围岩密度、电性等物性差异，选择磁法、激电中梯、重力、CSAMT、大功率激电测深等物探方法直接或间接寻找相关矿产。

航空磁测工作主要针对远景调查区进行，考虑到20世纪90年代以前航磁精度、定位等相对较差，从江苏航磁工作情况看，90 年代以后仅有宁芜、溧水、宁镇以宜溧的部分地区进行过 1∶5 万高精度航磁，提交《江苏苏南地区航空物探(磁)勘查成果报告》，其他地区航磁工作均在 20 世纪 90 年代以前，因此，建议在南通、六合、丰沛、徐州-利国、东海-新沂以及宜溧东部周铁等地区，先开展 1∶2.5 万高精度航磁，进一步圈定与成矿有关的断裂构造、火山构造、中基性—中酸性侵入岩体和变质岩地层的分布，结合地质背景圈定重点调查区或勘查区，在此基础上开展大比例尺(1∶1 万)地面磁测工作，铜铅锌银钼等多金属硫化物矿产调查区可配合开展 1∶1～1∶2.5 万激电中梯扫面工作，直接寻找铁磁性矿产和确定接触带等成矿有利地段。具体面积性物探工作部署见表 8-1。

表 8-1　江苏省矿产资源潜力评价远景调查区物探工作部署一览表

编号	项目名称	工作程度	面积(km^2)	主要面积性物探工作量		
				名称	单位	工作量
Y1	江苏丰沛地区铁矿远景调查	远景调查	1322	1∶2.5 万航磁	km^2	500
				1∶1 万地磁	km^2	300
				1∶1 万～1∶2.5 万激电	km^2	300
Y2	江苏徐州-利国地区铁铜矿远景调查	远景调查	1706	1∶2.5 万航磁	km^2	500
				1∶1 万地磁	km^2	300
				1∶1 万～1∶2.5 万激电	km^2	300
Y3	江苏东海新沂地区金铁矿远景调查	远景调查	5417	1∶2.5 万航磁	km^2	1000
				1∶1 万地磁	km^2	200
Y4	江苏连云港-泗洪地区磷矿远景调查	远景调查	9856	1∶5 万重力	km^2	200
Y5	江苏盱眙地区铁钼(铜)矿远景调查	远景调查	2000	1∶1 万地磁	km^2	250
				1∶1 万～1∶2.5 万激电	km^2	250
Y6	江苏六合地区铁铜矿远景调查	远景调查	703	1∶2.5 万航磁	km^2	500
				1∶1 万地磁	km^2	200
				1∶1 万～1∶2.5 万激电	km^2	200
Y7	江苏宁镇地区铁铜金矿远景调查	远景调查	2350	1∶1 万地磁	km^2	400
				1∶1 万～1∶2.5 万激电	km^2	400
Y8	江苏宁芜地区铁铜金矿远景调查	远景调查	944	1∶1 万地磁	km^2	200
				1∶1 万～1∶2.5 万激电	km^2	200
Y9	江苏溧水地区铁铜金矿远景调查	远景调查	2222	1∶1 万地磁	km^2	250
				1∶1 万～1∶2.5 万激电	km^2	250
Y10	江苏宜溧地区铁铜矿远景调查	远景调查	2127	1∶2.5 万航磁	km^2	500
				1∶1 万地磁	km^2	300
				1∶1 万～1∶2.5 万激电	km^2	300
Y11	江苏南通地区铁矿远景调查	远景调查	1539	1∶2.5 万航磁	km^2	350
				1∶1 万地磁	km^2	200

第二节 具体工作部署建议

一、鲁西金铁矿成矿亚区Ⅲ-64-①工作部署

主要任务：通过实施江苏丰沛地区铁矿、徐州利国地区铁铜矿远景调查，实现该成矿区找矿重大突破。提高区内基础地质工作研究程度，开展区域矿产资源调查评价；进行重大基础地质问题的科技攻关，全面提升区内基础地质研究水平，基本查明成矿地质背景，为找矿突破提供方法技术支撑。

主要工作内容：

(1) 以铁为主攻矿种，以鞍山式沉积变质型铁矿和利国式矽卡岩型铁矿为主攻方向，兼顾焦家式破碎蚀变岩型金矿。综合分析地物化异常和矿(化)线索，通过 1∶2.5 万航磁、1∶1 万地磁和 1∶1～1∶2.5 万激电等综合调查手段，圈定矿致异常、矿(化)点和找矿靶区。

(2)对有利找矿靶区进行择优勘查验证，根据就矿找矿的原则，对已有矿化信息的矿区进行重点勘查，争取实现找矿的重大突破。

(3)综合已有地质调查的各种资料，解决区域性关键地质问题，编制系列基础图件，探讨与沉积变质型铁矿有关的太古宇泰山岩群变质建造中含铁石英岩建造分布特征，与矽卡岩型铁矿相关的燕山期闪长玢岩等中酸性岩体和寒武系、奥陶系马家沟组碳酸盐岩的分布特性，以及与金矿关系密切的构造破碎带或沿断裂侵入的闪长玢岩脉等主要控矿构造特征，研究区域成矿地质背景。

(4)本成矿区带工作部署包括两个远景调查区：①江苏丰沛地区铁矿远景调查(Y1)；②江苏徐州利国地区铁铜矿远景调查(Y2)。

主攻矿种：铁、金。

预期成果：新发现一批磁电异常，提供找矿靶区 6～10 处。

两个远景调查区具体工作部署如下。

(一)江苏丰沛地区铁矿远景调查(Y1)

主要任务：大致查明区内太古宙的泰山岩群变质建造中含铁石英岩建造分布特征。建立本区找矿标志及模型，对区内的沉积变质型和矽卡岩型铁矿系统开展普查评价工作。

主要工作内容：在区内开展 1∶2.5 万航磁(500km^2)调查工作，综合地质、航磁成果，选择重点地段开展 1∶1 万地磁(300km^2)、1∶1～1∶2.5 万激电(300km^2)，结合磁电异常，开展重力、可控源音频大地电磁剖面测量。利用重、磁、电综合物探正、反演技术，结合地质、钻探验证等手段建立本区找矿标志及模型。寻找有利找矿靶区，实现找矿突破。

主攻矿种：铁。

预期成果：新发现一批磁电异常，提供找矿靶区 3～5 处。

(二)江苏徐州利国地区铁铜矿远景调查(Y2)

主要任务：系统收集分析区内各类成果资料，根据区域成矿规律和成矿地质条件，以利国式矽卡岩型铁矿、焦家式破碎蚀变岩型金矿成矿模式为指导，以矽卡岩型铁矿、构造蚀变岩型金矿为主攻方向，通

过地质测量、物化探等工作，选择工作靶区，并以钻探等手段开展验证工作，以期在徐州利国铁、金矿勘查有新的突破。

主要工作内容：在区内开展 1∶2.5 万航磁(500km²)调查工作，综合地质、航磁成果，选择重点地段开展 1∶1 万地磁(300km²)、1∶1～1∶2.5 万激电(300km²)和化探工作，结合磁法、激电和化探异常，开展重力、可控源音频大地电磁和激电测深剖面测量。利用重、磁、电综合物探正、反演技术，寻找有利找矿靶区，实现找矿突破。

主攻矿种：金、铁。

预期成果：新发现一批磁电异常，提供找矿靶区 3～5 处。

二、苏鲁金铁磷矿成矿带Ⅲ-67-③工作部署

主要任务：通过实施江苏东海新沂地区金铁矿、连云港-泗洪地区磷矿远景调查，实现该成矿带找矿突破。提高区内基础地质工作研究程度，开展区域矿产资源调查评价；进行重大基础地质问题的科技攻关，全面提升区内基础地质研究水平，基本查明成矿地质背景，为找矿突破提供方法技术支撑。

主要工作内容：

(1) 以金、磷、铁为主攻矿种，以焦家式破碎蚀变岩型金矿、海州式沉积变质型磷矿为主攻方向，兼顾鞍山式沉积变质型铁矿。综合分析地物化异常和矿(化)线索，通过 1∶2.5 万航磁、1∶5 万重力和 1∶1 万地磁等综合调查手段，圈定矿致异常、矿(化)点和找矿靶区。

(2)对有利找矿靶区进行择优勘查验证，根据就矿找矿的原则，对已有矿化信息的矿区进行重点勘查，争取实现找矿的重大突破。

(3)综合已有地质调查的各种资料，解决区域性关键地质问题，编制系列基础图件，探讨与金矿有关的新太古界—古元古界东海岩群(Ar_4Pt_1D)变质岩地层、燕山期花岗岩类酸性岩体分布和主要控矿构造特征，与沉积变质型铁矿相关的太古宇泰山岩群变质建造中含铁石英岩建造分布特征，以及与海州式沉积变质型磷矿相关的中新元古界海州群锦屏岩群的分布特性，研究区域成矿地质背景。

(4)本成矿区带工作部署包括两个远景调查区：①江苏东海新沂地区金铁矿远景调查(Y3)；②江苏连云港—泗洪地区磷矿远景调查(Y4)。

主攻矿种：磷、铁、金。

预期成果：新发现一批重磁异常，提供找矿靶区 6～10 处。

两个远景调查区具体工作部署如下。

(一)江苏东海新沂地区金铁矿远景调查(Y3)

主要任务：大致查明区内太古宇的泰山岩群变质建造中含铁石英岩建造分布特征。建立本区找矿标志及模型，对区内的沉积变质型和矽卡岩型铁矿系统开展普查评价工作。

主要工作内容：在区内开展 1∶2.5 万航磁(1000km²)调查工作，综合地质、航磁成果，选择重点地段开展 1∶1 万地磁(200km²)和化探工作，结合磁法、化探异常，开展磁法、电法剖面测量。利用磁、电综合物探正、反演技术，结合地质、钻探验证等手段建立本区找矿标志及模型。寻找有利找矿靶区，实现找矿突破。

主攻矿种：金、铁。

预期成果：新发现一批磁异常，提供找矿靶区 6～10 处。

(二)江苏连云港-泗洪地区磷矿远景调查(Y4)

主要任务:系统收集分析区内各类成果资料,根据区域成矿规律和成矿地质条件,以锦屏、新浦海州式沉积变质型磷矿成矿模式为指导,通过地质测量、物化探等工作,选择工作靶区,并以钻探等手段开展验证工作,以期在连云港-泗洪地区磷矿勘查有新的突破。

主要工作内容:在区内开展1∶5万重力(500km²)调查工作,综合地质、重力调查成果,选择重点地段开展重力、可控源音频大地电磁和电测深剖面测量。利用重、磁、电综合物探正、反演技术,寻找有利找矿靶区,实现找矿新突破。

主攻矿种:磷。

预期成果:新发现一批重力异常,提供找矿靶区3～5处。

三、庐江-滁州铁钼矿成矿带Ⅲ-69-①工作部署

主要任务:通过实施江苏盱眙地区铁钼(铜)矿远景调查,实现该成矿带找矿突破。提高区内基础地质工作研究程度,开展区域矿产资源调查评价;进行重大基础地质问题的科技攻关,全面提升区内基础地质研究水平,基本查明成矿地质背景,为找矿突破提供方法技术支撑。

主要工作内容:

(1) 以铁、钼为主攻矿种,以涑壁式斑岩型钼矿、矽卡岩型铁矿为主攻方向。综合分析地物化异常和矿(化)线索,通过开展1∶1万地磁(250km²)、1∶1万～1∶2.5万激电(250km²)和化探工作,结合磁法、激电和化探异常,开展重力、可控源音频大地电磁和激电测深剖面测量。利用重、磁、电综合物探正、反演技术,寻找有利找矿靶区,实现找矿突破。

(2)对有利找矿靶区进行择优勘查验证,对已有矿化信息的矿区进行重点勘查,争取实现找矿的重大突破。

(3)综合已有地质调查的各种资料,解决区域性关键地质问题,编制系列基础图件,了解与钼矿有关的下震旦统黄墟组及上震旦统灯影组碳酸盐岩地层、燕山晚期二长花岗斑岩岩体分布和主要控矿构造特征,与矽卡岩型铁矿相关的燕山期二长花岗斑岩等中酸性岩、震旦系—寒武系的镁质碳酸盐岩建造分布特征,研究区域成矿地质背景。

(4)本成矿区带工作部署包括一个远景调查区:江苏盱眙地区铁钼(铜)矿远景调查(Y5)。

主攻矿种:铁、钼。

预期成果:新发现一批磁电异常,提供找矿靶区3～5处。

四、沿江铜铁金多金属硫成矿带Ⅲ-69-②工作部署

主要任务:通过实施江苏六合地区铁铜矿远景调查,江苏宁镇、宁芜、溧水3个地区铁铜金矿远景调查,实现该成矿区找矿重大新突破。开展区域矿产资源调查评价,基本查明成矿地质背景,全面提升区内基础地质研究水平,进行重大基础地质问题的科技攻关,为找矿新突破提供方法技术支撑。

主要工作内容:

(1) 以铁铜金为主攻矿种,以宁芜式陆相火山岩型铁矿、韦岗式矽卡岩型铁矿、冶山式矽卡岩型铁矿、栖霞山式碳酸盐岩型(层控矽卡岩型)铅锌(银)矿、安基山式矽卡岩型斑岩型铜矿、西横山式破碎蚀变岩型金矿、铜山式矽卡岩型钼矿和陆相火山岩型硫铁矿为主攻方向,兼顾铜井式陆相火山岩型铜金

矿、獾子洞式次火山热液-层控矽卡岩型铜金矿、五部式陆相火山岩型铜铅矿、汤山式卡林型金矿、新桥式铁帽型金矿、谏壁式斑岩型钼矿和矽卡岩型硫铁矿。综合分析地物化异常和矿(化)线索,充分利用20世纪90年代以后开展过的1∶5万《江苏苏南地区航空物探(磁)勘查成果报告》资料,六合地区先开展1∶2.5万高精度航磁,结合地质背景圈定重点调查区或勘查区,在此基础上开展大比例尺(1∶1万)地面磁测工作,铜铅锌银钼等多金属硫化物矿产调查区可配合开展1∶1~1∶2.5万激电中梯扫面和化探工作,直接寻找铁磁性矿产和确定接触带等成矿有利地段。针对有找矿意义的磁电化异常开展磁法、激电中梯、重力、CSAMT、大功率激电测深等综合剖面物探工作,直接或间接寻找相关矿产。

(2)对有利找矿靶区进行择优勘查验证,根据就矿找矿的原则,对已有矿化信息的矿区进行重点勘查,争取实现找矿的重大突破。

(3)综合已有地质调查的各种资料,解决区域性关键地质问题,编制系列基础图件,进一步圈定与成矿有关的断裂构造、火山构造和中基性—中酸性侵入岩体的分布,研究区域成矿地质背景。

(4)本成矿区带工作部署包括4个远景调查区:①江苏六合地区铁铜矿远景调查(Y6);②江苏宁镇地区铁铜金矿远景调查(Y7);③江苏宁芜地区铁铜金矿远景调查(Y8);④江苏溧水地区铁铜金矿远景调查(Y9)。

主攻矿种:铁、铜、铅、锌、金、磷、银、钼和硫。

预期成果:新发现一批磁电异常,提供找矿靶区12~20处。

4个远景调查区具体工作部署如下。

(一)江苏六合地区铁铜矿远景调查(Y6)

主要任务:系统收集分析区内各类成果资料,根据区域成矿规律和成矿地质条件,以冶山式矽卡岩型铁矿成矿模式为指导,以矽卡岩型铁铜矿为主攻方向,兼顾构造破碎带铜多金属,通过地质测量、物化探等工作,选择工作靶区,并以钻探等手段开展验证工作,以期在六合铁、铜矿勘查有新的突破。

主要工作内容:在区内开展1∶2.5万航磁(500km^2)调查工作,综合地质、航磁成果,选择重点地段开展1∶1万地磁(200km^2)、1∶1~1∶2.5万激电(200km^2)和化探工作,结合磁法、激电和化探异常,开展重力、可控源音频大地电磁和激电测深剖面测量。利用重、磁、电综合物探正、反演技术,寻找有利找矿靶区,实现找矿新突破。

主攻矿种:铁、铜。

预期成果:新发现一批磁电异常,提供找矿靶区3~5处。

(二)江苏宁镇地区铁铜金矿远景调查(Y7)

主要任务:系统收集分析区内各类成果资料,根据区域成矿规律和成矿地质条件,以韦岗式矽卡岩型铁矿、栖霞山式层控热液型铅锌银矿、安基山式矽卡岩型斑岩型铜矿、铜山式矽卡岩型钼矿、谏壁式斑岩型钼矿和铜陵式矽卡岩型硫铁矿等成矿模式为指导,以矽卡岩型铁铜多金属矿、层控热液型铅锌银矿、矽卡岩型钼矿等为主攻方向,通过地质测量、物化探等工作,选择工作靶区,并以钻探等手段开展验证工作,以期在宁镇铁、铜、铅、锌、金、银、钼和硫矿勘查有新的突破。

主要工作内容:考虑到区内20世纪90年代以后已开展1∶5万航磁调查工作,本次工作在综合地质、航磁成果基础上,选择重点地段开展1∶1万地磁(400km^2)、1∶1~1∶2.5万激电(400km^2)和化探工作,结合磁法、激电和化探异常,开展重力、可控源音频大地电磁和激电测深剖面测量。利用重、磁、电综合物探正、反演技术,寻找有利找矿靶区,实现找矿新突破。

主攻矿种:铁、铜、铅、锌、金、银、钼和硫。

预期成果:新发现一批磁电异常,提供找矿靶区3~5处。

（三）江苏宁芜地区铁铜金矿远景调查（Y8）

主要任务：系统收集分析区内各类成果资料，根据区域成矿规律和成矿地质条件，以梅山、吉山陆相火山岩型铁矿、铜井式陆相火山岩型铜金矿、云台山式陆相火山岩型硫铁矿、陆相火山岩型铁磷矿等成矿模式为指导，以陆相火山岩型铁铜金硫磷矿等为主攻方向，通过地质测量、物化探等工作，选择工作靶区，并以钻探等手段开展验证工作，以期在宁芜铁、铜、金、硫和磷矿勘查有新的突破。

主要工作内容：考虑到区内20世纪90年代以后已开展1∶5万航磁调查工作，本次工作在综合地质、航磁成果基础上，选择重点地段开展1∶1万地磁（$200km^2$）、1∶1～1∶2.5万激电（$200km^2$）和化探工作，结合磁法、激电和化探异常，开展重力、可控源音频大地电磁和激电测深剖面测量。利用重、磁、电综合物探正、反演技术，寻找有利找矿靶区，实现找矿新突破。

主攻矿种：铁、铜、金、硫和磷。

预期成果：新发现一批磁电异常，提供找矿靶区3～5处。

（四）江苏溧水地区铁铜金矿远景调查（Y9）

主要任务：系统收集分析区内各类成果资料，根据区域成矿规律和成矿地质条件，以宁芜式陆相火山岩型铁矿、獾子洞式次火山热液-层控矽卡岩型铜金矿、铜井式陆相火山岩型铜金矿、五部式陆相火山岩型铜铅矿、西横山式破碎蚀变岩型金矿、云台山式陆相火山岩型硫铁矿等成矿模式为指导，以陆相火山岩型铁铜铅金硫矿、层控矽卡岩型铜金矿、破碎蚀变岩型金矿等为主攻方向，通过地质测量、物化探等工作，选择工作靶区，并以钻探等手段开展验证工作，以期在溧水铁、铜、铅、锌、金和硫矿勘查有新的突破。

主要工作内容：考虑到区内20世纪90年代以后已开展1∶5万航磁调查工作，本次工作在综合地质、航磁成果基础上，选择重点地段开展1∶1万地磁（$250km^2$）、1∶1～1∶2.5万激电（$250km^2$）和化探工作，结合磁法、激电和化探异常，开展重力、可控源音频大地电磁和激电测深剖面测量。利用重、磁、电综合物探正、反演技术，寻找有利找矿靶区，实现找矿新突破。

主攻矿种：铁、铜、铅、锌、金和硫。

预期成果：新发现一批磁电异常，提供找矿靶区3～5处。

五、宣州-苏州铁铜铅锌银金矿成矿带Ⅲ-69-③工作部署

主要任务：通过实施江苏宜溧地区铁铜矿远景调查，江苏南通地区铁矿远景调查，实现该成矿区找矿重大新突破。开展区域矿产资源调查评价，基本查明成矿地质背景，全面提升区内基础地质研究水平，进行重大基础地质问题的科技攻关，为找矿新突破提供方法技术支撑。

主要工作内容：

（1）以铁铜金为主攻矿种，以韦岗式矽卡岩型铁矿、王浩式矽卡岩型铁矿、安基山式矽卡岩型斑岩型铜矿、土包山式侵入岩体内及接触带型金矿、吴宅式矽卡岩型铅锌银矿为主攻方向，综合分析地物化异常和矿（化）线索，充分利用20世纪90年代以后开展过的1∶5万《江苏苏南地区航空物探（磁）勘查成果报告》资料，宜溧东部周铁和南通地区先开展1∶2.5万高精度航磁，结合地质背景圈定重点调查区或勘查区，在此基础上开展大比例尺（1∶1万）地面磁测工作，铜铅锌银等多金属矿产调查区可配合开展1∶1～1∶2.5万激电中梯扫面和化探工作，直接寻找铁磁性矿产和确定接触带等成矿有利地段。针对有找矿意义的磁电化异常开展磁法、激电中梯、重力、CSAMT、大功率激电测深等综合剖面物探工作，

直接或间接寻找相关矿产。

(2)对有利找矿靶区进行择优勘查验证，根据就矿找矿的原则，对已有矿化信息的矿区进行重点勘查，争取实现找矿的重大突破。

(3)综合已有地质调查的各种资料，解决区域性关键地质问题，编制系列基础图件，进一步圈定与成矿有关的断裂构造、火山构造和中基性—中酸性侵入岩体的分布，研究区域成矿地质背景。

(4)本成矿区带工作部署包括两个远景调查区：①江苏宜溧地区铁铜矿远景调查(Y10)；②江苏南通地区铁矿远景调查(Y11)；

主攻矿种：铁、铜、铅、锌、金和银。

预期成果：新发现一批磁电异常，提供找矿靶区 6～10 处。

两个远景调查区具体工作部署如下。

(一)江苏宜溧地区铁铜矿远景调查(Y10)

主要任务：系统收集分析区内各类成果资料，根据区域成矿规律和成矿地质条件，以韦岗式矽卡岩型铁矿、安基山式矽卡岩型斑岩型铜矿、土包山式侵入岩体内及接触带型金矿成矿模式为指导，以矽卡岩型铁铜矿、侵入岩体内及接触带型金矿为主攻方向，兼顾矽卡岩型铜铅锌银矿，通过地质测量、物化探等工作，选择工作靶区，并以钻探等手段开展验证工作，以期在宜溧铁、铜、金矿勘查有新的突破。

宜兴地区东部周铁镇—新庄镇航磁异常具一定规模，走向北东，形态规则，似椭圆状航磁 ΔT 异常，幅值在 340nT 以上，对应重力高异常，前人在漕桥附近见花岗闪长斑岩等中酸性岩体，而花岗闪长斑岩密度值并不高，因此有必要进一步对该重磁同高异常开展工作。

主要工作内容：在宜溧东部周铁地区开展 1∶2.5 万航磁($500km^2$)调查工作，综合地质、航磁成果，选择重点地段开展 1∶1 万地磁($300km^2$)、1∶1～1∶2.5 万激电($300km^2$)和化探工作，结合磁法、激电和化探异常，开展重力、可控源音频大地电磁和激电测深剖面测量。利用重、磁、电综合物探正、反演技术，寻找有利找矿靶区，实现找矿新突破。

主攻矿种：铁、铜、金。

预期成果：新发现一批磁电异常，提供找矿靶区 3～5 处。

(二)江苏南通地区铁矿远景调查(Y11)

主要任务：系统收集分析区内各类成果资料，根据区域成矿规律和成矿地质条件，以王浩式矽卡岩型铁矿成矿模式为指导，以矽卡岩型铁矿为主攻方向，通过地质测量、物化探等工作，选择工作靶区，并以钻探等手段开展验证工作，以期在南通铁矿勘查有新的突破。

主要工作内容：在南通地区开展 1∶2.5 万航磁($350km^2$)调查工作，综合地质、航磁成果，选择重点地段开展 1∶1 万地磁($200km^2$)工作，结合磁法异常，开展重力、可控源音频大地电磁和激电测深剖面测量。利用重、磁、电综合物探正、反演技术，寻找有利找矿靶区，实现找矿新突破。

主攻矿种：铁。

预期成果：新发现一批磁异常，提供找矿靶区 3～5 处。

第九章　结束语

第一节　工作总结

江苏省及上海市矿产资源潜力评价磁测资料应用研究，按照全国矿产资源潜力评价《磁测资料应用技术要求》，结合江苏省及上海市已有资料现状开展工作，项目起止时间2007年11月—2013年6月，完成了项目规定的工作任务，取得了较好的成果。

(1)完成13个航磁工作区1∶5万～1∶100万剖面数据(包括了19个剖面数据文件)和省级1∶20万航磁网格数据的入库工作；将1979年连云港—泗洪地区(26 824.5km^2)及1978年扬州—南通地区(10 450.34km^2)冶金1∶5万航磁ΔT平面等值线进行数字化，形成网格数据文件；在对大比例尺地磁资料进行评估筛选的基础上，选择11份1∶1万～1∶2.5万地面磁测纸质报告资料通过MapGIS矢量化后进行数字化转换，面积合计约3500km^2，形成文本文件，为矿资源潜力评价提供了磁法基础数据。

(2)编制了1∶50万江苏省及上海市航磁工作程度图、地磁工作程度图、航磁ΔT等值线平面图、航磁ΔT化极等值线平面图和航磁ΔT化极垂向一阶导数等值线平面图省级航磁基础图件5张。编制了1∶50万江苏省及上海市磁法推断磁性矿床分布图、磁异常分布图和磁法推断地质构造图省级成果图件3张。

编制了14个预测工作区范围的磁法基础图件和成果图件，预测工作区范围磁法基础图件包括航磁ΔT等值线平面图、航磁ΔT化极等值线平面图和航磁ΔT化极垂向一阶导数等值线平面图，6个有地磁资料的地区，还编制了地磁ΔZ等值线平面图、地磁ΔZ化极等值线平面图和地磁ΔZ化极垂向一阶导数等值线平面图；预测工作区磁法成果图件包括11个铁矿预测工作区1∶5万磁法推断磁性矿产分布图(其中盱眙预测工作区无已知/推断磁性矿产)、12个铁矿预测工作区1∶5万磁异常范围分布图，14个预测工作区磁法推断地质构造图，为矿资源潜力评价提供了磁测资料矿产预测要素。

编制了铁、铜、铅、锌、银、钼、金、硫、磷和萤石矿共10个矿种35个典型矿床重磁系列图，包括典型矿床所在区域、地区、位置地质矿产及物探剖析图，典型矿床勘探剖面(或概念模型)图，总结了各典型矿床地质地球物理特征，为矿产预测提供了预测要素信息，为铁矿矿致异常的筛选提供了依据。

按“一图一库”的原则建立了省级、预测工作区所有图件的数据库，编写了相应图件编图和数据库说明书。

(3)在收集利用前人磁测资料解释成果的基础上，结合预测工作区物性资料、磁法基础图件，重点对预测工作区磁异常进行了解释，推断并圈定隐伏岩体、断裂、火山构造、火山岩地层、变质岩地层和磁性蚀变带等要素。

结合预测工作区推断解释结果，编制了省级推断地质构造图，其中共推断断裂构造43条、火山构造1个、侵入岩体125处、火山岩地层16处、变质岩地层3处，为地质构造编图提供了参考资料。

(4)江苏省及上海市共筛选1381个航磁异常并进行了分类编号,其中甲类异常67个,乙类异常134个,丙类异常311个,丁类异常869个。

通过磁异常筛选与定性解释,确定铁矿(已知及推断铁矿)矿致航磁异常有66个,主要利用地磁(无地磁资料地区用航磁)数据,采用重磁电数据处理软件2.5D人机交互拟合方法进行磁性矿产资源量估算,累计估算铁磁性矿体资源量137 827.2×10^4t,其中已查明铁磁性矿产资源储量74 486.7×10^4t,磁性矿产预测资源量63 340.5×10^4t,对预测资源量分别采用按方法、精度、延深、矿床预测类型进行了分类统计,分析了预测资源量可信度,明确了参与磁性矿产资源量估算的各参数依据。

(5)通过对江苏省及上海市6个Ⅳ级成矿带(区)地质背景、相关矿产地分布与磁场特征的分析,结合典型矿床研究结果,总结了铁、铜、铅、锌、银、钼、金、硫、磷以及萤石共10个矿种的地球物理找矿标志,提出了预测工作区重点找矿地质构造和有利找矿地区,分析了省级磁性铁矿资源潜力。

(6)从磁法直接找矿和间接找矿两个方面,论述了本轮矿产资源潜力评价中磁测资料的应用效果和发挥的作用,针对全省各远景调查区磁测工作程度以及地质、地球物理特征,综合本次预测成果,提出了中大比例尺磁测工作部署建议和部分重要局部磁异常综合研究及查证建议。

(7)本次预测成果对于发现重要矿化线索、划分重要找矿靶区发挥了重要作用,并在江苏镇江宝华山—巫岗铁铜矿远景调查、江苏溧水铁铜矿远景调查、南京市云台山富而岗地区硫铁矿普查等项目找矿工作中取得了显著的效果。

(8)通过矿产资源潜力评价研究,培养了一大批磁法专业技术人才。

第二节　存在问题及建议

(1)由于部分典型矿床或已知矿产地未能开展大比例尺(1∶1万)地磁、重力和电法等工作,影响了找矿标志的总结。

(2)建议加强航磁丙类异常地质、物化探综合研究,筛选对找矿有意义的航磁异常开展相应的地质、物化探工作。

(3)建议在20世纪90年代以来未开展过航磁工作的南通、六合、丰沛、徐州-利国、东海-新沂以及宜溧东部周铁等地区,开展1∶2.5万高精度航磁,进一步圈定与成矿有关的断裂构造、火山构造、中基性—中酸性侵入岩体和变质岩地层的分布,深入开展磁法工作推断地质构造与矿产关系的研究。

(4)综合分析成矿远景区地质背景、航磁异常特征和已知矿产地的分布特征圈定重点调查区,在重点调查区开展大比例尺(1∶1万)地面磁测工作直接寻找铁磁性矿产,同时在铜、铅、锌、银、钼、多金属硫化物矿产等成矿有利地区配合开展大比例尺(1∶1万)电法、重力等物探工作,为矿产资源勘查提供地球物理信息。

主要参考文献

范正国,黄旭钊,熊盛青,等.磁测资料应用技术要求[M].北京:地质出版社,2010.

徐学思,吕成高,等.江苏省及上海市区域地质志[M].北京:地质出版社,1984.

主要内部资料

陈宝绪,王世林,等.上海地区航空物探(磁)勘查成果报告[R].地矿部航空物探遥感中心,1992.

董文英,等.江苏省宁镇地区磁测找铁综合研究报告[R].江苏省物探队,1981.

付俊士,等.丰沛地区物化探工作成果报告[R].江苏省物探队,1978.

高卫东,等.江苏省扬州—南通地区航空磁测成果报告[R].冶金部物探公司航测大队,1978.

顾正乾,张龙健,等.一九七九年江苏省连云港—泗洪地区航空磁测工作报告[R].冶金部物探公司航测大队,1980.

黄永林,孟凡睿,等.江苏省六合—盱眙地区航磁普查报告[R].地质部航空物探总队,1981.

金永念,魏邦顺,等.江苏省(含上海市)物探化探遥感自然重砂综合信息研究设计[R].江苏省地质调查研究院,2007.

李占奎,李建国,等.江苏中部地区高精度航空磁测成果报告[R].地矿部航空物探遥感中心,1987.

李占奎,李建国,等.下扬子地区构造航磁结果报告[R].地质部航空物探总队,1986.

李金裕,等.江苏省南京市栖霞山测区物化探普查工作报告[R].冶金 814,1985.

梁如洗,等.江苏省苏州西部测区物化探工作报告[R].冶金 814,1986.

梁如洗,等.江苏省六合县冶山地区磁异常综合研究报告书[R].冶金 814,1972.

庞文山,郝春荣,等.微山湖地区航空磁力测量成果报告[R].国家地质总局航空物探大队 904 队,1975.

孙明驷,等.江苏省铜山县利国地区铁矿普查 1978 年物探工作总结报告[R].江苏省物探队,1979.

谭连凯,孙祥利,等.江苏省南京南部地区物化探普查工作报告[R].冶金 814,1984.

王世林,王卫平,等.江苏省南部地区航空物探(磁)勘查成果报告[R].地矿部航空物探遥感中心,1994.

王启辉,徐信,等.长江中下游地区物探、化探、遥感综合成果报告[R].湖北、江西、安徽、江苏等地矿局,1996.

王金才,等.江苏省南部地区航空磁测报告[R].冶金部物探公司航测二队,1975.

魏邦顺,盛君,关艺晓,等.江苏省(含上海市)铁矿资源潜力评价磁测资料应用研究报告[R].江苏省地质调查研究院,2009.

魏邦顺,盛君,关艺晓,等.江苏省(含上海市)磁性矿床预测资源量复核报告[R].江苏省地质调查研究院,2010.

魏邦顺,盛君,关艺晓,等. 江苏省(含上海市)磁测资料应用研究成果报告(铜、铅、锌、金和磷矿)[R].江苏省地质调查研究院,2010.

魏邦顺,盛君,关艺晓,等. 江苏省(含上海市)磁测资料应用研究成果报告(银、钼、硫和萤石矿)[R].江苏省地质调查研究院,2012.

许振湖,陈宝兴,等.江苏省苏州地区航空磁力测量成果报告[R].地矿部航空物探遥感中心,1988.

袁晓军,黄建平,等.江苏省(含上海市)矿产资源潜力评价总体设计[R].江苏省地质调查研究院,2007.

赵桂兴,等.江苏省溧水地区物化探工作总结[R].江苏省物探队,1979.